40058

LA
SCIENCE DU VRAI.

CORBEIL. IMP. DE CRÉTÉ.

LA SCIENCE DU VRAI,

PHILOSOPHIE THÉORIQUE ET PRATIQUE,

SPÉCULATIVE ET EXPÉRIMENTALE;

Par E. KOENIG,

TRADUITE DE L'ALLEMAND ET DÉVELOPPÉE

Par ***.

PARIS,

LIBRAIRIE PHILOSOPHIQUE DE LADRANGE,

QUAI DES AUGUSTINS, 19.

1844

AVANT-PROPOS

DU TRADUCTEUR.

Dans un temps où toutes les croyances traditionnelles sont profondément ébranlées, par les progrès d'une science qui détruit avant de savoir fonder, où la société est intérieurement déchirée de plus d'une manière, et se ressent cruellement de l'incertitude universelle, qui affecte ses opinions et sa morale aussi bien que ses institutions, dans un temps pareil, dis-je, ce sont des *convictions* qu'il s'agit de faire naître et de consolider. Ce n'est plus pourtant la voix de l'inspiration prophétique que l'on voudrait écouter aujourd'hui, c'est le langage seul de la raison, éclairée par l'observation et l'étude, qui peut se faire entendre. C'est la philosophie, on le sent généralement, qui doit guérir les plaies du présent, comme la religion nous a soulagés des maux du passé, et pour nous ouvrir un meilleur avenir, désormais elles doivent marcher d'accord.

Cette philosophie cependant, de laquelle nous attendons et sommes en droit d'attendre, la grande reconstitution intellectuelle dont nous avons besoin, se trouve elle-même enveloppée dans l'anarchie générale qui bouleverse le domaine de la pensée, comme celui des intérêts sociaux. C'est pourtant du sein de cette fermentation que doit naître l'organisme nouveau d'un système plus satisfaisant et plus complet, de science théorique aussi bien que pratique, tout comme du sein de la fermentation matérielle nous voyons surgir une végétation riche et brillante.

Tel est l'espoir de M. Kœnig. Pour entamer son sujet avec quelque chance d'y réussir, il a commencé par se rendre raison exacte des difficultés, qui s'opposent à la réussite d'une entreprise, aussi souvent et toujours si vainement commencée. En y portant toute son attention, il a cru devoir l'attribuer, en majeure partie, à la méthode suivie jusqu'ici. Si la faute en était à la matière donnée ou bien à nous-mêmes, si l'étoffe n'était pas assez riche ou assez solide, si l'instrument était trop défectueux pour que nous puissions atteindre au but, alors sans doute il faudrait se résigner, et surtout il faudrait s'abstenir. Une semblable supposition équivaudrait effectivement à un refus absolu de lumière, mais on ne saurait l'admettre avant d'en avoir obtenu la certitude la plus manifeste.

La méthode qui partout où elle fut appliquée à la science, nous a toujours conduits à des résultats positifs, c'est la méthode analytique et inductive. C'est elle qui partant de la chose donnée, quelle qu'elle soit, la ramène à ses éléments les plus simples et la reconstruit en remontant du simple au compliqué, de la matière à l'ordre subsistant. C'est ainsi qu'elle nous a rendu les services les plus signalés, qu'en toute occasion elle a fait jaillir la lumière, qu'elle a su constamment nous conduire au port.

Cette méthode généralement suivie en France et en Angleterre, a valu dans les deux pays, aux sciences naturelles et sociales, les plus heureux développements, et tous les fruits que l'application leur a fait porter. Sans l'abandon presque absolu dans lequel la philosophie proprement dite (la philosophie spéculative) y était tombée pendant un temps assez prolongé, abandon dont elle ne se relève que lentement et qui trouve son explication dans des circonstances absolument étrangères à la chose, il faut croire qu'elle eût bientôt partagé ces triomphes. En Allemagne c'est au contraire la méthode opposée et synthétique qui se trouve particulièrement en usage. C'est de la généralité que l'on part pour arriver au fait spécial, par voie de conclusion. C'est de la loi qu'on prétend faire dériver la chose, et les grands résultats philosophiques, obtenus malgré ce procédé défectueux, sont tels, néanmoins, qu'ils font à la profondeur et à la persistance de l'esprit allemand un honneur tout particulier. Certes, cet esprit n'eût donc pas échoué, s'il avait eu à sa disposition un instrument mieux conditionné, mais le sentiment même de sa force l'empêche d'en chercher un, et de tourner les difficultés qu'il affronte en téméraire. C'est donc d'une bonne méthode, appliquée à la riche matière accumulée par ses devanciers, que M. Kœnig pouvait et devait attendre un succès, que je crois complétement réalisé dans cet ouvrage.

Ce n'est pas pourtant à cette méthode irréprochable seule, que M. Kœnig s'en est remis. Guidé, en outre, par une forte tendance sceptique, il s'est encore méfié, jusqu'à un certain point, de la matière scientifique même qu'il avait à examiner. Il a cru vraisemblable, que dans le domaine de l'esprit, tout comme dans celui des sens, certaines illusions devaient avoir lieu, et pouvaient offusquer la vérité d'une manière analogue, qu'il fallait donc commencer par les ramener à leur exacte valeur. Le bâton qui paraît rompu dans l'eau; l'objet dont les proportions décroissent par l'éloignement; le son qui semble venir de la gauche, tandis qu'il part effectivement de la droite; le tact même qui est trompé, quand avec deux doigts croisés, nous tâtons une petite boule de cire, doublée aussitôt, tout cela devait lui inspirer une juste défiance, et partout où d'inextricables contradictions se rencontraient, il a soupçonné l'existence de pareilles illusions purement spirituelles, dont on n'a guère tenu compte jusqu'ici. Il a tâché d'écarter alors, ne fût-ce que momentanément, les faits ou les principes qui pouvaient y donner lieu, il a tâché de marcher sans eux, mais redoublant d'attention, il a fini par découvrir aussi la source même de nos erreurs. Il l'a fait de la manière la moins équivoque.

Dans les cas les plus graves, M. Kœnig a suivi généralement le procédé mathématique, qui dans la recherche d'un point quelconque, le place nécessairement à l'intersection des deux lignes différentes, qui toutes deux doivent le contenir. Il l'a cherché là où plusieurs séries de raisonnements indépendants venaient exactement à coïncider. C'est de cette façon qu'il a déterminé le principe même de sa philosophie, par voie historique et directe, par voie de spéculation et d'observation à la fois, et dès lors il a cru pouvoir hardiment l'appliquer. De cet instant, tout dans la science parut clair et facile, sa route se nivela à vue d'œil, le but se montra plus distinct et plus proche. Le principe théorique auquel on parvient si difficilement à rallier celui de l'expérience pratique, vint s'aligner de lui-même avec elle; l'esprit moral et l'esprit religieux se trouvèrent en même temps satisfaits, et l'harmonie intérieure fut complétement établie.

Voilà les résultats éminents dont l'ouvrage de M Kœnig donne et tient la promesse en tous points. Convaincu de sa haute portée et de son immense utilité, le but du traducteur est d'étendre le cercle de son action intellectuelle. Il a travaillé en grande partie sur des manuscrits que l'auteur a bien voulu lui communiquer et qui complètent ses ouvrages; les difficultés pourtant étaient grandes. Le traducteur avait à lutter non-seulement contre celles que lui opposait une langue qui n'est pas la sienne, mais encore contre la difficulté, non moins grande, de l'appliquer à des idées quelquefois très-abstraites et souvent tout à fait neuves. Si le style en portait l'empreinte, l'excuse se trouve à côté de la faute, et le lecteur intelligent saura distinguer facilement les mérites du fond, des imperfections de la forme.

LA SCIENCE DU VRAI.

PREMIÈRE PARTIE.
PHILOSOPHIE DE LA SCIENCE DU VRAI.

INTRODUCTION.

CHAPITRE PREMIER.
DÉFINITION DE LA VÉRITÉ.

Avant qu'il y eût une philosophie, l'esprit philosophique était occupé déjà à rassembler les matériaux qui devaient servir quelque jour à l'édifice de la science. Longtemps avant qu'il fût possible de réunir dans un faisceau systématique des résultats épars, obtenus sans suite et sans méthode, un intérêt profond et vif devait entraîner l'homme pensant à la recherche des faits, à l'examen des rapports qui les unissent et des lois qui semblent les régir. Celui que ne peut satisfaire la contemplation indifférente et superficielle des phénomènes de la nature, celui qui ne peut se reposer dans la passive jouissance des biens qu'elle lui prodigue, celui-là est poussé sans cesse par un attrait irrésistible à sonder le fond mystérieux des choses, et devient à ce titre un penseur philosophe. Selon l'individualité d'un chacun, selon la direction dans laquelle il poursuit le but proposé, sa philosophie particulière et restreinte dans un cercle d'expériences et de spéculations limité doit prendre un caractère naturellement distinct, et conduire à des fins nécessairement différentes. Il n'est donc pas étonnant qu'aucune définition générale et universellement adoptée ne soit donnée jusqu'ici à cette science, dont l'étendue indéterminée embrasse dans son sein, non-seulement toutes les questions que soulève un grand intérêt, mais encore toutes les voies différentes par lesquelles nous marchons à leur solution.

Un temps cependant arrive où ces matériaux pêle-mêle entassés invoquent, par leur richesse même, l'esprit organisateur, qui dès lors vient y porter l'ordre et s'essayer à la construction du système scientifique dont les éléments y reposent. Si bien des efforts ont échoué dans pareille entreprise, chacune d'elles pourtant facilite sa tâche à celle qui succède, et soit par les progrès qu'elle fait faire à la science, soit par les écarts qu'elle y signale, elle nous autorise à l'espoir de réussir quelque jour, et cet espoir est permis sans doute à quiconque sent en lui la force de s'y mesurer. Quoi qu'il en soit d'ailleurs, le philosophe n'ira pas prendre indistinctement et sans choix tout ce qu'il trouvera sous la main. Il fera sa part à l'ignorance, il fera sa part à l'illusion, il fera sa part à l'imposture enfin, et ne conservera religieusement de toute cette masse que *le vrai* qui s'y trouve. C'est donc à la recherche du vrai, dans les matériaux de la science, qu'il s'agit avant tout de consacrer nos travaux.

Bien des choses sont vraies sans être philosophiques pour cela; bien des choses sont considérées comme philosophiques qui, au contraire, ne soutiendraient pas l'épreuve du vrai; mais tout ce qui demeurera définitivement en philosophie devra, sans doute, posséder le caractère distinctif de la vérité. La science complète de cette dernière sera donc plus vaste que la philosophie, qu'elle portera tout entière dans son sein, quoiqu'il soit impossible encore d'assigner à celle-ci l'objet dont elle doive s'occuper exclusivement, et les limites qui de cette manière lui seront tracées.

Qu'est-ce donc maintenant qui distingue le vrai, à quel signe particulier pouvons-nous le reconnaître infailliblement, et quel sens positif devons-nous attacher à ce mot? Voilà les questions préalables qui s'offrent trop naturellement à l'esprit d'un chacun, pour pouvoir être écartées, questions auxquelles, par conséquent, nous sommes tenus de répondre dès cet instant.

D'abord et en général, nous considérons assez vaguement, comme vérité, tout fait ou tout rapport de faits, que nos doutes n'atteindraient pas, du moins pour le moment; mais alors il ne s'agit évidemment que d'une vérité purement relative à la personne persuadée. En y regardant de plus près, nous voyons cependant que la conviction de la vérité se rattache en outre à un signe plus universel et plus précis, c'est-à-dire *à la coïncidence entre eux de certains faits déterminés*. C'est ainsi que nous disons : Il y a vérité dans ce tableau, quand il y a *conformité* entre ses traits et ceux de la personne ou des objets qu'il doit retracer. C'est ainsi que nous disons : Cette relation est vraie, quand les faits relatés *s'accordent* avec les faits arrivés. C'est ainsi que nous considérons telle sensation comme véritable, telle autre comme apparente (celle que nous donne le rêve, par exemple, d'ailleurs très-certain en lui-même), selon que nous la croyons *coïncider* ou non avec la réalité des choses. C'est une vérité pareille que nous exprimons encore en disant : Deux fois deux font quatre, où les deux parties de la proposition sont *égales*. La vérité logique enfin, attachée à l'absence de déterminations contradictoires dans une même proposition, ne s'écarte guère non plus de cette règle, car c'est également un certain *accord* qu'elle exige.

Toutes les vérités ci-dessus n'ont pourtant qu'une valeur relative, toutes sont évidemment incomplètes, et s'il n'y en avait pas d'autres à exploiter, la peine que nous nous donnons à leur recherche pourrait bien rester sans récompense suffisante. Les traits d'un tableau, quelque parfait qu'il soit, ne sauraient jamais rendre entièrement ceux de la nature. Jamais relation historique ne saurait répondre en tout point à l'événement. La coïncidence d'un fait d'expérience avec une chose réelle aurait besoin d'une preuve que rien jusqu'ici n'a pu nous fournir, et demeure par conséquent une exigence métaphysique, peut-être dénuée de motif, à coup sûr sans démonstration satisfaisante. La vérité arithmétique n'est certaine que parce qu'elle est purement conventionnelle dans ses bases. La vérité logique enfin d'une proposition peut s'accorder avec la fausseté la plus manifeste du fait qu'elle énonce; comme, par exemple, quand on dirait : *Un homme se promène en tel lieu*, tandis qu'il n'en serait rien de la chose. Cette vérité relative et incomplète, appelons-la donc *ressemblance* ou *conformité*, appelons-la *justesse, vraisemblance, certitude, exactitude, possibilité*, ou bien de tout autre nom convenable, mais ne lui accordons pas plus de valeur qu'elle n'en mérite effectivement, et disons-nous bien que ce n'est pas d'elle du tout que doit s'occuper une science du *vrai absolu*. Celle-ci réserve le mot *vérité*, pour le seul fait incontestable et parfait de ce genre, c'est-à-dire — si nous admettons également ici l'idée d'une coïncidence, — pour *l'accord d'un fait avec lui-même*, et le rattache ainsi à son *identité*. Voilà le caractère de la vérité absolue, et c'est celui qui appartient en même temps à chaque élément de science humaine, à chaque fait d'audition, de vision, d'idée, etc., considéré en lui-même et indépendamment des hasards d'une rencontre accidentelle avec un autre. Voilà la seule vérité qui s'impose directement à notre conscience (1) et ne demande aucune démonstration, aucune déduction ou preuve pour se faire recevoir. C'est là la vérité qui s'exprime par $A=A$ (2), tandis que toute vérité secondaire s'écrirait $A=B$. Ainsi isolée, cette vérité exclut entièrement le doute, qui n'atteint jamais que certains rapports dans les-

---

(1) Celle qui en approche le plus est la vérité arithmétique et mathématique en général, car les parties égalisées y sont identiques pour le fond, quoique différentes par la forme.

(2) Elle ne peut s'exprimer autrement, mais il ne faut pas perdre de vue qu'il n'y a nullement en elle deux termes A et A, comme dans l'expression donnée, mais un seul A qu'on déclare n'être égal qu'à lui-même, c'est-à-dire absolument identique.

quels ces vérités se placent vis-à-vis de nous, ou vis-à-vis d'autres vérités pareilles. Il n'est pas certain, par exemple, qu'elles nous fussent données moyennant telle ou telle faculté : il n'est pas certain que tel fait, vu par moi *égal* à un autre, ne puisse offrir une *dissemblance* marquée à Pierre ou à Paul et à d'autres. Mais quand je vois rouge ou bleu, quand je vois égalité ou diversité, quand je vois persévérance ou inconstance, les faits nommés ci-dessus, les faits placés dans ces rapports et avec ces rapports, n'en sont pas moins d'incontestables vérités pour moi, et cela suffit sans doute pour me les faire ranger comme telles dans ma science individuelle du vrai. Ces résultats seront convaincants pour quiconque retrouvera en lui les mêmes éléments dans le même ordre ; ils ne peuvent manquer d'être repoussés par celui qui n'y trouverait rien de pareil, mais ce sera déjà un remarquable progrès dans la science, que celui qui réduirait toute discussion à la simple affirmation ou dénégation d'une vérité élémentaire.

Je vois *égalité* ou *diversité* de couleurs, j'entends *répétition* ou *gradation* de sons, voilà donc des vérités scientifiques indubitables encore ; mais avec l'égalité, la répétition, etc., il y entre un élément relatif, un fait de rapport entre deux faits primitifs, qu'il importe naturellement d'y discerner avec soin. Pourvu, cependant, qu'on ne s'avise pas de confondre l'égalité, par exemple, de certains faits dans l'entendement, avec l'égalité de deux choses réelles hors de l'entendement, ou d'en exiger la coïncidence, toutes ces vérités relatives marcheront de pair avec les autres. C'est uniquement le rapport (par exemple d'égalité) entre rouge ici et rouge là, qui est une vérité pour la science ; qu'il y corresponde ou non, égalité réelle hors de l'entendement entre les deux choses ainsi colorées. Une telle correspondance supposée ou demandée ne peut donner lieu qu'à une vérité de second ordre, et d'ailleurs sujette à caution (Voy. p. 4), quelque nécessaire qu'elle puisse nous paraître en certaines circonstances. Que cette égalité soit reconnue enfin par un nombre quelconque d'autres personnes, leur accord sur ce point ne saurait lui donner qu'un nouveau genre de vérité subordonnée, c'est-à-dire une vérité de *confirmation* qui s'y ajoute (en faveur de ceux qui ne verraient pas par eux-mêmes) ; mais quoi qu'il en soit de celle-ci, la vérité scientifique, le fait d'égalité ou de diversité placé dans *ma* vision n'en saurait gagner ni souffrir, et voilà tout ce dont il s'agit actuellement.

Si chaque fait positivement qualifiable, si le rouge ou le bleu, le fait : doux ou amer, le fait ; plaisir ou douleur, etc. ; si tous les faits de relation mutuelle, tels qu'égalité, diversité, répétition, etc., sont également des éléments de vérité dans la science, leur rapport à une individualité humaine, donné dans l'expression *Je vois rouge; je goûte doux; j'aperçois égalité,* etc., y vient ajouter un caractère de *vérité formale,* et ce caractère leur est non moins nécessaire que l'autre, car c'est lui qui les place dans le domaine même de la science. Sans cette forme, qui en fait une *donnée* scientifique, l'élément de vérité pourrait, à la rigueur, avoir une réalité absolue, une signification indépendante peut-être, mais à coup sûr, il ne serait plus une *vérité de science humaine,* vérité dont le bienfait n'est qu'à ce prix, et dont l'expression complète n'est donnée que de cette manière.

Ayant fixé maintenant d'une manière précise et invariable la signification du terme : *vérité,* tel que nous l'entendrons constamment à l'avenir, et tel qu'il embrasse *une matière donnée sous une forme prescrite,* nous devons songer à répondre de suite à une objection qui ne manquera pas de nous être adressée. Dans notre science humaine, dans cette science dont, ainsi que nous venons de le voir, tous les éléments sont des vérités certaines, d'où vient, me demandera-t-on, l'erreur à laquelle pourtant elle est assujettie, comme nous ne saurions en disconvenir. Car ne voyons-nous pas les affirmations les plus contradictoires présentées tour à tour comme des vérités incontestables, et tour à tour repoussées par l'incrédulité philosophique ?

Si rien n'est plus juste que cette réflexion, rien n'est plus facile pourtant que d'y répondre, et rien n'est plus naturel que l'apparition de l'erreur au milieu de cette vérité. D'abord, nous ferons correspondre à chaque vérité subordonnée une erreur qui lui est purement relative, et qui, sans mériter ce nom, dans une acception absolue, se présente pourtant comme désaccord, comme inexactitude, comme invraisemblance, et ainsi de suite. Une véritable erreur par simple absence de vérité aura lieu ensuite, toutes les fois que les éléments d'une vérité complexe demeureront cachés ou inaperçus dans sa totalité. C'est là l'erreur qu'il y aurait, par exemple, à prendre la couleur verte pour un fait simple, tandis qu'elle participe en effet du bleu et du jaune. Cette erreur n'est que de l'*ignorance*, et doit être d'autant plus commune que l'expérience humaine est moins développée. Quelque fâcheuses qu'en soient les conséquences, elles ne sont pourtant que médiocrement fatales à la philosophie, et se redressent peu à peu sans laisser de traces profondes. Il en est autrement de l'erreur particulière que nous appelons *illusion*, et c'est par les rapports des faits entre eux qu'elle pénètre dans le système de la science. Supposons deux faits quelconques dans un rapport donné entre eux; supposons en même temps d'autres faits liés à ceux-là, d'une manière permanente, ou du moins d'une façon à ne s'en détacher que rarement et difficilement, ces derniers faits sembleront alors participer au rapport ci-dessus, quoiqu'il puisse ne pas leur convenir du tout. Voilà l'origine inévitable d'illusions nombreuses qui ne se dévoilent qu'avec la plus grande difficulté, car nous prenons bientôt l'habitude de considérer les choses dans ces rapports illusoires, nous bâtissons là-dessus des théories scientifiques auxquelles nous nous attachons avec toute l'énergie de nos affections, et quand il s'agit plus tard de revenir là-dessus, les forces nous abandonnent, et nous persévérons sous le prestige, malgré l'évidence des contradictions qui en résultent. Nous aurons lieu, par la suite, de signaler les illusions principales de ce genre qui se rencontrent dans le domaine de la philosophie; en attendant, arrêtons-nous seulement à celles qui nous égarent quand, trompés par une simple ressemblance, nous rattachons à l'un de deux faits pareils, les rapports qui appartiennent à l'autre. C'est là ce qui arrive, par exemple, quand nous confondons l'image d'un bâton réfléchi par l'eau, avec le bâton même que nous y plongeons, et que nous le croyons cassé. D'autres erreurs peuvent se glisser en nous par voie indirecte lorsque l'*expression* (parlée, écrite ou rendue autrement) de certains faits et de leurs rapports en bouleverse l'ordre d'expérience, et assume ainsi des faits et des rapports qui ne se conviennent pas. C'est ce qui donne lieu à des formations imaginaires et quelquefois impossibles, telles que le dragon, la chimère, le carré rond, etc.

L'ignorance, comme l'illusion et les créations imaginaires de l'esprit, se dissipe et se rectifie par l'expérience progressive qui détache les uns des autres les faits de notre entendement, soit d'une façon directe soit d'une façon indirecte, en les faisant passer dans de nouvelles associations. Rien n'est donc perdu pour notre science du vrai, à moins que nous ne repoussions volontairement une lumière qui jaillit de toute part. Elle finira, n'en doutons point, par y porter la clarté nécessaire et par nous donner en toute chose la certitude universelle qui nous manque, en dépit des vérités particulières que nous possédons déjà.

Après tout ce qui vient de se dire, on sera persuadé, je pense, que la matière au moins d'une science de vérité positive ne nous est point refusée, mais le parti que nous pouvons en tirer par rapport à la philosophie, la valeur scientifique qu'elle aura quant à celle-ci, voilà ce qui n'est pas encore déterminé du tout, et c'est le développement de la science même qui devra nous instruire à cet égard.

Ce développement cependant, ce tracé de l'ordre dans une matière aussi riche, est un ouvrage trop vaste et trop compliqué pour pouvoir marcher de front dans toutes ses parties. Nous sommes en conséquence obligés de l'entamer pour ainsi dire par l'un quelconque de ses bouts, et c'est en cela que chacun procède différemment, soit par le choix de son terrain, soit par celui des moyens fondamentaux qu'il met en usage. L'un commence par chercher la vérité, l'autre veut découvrir la cause dans les effets. L'un commence par la substance, l'autre par la forme, etc. Si chacun poursuivait en cela sa route avec la même conséquence et la même absence de préventions, il est probable que la chose serait assez indifférente, et que l'on aboutirait au même point après avoir fait quelques détours. Je ne blâme en conséquence aucune de ces voies dans un sens absolu, mais si nous avons préféré la première, ce n'est point par un mouvement purement arbitraire, et nous aurons lieu de nous convaincre plus tard, que l'idée du vrai scientifique qui nous a guidé, porte en elle une condition très-essentielle pour réussir.

CHAPITRE II.

LE DOGMATISME ET LE SCEPTICISME.

La science du vrai repose sur une affirmation, sur la base d'un fait donné, qu'elle regarde comme irrécusable en lui-même. Elle est en conséquence un système dogmatique qu'il s'agit de fortifier préalablement à toute autre chose, contre les attaques du scepticisme philosophique, et c'est pour y parvenir que nous devons commencer par bien apprécier leur position respective.

Le dogmatisme en général affirme, le scepticisme dénie ces affirmations ; l'un systématise ses convictions, l'autre les doutes qu'elles font naître en lui. L'un élève son édifice sur ce qu'il prend pour de la vérité pure, l'autre n'est occupé qu'à saper les fondements de l'ouvrage, sans jamais songer à le reconstruire. Au premier abord on croira sans doute que celui-là, en dépit des erreurs qu'il pourrait commettre, mais qu'un examen ultérieur doit enfin redresser, est seul capable d'atteindre à un résultat satisfaisant, et voilà ce qui jette une sorte de défaveur sur la philosophie sceptique. Une réflexion plus mûre nous fera sentir cependant combien il y aurait d'injustice à persévérer dans cette opinion.

Que l'on prenne seulement en considération impartiale deux systèmes dogmatiques quelconques, et l'on verra de suite que chacun d'eux, quand même ils partiraient de principes entièrement opposés, n'en parviendra ni plus ni moins à terminer son édifice. De cette manière, à la vérité, l'un démentira l'autre d'une façon indirecte, mais ce sera toujours sans pouvoir redresser la moindre de ses erreurs. Le philosophe dogmatique, pour combattre et pour supplanter son adversaire, aura donc besoin lui-même du scepticisme, dont il fera momentanément son allié, sauf à vider plus tard sa querelle avec lui.

Un exemple peut-être expliquera mieux ma pensée. Supposons donc un philosophe dogmatique partant de l'expérience commune. Dans la règle il ne doutera point de la réalité des objets qui l'entourent. Il les examinera, les analysera, les reconstruira, et de l'ordre de leur combinaison constante ou variable, il déduira les lois générales et particulières du monde. C'est ainsi qu'il parviendra, en définitive, à une action attractive et répulsive qui lui servira non-seulement à l'explication de toutes les combinaisons objectives, mais encore à celle des phénomènes de l'intelligence, dans laquelle il ne verra qu'une matière plus déliée, mais soumise aux mêmes lois. Voilà comment il croira, au moyen d'un système purement matérialiste, avoir satisfait à toutes les exigences de la philosophique.

Un autre philosophe dogmatique partira des facultés intellectuelles et sensuelles, sans lesquelles, selon lui, le monde nous serait entièrement inaccessible. Il n'élèvera aucun doute sur leur puissance réelle, et, dès lors, à chaque fait qui se présentera, il trouvera nécessairement une branche facultative prête à lui correspondre, et à laquelle il pourra l'attribuer. Habitué de cette manière à ramener les faits de l'expérience à des facultés internes, les objets finiront nécessairement par lui échapper, car l'analyse en dernière instance n'y découvre que des qualités sensibles, et celles-ci dépendraient justement de nos facultés. Dès lors, ce sera par des facultés subjectives et capables de production, qu'il croira pouvoir expliquer toute chose, et dès lors aussi, le monde extérieur finira lui-même par leur devoir son existence. Voilà comment un système d'idéalisme absolu naîtra et marchera côte à côte avec l'autre. Ils se renverront mutuellement le reproche d'insuffisance ; ils se taxeront, soit de folie, soit d'immoralité, mais tout cela sans se réfuter véritablement, à moins d'appeler le scepticisme à leur secours. Ce ne sera pas pourtant avec toute franchise qu'ils se serviront de son appui, car ils tâcheront d'émousser à leur profit son arme à double tranchant, pour l'aiguiser exclusivement contre l'adversaire actuel. C'est donc à nous, qui n'avons pas encore de système arrêté, d'évoquer le véritable sceptique, et voilà, ce me semble, ce qu'il pourra dire au matérialiste d'abord :

En observant la nature, vous pouvez aller loin, sans doute, dans l'estimation relative des choses, armé du poids et de la mesure ; vous pouvez la connaître, à la vérité, mais la comprendre, c'est ce que vous ne pourrez jamais. S'agit-il de concevoir comment ce monde, dont vous connaissez si bien les lois et les proportions apparentes, s'ouvre et se donne à vous, à votre entendement ? Voilà ce qui dépasse le pouvoir de vos chiffres ; voilà l'impossibilité fondamentale contre laquelle doit échouer votre système, sans nous arrêter aux difficultés secondaires.

Ne croyez pas cependant, dira le sceptique au philosophe idéaliste, à son tour, avoir levé cette difficulté au moyen des facultés diverses avec lesquelles vous prétendez hardiment saisir un monde extérieur à vous, ou même le produire. Un terme, un mot, est loin d'avoir cette puissance magique, et c'est pourtant au prestige de ce mot que se réduit tout ce que vous pouvez nous en dire. Une faculté, m'assurez-vous, est *la cause nécessaire d'un effet* dont nous ne saurions douter. — Mais, qui vous dit que *ces faits*, dont nous ne doutons pas, soient des *effets* ? Qui vous dit que le rapport de causalité, qui (avec ou sans conscience de la chose) préside à votre façon de voir, soit lui-même au-dessus de toute discussion. Quand même vous pourriez démontrer sa validité dans le domaine de l'expérience, il ne saurait trouver d'application en dehors d'elle, et c'est pourtant là, c'est en dehors de toute expérience possible, que vous placez vos facultés causales et primitives. Votre moyen d'explication est spécieux, mais il est loin d'être démontré lui-même. Enfin, quand je vous l'accorderais un moment, comment m'expliquerait-il l'invincible tyrannie qu'exerce sur vous ce même monde extérieur, dont vous prétendez posséder en vous la force créatrice? Jamais vous n'y parviendrez sans le secours d'une nécessité abstraite, et vous allez ainsi d'hypothèses en hypothèses, jusqu'à ce qu'enfin votre système vient à crouler sous leur poids.

Mais si l'on opérait une fusion (dira quelque philosophe éclectique peut-être), si l'on accordait la réalité matérialiste à la nature, et la faculté à l'homme, alors ne se serviraient-elles pas mutuellement de soutien, et dès lors ne pourraient-elles pas satisfaire à tout? — Vous voulez donc construire, dira notre sceptique à cela, une vérité au moyen de deux erreurs. C'est une impossibilité doublée que je vois là dedans, et rien de plus. L'erreur, ou l'incertitude au moins, est déjà dans le principe que vous adoptez pour une seule; vous en introduisez nécessairement deux dans votre système conciliateur.

Dans chacun de ces cas, froidement appréciés, le sceptique se trouve avoir raison, et quand même nous regretterions le port à peine entrevu qu'il nous ferme, nous devons lui savoir gré néanmoins de l'écueil qu'il nous signale à l'entrée. Ce n'est pas ainsi pourtant que nous en agissons d'ordinaire envers lui. Nous le traitons comme on traite l'ami véritable, mais sans indulgence, qui est bien des fois rebuté pour les services éminents qu'il persiste à nous rendre.

Le principe fondamental de la science du vrai sera donc, en théorie comme en pratique, de ne rien adopter comme certain que ce qui aurait été reconnu tel, non point par l'opinion dogmatique du commun des hommes, non point par l'assentiment d'une école philosophique quelconque, mais bien par le scepticisme lui-même, après avoir passé à son creuset. Voyons donc s'il est des vérités de ce genre, des vérités par rapport auxquelles nous pouvons nous entendre avec lui; s'il allait s'en trouver, ce serait exclusivement là-dessus que nous irions asseoir un système, capable, dès lors, de résister (quant à ses fondements du moins) à la sape constante du doute.

Adressons donc au sceptique des questions comme celles-ci : Voyez-vous? Entendez-vous? Pensez-vous? Marchez-vous? etc. ; et certes il sera obligé d'en convenir, quand même, pour ne pas trop accorder, il se retrancherait dans quelques restrictions. Il dira, par exemple : « Oui; mais j'i-« gnore si ce que je vois répond à ce que vous voyez, si ce « que j'entends est identique à ce que vous entendez, etc. » Ce doute, évidemment fondé, lui est certainement permis, mais son objection n'attaquant pas le fait en lui-même, je n'ai pas besoin d'autre aveu. Il ne conviendra pas non plus, sans doute, que cette vision, ce son, nous proviennent nécessairement de telle chose *en dehors de nous*, ou bien que nous en soyons redevables à telle faculté *en nous*, mais c'est encore un aveu que je suis loin de lui demander, car je l'ignore comme lui. Nous pourrons donc probablement nous entendre, car mon dogmatisme n'est nullement tyrannique, et cela parce qu'il aime le doute philosophique et qu'il sait le respecter.

Me voilà donc en possession d'une masse de vérités, purement subjectives si l'on veut, mais d'autant plus incontestables au tribunal de chacun : *Je vois ceci; j'entends cela*, etc. (1). Je poursuivrai de mon examen celles que j'ai, aussi loin que possible; je tirerai au grand jour celles qui se cachent encore dans la foule et qu'on y néglige; j'aurai sans doute alors la matière suffisante d'une science dont l'étendue ne m'importe guère, pourvu que je sache qu'elle ne peut faillir que par ma propre faute. J'examinerai ensuite l'ordre dans lequel ces faits se lient les uns aux autres; je verrai la manière dont ils se groupent, s'enchaînent ou se divisent, et quand ainsi je serai

---

(1) Gardons-nous toutefois de confondre sous l'acception d'une même vérité *le fait* en lui-même, *exprimé* de la manière ci-dessus, et *l'expression de ce fait ;* ne confondons pas ainsi la vérité scientifique avec sa traduction ou le vêtement dialectique qu'elle reçoit. C'est pourtant une méprise assez fréquente dans la spéculation, pour avoir besoin d'être relevée.

parvenu à connaître leurs rapports mutuels, je serai, bien certainement, en possession de ma science tout entière. Connaître les éléments d'une science, et connaître de tout point leur ordre, c'est évidemment l'avoir épuisée. Je ne m'inquiète pas de ce que cette science deviendra alors. Peu m'importe qu'elle soit simplement de la psychologie, ou bien qu'elle obtienne l'importance d'un système philosophique ; il me suffit, pour le moment, qu'elle soit *une science de vérités indubitables*.

Il ne me reste plus maintenant qu'une seule question à résoudre, par rapport au scepticisme, et c'est la possibilité ou l'impossibilité de son abus qu'elle concerne. Ne se pourrait-il pas que le doute sceptique aille trop loin, et si nous lui devons égard et reconnaissance, quand il est inspiré par l'amour de la vérité, ne devons-nous pas, au contraire, nous défier de lui, quand, érigé en principe, il n'est plus animé que par la crainte de la conviction. Un tel écart peut avoir lieu, sans doute, mais il est facile à reconnaître. Si l'expression motivée d'un doute quelconque accorde et pose en fait, autant ou plus qu'il ne faut pour asseoir là-dessus une conviction dogmatique également attaquable, alors elle n'a plus le caractère du vrai scepticisme, alors elle ne mérite plus l'attention du philosophe ; mais rien n'est plus facile alors que de la démasquer. Un exemple éclaircira ma pensée.

Demandons encore une fois au sceptique : *Voyez-vous ?* par exemple. S'il ne veut pas affirmer simplement la chose, il pourra me répondre : « Je n'en sais rien, car j'ignore si ce « qui m'arrive en ce moment est la même chose que ce qui a « lieu en vous, et ce que vous appelez vision. » Ce doute étant parfaitement fondé, il faut bien que je m'y résigne, mais il ne s'adresse pas au fait en lui-même, que le sceptique accorde comme tel, tout en restreignant la valeur de la vérité reconnue, en la bornant à l'individu directement affecté. Il accorde donc un fait qui, pour *ma* science, est parfaitement suffisant, et je n'en veux pas davantage, car rien n'y changera, quand même le rouge que je vois serait du bleu dans les yeux d'un autre, et ainsi de suite. Si, au lieu de cela, le sceptique allait répondre à la même question : « Je ne sais pas ; car, puis-je « affirmer positivement que je vois, tandis que j'ignore encore « si j'existe réellement? » Alors il y aurait de sa part abus manifeste ; il poserait en fait qu'une existence absolue, ou du moins la conviction d'une telle existence, doit précéder ou servir de fondement à la sensation ; mais c'est avancer bien plus qu'il ne saurait justifier de prime abord. On peut toujours lui objecter, avec une égale apparence de raison, que la conscience ou la conviction de l'existence ne nous viennent que par suite de l'expérience des faits sensuels ou intellectuels que nous possédons. Il aurait donc avancé une chose plus que suffisante pour élever sur sa base un édifice dogmatique aussi complet, mais pas plus solide qu'un autre, et c'en est assez pour nous dévoiler le faux sceptique auquel, dès lors, nous sommes dispensé de répondre.

CHAPITRE III.

TRAITEMENT MÉTHODIQUE DE LA SCIENCE.

La spéculation, cette série d'actes et de phénomènes internes, en naissant et en poursuivant son cours, devance de bien loin la conscience de l'ordre qui y préside et dont la découverte aboutit, tantôt à signaler des progrès, tantôt à montrer les écarts d'une course souvent vagabonde au travers des domaines de la pensée. Les règles et les lois qui se décèlent de cette manière, ces règles toutes de simple observation d'abord, d'abstraction systématique plus tard, c'est la *logique* qui les consigne. Il en est d'elles comme des *mathématiques*, vis-à-vis du monde objectif, dont *elles* résument les lois générales et abstraites d'une façon absolument analogue. Mais en logique comme en mathématique, ce n'est point la loi qui conduit en laisse le monde subjectif ou objectif où elle se manifeste; c'est bien au contraire ce monde qui, dans son développement, nous en indique l'ordre constant et nous en fournit la *règle*, mais non le *régulateur* suprême. Voilà ce qu'il importait de reconnaître d'abord, afin d'éviter l'erreur dans laquelle on tomberait si l'on prenait la science de la vérité pour une logique développée, au lieu d'y voir une science de vérités données et se développant d'une façon logique; si l'on prenait la nature pour de la mathématique en action, au lieu d'y voir une masse de faits primitifs se développant selon les règles mathématiques. Quelque nécessaire que soit en conséquence la logique à l'achèvement de l'édifice de notre science du vrai, il faut se garder pourtant de la considérer comme une science mère de la philosophie, et qui contiendrait en elle le principe même de toute vérité de ce genre.

Une règle essentielle du développement logique, c'est qu'on y distingue constamment les faits d'après leurs caractères particuliers, et qu'on les associe selon leurs caractères généraux, donnant lieu de cette manière à un ordre systématique, qui domine la totalité des vérités possédées en entendement. Une suite directe de cette loi spéculative, c'est que l'absence d'un caractère commun et général imprime inévitablement, aux faits scientifiques qui en manquent, le sceau d'une hétérogénéité fondamentale, et donne lieu de cette manière à une scission inévitable. Dans cette situation réciproque, une barrière insurmontable sépare les faits de caractères hétérogènes. Ils ne peuvent ni se déduire les uns des autres, ni même se mettre dans un rapport direct quelconque ; ils se repoussent ainsi mutuellement, et font pour ainsi dire schisme en matière scientifique. Leur association, partout où elle se rencontre, détruit en conséquence l'unité sans laquelle toute science paraît incomplète, et voilà pourquoi la tendance persévérante de celle-ci est d'effacer cette hétérogénéité fâcheuse, en établissant des rapports, du moins indirects, capables de réunir ces faits disparates, et de les concilier en quelque façon. — C'est la raison principale aussi de l'évidence scientifique d'une part, et du manque de cette évidence de l'autre, observés dans les systèmes respectifs de nos sciences *exactes, naturelles* ou *spéculatives ;* car c'est à ces trois caractères que nous pouvons les ramener toutes. La première classe renferme non-seulement toutes les branches de science mathématique, mais encore la science également abstraite de la logique. La seconde contient non-seulement toutes les parties d'une science de la nature objective, mais encore toutes celles d'une psychologie purement empirique. La dernière enfin, comprend la philosophie, la morale, la législation, l'économie politique et l'histoire (considérée comme développement raisonné de tous les rapports interhumains). Dans la première classe, tout est évidence, par la raison que l'abstraction en rend les éléments parfaitement homogènes ou même pareils. Rien ne peut interrompre dès lors la suite et l'enchaînement des faits et de leurs rapports, également homogènes; rien n'y force donc au recours à un fait étranger; et c'est ce qui permet de circonscrire et de terminer la science en elle-même. Dans la seconde classe (des sciences naturelles), nous avons fait sans doute, depuis leur origine jusqu'à nos jours, des progrès considérables du côté de l'évidence, mais un peu d'attention nous fait découvrir clairement l'obstacle presque insurmontable qui nous empêche d'aller au delà. Ce ne sont point les erreurs de l'expérience qui en portent la faute principale. Il y a bien des moyens de les redresser, et nous serions trop heureux si nous parvenions, dans la science naturelle, à n'avoir d'autre limite que celle-là. Une plaie beaucoup plus profonde y subsiste, et c'est la déduction métaphysique de ses phénomènes qui, non-seulement la produit, mais qui empêche encore de la guérir. C'est en vain que nous nous efforçons de rattacher des faits de pure expérience à un ordre de *choses transcendantes,* au moyen de *forces* et de *facultés* transcendantes comme elles. Ces choses, ces forces et ces facultés sont des éléments hétérogènes dans la science de la nature, que rien au monde ne saurait lier *naturellement* aux faits qu'on prétend en faire découler. Ce sont des exigences toutes métaphysiques, qu'il importe d'approfondir dans le domaine de celle-ci, mais qu'il s'agit de repousser à jamais du sein de la science physique. Heureusement cette séparation n'est point impossible, quoiqu'elle n'ait été que faiblement tentée. La force attractive, par exemple, explique-t-elle véritablement le mouvement des corps vers un centre commun? Alors dites-moi ce que c'est qu'une force, comment elle agit sur la matière, pourquoi le centre de son action est placé ici plutôt que là-bas, etc. Si vous ne me répondez pas à ces questions (et je vous défie de le faire), vous ne m'aurez rien expliqué du tout. Votre force dès lors est une charge inutile, dont vous ne faites qu'embarrasser la science physique. D'ailleurs, qu'il y ait ou non une force impliquée dans le mouvement matériel, la chute des corps se fera-t-elle moins, pour cela, en raison inverse du carré des distances? et si cette règle ne change pas, à quoi bon compliquer alors, sans nécessité aucune, la science des seuls phénomènes, de ces notions étrangères à la chose? Substituons en conséquence à l'attraction ou à la répulsion, une convergence ou une divergence, réglée par les lois d'expérience que nous y découvrons. Faisons de même pour tous les autres phénomènes physiques, et rien désormais n'y prêtera au doute ou à l'incertitude, pourvu que l'expérience en soit avérée. Les lois physiques n'auront pas de nécessité absolue sans doute, des révolutions physiques pourraient les changer, tandis que la somme des angles d'un triangle quelconque ne saurait cesser d'être égale à deux droits, mais c'est par la raison toute simple que ces lois physiques ne portent pas sur des faits abstraits, et pour cela même invariables. Elles n'en sont pas moins certaines pourtant, et leur ensemble nous présentera une science positive et complète.

Un autre bienfait inappréciable résultant de ce procédé, ce serait la délimitation bien plus exacte dont jouiraient les sciences traitées de la sorte. La philosophie et la métaphysique n'y toucheraient désormais, qu'autant qu'il serait nécessaire pour les lier les unes aux autres, mais ne pourraient plus pénétrer dans leur sein. Dès lors elles n'y porteraient pas non plus l'incertitude qui, jusqu'ici, les affecte elles-mêmes, et l'inconstance attachée à leur manque de fixité.

Les sciences spéculatives se trouvent dans une position plus fâcheuse encore. C'est là le champ clos du doute et des opinions les plus contradictoires, et cette situation est d'autant plus désolante que nos intérêts les plus graves semblent s'y rattacher. Voyons cependant s'il n'est aucun espoir d'élever nos *spéculations scientifiques* au rang de véritables *sciences spéculatives*, car voilà en deux mots la métamorphose qu'elles réclament. La chose n'est certainement pas impossible, et la route nous en est tracée déjà par les travaux d'un *Ad. Smith* et d'un *J. Bentham*, dont l'évidence découle immédiatement. Si les sciences de l'économie politique et de la législation, fondées par ces deux grands hommes, ne sont pas encore cultivées avec un soin égal dans toutes leurs parties, il n'est plus douteux pourtant qu'elles n'en fussent susceptibles, tout comme les mathématiques sans changer de nature ont pu faire d'immenses progrès depuis Euclide. Mais Smith, mais Bentham, qu'ont-ils fait en faveur de leur sujet, sinon *homogénéiser* les éléments de leurs sciences respectives? Tandis que l'on entassait dans l'économie politique des éléments (économiquement parlant) aussi hétérogènes que l'argent et le travail, le sol et la rente, la production, etc., la confusion ne faisait que s'accroître ; mais Ad. Smith voit en tout cela des *valeurs échangeables,* et dès cet instant, tout s'éclaircit comme par enchantement. Des rapports homogènes, et qui découlent facilement les uns des autres, s'y rangent en bon ordre ; en un mot, la science est créée. Bentham en agit de même. Les actions humaines, tout comme les dispositions pénales, ne sont à ses yeux que des sources d'affection morale (de plaisir ou de douleur, de jouissance ou de peine), et dès lors leur proportion exacte et leur valeur respective peuvent être déterminées avec la dernière précision ; en un mot encore, la science est née sous sa main. Nous voyons donc qu'il ne s'agit pas pour cela de changer une nature dont nous ne disposons point à notre gré, mais seulement de placer les faits dans un jour convenable, et voilà le moyen qu'il faudra dès lors appliquer à la philosophie comme ailleurs, si nous voulons la soustraire à toute vicissitude nouvelle et la placer enfin au rang qui lui convient naturellement.

En ramenant tous les faits élémentaires de la science à la signification de *vérités absolues* dans le sens antérieurement assigné à ce mot, en répudiant ainsi tous les genres de vérité secondaire et relative du sein de cette considération première, nul doute que nous n'ayons procuré à la science philosophique du vrai, le même avantage que Smith et Bentham ont su se donner à l'égard de leurs matières respectives. L'homogénéité du moins relative y sera solidement établie, et le succès de nos travaux dorénavant assuré, pour peu que les forces ne viennent pas à nous manquer. Dans ce cas même, je crois cependant en avoir fait assez, pour pouvoir espérer qu'un penseur plus profond ou plus heureux, frappé des avantages offerts, tentera l'accomplissement de l'œuvre dont ici je vais tâcher de poser les fondements.

La vérité, dans le sens donné par nous à ce mot, la vérité dont la *possession par moi* est la forme, et dont l'*identité* est le caractère unique, s'étend non-seulement au monde de l'expérience extérieure, mais tout aussi bien au monde intérieur de nos idées et de leurs rapports mutuels. Le domaine scientifique qu'elle nous présente ainsi, est bien assez vaste par conséquent, pour nous promettre des récoltes satisfaisantes, quand même il se trouverait des questions d'un intérêt plus ou moins grave qu'il serait impossible de ramener à des éléments de ce genre, et qui, par conséquent, iraient se ranger en dehors de lui. Dès lors sans doute, la science dont je vais traiter ne sera plus la science universelle; à côté d'elle s'élèverait une science du transcendant, du possible, du croyable, une science enfin de l'incertain, de quelque nom qu'on l'appelle, mais du moins leurs limites respectives seront clairement tracées, et le jour de l'une ne se mêlera plus à l'obscurité de l'autre. Elles ne produiront plus alors cette demi-clarté où règne l'illusion et qui est l'ennemie la plus redoutable de toute recherche vraiment scientifique. Plus le domaine de l'incertain sera circonscrit, plus le domaine du vrai s'étendra et l'emportera sur lui dans ce rapport, plus aussi notre savoir y gagnera d'importance; car c'est de cela qu'en dépend le résultat. Heureusement à cet égard, nous voyons l'état de la science s'améliorer de siècle en siècle, et ses progrès, malgré leur lenteur et les obstacles qui les entravent, n'en sont pas moins positifs. Nous en jugerons bien mieux cependant lorsque les deux parties complémentaires de la science universelle, l'une revêtue de son cachet de vérité et de certitude immédiate, l'autre avec un caractère opposé et par conséquent tout aussi marqué, se présenteront isolées et distinctes à nos regards. Alors nous pourrons apprécier sans peine le mérite philosophique de la science du vrai, alors aussi nous saurons tout ce qu'elle doit aux efforts consignés dans ces pages.

Le principe méthodique arrêté, il s'agit encore d'examiner l'ordre méthodique que réclamera la construction du système, et celui-ci, du moins, ne nous présente rien qui ne soit parfaitement analogue à nos procédés habituels, dans les autres branches de science humaine que nous exploitons. Ici comme ailleurs nous aurons d'abord à rechercher et à dénommer les éléments de la science, puis à les ranger par classes, par genres et par espèces. Cette recherche se fera au moyen d'un examen analytique consciencieux, tandis que la classification des faits obtenus sera impérieusement prescrite par le caractère de ressemblance et de dissemblance qu'ils offriront, par celui de leur généralité ou de leur spécialité dans le domaine de l'entendement, et suivra nécessairement ainsi les progrès de cette analyse. Les organes de nos sens, tout en perdant ici leur signification vulgaire comme *instruments* d'aperception (1), et ne conservant que celle qui s'y rattache plus directement, c'est-à-dire la signification d'un groupe de faits, auxquels certains autres faits se lient selon certaines lois (qu'il s'agira d'observer et de consigner), — ces organes, dis-je, ne nous fourniront pas moins l'indication des premiers contours et nous rendront des services réels à cet égard.

Cette partie de notre tâche scientifique achevée, nous marcherons hardiment à la poursuite de l'ordre et des rapports qui règnent parmi les éléments enregistrés. Nous commencerons par les combinaisons les plus simples, nous nous élèverons graduellement aux associations plus compliquées, et nous

---

(1) Considérer dès le début de la carrière, ces organes comme nos instruments facultatifs, c'est préjuger une question trop grave, pour être traitée aussi légèrement, c'est-à-dire une question de principe causal, qui demande la plus grande attention.

terminerons ainsi l'édifice de la science, car, je le répète : connaître tous les éléments qui l'embrassent, connaître parfaitement l'ordre spécial aussi bien que général qui les domine, c'est tout ce qu'elle peut exiger de nous et tout ce que nous pouvons nous proposer à son égard. Parvenus à ce point, aurons-nous bien obtenu la solution de tous les problèmes philosophiques et métaphysiques qui nous intéressent? Voilà une question à laquelle, sans présomption, il est impossible de répondre d'avance, et la suite seule peut s'en charger.

Une troisième branche de toute méthode scientifique, c'est le système de terminologie dont elle fait usage, et qui d'ordinaire se lie si étroitement à l'ordre scientifique même que l'on développe, qu'il est impossible de les juger séparément. Le langage philosophique de chacun n'est que la traduction des faits de *son* entendement et de *ses* convictions individuelles, et c'est pour cela qu'on s'accorde si rarement sur le sens exact des termes dont on se sert. Cet accord pourtant est la chose du monde la plus essentielle ; pour s'entendre en philosophie, et tout en accumulant les définitions, on a trop négligé d'établir des principes fixes à cet égard. Au lieu de prendre pour guide les faits élémentaires, on s'en tient généralement, en terminologie, aux principes théoriques, et l'on règle sur eux les expressions dont on fait usage. Les faits cependant sont les mêmes (dans la règle du moins) pour tout le monde, tandis que les principes varient singulièrement d'un individu à l'autre. C'est donc en quelque façon l'écriture hiéroglyphique que l'on substitue en philosophie à l'écriture alphabétique. Il s'ensuit qu'un système différent ne peut faire aucun usage de ces termes, ou bien qu'il est obligé de fausser leur sens précédent, pour pouvoir tant bien que mal les employer à son tour. C'est ainsi qu'on fait naître les malentendus sans nombre qui entravent à chaque pas la recherche de la vérité. Si au lieu de cela les termes philosophiques représentaient simplement des vérités élémentaires et leurs rapports bien constatés, sans y rattacher des significations accessoires et puisées dans quelque théorie particulière, ils seraient applicables sans difficulté à tous les systèmes, comme les mêmes lettres le sont à toutes les langues. C'est à cela pourtant qu'il faut en venir à la fin, à moins de renoncer de plein gré au but que l'on se propose, et c'est pourquoi j'ai cru devoir en prendre l'initiative.

Est-il possible, en effet, de tolérer, dans un seul et même mot, la réunion des caractères les plus disparates? Tel terme, au lieu du fait simple qu'il s'agirait de désigner, nous présente en outre l'indication du principe dont il découle ou dont on le fait découler. Qu'on prononce le mot *sensation*, par exemple, et prévenus comme nous sommes, non-seulement il nous retrace un fait de caractère particulier, mais il implique encore sa dérivation du *principe de sensibilité*, tandis que le terme *idée* rappelle un titre généalogique tout à fait opposé et devient le représentant direct de l'*esprit*. Ces termes, employés sans précaution préalable, nous imposent ainsi des facultés distinctes avant que la grande question de nos facultés en général soit jugée en dernière instance. C'est donc un système tout entier qui se trouve énoncé à la seule prononciation d'un mot. A tel autre terme se rattache de la même manière, une notion de passivité ou d'activité, de subjectivité ou d'objectivité, de réalité ou d'idéalité, etc., tantôt seule, tantôt même en combinaison avec d'autres. Quiconque a jamais analysé le sens des mots ne sera pas embarrassé de trouver des exemples pour confirmer ce que j'avance ici, et certainement ne me blâmera pas de chercher un remède à ce mal.

Toute synonymité, toute obscurité de termes sera donc bannie, dès le début, du sein de mon vocabulaire. En spécifiant exactement les faits et les désignations qui leur correspondent, mes efforts tendront à conserver aux mots, le sens le plus rapproché de celui que leur a consacré l'habitude populaire, de préférence à celle d'une école quelconque. Si cependant j'étais forcé d'en dévier quelquefois, je me garderai bien de le faire sans de graves motifs et sans définition préalable aussi bien que satisfaisante.

A la rigueur, il n'y a que deux ordres de faits entièrement distincts dans l'entendement, et par conséquent autant de termes correspondants, quelle que soit du reste leur diversité apparente. Ce sont 1° les faits que j'appellerai *absolus*, c'est-à-dire les éléments fondamentaux de toute vérité, qui conservent leur valeur intrinsèque, soit qu'on les considère ensemble ou séparément, dans l'entendement qu'ils remplissent de leur substance. Ces faits absolus s'y rencontrent d'une façon simple, ou bien d'une manière composée, et dans ce dernier cas, ils le sont de deux manières différentes. Le *rouge* et le *bleu*, le *son grave* ou *aigu*, le *plaisir* ou la *douleur*, la *représentation idéale* correspondante, etc., voilà des faits absolus simples selon nous. L'*impression*, en revanche, en tant qu'elle embrasse dans son ensemble : une sensation, une idée correspondante et un sentiment réunis (l'impression sonore par exemple, entendue, représentée en idée, avec la jouissance qu'elle procure), voilà ce qui serait un fait composé d'une certaine façon. Un objet quelconque enfin, un *arbre*, une *maison*, etc., comprenant dans sa totalité un certain nombre des mêmes faits absolus, réunis dans un ordre particulier, ce serait un fait composé d'une manière différente sans doute, et c'est à de tels modes de composition que nous pouvons les ramener tous. 2° Les faits que j'appellerai *relatifs*, c'est-à-dire les vérités qui, pour avoir un sens quelconque, supposent déjà la présence d'un certain nombre de faits absolus, auxquels elles se rapportent et dont elles caractérisent l'association. De ce genre sont tous les faits d'ordre simple ou de rapport, comme par exemple, *égalité*, *diversité*, *généralité*, etc., et tous ceux d'ordre composé ou de relation, tels que *symétrie*, *centralité*, etc. Aucun de ces faits ne saurait apparaître dans l'entendement sans les faits absolus sur lesquels il porte, et c'est en cela que nous plaçons leur caractère distinctif. Voilà les considérations fondamentales sur lesquelles on verra reposer notre terminologie tout entière et qui la motivent suffisamment, je pense. Les termes que nous allons appliquer en conséquence, soit aux faits simples, soit aux faits composés, devront correspondre naturellement, et avec la plus scrupuleuse exactitude, à ces faits d'abord, puis au système de classification que la science établira pour eux sur la base unique des ressemblances ou des dissemblances marquées de leur caractère, de la généralité ou de la spécialité de leur présence dans l'entendement. Telle est la règle constante qui dominera, dans cette partie, le point de vue, que je prie de vouloir bien conserver présent à l'esprit, et selon lequel il faudra juger toutes les déviations que se permettra ma terminologie, tant à l'égard de l'usage vulgaire, qu'à celui des écoles philosophiques, en possession jusqu'ici d'une certaine autorité à cet égard.

CHAPITRE IV.

RÈGLES DE LA DISCUSSION PHILOSOPHIQUE.

Celui qui étudie un système de philosophie veut, ou bien se convaincre des vérités qu'il renferme, ou bien il veut simplement le connaître et juger de ses rapports avec les opinions qu'il professe lui-même.

Dans le premier de ces cas, il n'y a qu'à mettre les propositions fondamentales du système dans le creuset du doute sceptique. Si elles n'en sortent pas victorieuses et vivaces, il est parfaitement inutile d'aller plus loin. C'est le mode le plus simple, le plus facile et le seul qui nous conduise directement au but. Dans la seconde supposition, il faut non-seulement se familiariser avec les données fondamentales du système, mais en saisir encore la trame tout entière, en le rapprochant constamment du point de vue, sous lequel on considère soi-même les éléments de la science ainsi discutée. C'est un ouvrage gigantesque, dans l'accomplissement duquel on échoue la plupart du temps. C'est là la méthode qui donne lieu à la plupart des malentendus dont fourmille la discussion philosophique. D'ailleurs, avec une valeur purement relative pour celui qui s'en sert, cette méthode n'en a guère pour l'avancement de la science, qu'elle ne fait que tourner et retourner en tous sens, en lui appliquant une mesure qui n'est pas la sienne. Enfin, l'auteur que l'on étudie est en droit surtout d'exiger cette bonne foi philosophique qui empêche le lecteur de le juger avant de l'avoir entendu, et c'est la première méthode encore, qui seule réponde avec franchise à cette condition essentielle. Je ne doute donc point qu'elle ne me soit accordée dans toute son étendue.

A chaque proposition que j'énoncerai, je voudrais donc qu'on se demandât le plus consciencieusement possible : *Cela est-il vrai? Cela est-il certain?* Je ne crains point cette investigation ; je la provoque, au contraire, de tout mon pouvoir ; car mes opinions sont nées du doute systématique le plus absolu, qui seul est capable d'épurer la science. Mais une fois passé là-dessus, considérons désormais ce fait comme définitivement soustrait aux chances incertaines de l'épreuve philosophique. Qu'on n'aille donc pas attaquer les propositions suivantes, avec des raisonnements qui supposeraient encore la fausseté ou du moins la non-adoption des principes fondamentaux ; dès lors, il serait impossible de nous entendre, à chaque pas il faudrait revenir au point de départ, et le but ne ferait que reculer.

Que l'on se garde également de combattre un raisonnement par des arguments qui, sans être évidemment contraires au principe adopté, manqueraient eux-mêmes d'une certitude élevée au-dessus de toute contestation sceptique. Ce seraient des armes dont l'usage, sans pouvoir me blesser sérieusement, nous fatiguerait encore sans aucune utilité réelle. La pierre de touche du vrai ne saurait être le simplement possible, ou même le vraisemblable, mais seulement le certain. Avant donc que l'on se serve ainsi d'un argument quelconque, pour en tirer une objection, je demande qu'on veuille bien y appliquer d'abord une légère épreuve préparatoire. Je voudrais qu'on se demandât : 1° Que signifie-t-il, réduit à sa plus simple expression ? et 2° Lui-même, ou le principe sur lequel il repose, est-il bien certainement inaccessible au doute ? — Si ces deux questions n'admettaient pas une réponse claire et positivement formulée à son avantage, l'argument doit tomber de lui-même.

Pour faire mieux apprécier la portée de ces précautions nécessaires, je vais en donner un exemple, pris au hasard sur le grand nombre de ceux que je pourrais citer à l'appui. Supposons, qu'occupé à mettre l'ordre dans les éléments de la science du vrai, à les classifier selon leurs caractères généraux et particuliers, je vienne à rapprocher, jusqu'à un certain point, les faits de la sensation et ceux de l'idée; cet ordre ne me sera-t-il pas aussitôt reproché, par la raison peut-être que ces deux faits doivent leur origine à des facultés absolument distinctes, et de nature totalement différente? Qu'opposerai-je à ce raisonnement, s'il venait m'assaillir avant que le développement de mon système m'eût conduit à l'adoption d'une faculté en général, ou de quelque faculté particulière que ce soit? Je demanderai d'abord : Que voulez-vous dire par le mot faculté? et nous finirons, je suppose, par nous entendre sur le sens de ce terme, comme signifiant : Une certaine *cause active* et résidant en nous, d'où découlerait d'une certaine façon (par exemple, par action simultanée d'une autre cause extérieure et opposée) l'*effet* que nous appelons *sensation*, *idée*, ou autrement. Je conclurai que l'admission d'un rapport de cause et d'effet préside à cette façon de voir; et dès lors je demanderai naturellement encore : Ce rapport est-il bien certainement élevé au-dessus de toute contestation? Si nous en puisons l'indication dans l'expérience, de quel droit étendons-nous son application jusqu'au domaine extérieur à toute expérience, où se placent ces facultés? Si dans l'expérience rien ne nous démontre sa réalité, pouvons-nous à titre suffisant le supposer, ou admettre sa nécessité plus que logique, sur la foi d'une présomption aveugle? En bonne conscience, nous ne pouvons ni l'un ni l'autre.

Je ne poursuis pas plus loin cette discussion, qui, en ce moment, ne suffirait pas pour nous faire renoncer à des théories d'action et de réaction profondément enracinées, mais elle prouve au moins que tout argument, tiré de cette source contestée, doit manquer inévitablement de l'évidence nécessaire à un principe fondamental, et j'en prends acte, dès ce moment, pour observer, qu'avant de l'avoir prouvé dans toute l'étendue de sa valeur et de son application philosophique, nous ne saurions nous appuyer sur lui, ni pour affirmer ni pour dénier quoi que ce soit.

Un fait étant reconnu et posé pour vrai, aucune préoccupation, aucun préjugé ne doit plus, sans doute, nous faire reculer devant ses conséquences ; mais qu'on ne se hâte pas non plus d'en tirer des conclusions prématurées. Rien n'est plus facile que de s'égarer dans cette route, en procédant par bonds, au lieu d'avancer à pas mesurés. On parvient ainsi à des résultats souvent très-différents, et c'est ici qu'un principe invariable, une règle essentielle à observer, nous rendra les services les plus éminents. Ce principe, dont il importe de se pénétrer, c'est qu'aucune conclusion régulière ne saurait tirer d'une proposition donnée, une vérité qui n'y serait pas déjà comprise, soit d'une manière évidente, soit d'une façon déguisée. C'est une matière donnée qui, en pareil cas, se déroule et se développe, mais jamais rien ne saurait se créer de cette manière. Toutes les fois que l'apparence du contraire a lieu, on découvrira, en y faisant attention, une vérité coordonnée, ou bien une supposition prise pour de la vérité, qui se sera glissée inaperçue dans la proposition fondamentale. Quand Descartes nous dit : *Je pense, donc je suis*, il tire sans doute un élément entièrement étranger du sein de sa proposition : Je pense ; car entre être et penser il y a un abîme ; mais aussi faut-il convenir qu'il ne saurait se combler de la sorte. La conclusion est, en effet, vicieuse ; mais voici l'anneau caché de son raisonnement. Pour pouvoir penser (suppose-t-il déjà), il faut quelque chose qui soit (l'être pensant) ; puisque je pense (ce qui est certain), il faut aussi que je sois, et cette conclusion ne dit rien, en conséquence, qui ne soit contenu dans la base réelle, quoique sous-entendue, de son raisonnement (1). Je n'ai pas eu l'intention d'examiner ici la valeur de

---

(1) Je sais bien que Descartes, sentant parfaitement le défaut logique de ce raisonnement, tâche de le masquer en niant que ce soit une conclusion

celui-ci ou son peu de fondement, mais bien de montrer la règle dont on ne saurait se départir sans tomber dans les plus graves inconvénients.

C'est une méthode de polémique complète que renferment les principes donnés ci-dessus. Suivie avec quelque scrupule et bonne foi, elle ne pourrait manquer de mettre fin à la plupart de nos controverses philosophiques qui sont, en général, parfaitement oiseuses. Je ne me flatte pas cependant de l'espoir chimérique d'y réussir tout d'abord. Ceux qui ne veulent de la vérité qu'à condition de confirmer un système arrêté d'avance, ceux-là ne sauraient m'en tenir compte, et je crains que ce ne soit le grand nombre ; mais ces règles profiteront du moins au lecteur impartial qui, la recherchant pour elle-même, n'aurait aucune arrière-pensée de ce genre, et c'est à lui que je m'adresse particulièrement. Si je lui impose de cette manière des restrictions gênantes, ce sont autant d'engagements que je prends vis-à-vis de lui, et de ce côté-là, du moins, il n'aura pas de reproche à me faire.

qu'il ait faite, et assurant que penser impliquait nécessairement l'existence, mais alors il fallait commencer par prouver cela, par démontrer, par exemple, que *penser* n'est qu'une *façon d'être*, mais voilà ce qui ne se prouve pas si facilement.

CHAPITRE V.

PRÉCIS HISTORIQUE. — PHILOSOPHIE ANCIENNE.

Lorsque nous considérons séparément les nombreux systèmes, qui en philosophie se sont rapidement succédé, ils nous apparaissent, au premier abord, comme autant d'efforts infructueux dirigés vers un but toujours reculant devant nous; en un mot, vers la vérité. Il n'en est plus de même quand nous les observons, au contraire, dans leur ensemble et dans leur liaison mutuelle; car, dès lors, nous y reconnaissons clairement les degrés ascendants d'un développement progressif, et la solution graduelle de la question philosophique, telle qu'elle se révèle à l'époque, qu'elle résulte des lumières du temps, et qu'elle se présente dans des circonstances données. Si chaque système nouveau prétend avoir atteint le dernier degré de l'échelle, et veut y être monté en passant sur les épaules de ses devanciers, écrasés sous son poids, c'est une erreur d'amour-propre assez naturelle, mais qu'un regard impartial, jeté sur l'histoire de la philosophie, réduira bientôt à sa juste valeur.

Cette histoire, considérée comme récit du développement successif de notre vie intellectuelle, nous apprend, en premier lieu, à n'en pouvoir douter, qu'il est loin de suivre une direction unique, mais qu'il découle au contraire, d'une triple source, dont les eaux à la vérité se réunissent de temps à autre, mais ne tardent pas à se fuir derechef, et conservent invariablement leur caractère particulier et distinct.

Ces trois directions philosophiques sont celles de l'*empirisme*, du *réalisme* et de l'*idéalisme* qui, sans s'exclure entièrement du sein d'un système quelconque, y prédominent pourtant d'une façon tellement marquée, qu'elles lui impriment, l'une ou l'autre, leur cachet le plus profond. S'il en est ainsi, si aucun des systèmes que nous allons passer en revue n'a suivi d'une façon absolument exclusive sa direction particulière et caractéristique ; s'il en a dérivé plus ou moins, tantôt d'un côté, tantôt de l'autre, c'est encore à la présence constamment et nécessairement réunie des trois tendances ci-dessus qu'il faut l'attribuer, car elles se disputent l'empire dans chacun de nous, tout comme elles le font au sein du développement philosophique. Si d'autres points de vue, enfin, viennent faire diversion bien des fois à la tendance principale ; et si, remarqués de préférence par l'auteur d'une histoire philosophique, ils apposent à celle-ci la marque particulière de leur caractère distinct, cela tient naturellement encore à la richesse d'une matière qui se présente à la spéculation sous une foule de faces diverses, et se colore en conséquence.

A chaque degré de développement intellectuel, les trois tendances ci-dessus se font ressentir aussitôt et le poussent dès lors dans des directions divergentes, jusqu'à ce qu'un esprit vaste et profond à la fois, rassemblant les résultats antérieurs de la pensée, vienne à les faire concourir et à rétablir l'harmonie. Son système dès lors entraîne pour un temps du moins la majorité du monde philosophique, et si dans la suite de nouvelles difficultés en font voir l'insuffisance, on se trouve forcé d'abandonner une voie dorénavant aride, un sujet complètement épuisé, pour passer à un point de vue plus vaste et plus élevé. Mais dans le domaine nouveau qui s'ouvre de cette façon à nos regards, le triple rayonnement intellectuel se fait remarquer derechef, et derechef nous en parcourrons jusqu'au bout la carrière. Si tel est l'ordre que l'histoire de la philosophie m'a paru mettre dans une évidence entière, je n'en saurais ici consigner que le fait, et tâcher d'en donner les preuves. Quant aux lois plus générales sur lesquelles cet ordre reposera sans doute, elles ne sauraient appartenir à l'objet de ce précis, mais leur examen tombera en partage à la philosophie même, où cette question, à son tour, ne manquera pas de trouver sa complète solution.

L'esquisse historique qui va suivre est uniquement destinée à faire ressortir l'ordre du développement intellectuel que nous venons de signaler dans ses traits les plus généraux, et ne doit indiquer que l'esprit dans lequel je voudrais qu'on étudiât cette histoire. Elle est loin par conséquent de prétendre à la remplacer. Des limites aussi étroites ne sauraient convenir à cette histoire, car elles lui feraient perdre la meilleure partie peut-être de son importance et le fruit des graves leçons qu'elle nous donne. Si j'ai dû me contenter de citer les systèmes principaux placés en tête d'une école ou d'un mouvement marqué, ce n'est pas sans doute que je veuille déprécier le mérite des penseurs, passés à regret sous silence. Chacun d'eux, en consacrant à la science son temps et ses efforts, a contribué, par des matériaux plus ou moins précieux, à la construction de l'édifice, et s'il m'a fallu renoncer à les spécifier tous, c'est que j'y suis forcé par les limites nécessairement imposées à cet aperçu, et par la place secondaire qu'il occupe dans cet ouvrage.

Quelque chancelants que fussent les premiers pas de la philosophie grecque, nous y reconnaissons pourtant, et dès son origine, les tendances réalistes, idéalistes et empiriques dont elle ne s'écartera plus. Ses débuts dans l'école ionienne, depuis Thalès, sont entièrement matérialistes. Le principe inerte (solide ou fluide, terrestre ou aqueux) comme le principe vivifiant (le feu) ne diffèrent pas essentiellement à cet égard, soit entre eux, soit avec le principe élémentaire absolu auquel ils se rattachent tous les deux. L'objectivité, dans le domaine de laquelle l'abstraction nous ramène bientôt à l'unité numérique, étant le caractère dominant de cette philosophie, elle devait se prêter facilement à l'application du calcul. Pythagore le sentit si bien, dès ces temps reculés, qu'il fit de l'unité et du nombre le principe et l'élément essentiel de son système. Des nombres en évolution, voilà le monde de Pythagore.

C'est dans l'école éléate, fondée par Xénophanes, mais fixée dans sa tendance par Parménide, que nous voyons, tout imparfait qu'il est, les premiers symptômes d'un idéalisme relatif aux lumières de l'époque. Il vient opposer à une réalité, ainsi qu'à une vérité toute matérialiste, une *apparence* illusoire, et considère comme telle toute variété dans les choses, le changement en général et le mouvement en particulier. C'est par la raison que nous apprenons la vérité, c'est par les sens que nous tombons dans l'illusion.

L'école empirique de Leucippe, continuée par Démocrite, l'observateur attentif de la nature, s'en tient en général, quoique mêlée de réalisme, à la simple expérience et à sa façon de voir toute pratique. Pour lui le monde est formé d'éléments atomistiques se mouvant dans l'espace vide et constituant toutes les choses. Il en est de même de leurs images apparentes et des changements qu'elles subissent, selon un ordre nécessaire et donné. Ces images des choses en sont les émanations subtiles. L'âme aussi n'est qu'un assemblage d'atomes phlogistiques auxquels appartient la chaleur et la pensée.

Les progrès qui, dans cette époque, ne laissent pas de se faire remarquer, sont résumés par Anaxagore d'une manière qui les relève singulièrement. Celui-ci distingue déjà, à côté de l'élément tout matériel, le principe intelligent dont il vient investir un esprit ordonnateur du monde, et par conséquent divin. Le scepticisme cependant n'a pas tardé non plus à lever la tête, et par l'organe de Gorgias et de Protagore, il cherche à démontrer que la certitude manque à toute chose, que la conviction de l'un ne saurait même se transmettre exactement à l'autre au moyen de la parole; qu'en conséquence tout notre savoir était pure vanité.

Le résultat naturel de ces efforts peu décisifs fut de reporter l'esprit investigateur d'un côté vers les seules formes de la discussion, dans lesquelles les dialectitiens croyaient avoir trouvé l'unique régulateur d'une vérité incertaine dans le fond; d'un autre côté vers les objets purement pratiques, et c'est à Socrate (et à l'école éthique) que l'on doit ainsi le premier développement d'une morale éclairée, d'une vertu sublime et d'une sagesse raisonnée.

Les progrès de l'esprit philosophique, dans ce période de temps, sont faciles à saisir. Des deux généralités élémentaires dont il est parti (d'une substance inerte, opposée à une substance vivifiante) et dont il cherchait à déterminer les rapports en les ramenant à un fait absolu, un, uniforme, mais tout aussi matériel de sa nature (malgré la teinte morale qu'il prend quelquefois), il s'est élevé à l'opposition plus scientifique déjà de la *substance* et de l'*intelligence* qui l'organise. Aussi est-ce de ce point fondamental que s'élance l'époque suivante, où nous n'en retrouvons pas moins les mêmes tendances différentes, représentées cette fois par *Platon*, *Aristote* et *Épicure*.

Platon définit la philosophie comme recherche de la véritable essence des choses, et comme telle il désigne l'*idée*. Cette idée, il la conçoit comme *la forme et l'image des choses*. Elle existe indépendamment de ces dernières dans l'esprit du Dieu créateur ou plutôt ordonnateur qui a formé le monde. Dieu a fait ce monde en adaptant la matière préexistante, mais informe et sans mouvement régulier, au type de ses idées, en lui donnant une âme dans laquelle ces mêmes idées auraient été implantées par lui. La totalité de ce monde serait en conséquence une espèce d'organisme animal, où les astres, comme la terre et ses habitants, vivraient tous d'une vie universelle, et particulière à la fois. En morale, le mal tient à la matière désordonnée que l'esprit peut bien maîtriser en quelque façon, mais non pas corriger entièrement, et la vertu consiste à se rapprocher de la perfection divine.

Aristote considère la philosophie comme la science des principes de toute chose, et partant *empiriquement de la nature comme base et seul objet donné à la spéculation*, il prétend s'élever au moyen de celle-ci (d'un raisonnement distinct dans son principe et dans ses fonctions) jusqu'à la connaissance du premier principe de cette nature même. C'est sur l'expérience qu'il assied ainsi les lois de sa logique et marche par démonstration à la preuve d'un Être suprême. Aristote regarde l'âme comme le principe formel, pensant et vivifiant du corps. Cette âme, il la donne à tous les êtres, mais en multipliant et diversifiant les fonctions qu'il lui attribue. Il donne ainsi le sentiment à toute espèce d'animal, et la raison exclusivement à l'homme. L'âme, selon lui, n'est immortelle qu'autant qu'elle est douée de cette raison supérieure. Le bonheur (bien suprême), comme but de toutes les actions humaines, découle principalement de la jouissance des biens dont l'âme est la source. Il en est d'autres cependant qui nous viennent du corps, d'autres encore qui sont dus à la chose extérieure.

Épicure enfin regarde la recherche du bonheur ou du bien suprême comme but de la philosophie, et c'est par les sens uniquement qu'il le croit indiqué et donné. En poursuivant son système, il franchit cependant cette étroite limite, et devient absolument réaliste. *La matière et son mouvement, voilà l'origine de toute chose.* Les atomes animés dont cette matière se constitue donnent lieu à tous les éléments d'abord, puis, selon leurs combinaisons diverses, à toutes les formes dont ils se revêtent dans les êtres organisés. Il n'en excepte pas même l'âme, qui se distingue uniquement par la subtilité de ses éléments. Selon lui, les dieux seraient des êtres plus parfaits et plus heureux, vivant dans les intervalles qui séparent les mondes, mais sans se mêler de les gouverner, ce qui est l'œuvre du hasard ou de la nécessité. Il croyait ainsi délivrer les hommes de la superstition et des maux qu'elle engendre, et contribuer puissamment à leur bonheur. La première vertu dans ce système devient la sagesse, dont la justice et la sobriété sont les branches principales.

Les systèmes de ces trois penseurs forment la base sur laquelle nous voyons reposer toute la spéculation philosophique non-seulement de l'époque, mais encore des siècles suivants; c'est le centre vers lequel elle gravite. Le scepticisme ne manque pas cependant d'élever sa voix et d'attaquer les résultats.

obtenus. Depuis Pyrrhon jusqu'à Ænésidème ses principaux arguments sont l'incertitude non-seulement de tout ce qui se perçoit par les sens, sujets à d'innombrables illusions, mais encore au moyen de nos raisonnements, en contradiction les uns avec les autres. Le dernier s'en prend surtout au rapport de causalité, dont il démontre le peu de fondement. La conclusion du scepticisme est enfin : qu'il est possible, *peut-être,* de découvrir la vérité, mais que ce but ne se trouvant pas atteint encore, il fallait, pour être sage, s'*abstenir de porter un jugement affirmatif sur quoi que ce soit.*

De la lutte du scepticisme contre le dogmatisme de l'antiquité, nous voyons surgir la philosophie stoïcienne, fondée par *Zénon,* et qui s'occupe à donner une base solide à la recherche de la vérité, en déterminant plus exactement les caractères distinctifs de celle-ci. Le stoïcisme part, pour en venir là, d'une théorie de l'entendement où toute chose apparaît moyennant une impression extérieure produite sur l'âme. Douée de faculté compréhensive, celle-ci reçoit des images conformes aux objets, et leur vérité alors est affirmée immédiatement à la saine raison. La faculté intellectuelle combine ces données primitives soit volontairement, soit involontairement, et produit ainsi les notions abstraites et compliquées. L'âme est une substance éthérée, douée de sens et de raison. Dieu est l'âme universelle et la loi suprême de l'univers, qui devient ainsi un être vivant et divin lui-même. Le destin n'est que l'enchaînement des effets et des causes. La morale, partie prépondérante du système, se fonde sur l'accord demandé de nos actions avec la loi d'ordre et de raison suprême, qui se prononce dans la nature. Son principe pratique devient en conséquence la règle *de vivre conformément à la nature.* Le seul véritable bien c'est la vertu, le seul véritable mal c'est le vice.

La philosophie stoïcienne combinait et résumait dignement les résultats antérieurs de la pensée, mais c'est là que s'arrête pour un temps le mouvement ascendant imprimé à la pensée par le génie spéculatif de la Grèce. L'esprit conquérant des

Romains ne pouvait lui être favorable, aussi le livra-t-il bientôt à l'éclectisme le plus décidé. Celui-ci se borne à choisir au sein des systèmes existants ce qui lui paraît le plus propre à satisfaire les besoins intellectuels du moment, et renonce ainsi à la conséquence dans le développement qui marque le véritable progrès (1). C'est ainsi que la philosophie, réchauffant tour à tour les systèmes anciens sans les perfectionner, souvent même les dégradait au moyen du mysticisme oriental qu'elle y laissait pénétrer. Une impulsion nouvelle devenait indispensable pour en prévenir la ruine totale, et cette impulsion, la philosophie la reçut du christianisme. Celui-ci cependant ne s'en empara d'abord que pour la dominer, et vint lui imprimer un caractère plus décidément théologique. Rejetant dans le domaine de la foi le fondement de toute science, la philosophie chrétienne vient placer son Dieu et ses dogmes au point de départ de toute spéculation. Circonscrite ainsi dans l'encadrement d'un cercle tracé d'avance, le résultat nécessaire de pareilles circonstances devait être un retour forcé sur elle-même, et le domaine de son application fut en conséquence la métaphysique et la logique. Tel est le caractère dominant de la philosophie scholastique du moyen âge. Il y aurait injustice cependant à lui refuser pour cela toute espèce de mérite. Repliée sur elle, ce fut avec d'autant plus de zèle, qu'elle dut se livrer à l'examen des spécialités, et c'est ainsi qu'elle développa les subtilités dialectiques qui, plus tard, ne manquèrent pas de porter leurs fruits, car dans cette joute, en apparence stérile, elle perfectionna singulièrement l'instrument philosophique de la pensée, c'est-à-dire son langage. La grande querelle du réalisme et du nominalisme qui l'occupa particulièrement, roulait sur la valeur absolue ou relative des désignations générales et spéciales dans la science;

---

(1) L'éclectisme, tel que M. Cousin l'entend et l'inscrit sur son drapeau, en lui prêtant son langage, clair, précis et profond à la fois, est de tout autre nature, il tend à la réconciliation de l'idéalisme et du réalisme, c'est-à-dire à un but que la philosophie est loin de désavouer.

à ces désignations devaient correspondre, selon le premier, des faits primitifs, de véritables différences dans le fond des choses ; selon l'autre, de simples ressemblances ou dissemblances associées, et par conséquent, un usage purement logique. Cette contestation, qui se termina par la victoire complète du nominalisme, prépara par le développement donné aux idées, une ère plus riche en résultats, et nous montre en même temps d'une manière très-précise le caractère particulier dont à cette époque se revêtirent les tendances réalistes et idéalistes qui y sont bien représentées. L'empirisme, modifié dans ce même sens, entre autres par Raymond de Sabonde, se développe parallèlement, et le scepticisme, empreint lui-même du caractère religieux qui domine la spéculation, va se retrancher dans la foi, convaincu de l'insuffisance de la raison humaine à découvrir la vérité.

Telle était la situation des esprits quand *Bacon* parut sur la scène, et c'est de ce moment que date l'émancipation de la philosophie et sa régénération. Rappelée par lui sur le terrain de l'expérience et de l'observation, c'est moins par la création d'un système particulier que par la direction imprimée à la spéculation qu'il mérite d'être considéré comme son restaurateur. Un nouveau génie paraît effectivement l'animer, et donne lieu aussitôt aux systèmes de *Descartes,* de *Spinosa* et de *Locke*, qui représentent encore les trois tendances divergentes de la philosophie à l'époque de sa renaissance.

Par la priorité accordée à la pensée, le principe de la philosophie cartésienne, *Je pense,* donc *je suis,* est éminemment idéaliste, quoique la réalité des choses y marche intacte à côté de cette pensée, primitive comme elle. La substance pensante, immatérielle, sans étendue et toute spirituelle, se détache dans ce système, d'une façon plus tranchée que jamais, de la substance étendue, impénétrable et purement matérielle. Ces deux substances étant sans action nécessaire l'une sur l'autre, c'est de la Divinité seule que dépend l'influence mutuelle qu'elles exercent, et la connaissance de cette Divinité repose à son tour sur l'idée, innée dans l'âme, d'un Être souverainement parfait, idée qui ne saurait y être placée pour induire en erreur l'homme qui s'y confie. Elle implique en conséquence une vérité nécessaire qu'elle nous garantit moralement. Telle est, en résumé, la métaphysique du système à laquelle se rattache une physique nouvelle. Celle-ci considère le monde comme formé au moyen d'un mouvement en tourbillon, imprimé à la matière par la volonté immédiate de Dieu.

Spinosa, partant du principe tout réaliste d'une substance unique et qui existerait par elle-même, identifie cette substance à Dieu, qui n'est autre chose que sa totalité. Ses attributs sont l'étendue illimitée d'un côté, et la pensée infinie de l'autre. Du sein de Dieu découlent, en conséquence, par limitation respective, toutes les modifications de la substance d'une part, c'est-à-dire tous les objets corporels, et de l'autre toutes les modifications spirituelles, telles que la raison et la volonté, partage des âmes individuelles. Ce développement, cette émanation des êtres individuels du sein de la Divinité, est soumise à un ordre nécessaire et invariable qui s'accorde avec la liberté divine, celle-ci n'étant gênée en cela par rien qui lui fût extérieur. Une idée en rapport direct avec une chose en est l'*âme*. Cette chose, en tant qu'objet immédiat de l'idée, en est le *corps*. Réunis, ils forment l'individu. Chaque idée embrassant un objet positif est une vérité ; l'erreur naît d'une absence de l'idée en rapport direct avec son objet. La vertu et le bonheur suprême résident dans la connaissance achevée de Dieu, qui nous dispose nécessairement à vivre selon sa volonté.

Selon *Locke* enfin, toutes nos connaissances dérivent sans nulle exception de l'expérience, moyennant action des choses extérieures sur l'âme humaine (comparée par lui à une table originairement rase) et des impressions qu'elles y laissent. C'est par l'analyse et la combinaison de ces faits primitifs que Locke s'élève de l'élément de nos idées et de nos perceptions, aux connaissances abstraites et compliquées qui résultent de leur association. Il place enfin au nombre de celles-ci les notions que nous avons de Dieu et de l'immortalité. Sa morale.

également fondée sur l'expérience, devient une science de vrai bonheur.

Sans nier les progrès incontestables qui, dans les systèmes ci-dessus, se font apercevoir, tant du côté de la matière mieux observée que du côté de la forme plus scientifique de leur développement et du besoin d'une démonstration plus rigoureuse qui s'y trahit; il faut avouer pourtant que le fond de la question n'a pas avancé en proportion du temps qu'il en a coûté pour parvenir à ce point.

Dès l'instant où l'esprit humain s'élève au-dessus des deux généralités primitives, données par l'observation la plus superficielle des choses; au-dessus de la *matière inerte* et de la *matière vive*, après en avoir fixé les rapports apparents, il saisit l'opposition de la *substance* ou du principe organisé (dans lequel désormais ces deux matières se confondent), et de l'*intelligence* ou du principe organisateur. Sa tendance scientifique n'a pas changé cependant, et se dirige, comme par le passé, vers la détermination des rapports existants entre les nouvelles généralités qu'admet la science. Quelque forme qu'en revête l'objet, cette tendance a toujours le même procédé dans sa simplicité et dans son importance fondamentale (1). Partant de cette base et se développant selon cette règle, la spéculation a transformé jusqu'ici les généralités opposées de la science, en *matière* et en *esprit*, dont les rapports mutuels occupent en ce moment la curiosité philosophique. Ce progrès cependant, s'il y en a, n'est pas bien considérable,

---

(1) Nous cherchons constamment le fait général au milieu des spécialités qui se groupent autour de lui, puis nous cherchons les rapports existant entre les généralités obtenues. Telle est la marche suivie par chacun, mais chacun s'y prend d'une façon différente. L'un, dans ce dernier rapport, ne voit que des raisons et des conséquences; l'autre une liaison de cause et d'effet, le troisième une certaine conformité avec caractère de vérité, etc., mais tout cela n'est que de la manipulation philosophique si j'ose m'exprimer ainsi, et se passe sans intervertir l'ordre universel et constant qui se développe indépendamment de cela, et qui doit finir par couronner de succès nos efforts persévérants.

et cela d'autant moins que ces deux généralités ne s'y distinguent pas même encore d'une façon bien décidée de tout autre élément accessoire. Elles s'y confondent, au contraire, à plusieurs égards et très-visiblement, l'une avec le *corps* (c'est-à-dire avec la matière humaine), l'autre avec l'*âme* (c'est-à-dire avec l'esprit humain), ce qui rend la question plus compliquée sans doute, et moins facile par conséquent à résoudre. L'effort spéculatif, tendant à les retirer de cette association, se fait remarquer néanmoins de plus en plus clairement, et la séparation s'achève enfin dans la période philosophique qui s'ouvre actuellement devant nous. Elle se fait jour dans le *matérialisme pur* de *Hobbes*, dans le *spiritualisme exclusif* de *Berkeley*, et dans le *sensualisme absolu* de *Condillac*, où les trois tendances philosophiques se trouvent encore en présence, exprimées toutes de la façon la plus marquée.

Le matérialisme enseigné par *Hobbes* restreint toute philosophie à la science des corps, science obtenue par le secours des sens, et combinée (ou calculée, pour ainsi dire) par l'esprit. Il distingue les corps en corps naturels (objets de la science ontologique), et en corps artificiels, tels, par exemple, que la société (objet de science politique). La métaphysique, pour lui, n'est en conséquence que de la psychologie. La connaissance obtenue des choses, selon Hobbes, est due tout entière au mouvement des corps s'introduisant dans l'esprit, qui n'est lui-même qu'un corps plus subtil. En politique, Hobbes recommande le pouvoir absolu, seul assez puissant pour éloigner l'état de nature qu'il considère comme la guerre de tous contre tous, et comme la source de tous les maux.

Berkeley, tout au contraire, n'admet d'existant que les esprits, tandis que la matière, selon lui, n'a qu'une apparence d'existence. L'esprit humain ne voit rien, si ce n'est ses idées, mais ce n'est pas lui qui les produit. C'est à Dieu seul qu'il en doit le contenu, à Dieu, l'esprit infini et parfait. Quant à ses actions, bonnes ou mauvaises, l'homme en porte à lui seul toute la responsabilité, et cela en vertu de son libre arbitre.

Condillac enfin, fidèle pour le fond aux principes déjà énoncés par Locke, principes qu'il sut naturaliser en France, en les développant et en les appliquant avec une conséquence et une sagacité supérieures, déduit tout le système de l'entendement du fait primitif de la sensation, au moyen des transformations qu'il subit par l'expérience. Il considère, en même temps, l'existence de certains corps élémentaires (d'atômes), comme un fait nécessaire et par conséquent fondamental à toute vérité.

C'est à la suite de ces philosophes que se rangent, avec plus ou moins d'indépendance, tous les penseurs de l'époque que nous venons de retracer historiquement, et dont les résultats se trouvent résumés par le génie vaste et médiateur de *Leibnitz*.

La partie caractéristique du système de Leibnitz, c'est la *monade*, substance élémentaire de toute chose et douée d'une force essentiellement spirituelle. La monade, au moyen de cette force intrinsèque, se développe graduellement et constamment de son propre chef, sans aucune influence étrangère. Des monades à forces dormantes et sans perception, voilà l'élément des corps ; des monades à forces vives et douées de perception, voilà les âmes ; et de nouvelles gradations dans le développement, une clarté plus ou moins grande de perception, c'est là ce qui constitue la différence entre l'âme humaine et l'âme animale. Le temps, c'est l'ordre du changement des monades ; l'espace, c'est l'ordre de leur association, tous deux sont des faits purement relatifs et idéals. Chaque corps organisé renferme une monade centrale où se réfléchit, pour ainsi dire, le monde extérieur aussi bien qu'intérieur à l'être individuel, moyennant ses relations distinctes avec les monades circonférencielles, relations dont elle possède la conscience. D'ailleurs l'absence de toute influence directe, exercée de monade à monade, force nécessairement Leibnitz au recours à une harmonie préétablie, pour expliquer l'accord subsistant entre les choses de ce monde. Dieu, qui est la source de cette harmonie, est en même temps la monade des monades, le centre absolu de toute relation et le miroir de l'univers entier reflété dans son sein. Le monde, une émanation divine, sans être parfait (à cause de sa nature limitée), est cependant le plus parfait des mondes possibles, dont les types se trouvent réunis dans l'entendement divin. C'est de là que la bonté divine le tira pour le réaliser tel qu'il est effectivement. Le mal moral qui s'y trouve tient à la limitation des êtres d'abord ; ensuite à la liberté absolue que Dieu leur a accordée.

Le système de Leibnitz étayé d'une science presque universelle, de connaissances profondes en mathématiques, et d'une logique perfectionnée, résumait à merveille les travaux de l'intelligence philosophique. Il opérait une transaction heureuse entre les faits généraux en opposition, c'est-à-dire entre la matière et l'esprit (réunis au sein de la monade), et devait clore en conséquence cette première série de son développement. Il ne pouvait manquer, en même temps, d'obtenir un grand succès, et voilà ce qu'il eut en effet. Son résultat enfin devait satisfaire l'intelligence humaine, ou bien la forcer de se jeter dans une autre voie. Si elle prit ce dernier parti, la raison maintenant en sera déjà plus facile à saisir. La matière et l'esprit, quelque étendues qu'en fussent les notions, ne possèdent pas encore, il s'en faut, le caractère de généralité absolue qu'on recherche, et qui doit quelque jour fixer les destinées de la science. Cette généralité complémentaire dont il s'agit de faire disparaître l'opposition par la détermination de leur rapport, elle leur manque incontestablement. Le domaine de la science n'est point épuisé dans l'expression de ces deux faits ; il n'est point embrassé par eux dans sa totalité. En dehors d'eux se trouve l'*ordre* des choses, soit matérielles soit spirituelles, ordre qui n'est ni matière ni esprit ; en dehors d'eux se trouvent les forces et les facultés dont se dotent la matière et l'esprit, sans pouvoir se confondre avec elles ; en dehors d'eux enfin est la vie tout entière qui s'y rattache, mais dont le fait pourtant leur demeure également étranger. La matière et l'esprit ne sauraient donc suffire à la construction d'un système complet, alors même qu'il serait possible d'en déterminer exactement le rapport. Cette insuffisance philosophique devait se révéler tôt ou tard, et cela dès l'instant où le besoin d'unité se ferait sentir plus impérieusement. Il fallait donc franchir un degré d'abstraction de plus ; il fallait généraliser davantage, et c'est ce qui arriva bientôt ; mais avant de nous occuper de ce progrès essentiel, il s'agit encore de donner un aperçu des combats livrés par le scepticisme aux théories dogmatiques de l'époque.

Quoique le terrain de la science fût exploité à fond, quoiqu'il eût livré à la philosophie jusqu'au dernier de ses fruits, le scepticisme ne se tient nullement pour battu, et par la voix de *Hume*, il ne tarde pas à proclamer, avec une force nouvelle, les arguments sur lesquels reposent ses doutes persévérants. Avec un talent des plus distingués, avec une clarté, une précision et une conséquence remarquables, Hume démontre encore l'absence de toute vérité objective en philosophie. La connaissance de nos perceptions et de leurs relations subjectives, voilà la seule chose qui nous soit positivement donnée. Ces perceptions, ce sont en partie des impressions sensuelles, en partie des idées ; mais celles-ci ne sont elles-mêmes que les copies des premières copies que nous devons à la mémoire, et dont le caractère est une énergie et une clarté moindre. Des faits d'expérience et des rapports entre eux, voilà donc tout ce qui constitue nos connaissances. C'est sur le souvenir et sur des jugements de nature causale (jugements qui placent les faits les uns à l'égard des autres, dans un rapport de dépendance fondé sur leur liaison constante en expérience) que reposent toutes nos convictions ; mais cette expérience est incertaine, ce rapport causal est sans nécessité absolue ; ils doivent nous égarer bien des fois, et souvent, en effet, ils nous trompent. Le temps, l'espace, la causalité, sont loin de nous présenter, en conséquence, un caractère de réalité et de certitude absolue ; il en est de même quant à nos croyances religieuses sur l'existence divine, la providence et l'immortalité de l'âme, à l'égard desquelles nous ne saurions prétendre avoir une conviction véritable et raisonnée.

Après tant et d'aussi persévérants efforts pour se donner

une philosophie scientifiquement solide, le scepticisme se présentait ainsi mieux armé que jamais et plus redoutable dans son attaque. Il frappait l'arbre à la racine et devait ébranler les convictions existantes jusque dans leurs fondements. A moins de renoncer au noble but de la spéculation philosophique, à moins de désespérer complétement de la vérité, la nécessité devenait évidente de quitter le chemin battu et de se frayer une route nouvelle. Quoique préparée depuis longtemps dans ses germes, c'est au génie de *Kant* que l'entreprise en était plus décidément réservée. Il ouvre une série toute fraîche de développements scientifiques, et c'est pour cela qu'il est effectivement le créateur de la philosophie moderne.

CHAPITRE VI.

PRÉCIS HISTORIQUE. — PHILOSOPHIE MODERNE.

Fidèle à l'esprit de sa haute mission, Kant, de prime abord, nous place en dehors et au-dessus de l'opposition matérielle et spirituelle, dont la distinction passe comme une attribution toute formelle à la substance unique, mais absolument transcendante qu'il admet primitivement. Il remplace, dans son système, ces deux faits généraux en opposition, par deux autres dont la portée philosophique est bien plus vaste, et dont la valeur scientifique est bien plus positive aussi. Je veux parler du *sujet* et de l'*objet*, posés (pour la première fois avec connaissance entière de cause) par Kant, comme données fondamentales de la philosophie. De cette manière, il fixe franchement la science sur le terrain exclusif de l'*entendement*, que le sujet et l'objet se partagent en entier, et dont ils sont bien certainement les généralités épuisantes, complémentaires et universelles. Il laisse ainsi hors de sa sphère l'existence absolue, tant de l'être transcendental, qui porte cet entendement, que l'existence de la nature extérieure qui semble s'y réfléchir, et la déclare (tout en l'admettant) entièrement inabordable à nos facultés intellectuelles. De cette manière, il est vrai, un monde entier de réalité substantielle était soustrait à la philosophie, mais on pouvait espérer, en revanche, des succès moins contestés sur le terrain qui lui demeurait en propre.

Avant d'entamer celui-ci, il devenait nécessaire cependant de jeter un pont par-dessus l'abîme qui sépare ces deux mondes différents, et voilà le service qu'attendait Kant des facultés de notre nature subjective et des forces de la nature objective, du concours desquelles naît pour lui l'entendement. Tel est donc le point de vue fondamental d'où nous devons envisager son système pour bien le comprendre, le point dont il faut partir pour l'estimer à sa juste valeur.

Voyons maintenant comment il aborde la question, voyons le mécanisme intérieur de ce système important. C'est au moyen des facultés perceptives du sujet philosophique que le monde de l'entendement lui est donné comme objet purement phénoménique ; ce monde, quoique imposé quant à sa matière, et par conséquent, indépendant de nous sous ce rapport, reçoit sa forme tout entière par l'action de nos facultés. Sans pénétrer dans la nature même de ces facultés subjectives, nous pouvons en juger sur les résultats comme on juge du moule sur l'objet coulé qui en sort. En observant de ce point de vue la variété infinie des faits que l'expérience nous présente, nous leur trouvons une forme constante à côté d'une multitude de caractères accidentels. Cette forme qui leur est généralement et nécessairement imprimée, voilà ce qu'il faut en conséquence attribuer à l'essence même de la faculté, à laquelle nous en devons l'image ; c'est la condition suprême sans laquelle celle-ci ne saurait apparaître en nous. Dans ce cas se trouvent en premier lieu l'*espace* et le *temps*, que Kant considère ensuite de cela comme les *formes universelles de la sensation*. Elles nous sont données par les lois mêmes de la *sensibilité* (faculté passive du sujet), à laquelle nous devons la perception de la matière première de toute expérience, et son contenu objectif. Cette matière première est combinée ensuite par l'*entendement* (faculté active du sujet), d'où résultent des *conceptions* et des *jugements*, selon la forme quadruple des catégories suivantes : *Quantité, qualité, relation, modalité*, qui en épuisent les différents caractères. Ce n'est point à cela que se borne pourtant la faculté active du sujet, car elle ramène encore à l'unité et à l'ensemble les conceptions distinctes, fonction suprême dont se trouve investie la *raison*. Nous obtenons de cette manière les notions générales du *moi*, de l'*univers* et de *Dieu* enfin, qui ne sont pas susceptibles de démonstration, parce qu'elles se trouvent au fond de toute intelligence, comme formes nécessaires et irrécusables placées là préalablement à toute expérience. C'est cette nécessité absolue qui en prouve également la réalité, quoiqu'il ne soit pas donné à nos facultés d'y pénétrer plus avant. Quant à l'activité pratique de l'homme dans ses actions, elle est essentiellement distincte de l'œuvre de sa pensée, et suit la loi régulatrice de notre *volonté* (faculté active pratique du sujet). Cette loi est celle du *devoir* et du *droit*, en harmonie parfaite entre eux, et qui nous imposent la *vertu*. La forme générale de cette loi, c'est le commandement impératif de la conscience (qui nous dit, Fais cela), et sa condition première est la *liberté*.

Voilà la manière admirable dont Kant enchaîne ces phénomènes de la vie intellectuelle et pratique, considérée comme résultat d'un concours d'action entre le sujet et l'objet transcendental, concours dans lequel on voit disparaître peu à peu la nature substantielle, pour faire place à des forces vives qui, en s'équilibrant, produisent l'apparence de toute limitation matérielle. On aurait grand tort néanmoins de qualifier un système pareil d'idéalisme transcendental par excellence, car il recèle non-seulement le germe de l'idéalisme, mais en même temps celui de tout le réalisme moderne. La nature de la chose réelle a seule changé; sa réalité de substantielle (inerte) qu'elle était, est devenue vivante et facultative; une *force réelle* a succédé à une *substance réelle*, c'est-à-dire que la réalité a changé d'application; mais voilà tout. Quant à sa méthode, c'est un système mixte, un véritable empirisme philosophique dont la racine se trouve jetée dans une réalité mystérieuse, et dont le sommet s'élance dans les hauteurs d'un idéalisme causal et facultatif. La méthode spéculative de Kant isole ces différentes parties; il arrache l'arbre du sol avant de le soumettre à son investigation, et dès lors la partie idéale devait nécessairement y prévaloir à la fin. Quels que fussent les mérites de ce système, l'unité de principe (cette exigence première de la raison, selon Kant lui-même) ne s'y trouve pas, et ses successeurs devaient, en avançant dans la carrière, achever son ouvrage et le pousser jusqu'aux dernières limites de ses conséquences. Voilà ce qu'on voit entreprendre à *Fichte, Hégel* et Krug (Fries, etc.), en poursuivant les tendances réales, idéales et empiriques (nouvelles) d'un système de *philosophie subjective*, selon la pensée de Kant, c'est-à-dire d'une philosophie qui part de l'entendement subjectif comme de la base de toute spéculation, tandis que l'objet de cet entendement ne s'y trouve associé que d'une façon subordonnée.

C'est encore à tort qu'on regarderait le système de *Fichte* comme positivement idéaliste, quoiqu'il en eût, sous bien des rapports, la forme et l'apparence. Fichte place au centre de l'univers scientifique et philosophique de l'entendement, le sujet (moi) sans substance à la vérité, mais doué d'une faculté, ou plutôt constitué par une faculté active, indéfinie, quoique limitée dans son développement, moyennant un fait d'*achoppement* certain, mais incompréhensible. Comme Kant, il transporte de cette manière toute réalité dans son système, de la substance à la force, mais certainement aussi, avec cette force, il la fait entrer dans le moi. Cette force qui remplace la substance ne saurait pourtant, avec quelque justice, valoir à Fichte le titre d'idéaliste (tout comme elle n'a pu le donner à Kant). Cette force, substituée à la substance, contracte aussitôt de celle-ci toute sa réalité. Des phases cependant d'un développement purement subjectif (de l'épanchement de la faculté subjective d'abord, de son retour forcé sur elle-même dans la suite), Fichte fait dériver maintenant tous les phénomènes de l'entendement sans exception. L'objet lui-même devient ainsi le produit de l'activité subjective, et c'est à cette idéalité relative de l'objet qu'il faut attribuer en grande partie le renom d'idéalisme dont jouit le système entier. — L'habitude de le rapporter (quoique le point de vue philosophique ait totalement changé) à l'ancienne façon de voir, matérialistement réaliste, spiritualistement idéaliste, sensuellement empirique, voilà ce qui en porte essentiellement la faute. Comparé au réalisme d'*alors*, celui de Fichte devient effectivement le système idéaliste qu'on découvre naturellement en lui, tant qu'on n'a pas saisi à fond le changement absolu opéré par Kant dans les bases de la spéculation. — Affranchi de toute entrave extérieure, le commandement souverain de la conscience doit se placer en tête du développement pratique du moi, et la liberté la plus absolue s'inscrire au drapeau de sa morale. Dieu enfin, selon Fichte, n'est autre chose que l'ordre universel et moral qui domine le monde. C'est un Dieu sans réalité substantielle aucune, mais conséquemment approprié au système comme loi vivante et éternelle. Lorsque Fichte, plus tard, plaça toute réalité véritable au sein de cette divinité, il ne devint nullement infidèle pour cela au principe fondamental de sa philosophie, mais il ne fit que développer plus particulièrement, le germe tout réaliste et objectif qui s'y trouve (dormant à la vérité) avec l'achoppement nécessaire.

Tout en partant du même point, *Hégel* prend une route absolument opposée. Il anime immédiatement l'*intelligence subjective* et les idées mêmes dont elle est constituée. Ce n'est plus d'un développement facultatif du moi que découlent ainsi les phénomènes intellectuels dans ce système, ils ne sont autre chose que les évolutions et les transformations de ces idées mères, ou plutôt de l'ensemble de ces idées, c'est-à-dire de la *raison vivante*. L'individualité humaine, ses formes subjectives et objectives, tout y est soumis, dès lors, à la loi universelle du mouvement intellectuel de l'idée, dont ils ne sont que les moments. Cette loi, qui régit souverainement l'évolution mentale, à laquelle se borne toute vie, devient en conséquence entièrement logique. La substance y disparaît encore pour faire place à une activité toute-puissante, et qui n'est que de la pensée en action, comme l'action pensante est la seule chose qui *soit*. Toute existence en dehors de la pensée se trouve ainsi anéantie, et la vérité n'étant plus l'accord entre une idée représentative et un objet représenté réel, il s'ensuit immédiatement que tout ce qui est vrai en raisonnement est par là même réel, et *vice versâ* que tout ce qui est réalisé par le fait doit être vrai et raisonnable. La série des évolutions idéales, c'est l'histoire, et l'idée absolue, l'idée au suprême degré de son développement se saisissant elle-même tout entière, et n'ayant plus rien à considérer en dehors d'elle, après avoir tout réalisé dans son sein par la conception, ou plus exactement encore, l'esprit universel, dans cette opération continuelle de se réaliser en lui-même, voilà quelle est la divinité du système. Nous voyons dans ces résultats, l'idéalisme le plus complet et le plus conséquent sans doute qu'il ait été donné à l'intelligence d'enfanter jusqu'ici.

Krug, dans son système de la synthèse transcendentale, s'est efforcé de retenir l'élan de la spéculation sur le terrain empirique de la philosophie subjective de Kant, sur la terre ferme que les spéculations de Fichte et de Hégel font trop souvent évanouir sous nos pas. Selon lui, la philosophie n'est qu'un retour sur elle-même, moyennant lequel le sujet devient objet de sa propre investigation, et cela par un acte préalable à toute spéculation qui, par conséquent, demeure en dehors d'elle. Dans cette recherche, qui s'occupe d'abord des conditions essentielles de la spéculation, il se présente en premier lieu un *principe réel* de toute philosophie, et c'est le moi investigateur lui-même. Il se présente ensuite un double *principe idéal :* 1° *Matériel*, c'est-à-dire le fait d'une conscience active ; 2° *Formal*, ou la loi selon laquelle se développe notre activité intellectuelle d'une façon harmonique. On s'enquiert ensuite des limites de la spéculation, et l'on trouve qu'au delà du fait de conscience intime que possède le sujet et qui remplit l'objet, qu'au delà de ce fait *subject-objectif* (à moi donné), il n'y a rien de positif pour la science. Ce fait fondamental est justement la *synthèse philosophique* qui nous sert de point de départ. On se demande enfin : Comment mon activité se manifeste-t-elle ? et cet examen nous fait découvrir les lois de la logique d'une part, et les lois pratiques de la morale de l'autre.

L'empirisme moderne est si éloigné du caractère de son devancier, que loin d'en partager la tendance matérialiste, il incline au contraire et très-sensiblement vers le spiritualisme. Si, malgré cela, il peut paraître décoloré après les systèmes puissants que nous venons de passer en revue, il n'en est pas moins placé à la hauteur de l'époque. Développé de différentes manières (d'une façon anthropologique par Fries, d'une façon logico-mathématique par Bardili, etc., etc.), il forme l'anneau par l'intermédiaire duquel nous pouvons passer à la seconde des deux directions principales dans lesquelles se meut la philosophie moderne. — Tout ce que Fichte et Hégel voulaient obtenir en prenant pour point de départ et pour fondement de la spéculation le principe subjectif, d'autres devaient se trouver plus disposés à l'essayer par une voie contraire, c'est-à-dire en s'appuyant sur le fait objectif de l'entendement. Tout en se plaçant ainsi en opposition plus décidée avec l'école de Kant, les penseurs distingués qui se sont jetés dans cette dernière route s'y trouvent placés encore sur le terrain qu'il ouvrit à la science, et c'est en quoi ils devraient lui savoir plus de gré qu'ils ne font.

Le représentant d'une philosophie objectivement idéaliste, c'est-à-dire d'un système où l'entendement découle entièrement d'une source placée en dehors de lui, sans cesser d'être l'objet exclusif de la science, tel est *Jacobi*. Selon lui, la matière de nos perceptions et de nos jugements nous est donnée comme un fait accompli avant que notre raison s'en mêle le moins du monde. Elle est donnée, non pas d'une façon purement abstraite, à laquelle (comme le prétend Kant) nous imposerions nous-mêmes les formes et les modifications sous lesquelles elle se présente, mais bien au contraire avec elles et munie de toutes ces particularités. De cette manière, nous possédons, sinon la connaissance des objets eux-mêmes, du moins l'*image fidèle* de ces objets. C'est sur le fait de cette donnée primitive que repose toute espèce de certitude, quant à l'existence d'un monde en dehors de nous, et sans lequel tout en nous deviendrait imaginaire. Si nous reconnaissons *par les sens* tout ce qui existe *matériellement*, nous reconnais-naissons, en revanche, *par la raison*, tout ce qui existe dans des régions plus élevées, c'est-à-dire *spirituellement*; et l'existence de la Divinité, comme réalité, repose sur cette espèce d'intuition. La croyance, enfin, par laquelle nous embrassons tel fait dont la démonstration ne saurait se donner, mais dont un sentiment impérieux nous impose la reconnaissance, ne se fonde pas non plus sur une simple loi logique, mais pénètre également au sein d'un monde qui nous est fermé de toute autre manière. Elle répond encore à des réalités qui reposent, soit en nous, soit hors de nous, comme germe d'un développement futur, mais dont une curiosité irréfléchie ne devrait pas souiller le sanctuaire.

L'apôtre enfin d'un réalisme objectif décidé, d'un réalisme du sein duquel la subjectivité elle-même naît tout entière, c'est *Herbart*. Il considère la philosophie comme l'étude approfondie d'un fait donné, d'une matière spéculative dont il s'agit surtout de faire disparaître les contradictions, afin de l'éclaircir en tous points. En discutant ainsi les notions que nous possédons sur l'existence d'une chose transcendentale et sur la vie que nous lui attribuons, Herbart aboutit à se convaincre qu'aucune chose ne saurait exister en dehors des qualités qui la caractérisent; que l'existence attribuée illusoirement à un fait distinct d'elles, et qui en serait pour ainsi dire le porteur, appartient au contraire et directement en propre à chacune de ces qualités différentes, et qu'enfin ces éléments de réalité constituent toute chose. Le changement (la vie) n'est plus dès lors la métamorphose incompréhensible d'un même fait, mais l'inconstance relative dans l'association des éléments réels, tandis que la partie persévérante dans ces associations variables y constitue l'individualité. Celle-ci peut, de cette manière, se modifier sans s'anéantir. Voici donc une réalisation absolue et complète de tout ce qui constitue l'entendement objectif. Les éléments réels ci-dessus se maintiennent les uns contre les autres dans une indépendance indestructible à la vérité, mais attaquée de différentes manières, selon le caractère spécifique des éléments en rapport. L'entendement réside dans la conscience de ces rapports, pour ainsi dire de perturbation, et chaque organisme particulier implique un élément central de réalité, foyer de rapports communs, une *âme* en un mot (dont l'immortalité, après cela, ne saurait même être mise en question). Je ne dirai rien de la méthode particulière et caractéristique dont s'étayent les raisonnements d'Herbart, rien du calcul mathématique qu'il y applique avec bonheur; rien enfin de sa construction de l'espace et du temps par l'association moléculaire. Il faut étudier ce penseur du premier ordre pour l'apprécier ainsi qu'il le mérite, et l'ensemble du résultat obtenu est tout ce que je pouvais donner ici. Selon la philosophie pratique de ce système, le développement de toute chose se fait d'après des lois générales et uniformes (mécaniques), dont le code constitue une science en quelque façon artistique, où domine la règle du *beau* (de la conscience esthétique en nous), appliquée également aux arts et à la morale. La vertu consiste dans l'accord de la conscience et des actions de l'homme, accord nécessaire à la beauté morale. Le système est couronné par la croyance en Dieu comme esprit ordonnateur, croyance fondée sur l'ordre de la nature, sans démonstration possible à la vérité, mais justifiée par des considérations non moins décisives que la conviction où nous sommes d'un esprit intelligent, présent dans l'individu notre prochain.

Après avoir brisé les entraves de l'expérience, la philosophie s'est élancée en ce période de temps jusque dans des régions spéculatives où le scepticisme ne pouvait plus guère la suivre, à moins de se donner un démenti formel à lui-même. Elle se trouvait dans une voie qu'il ne pouvait reconnaître pour la vraie. Les arguments cependant par lesquels E. Schultze avait, dès le début, maintenu le scepticisme contre les principes de Kant et de ses successeurs immédiats, répondaient d'avance à la plupart des assertions dogmatiques de l'époque.

Schultze ne reconnaît en philosophie que les faits de l'entendement comme donnés indubitablement. Il la restreint ainsi à la recherche de ces faits, à leur connaissance exacte et à l'ordre de leur association ; il lui conteste, en revanche, toute valeur comme science des principes suprêmes ou des sources facultatives de cet entendement. Il est impossible, selon lui, de parvenir jamais à la certitude, quant à ces principes ; car dans les efforts que nous faisons pour les déterminer nous tournons éternellement dans un cercle vicieux. Nous commençons par abstraire le principe fondamental dont nous avons besoin des faits qui nous sont donnés, et lui reconnaissant ensuite une réalité et une puissance qu'il ne saurait puiser à cette source, nous l'appliquons à son tour à la législation des faits dont en vérité il découle.

Nous voici donc arrivés derechef à une époque où le domaine philosophique, saisi dans ses généralités subjectives et objectives, se trouvait exploité en tous sens, et devait, dans quelque penseur vaste et profond à la fois, se développer en système conciliateur, destiné à réunir les rayons épars de l'intelligence, et capable d'opérer la fusion des extrêmes. Ce rôle, dévolu à Leibnitz dans le période précédent, vint tomber cette fois en partage à *Schelling*, dont le puissant génie en avait même devancé chronologiquement l'époque. L'influence dont il eut à se réjouir tout aussitôt est la preuve la moins équivoque qu'il répondait à l'appel de son temps. S'il faut convenir néanmoins qu'il fut rapidement dépassé par ses émules dans le développement conséquent et complet d'un système, c'est sans doute le silence longtemps gardé par lui qui en porte la faute, car personne mieux que lui n'a saisi le grand but que la philosophie se propose. C'est franchement qu'il l'aborde, c'est d'un pas ferme qu'il le poursuit, et en fait de véritable spéculation, il n'est resté en arrière de personne. — Dans le réalisme de la nature objective, la subjectivité ne pénètre que par voie détournée et sous bannière causale. Dans la philosophie de la pensée, l'objectivité accordée à celle-ci lui est purement octroyée. Schelling est trop profondément philosophe en tous points pour ne pas s'apercevoir de la base tout hypothétique sur laquelle reposent leurs principes respectifs. C'est pour cela que la réconciliation solide de l'objet et du sujet demeure encore à ses yeux le point essentiel qu'il atteint d'une manière particulière et par un mode d'identification qui les empêche de s'absorber mutuellement. Je vais donc esquisser en traits rapides le caractère grandiose de son système, sans avoir (je le répète) la présomptueuse idée de le faire connaître à fond. L'œuvre du génie ne saurait se réduire à de telles dimensions.

La tendance philosophique, nous dit Schelling, se manifeste de deux manières opposées. Elle part, ou bien de la nature objective, comme fait donné, et de là, simplifiant et généralisant les phénomènes, elle remonte, de principe en principe, jusqu'à l'unité du moi intelligent; ou bien la philosophie, au contraire, part de ce moi intelligent et simple, et de modification en modification qu'elle lui impose, elle tâche de tirer de son sein le monde extérieur tout entier. Aucune de ces deux tendances cependant ne parvient entièrement à son but, c'est-à-dire à la déduction satisfaisante du terme opposé, et ne saurait, en conséquence, nous suffire à elle seule. Mais au-dessus du moi comme au-dessus de la nature, il est une chose suprême, un lien commun à tous deux, l'*absolu*. Identique à lui-même dans toutes ses modifications, et cependant varié à l'infini dans le développement de sa nature intime (comme A élevé à la puissance A^2, A^3, etc., ne cesse point d'être A), l'absolu se déploie en sens opposé, mais par degrés exactement correspondants. Dans le sens idéal, il aboutit à l'*état,* dans le sens *réal,* il aboutit à l'*homme.* L'absolu doué de raison, embrassant à la fois, par un retour sur lui-même, toutes les phases de son développement, parvient ainsi à la *philosophie,* c'est-à-dire à la connaissance de lui-même. Dans le sein de l'absolu (parvenu à ce point), le sujet et l'objet, l'idéal et le réel, l'entendement et l'existence, ne sont respectivement qu'un. L'un représente l'une de ses faces, l'autre, pour ainsi dire, la face opposée. L'un est son essence, l'autre est son image, mais tous deux se correspondent, et nous pénétrons par la voie de l'un au sein de l'autre. Les lois de l'intelligence correspondent ainsi aux lois physiques, et cette correspondance, Schelling la déroule avec la richesse poétique de sa brillante imagination. Il fait sortir ainsi de l'absolu le monde intelligible et intelligent, à la voix toute-puissante de Dieu, qui n'est autre chose que l'absolu lui-même, se personnifiant dans le monde. L'histoire est la manifestation continuelle de l'absolu, en même temps qu'elle est la révélation permanente de Dieu. Schelling, parvenu à ce dénouement, sent pourtant fort bien encore que le principe même de son système, que cette identité du sujet et de l'objet dans l'absolu n'est que motivée, mais nullement démontrée en philosophie, et c'est pour cela qu'il adopte forcément une intuition intellectuelle et directe, moyennant laquelle nous entrerions en possession de cette vérité première. C'est cette même intuition qui ne pouvait guère manquer de se transformer en révélation religieuse, ainsi qu'il ne tarda pas d'arriver.

Quelque brillante que soit la conclusion de ce période, elle ne pouvait pas cependant satisfaire longtems l'intérêt décroissant porté à la spéculation philosophique ; le retour aux systèmes antérieurs, en reculant jusqu'à Descartes et Spinosa, le penchant ressuscité de s'abandonner en aveugle à l'autorité de la foi, l'anarchie enfin de l'école, tout cela doit prouver que l'esprit humain est loin d'avoir trouvé son point de repos, malgré les puissants efforts qu'il a faits pour y parvenir. Persévérer après cela dans l'une ou l'autre des voies précédentes ne serait que se traîner dans l'ornière d'un chemin qui ne saurait nous mener au but. Le fond de la philosophie subject-objective de Kant, élevée sur les débris de la philosophie du spiritualisme et du matérialisme, est épuisé aussi parfaitement que l'était celle-ci ; et cependant les arguments du scepticisme sont encore debout, et cependant ils se dressent devant nous, d'autant plus menaçants peut-être pour l'avenir, qu'on paraît moins disposé à y faire droit pour le présent.

Ce qui, dans l'origine, paraissait un mérite éminent à la philosophie de Kant, le soin qu'il avait pris d'écarter, comme inabordable à la science, une partie du domaine philosophique, c'est ce qu'on voit tourner peu à peu à son préjudice le plus grave, car après un certain nombre d'efforts indépendants de cette partie répudiée, on s'est vu forcé de la faire rentrer dans l'enceinte. La philosophie, en effet, ne saurait s'imposer de limites arbitraires à elle-même, il faut qu'elle aille jusqu'au bout de sa mission suprême ; mais dès lors le sujet et l'objet de l'entendement se trouvent n'être plus les généralités absolues et opposées d'un système qui, dans son sein illimité, embrasserait encore tout un monde transcendental. Elles sont en conséquence devenues insuffisantes à leur tour, et la détermination exacte et même définitive de leur rapport n'épuiserait plus la question. Une philosophie nouvelle doit donc surgir inévitablement et conquérir le terrain nouveau sur lequel elle est appelée, pour y croître et se développer à son tour. La tendance philosophique actuelle, qui penche à placer l'opposition fondamentale dans l'*existence* et dans l'*advenance* (la vie), ne saurait se considérer comme un véritable progrès, et cela, par la raison toute simple que le fait de la *possession* ou de l'*entendement* demeure incontestablement en dehors de cette route, et ne saurait s'y rallier que forcément.

Le chemin véritable à suivre nous est pourtant indiqué déjà, et c'est Fichte qui en a le mérite. C'est lui qui, le premier, en a prononcé le grand mot. Si dès lors j'ai évité d'appuyer sur ce point, c'est par la raison que lui-même ne l'a pas employé dans le sens vraiment philosophique qu'il devait y rattacher. Ce mot c'est le *moi* (généralité possédante) opposé au *non-moi* (généralité possédée). Le moi de Fichte se confond cependant encore avec le sujet et même avec l'objet de la science ; c'est toujours un sujet-objet philosophique, lorsque tout dépend ici du soin de distinguer nettement et scrupuleusement ces deux caractères. Le moi philosophique seul contemple dans *son* entendement *à lui,* le sujet aussi bien que l'objet ; tous deux y sont présents à *son* observation, quels qu'ils fussent d'ailleurs ; tous deux y figurent donc à juste titre comme des faits non-moi. Soutenir de prime abord que le sujet contemplé n'est autre que le moi se contemplant lui-même (ou bien que l'un est le vrai moi, et que l'autre est son image), c'est avancer déjà une proposition nullement évidente en soi, et qu'il s'agit bien certainement alors de prouver préalablement à toute autre chose. Leur distinction, dans la donnée primitive de la science, est positive au contraire, et dès lors il n'est pas permis de l'en effacer ou de les identifier arbitrairement. Il faut, au contraire, la recevoir telle qu'elle est et en admettre toutes les conséquences. Dès lors, l'opposition absolue du sujet et de l'objet s'évanouit pour faire place à une opposition plus scientifique, car nous nous trouvons en possession de deux généralités nouvelles, auxquelles rien dans le monde philosophique ne saurait plus se soustraire. Le *moi* et le *non-moi* le remplissent en totalité. Sujet et objet, faculté et force de tout genre, substance et vie, âme et corps, existence et entendement, univers tout entier et divinité même, tout se place actuellement sous la qualification du non-moi, tandis que le moi, quelque abstrait qu'il y apparaisse, que ce moi positivement présent en philosophie, quelle qu'en puisse être la nature ou la signification, embrasse tout cela dans son entendement scientifique à lui.

C'est ainsi que moi et non-moi fournissent à la philosophie deux généralités complémentaires exclusives de tout autre élément parallèle, et leur rapport bien déterminé résoudrait maintenant la grande question philosophique, que son histoire entière nous présente comme le but ou plutôt comme le terme des efforts de l'intelligence. J'ai tâché, à mon tour, d'en donner la solution, et le système dont la suite offrira les développements, présente au lecteur la route que j'ai cru devoir suivre en cette occasion. Si la manière dont le but s'y trouve atteint n'était pas la seule possible, du moins je me crois le mérite d'avoir placé la philosophie sur le terrain qu'elle ne quittera plus. Si dans l'application, mon principe résolvait mieux qu'un autre les questions et les choses, s'il en expliquait davantage et d'une façon plus satisfaisante, alors il persuadera nécessairement les esprits et l'emportera sur ses rivaux. Si quelque autre, au contraire, remplissait mieux notre attente à cet égard, c'est lui sans doute qui se placera au trône philosophique. Il en sera, dans cette occasion, comme du système solaire, qui s'explique également au premier abord, soit par le mouvement de l'astre autour de notre globe, soit par le mouvement de la terre autour du soleil, mais dans lequel les applications de détail font nécessairement donner la préférence à la dernière de ces théories.

Voilà donc quelle sera la fin du mouvement ascendant de la philosophie à laquelle nous touchons. Refoulée ensuite sur elle-même, nous en verrons le domaine intérieur s'illuminer plus vivement aux rayons de l'intelligence dont l'essor ne saurait s'arrêter, et sur ce champ, vaste encore, la matière à spéculation ne nous manquera pas de sitôt. L'attention n'y dérivant plus vers un but éloigné, l'attention armée d'ailleurs de la mesure et du nombre, nous y fera obtenir, nous sommes en droit de l'espérer, des résultats pratiques dont on est loin de pouvoir en ce moment juger toute la portée.

SCIENCE FONDAMENTALE.

CHAPITRE VII.

RAPPORTS FONDAMENTAUX DE LA SCIENCE. — RAPPORT DE POSSESSION.

Les considérations développées dans le chapitre 2 de notre introduction nous auront convaincus, je pense, qu'il serait à peu près inutile de nous engager dans la réfutation de quelque opinion philosophique que ce soit, et que nous pouvons marcher en avant sans aucune arrière-pensée de ce genre, quoique toujours en regard du doute sceptique auquel nous devons éviter de donner la moindre prise.

Nous possédons à cet effet une foule de vérités avouées par le scepticisme lui-même, et que nous pouvons exprimer d'une manière généralement applicable à toutes, par la formule : *J'ai tel fait* ; que ce fait soit une couleur, un son, une idée, un mouvement, ou toute autre chose ; cas dans lequel nous dirions aussi : *J'ai une vision*, ou bien, Je vois ; *J'ai une audition*, ou bien, J'entends ; *J'ai une idée*, ou bien, Je pense, et ainsi de suite ; façons de parler absolument équivalentes. *J'ai tel fait,* voilà donc l'expression générale de la vérité élémentaire, quel qu'en soit le contenu spécial, et cette expression, nous le voyons de suite, ne représente pas un fait simple, mais bien au contraire une vérité de nature complexe. Sa connaissance exacte, voilà ce qu'il nous importe maintenant d'acquérir, et son examen attentif nous y fait découvrir sur-le-champ trois éléments distincts et de caractères fort différents.

Ce sont d'abord deux faits du genre de ceux que j'ai nommés (Voy. p. 26) *faits absolus*. 1° *Je* (ou moi), fait fondamental et général par excellence; 2° un *non-moi* spécial, quel qu'en soit d'ailleurs le caractère (couleur, son, représentation, etc.); 3° un fait *également non-moi*, mais du genre *relatif* (Voy. p. 26), puisqu'il n'a de signification qu'autant que les deux autres se trouvent en présence et réunis par lui. Ce fait, c'est le rapport *avoir* exprimant ainsi la relation fondamentale entre le moi et le non-moi philosophique dans notre *vérité élémentaire*. Celle-ci, dans sa complexité primitive, embrasse constamment et d'une façon indissoluble, les faits ci-dessus dénommés, comme *éléments de vérité*, car séparés l'un de l'autre, ils perdent aussitôt ce caractère (qui réunit essentiellement vérité matérielle et vérité formelle) et n'offrent plus que des abstractions vides d'un sens déterminé. Voilà donc la limite du vrai nettement tracée, et tout ce qui voudrait aller au delà est de spéculation transcendante par rapport à la science que nous traitons.

Moi, non-moi, et rapport qui les unitet qui se dit *avoir*, c'est à quoi se borne le contenu de notre formule; c'est tout ce que la vérité élémentaire nous découvre dans sa composition primitive, et si cela est peu de chose au premier abord, c'est immense lorsque nous en savons tirer le parti convenable.

Ce mot *avoir*, que l'on prononce à tout bout de champ, sans guère y rattacher de réflexion sérieuse, se trouve, en effet, être le plus important de la langue, car il énonce à lui seul l'objet constant de nos sollicitudes philosophiques, il énonce *le rapport subsistant entre les généralités absolues de la science,* et par conséquent le but vers l'éclaircissement duquel elle tend dans son développement historique, ainsi que nous avons vu plus haut, et comme nous pouvons nous en convaincre également d'une façon directe.

Supposez que nous rassemblions tous les faits capables d'être compris dans la catégorie de *ce que nous avons,* que nous parvenions à les connaître dans toute leur étendue et sous tous leurs rapports mutuels, nous serions alors en possession sans doute d'une science vaste et très-positive, qui se diviserait en nombreux rameaux. Ses branches principales seraient d'une part une science des faits objectifs, qui, dans sa plus grande extension, embrasserait la nature extérieure tout entière, en un mot une *cosmologie*. Ce serait de l'autre une science des faits subjectifs, dans sa plus vaste acception une science complète de notre nature intérieure, en un mot une *psychologie*. Conduits par la seule expérience, rien ne nous empêchera de les lier ensemble d'une manière scientifique, car dans le phénomène de l'homme elles rentrent bien souvent l'une dans l'autre. C'est là ce qui nous vaudrait aussitôt une science nouvelle de rapprochement, en un mot une *anthropologie* (physique et morale). Sur ce vaste champ, nous ne manquerions pas de recueillir plus d'une règle générale, plus d'une loi d'ordre abstrait, plus d'un principe d'application universelle, et de cette manière nous obtiendrions une *métaphysique* qui, dans le sens le plus étendu, embrassera dans sa sphère la *logique* et les *mathématiques*. Après avoir ainsi développé la totalité de nos connaissances, nous pourrons sans nul doute nous enorgueillir déjà d'un savoir très-avancé, mais pourtant ce savoir n'aurait rien encore de ce qui peut lui constituer un caractère philosophique. Le *moi* qui posséderait tous ces trésors, soit matériels, soit intellectuels, nous le verrions toujours isolé en face de ses richesses, sans pouvoir nous expliquer en aucune manière le mystère de leur *possession* par lui ; le mystère de cette relation intime, par laquelle la chose matérielle, intellectuelle, morale, etc., est en rapport constant avec lui ; de cet *avoir* enfin qui exprime tout cela. Concevoir clairement et s'expliquer ce rapport fondamental, n'est-ce pas embrasser au même instant, dans un sens plus profond, l'universalité de la science, entachée jusque-là d'un défaut incontestable ? n'est-ce pas transformer tout d'un coup en philosophie ce qui jusqu'alors n'était que de la science naturelle et de l'observation pure ? Aussi est-ce bien à cela que tendent les forces et les facultés nombreuses qui nous sont octroyées par la spéculation, et qu'elle place soit dans le moi, soit dans le non-moi, pour en combler l'intervalle ; est-ce à cela que tend tout système de causalité transcendante, destiné à placer le moi et le non-moi, l'un vis-à-vis de l'autre, dans un rapport de cause et d'effet, ou de placer l'entendement (l'avoir) comme effet entre ces deux causes réunies.

C'est donc là que réside le problème philosophique tout entier (1), et la difficulté de sa solution nous est attestée par la foule d'efforts infructueux auxquels elle a donné lieu. Heureusement pourtant, cette solution, quelle qu'elle soit, n'influe que médiocrement sur les progrès de la science pratique, tant du moins que nous savons la tenir suffisamment à l'écart, tant que nous nous gardons d'entraver le développement de cette science tout empirique, par les théories philosophiques et métaphysiques auxquelles elle donne lieu. Sans nous en inquiéter, nous pouvons atteindre à toute la perfection dont les sciences ci-dessus énumérées sont en elles-mêmes susceptibles, pourvu que nous considérions tout simplement leurs éléments comme des *faits possédés par nous* (quelle que soit la nature de cette possession), et que nous nous bornions à l'accumulation de nos richesses scientifiques, ainsi qu'à la connaissance de l'ordre qui les rassemble. C'est là le développement de la science qui nous conduit à la sagesse aussi bien qu'au bonheur et à la vertu, qui nous montre la pierre tombant avec une vi-

---

(1) Dieu, l'immortalité, etc., ces questions, d'un intérêt bien grave sans doute, n'appartiennent pourtant que plus indirectement à la philosophie et seulement lorsqu'on lui donne une extension arbitraire. Elles sont effectivement du ressort de la métaphysique qui les motive et les déduit, ou de la théologie, et c'est plus tard que nous fixerons leurs rapports à la science du vrai

tesse croissant en raison inverse du carré des distances, et le crime suivi de sa punition morale et légale ; qui rattache le premier de ces phénomènes à la gravitation universelle, c'est-à-dire à un ordre de phénomènes plus généraux, *sans l'attribuer à une force causale quelconque*; qui de même rattache le second à l'ordre moral universel, *sans toucher au libre arbitre*, et ainsi de suite. Cependant la question du grand problème philosophique une fois posée, l'homme qui pense ne peut plus s'y soustraire, et chacun tâchera d'y répondre à sa manière. Ces solutions différentes crouleront l'une après l'autre sous les attaques du scepticisme, jusqu'à ce qu'il vienne à s'arrêter lui-même, devant la certitude et la conviction d'une vérité qu'il aura puissamment concouru à fixer. Tous ces débats auront lieu sans nuire essentiellement aux progrès de la science expérimentale, mais sans pour cela nous être indifférents, car si même il ne s'agissait en cela que d'une satisfaction intellectuelle et d'un ordre supérieur, quel est l'être pensant qui voudrait s'en déclarer indigne ?

Nous voici donc parvenus au point de n'avoir plus qu'à demander à un terme, à l'expression donnée d'un rapport mystérieux, au mot *avoir* enfin, le sens qui s'y cache et sa portée philosophique. Les indications nécessaires à cet égard ne sauraient nous être fournies que par le sens ultérieurement et généralement donné à ce même mot, dans les langues qui en font usage et dont l'accord sur ce point est parfait. Par ce moyen nous saurons d'abord ce que notre terme veut dire généralement, et nous examinerons ensuite si c'est à tort ou à raison qu'il a été employé dans l'expression de la vérité fondamentale, s'il y est enfin de quelque valeur philosophique ou non. Voyons donc sur-le-champ ce que nous pourrons conclure à son égard de l'usage dialectique qui s'en fait.

L'arbre, ainsi s'exprime-t-on, *a* des branches, des feuilles, des racines, etc.; la maison *a* des fenêtres, des portes, un toit, etc.; l'homme, dit-on de même, *a* une tête, des bras, des jambes, etc. Dans chacun de ces cas divers, le mot *avoir* exprime évidemment le *rapport de la totalité à la partie*, à une partie que cette totalité embrasse dans son acception. Dire : Ceci *a* cela, c'est dire simplement que *cela* fait partie de *ceci*. Si telle est sans exception la signification du terme en question, dans les cas ci-dessus cités, rien ne saurait motiver la supposition d'un sens différent dans la formule : Le moi *a* des sensations, des idées, des désirs ou toute autre chose. Dès lors tous ces faits seraient à considérer comme les *éléments constitutifs du moi*, qui, à son tour, n'exprimerait rien non plus, sinon la *totalité organique et spécifique de leur association*. De cette manière le moi perdrait aussitôt toute signification indépendante de ces faits, toute son existence particulière à lui en dehors d'eux, et ne se placerait plus comme individualité distincte en face de ces mêmes faits, ainsi qu'il figure dans notre manière de voir habituelle.

Ce résultat peut nous surprendre au premier abord, mais le sens de notre rapport étant une fois déterminé en conséquence, nous voyons toutes les difficultés philosophiques s'aplanir si rapidement, nous obtenons sitôt et avec une telle facilité, la solution des problèmes secondaires contre lesquels la philosophie et la métaphysique ont échoué jusqu'ici, que nous sommes entraînés bientôt, et d'une façon irrésistible, à lui donner toute notre confiance. Cependant ce n'est point à la légère qu'il est permis d'adopter un principe aussi important que celui-là, et nous devons peser scrupuleusement, au contraire, les objections auxquelles il peut donner lieu.

CHAPITRE VIII.

OBJECTIONS AU RAPPORT FONDAMENTAL DE POSSESSION.

En disant la maison *a* des murs, des portes et des fenêtres, il est certain que nous détaillons une totalité dont nous énumérons les parties; il est donc également certain que la forme du langage, qui dit aussi *J'ai ceci, j'ai cela,* indique avec précision la nature du rapport qui réunit ici le moi et le non-moi philosophique dans l'expression de la vérité élémentaire. Mais ce n'est qu'autant que nous reconnaîtrions l'infaillibilité de la langue qu'il nous serait permis d'en faire le principe de nos raisonnements ultérieurs. Quelle garantie cependant avons-nous de ce que l'instinct du langage eût porté plus juste que toutes les spéculations philosophiques de l'humanité jusqu'à ce jour. D'ailleurs, et ceci n'est pas moins digne de considération, une différence si marquée se fait sentir entre le caractère de l'*avoir* attribué au moi (qui est un entendement) et le caractère de *ce même avoir* attribué à la maison, par exemple, par rapport à *ses* parties constitutives (qui est une simple compréhension matérielle), qu'il n'est pas facile de les assimiler sans tomber dans une absurdité manifeste. Enfin lorsque nous attribuons à un individu, Paul ou Pierre, la propriété d'une chose en disant : Il *a* une maison, de l'argent, etc., aucun rapport de partie à totalité ne semble y donner lieu en cette dernière occasion.

Admettons en réponse la supposition contraire au principe énoncé. Dans ce cas-là, le moi ne serait point la totalité, le non-moi ne serait pas une partie des faits qu'embrasserait cette totalité : moi ; mais le mot *avoir* n'en exprimerait pas moins sans doute un certain rapport constant entre ce moi et ce non-moi, qui dès lors se présenteraient tous deux comme parties complémentaires d'une autre totalité (c'est-à-dire du monde universel), à l'ensemble de laquelle ils appartiendraient également. Cela posé, examinons le profit qui reviendrait à la connaissance d'une totalité quelconque, de l'expression multipliée des rapports subsistant entre ses parties constitutives. Nous aurions beau dire : La porte avoisine une fenêtre, elle perce un mur, elle est entourée d'ornements, et ainsi de suite, l'ensemble de la maison n'en résultera jamais. Cet ensemble y gagnerait encore moins si le même rapport était toujours répété; si l'on disait, par exemple : La porte est plus grande qu'une fenêtre, plus grande qu'une pierre de taille, plus grande que tel ou tel ornement, etc. Ce serait à cela même que reviendrait pourtant la répétition constante de l'expression avoir, dans notre formule : J'ai ceci, j'ai cela, si le moi n'y signifiait pas autre chose. Énumérons, au contraire, les parties de la maison, il en résultera une augmentation d'éléments constitutifs ; précisons leur rapport mutuel, l'ordre s'y déclarera aussitôt, et l'ensemble de la maison se trouvera donné de la sorte. La même chose arrive exactement quand nous disons : *J'ai ceci, j'ai cela, j'ai encore ceci et encore cela*. La totalité du monde philosophique finit par être exprimée de la sorte; elle s'enrichit en substance par chacune de ces affirmations *tout aussi bien que le moi* qui accumule en cette occasion des faits élémentaires d'entendement. L'ordre que nous signalons ensuite dans cet assemblage, l'ordre que nous exprimons en disant : *J'ai ceci et cela, de telle ou telle manière*, leur profite également *à tous deux*. Le moi n'est donc pas, il ne saurait être une partie seulement de ce monde, mais se présente effectivement comme lui étant égal.

L'instinct de la langue ne nous abuse donc pas, et se trouve confirmé de la sorte par des résultats qu'aucun doute sérieux ne saurait atteindre. Il semble que l'esprit humain, entraîné dans une fausse voie, s'est éloigné dans cette occasion d'une vérité toute simple, et qui, dans l'origine, a dû nous être familière. La langue, en effet, est née immédiatement des vérités de l'entendement qu'il s'agissait de traduire, tandis que la philosophie n'a été longtemps que le remède cherché aux confusions survenues dans son sein. La première ne serait donc pas sans avantage, tant pour la priorité scientifique que pour la qualité de l'élément sur lequel elle opère. Dans la suite de son développement, sans doute, elle a dû perdre cet avantage à mesure qu'elle s'éloignait de sa simplicité première et que l'erreur y pénétrait à son tour.

Quant à la seconde objection élevée ci-dessus, et qui repose sur la différence manifeste entre la possession (en entendement) d'un fait par le moi, et la possession (en compréhension) d'un fait appartenant à une maison, par exemple, loin de témoigner contre notre principe, elle serait plutôt capable de le confirmer. La première façon d'avoir (la possession du moi) est à l'autre (à la possession d'un non-moi) ce que la participation absolue et directe est à la participation relative et médiate. Le moi philosophique possède en premier lieu les éléments de la maison, indépendamment de toute signification particulière par rapport à elle, signification qui à son tour les rassemble en *sous-ordre*. Ce n'est donc qu'en seconde instance, pour ainsi dire, que la maison embrasse ou comprend ces mêmes éléments dont elle se constitue en particulier. Si cette différence n'était pas distinctement marquée dans l'entendement, ou si notre principe pouvait tendre à l'effacer, c'est alors qu'il y aurait une forte présomption contre sa convenance. En entendement, les faits se rapportent donc à la totalité absolue et universelle; en compréhension, c'est à une totalité purement relative et spéciale.

L'objection tirée enfin de la possession *en propriété* est apparente encore, mais elle n'est pas plus fondée. Lorsque nous disons : Paul *a* une maison, ce n'est point du tout *la personne de Paul* qui possède une telle propriété (cas auquel sans doute il n'y aurait ici aucun rapport de totalité à partie), car ce même Paul dont nous parlons possède également ladite personne, corps et âme, en toute propriété individuelle. Entre la personne de Paul et la maison de Paul, le rapport de totalité à partie n'existe donc pas et n'a pas besoin d'exister ; mais l'individualité sommaire, comprise véritablement sous l'acception de Paul, les comprend toutes les deux. La totalité Paul, où se trouvent associés ces éléments si différents sous bien des rapports, c'est l'*individu (moi) social*, c'est le *citoyen* dans lequel ils sont nécessairement, sinon indissolublement, réunis. C'est sur cette importante distinction, si évidente et si exactement fondée, que repose toute la philosophie pratique de la science du vrai, et nous y reviendrons en conséquence. Ce que nous venons d'observer ici suffit, en attendant, pour répondre victorieusement à l'objection soulevée.

Voilà, en résumé, l'essentiel de ce que nous pouvions alléguer dès ce moment en faveur de notre principe philosophique, en le défendant contre les objections tirées du sein même de la science ; mais il en est d'autres encore que nous ne pouvons passer sous silence, quoiqu'elles n'aient pas d'autre appui que les préjugés de la vie commune.

La première difficulté de ce genre qui se présentera sans doute, c'est celle qu'il y aura toujours à rattacher les faits de l'entendement à un moi simplement considéré comme totalité de ces mêmes faits ; ce sera surtout la difficulté de le faire directement et sans le secours de l'âme, de quelque faculté intellectuelle, ou de tout autre intermédiaire de ce genre, c'est-à-dire d'une *cause* résidant en nous et qui serait destinée particulièrement à nous en procurer le bénéfice. La totalité, dépourvue de ce moyen et d'un noyau particulier (doté de réalité) auquel nous puissions en appliquer le levier, nous paraît presque une abstraction vide de sens, à laquelle rien de pareil ne saurait s'attribuer. Cette totalité pourtant, qui porte *tout* dans son sein, et qui, par cette raison déjà, ne saurait être quelque chose de différent et de particulier en dehors de ses éléments, est bien l'opposé d'une abstraction qui, dans son ensemble, n'embrasse jamais que des généralités. Aussi bien, sans l'habitude où nous sommes de former partout des relations causales, tout ici serait clair et positif; mais dès que cette relation s'en mêle, l'entendement devient *un effet,* il lui faut dès lors *une cause,* et comme elle ne se trouve pas en lui, on lui donne un nom plus ou moins sonore, et l'on croit, au moyen de ce baptême, l'avoir convertie à la réalité. Cependant, ce rapport causal, constamment invoqué, est tout illusoire, comme j'espère le prouver dans la suite avec la dernière évidence. D'ailleurs, cette cause facultative, que nous explique-t-elle en vérité? Nous fait-elle concevoir le moins du monde comment, par son moyen, nous pouvons parvenir à la connaissance d'une chose en dehors de nous? Et si elle ne nous sert à rien dans cette occasion, que nous explique-t-elle donc, et pourquoi s'y attache-t-on avec tant de persévérance? Il faut bien le dire, c'est que l'on sent confusément que, pour peu qu'on y touche, l'édifice d'une science toute factice doit crouler d'un bout à l'autre. C'est devant cette conséquence infaillible, qu'on recule par paresse, encore plus que par timidité.

L'humanité dans son enfance, comme l'enfance de l'homme, ne considère point l'âme, ne considère point une faculté dans l'âme comme possédant des connaissances, mais tout simplement son œil comme voyant, son oreille comme affectée d'un son, son doigt comme sentant, etc. Que de temps n'a-t-il pas fallu pour faire faire à l'humanité un pas métaphysique, que l'instruction maintenant nous aide à franchir de si bonne heure. Mais ce premier pas (dont le bienfait est immense, du reste), n'allez pas croire qu'à lui seul il puisse vous conduire au port. Il vous apprit seulement qu'il n'était pas impossible de délier l'entendement d'un certain fait particulier (du corps, d'un membre) auquel l'apparence le rattachait. Cette union première (en tant que nous la supposions causale) présentait une énigme impossible à résoudre, et vous avez dû la transporter ailleurs. C'est quelque chose, il est vrai, mais ce n'est pas tout, il s'en faut. Le corps, vous êtes-vous dit, est une partie accidentelle de mon être, l'âme en est une, plus essentielle. L'entendement ne pouvant nous être donné par ce corps, c'est l'âme qui doit en être dotée. Mais les mêmes difficultés se renouvellent à l'égard de celle-ci: l'âme à elle seule ne fait pas comprendre encore le mystère de l'entendement, et dès lors vous êtes remonté d'un nouveau degré. C'est une faculté dans l'âme que vous avez invoquée, parce que la connaissant encore moins, vous lui avez supposé plus de complaisance envers vos théories. Mais, hélas! quand vous iriez d'échelon en échelon recourir à une force dans la faculté, ou bien à un génie dans la force, tout cela ne vous mènerait pas plus loin, et la raison en est toute simple. Quoi que vous fassiez, de quelque stratagème que vous vous serviez à ce but, jamais vous ne réussirez à faire *rentrer* dans votre entendement quelque chose que vous auriez supposé *en dehors* de vous; jamais, du moins, vous ne réussirez à le faire d'une façon quelque peu concevable. Si, au lieu de cela, la même chose se trouvait déjà placée au dedans de vous, la plus grande difficulté serait levée. N'est-il pas temps, en conséquence, de jeter vos regards trop longtemps déçus sur cette extériorité même? Est-elle bien aussi certaine qu'on le pense d'habitude? Le monde dit externe est bien positivement en dehors de mon corps dans lequel il trouve sa limite, il est en dehors de mon âme, et c'est à cela que se rapporte, à juste titre, la distinction établie; mais est-il également en dehors de moi? N'est-ce pas moi qui plane au-dessus des astres mêmes, où pénètre mon regard à moi? Quand je creuse dans mon esprit, j'y trouve des éléments plus subtils, plus fluides, mais ces éléments sont en moi; quand je sonde la nature, j'y trouve des éléments en état de réunion plus ou moins compacte; mais ces éléments, quelque différents qu'ils soient des premiers, sont encore *en moi*, qui les déborde et les embrasse tous. Au delà de ces limites encore, *je crois*, il est vrai, à un monde qui m'est entièrement inaccessible; mais cette croyance même, où est-elle si ce n'est *en moi*? C'est ici seulement qu'elle est une vérité incontestable, tandis que le monde qui lui correspond n'a jamais qu'une réalité possible et vraisemblable, mais voilà tout. Nous y croyons, nous sommes forcés d'y croire, mais c'est à cela que se borne notre conviction à son égard. Disons donc hardiment, et en conformité avec un principe philosophique déduit d'une façon toute différente, que le monde scientifique tout entier est *en moi*. C'est l'âme, le corps et ce monde réunis, qui me constituent dans ma totalité, et puisque tout cela est en moi, je n'ai plus besoin de quelque faculté que ce soit pour l'y faire entrer; je n'ai plus besoin d'une cause étrangère pour en produire l'effet singulier. C'est ce rapport d'*inclusion directe* et pas autre chose, que nous exprimons en disant : *J'ai cela,* et voilà qui suffit dès lors pour nous donner la clef d'un entendement pour ainsi dire organique. Courage, car voilà le pas essentiel qu'il fallait franchir, le pas qui nous tire tout d'un coup des langes de l'enfance philosophique et qui nous fait grandir d'une immensité. Si après cela, vous conceviez encore quelque crainte par rapport à l'âme, à laquelle vous vous sentez attaché par des liens antiques, resserrés et sanctifiés de différentes manières, alors tranquillisez-vous bien, car elle ne saurait en souffrir. La faculté de l'entendement retirée au corps ne l'a point anéanti, ce corps n'en subsiste pas moins. Eh bien, dépourvue de mon entendement à moi, l'âme aussi ne sera pas détruite. Je dis de *mon* entendement, et cette restriction est grave, car l'âme (que plus tard nous apprendrons à mieux connaître) peut bien avoir *son* entendement à elle, comme l'analogie la plus directe nous porte à le croire (1), mais nous sommes vis-à-vis de cet entendement de l'âme dans le même cas exactement que vis-à-vis de l'entendement de notre prochain, de Pierre ou de Paul; nous y croyons, nous sommes

---

(1) A considérer les fonctions mécaniques que le corps remplit spontanément, avec un discernement souvent admirable, nous devons même être tentés de lui accorder aussi sa part d'entendement, en un mot, si celui-ci n'était point partout, il serait assez probable qu'il ne serait nulle part

forcés d'y croire, mais nous ne *savons* rien que du nôtre. Cela nous justifierait-il de donner à l'âme notre bien à nous? *Moi je vois, moi je pense,* voilà la vérité. Mon âme ou une faculté en elle, ma sensibilité, ma raison, sent ou pense pour moi, voilà l'erreur, voilà l'absurde. Le repousser loin de nous, c'est revenir enfin à la nature, dont la philosophie ne fait que nous éloigner par la route contraire, c'est renoncer aux remèdes compliqués de la pharmacopée scientifique en faveur des simples que nous avons sous la main. Quant à l'âme, ce ne sera point démériter d'elle non plus que de lui assigner son véritable rôle, rôle trop important pour avoir besoin d'usurpation flagrante; ce sera au contraire la retirer du vrai néant, de ce néant scientifique qui finit par engloutir infailliblement tout ce qui ne porte pas au front la marque de sa certitude. Pour faire d'une totalité douée simplement d'entendement une totalité *raisonnable,* il faut autre chose encore que cet entendement seul; il faut un certain ordre dans son sein, et c'est à l'établissement de cet ordre que l'âme est surtout appelée à concourir. Mais voilà un sujet qui, traité dès ce moment, nous éloignerait trop de notre but actuel, et c'est pourquoi nous ne saurions nous y livrer davantage.

CHAPITRE IX.

SUITE DES RAPPORTS FONDAMENTAUX. — RAPPORT DE SUBSISTANCE.

A côté de la vérité incontestable, de la vérité élémentaire de toute science et qui s'exprime : *J'ai cela,* nous voyons surgir dans la philosophie de la vie commune une conviction qu'on voudrait lui assimiler, et qui se dit : *Je suis.* Quoi que nous fassions cependant, son évidence immédiate demeure toujours en arrière de l'autre. Cela se reconnaît suffisamment par la peine même que l'on se donne, soit pour en déterminer le sens, soit pour en justifier l'affirmation, tandis que jamais on ne s'est avisé de pareille chose à l'égard de la possession par moi de certains faits donnés, à l'égard de cette vérité inattaquable exprimée par *J'ai.*

Être, selon la métaphysique de la vie commune et de la plupart des systèmes philosophiques, c'est jouir d'une réalité essentielle en dehors des faits qualifiants que nous possédons et parfaitement distincte d'eux. Ce qui *est* ainsi, c'est un élément nécessaire, une substance fondamentale dont nous croyons n'apercevoir que les accidentalités diverses, tandis qu'elle-même nous échappe. Cette façon d'être, nous l'attribuons non-seulement au moi (comme réalité subjective), distinct à cet égard des sensations, affections, etc., dont il est le porteur, mais encore à la chose (comme réalité objective) que nous distinguons tout de même des faits apparents sous lesquels elle se cache, comme, par exemple, la pierre *en soi*, distincte de la couleur, du poids, des formes, etc., qui la qualifient à nos yeux.

Le doute qui s'élève d'abord contre l'existence réelle de cette dernière, et cela, ensuite de l'analyse des faits que renferme l'objet, analyse qui semble réduire la chose réelle à une pure abstraction, ce doute, dis-je, finit par s'étendre à l'existence même du moi. Il fait rechercher dès lors les preuves dont elle demande l'assistance et dont elle pourrait être susceptible. C'est ainsi que Descartes a dit : *Je pense* (façon d'avoir), *donc je suis;* mais cette preuve suppose déjà que, pour penser, il faut commencer par être, et conclut (en vertu de cette supposition) de la vérité incontestable, *je pense,* au fait contesté, *je suis*. Elle tourne ainsi dans un cercle vicieux et ne prouve rien. Avant de prétendre élever ou résoudre le problème à notre tour, tâchons de fixer avec exactitude le sens du terme en question.

A côté de l'expression : *Je suis,* ou bien, *cela est,* nous disons habituellement aussi : *Je suis cela* (homme, créature intelligente, etc.); nous disons également : *Ceci est cela* (arbre, maison, etc.). Le sens du terme *être* varie donc considérablement, selon que nous nous en servons d'une manière métaphysique ou vulgaire (comme dans ce dernier cas), où il veut dire *signifier*. Ce qu'il exprime ainsi, c'est une certaine égalité ou conformité relative, souvent toute conventionnelle (comme, par exemple, du fait que l'on nomme et du nom qu'on lui assigne). En suivant les indications données par le sens vulgaire du terme être, dans l'expression *ceci est cela,* nous sommes donc conduits bientôt à ne voir dans l'affirmation *ceci est,* qu'une façon de parler du même genre, quoique plus stricte, et par conséquent, équivalente à *ceci est ceci,* c'est-à-dire à une affirmation d'*identité*. Cette affirmation s'applique, ainsi que nous l'avons vu précédemment, à chaque fait élémentaire nécessairement égal à lui-même, et par là distinct de tout autre, et c'est ce qui nous fait retrouver en elle l'expression de la *vérité* absolue, telle qu'elle a été définie plus haut (Voy. p. 4).

Être (dans ce sens) n'exprime donc pas une réalité, mais seulement une vérité, quelque absolue qu'elle soit, tandis qu'*être ceci ou cela,* en exprime une simplement relative. Ce n'est pas tout cependant, car saisi plus intimement encore, le sens du terme être se comprend, en outre, comme désignant une *exclusion* mutuelle. Quand nous disons *ceci est ici,* par exemple nous assignons à telle chose un certain lieu, dans le domaine du monde étendu, dont elle exclut immédiatement toute autre chose. En disant donc : *ceci est,* dans le sens nouveau que nous venons d'indiquer, ce n'est plus un lieu particulier que nous assignons à cette chose, mais en général, sa place dans le domaine des faits, d'où elle exclut de la même manière *toute* autre chose. En disant : *ceci est ici,* nous plaçons *ceci* en opposition avec *cela*, qui est le bas. En disant dans le même sens : *ceci est,* nous opposons *ceci* à *toute autre chose* qu'elle exclut de son sein, et c'est par cette exclusion que chaque fait individuel n'est absolument que lui-même. Voilà des considérations qui nous rapprochent visiblement du sens métaphysique qu'on attache au terme *être,* comme voulant dire *exister* (sans toutefois l'épuiser entièrement), tandis que le mot : *être,* équivalant à *signifier,* nous en éloigne au contraire. Nous devons donc nous arrêter à celui-là, car la science du vrai ne saurait tolérer dans son sein l'usage parallèle d'un même mot pris dans un sens aussi différent, et les graves inconvénients que cela entraînerait. Mais puisqu'on a pu confondre sous une désignation commune des notions aussi disparates au premier abord, un certain rapport entre elles semble pourtant indiqué, et nous sommes tenu dès lors à le rechercher pour éclaircir entièrement la question. En effet, si dans l'expression : *ceci est* (prise dans le sens de l'exclusion), *ceci* repousse toute autre chose dans la *totalité absolue,* de même dans l'expression : *ceci est cela,* la signification ainsi donnée à : ceci, repousse à son tour toute signification différente dans la *totalité relative* à laquelle elle se rapporte.

C'est ainsi, par exemple, que la signification *toit* exclut entièrement la signification *fenêtre*, dans la totalité : *maison*. Enfin, *l'exclusion absolue* de toute autre chose ressemble bien à *l'identité absolue* avec soi-même, et nous voyons de cette manière les emplois divergents du même terme : *être,* se rapprocher considérablement et s'accorder en quelque façon (1).

En fixant d'une manière précise et invariable le sens scientifique du mot *être,* nous avons fait derechef un grand pas dans la carrière philosophique, et nous pourrons bientôt en apprécier toutes les conséquences. Dès ce moment déjà, les considérations ci-dessus nous le désignent clairement comme *expression d'un rapport entre partie et partie dans la totalité,* et nommément comme l'expression du rapport le plus général de ce genre. Aucune partie distincte ne saurait en effet apparaître dans l'entendement d'une totalité, sans y prendre de suite sa place *exclusive de tout autre élément coordonné.* Si nous appliquons maintenant ce *rapport de subsistance,* ou de présence absolue, à la totalité philosophique, c'est-à-dire au moi, *être* devient aussitôt le rapport général entre ses parties élémentaires absolues, entre non-moi et non-moi enfin, et cette application philosophique l'associe d'importance au rapport même de *possession.*

Les lumières acquises nous serviront à résoudre dès ce mo-

---

(1) Les éclaircissements ci-dessus impliquent encore la raison pour laquelle l'existence ne saurait s'attribuer aux faits de pure forme ou d'ordre, ces derniers étant loin d'exclure, soit une substance élémentaire à laquelle ils s'associent au contraire intimement, soit un ordre parallèle ou plus général, avec lequel ils s'accordent très-bien. Ainsi nous ne saurions attribuer l'existence absolue à l'arc-en-ciel en lui-même, quoiqu'elle appartienne de droit aux molécules aqueuses qui réfléchissent le rayon solaire ; c'est ainsi que l'existence n'appartient ni au cube, ni à la sphère, mais seulement à la matière élémentaire qui supporte la forme. Le terme : être, appliqué à ces faits, ne saurait donc jamais se prendre que dans le sens *significatif* du mot. Nous y reviendrons plus tard dans la métaphysique du vrai, car c'est à cette dernière science qu'il est réservé de discerner exactement les faits de rapport, de forme et d'ordre en général, de ceux que nous devons considérer comme faits absolus.

ment la question de l'existence ou de la non-existence du moi, par rapport à laquelle nous avons entrepris cet examen. N'ayant égard qu'à la considération de coïncidence identique, nous pouvons dire à la rigueur, que le moi=moi (le moi *étant* moi), il existe aussi bien que toute autre chose. L'application ainsi étendue du terme : être, n'aurait pas trop d'inconvénient, il se peut, mais alors on ne ferait pourtant qu'affirmer par là la *vérité absolue* du moi, et non *sa réalité,* ce qui n'avancerait guère les partisans de celle-ci (1). Dans le sens scientifique du mot, dans celui de l'exclusion en revanche, la totalité absolue *renferme tout* et *n'exclut rien,* nous devons donc avouer, sans détour, que l'application du terme : être, au moi, que l'expression *je suis* devient entièrement abusive. *Être* n'exprime absolument qu'un rapport de partie à partie, d'un fait à un autre fait élémentaire, de non-moi à non-moi, dans le sein de la totalité : *moi;* il y exprime leur rapport universel et constant. C'est donc à tout jamais *le moi qui a,* c'est uniquement *le non-moi qui est.* A l'inclusion organique du premier correspond naturellement l'exclusion organique et mutuelle des autres. Ces deux rapports corrélatifs et complémentaires se comprennent parfaitement ainsi, l'un par l'autre, tant que nous savons en maintenir le sens précis; mais dès l'instant où nous le faussons, en les transportant arbitrairement du moi au non-moi (ou *vice versâ*), nous jetons tout dans la confusion. Nous pouvons alors attribuer l'entendement à un élément quelconque, et nous condamner ainsi à ne jamais le comprendre; nous pouvons alors attribuer l'existence à la totalité, et changer de la sorte un rapport certain en qualité transcendante entièrement hors de notre portée; mais tout ce que nous gagnons en bouleversant de cette manière les données simples et primitives de la science, c'est de nous lancer

---

(1) Le moi, considéré comme partie de la vérité scientifique, où il figure avec une *signification* particulière, vis-à-vis du non-moi, a droit de prétendre à l'*être,* et sous ce rapport encore nous sommes libres de le lui accorder.

dans une carrière où nous donnons beau jeu et gain de cause au scepticisme philosophique, qui ne manque pas d'en faire son profit.

Quant aux objections tirées des habitudes de la vie commune, objections qu'il me reste à écarter pour faire apprécier notre principe, je ne me dissimule point que la résistance sera vive par rapport à la non-existence du moi. C'est en vain qu'on me verra protester que dans le sens déterminé que j'attache au terme *être*, dire que je ne suis pas, n'affecte en rien la vérité absolue et nécessaire du moi, sur laquelle repose la certitude de toute science, comme sur son pilier le plus ferme. Avec cette existence, c'est la réalité métaphysique dans le sens vulgaire, c'est la réalité transcendentale (la substantialité) qui semble lui manquer au premier abord, et c'est à celle-ci que l'on tient particulièrement. Si cependant nous examinons bien nos convictions à cet égard, nous pourrons, avec quelque peu d'attention, nous convaincre que cette réalité métaphysique que nous revendiquons n'est qu'une *façon d'être* toute spéciale, et que nous rattachons particulièrement, soit au moi, soit à la chose qui n'est pas moi. Elle signifie non-seulement que tel fait *est*, mais encore qu'il est avec nécessité absolue, qu'aucune abstraction ne saurait l'atteindre, tandis que les autres faits, soumis à cette abstraction, se présentent à côté de lui comme accidentels. Voilà l'être particulier, ou *l'existence transcendentale* à laquelle nous tenons par rapport au moi, et dont en effet il pourrait se revêtir indirectement. Car si une telle existence allait revenir à une partie seulement de ses éléments constitutifs, alors certainement il la partagerait avec eux, tout en leur devant ce bienfait. Voilà, en effet, l'existence caractéristique que la métaphysique nous fera découvrir dans son sein ; mais le tort que nous ferions à la science en multipliant ainsi les significations attachées à un même mot n'en est pas moins évident ; et j'ai dû me borner, en conséquence, à lui réserver le sens le plus simple et le plus certainement primitif.

Ces éclaircissements qui ne regardent que le moi philosophique, j'aurais pu, du reste, me dispenser entièrement de les donner ici; car, en y regardant de plus près, ce n'est pas du tout à lui que songe le vulgaire pour l'attribution de l'existence absolue. Comment le voudrait-il, car il ne le connaît presque pas? C'est toujours pour le moi individuel, c'est-à-dire le sujet, c'est toujours pour moi Paul ou Pierre que nous réclamons véritablement cette existence, et c'est en quoi nous avons complétement raison. Elle lui appartient positivement et de plein droit. Non-seulement ce *moi-là* est (comme partie distincte dans la totalité philosophique), mais il est de plus *transcendentalement* dans le sens ci-dessus développé, et la métaphysique nous en convaincra dans la suite.

Ce n'est donc plus qu'à l'extension scientifique et suffisamment fondée du vrai moi qu'il faut tâcher de nous habituer; ce n'est plus que de la contraction du moi, dans notre personnalité individuelle, qu'il faut tâcher de nous déshabituer, au contraire, pour nous familiariser entièrement avec les vues philosophiques de ce système. Notre coup d'œil, suffisamment élargi une seule fois pour saisir à fond cette différence, ne saurait plus retomber dans l'erreur commune. Il se sent libéré d'un poids inexprimable, et comme rentré dans son élément naturel, dès l'instant qu'il y est parvenu.

CHAPITRE X.

SUITE DES RAPPORTS FONDAMENTAUX. — RAPPORT D'APPARTENANCE.

Après avoir déterminé comme *inclusion* organique le rapport du moi au non-moi (qui, désormais et en conséquence, doit être compris comme *mien*) et celui du non-moi au non-moi comme *exclusion* mutuelle, un troisième rapport nous est indiqué par là même. Ce rapport est celui du non-moi au moi et devra se trouver naturellement être l'inverse du premier. C'est de lui que nous avons donc à nous occuper, et c'est sans peine que nous le signalerons, car il saute immédiatement aux yeux. C'est en effet lui que nous désignons toujours en disant : *Ceci est eu* (est senti ou pensé, etc.) *par moi*. Cette expression rapporte évidemment chaque fait non-moi particulier au moi comme *possédé* par lui, et dès que nous en avons la clef, elle prononce d'une façon claire et précise, tant *l'exclusion qu'il exerce* que *la réclusion qu'il subit*. C'est ainsi que les faits non-moi *remplissent* ce moi de leur substance, et que nous saisissons un dernier rapport complémentaire qui achève cet ordre et que nous disons *rapport d'appartenance*. Il est d'ailleurs assez intelligible par lui-même pour ne pas demander un plus long commentaire. L'habitude cependant que l'on a d'employer souvent et indifféremment le mot *avoir* pour le mot *être*, et celui-ci pour l'autre ; cet usage pourrait se considérer en quelque sorte comme un démenti pratique donné à notre principe philosophique, et c'est un point qu'il importe par conséquent d'éclaircir encore. — *La maison*, dit-on, *est grande*; mais on peut dire également : *la maison a de la grandeur*. Cette différence d'expression ne tient pourtant qu'à la totalité, soit absolue, soit relative, à laquelle la chose se rapporte. Dans le premier cas, la maison est considérée simplement comme partie d'une totalité universelle ; donc elle *est*, et son rapport particulier à d'autres maisons s'y ajoute comme qualification. Dans le second cas, c'est la maison qui est considérée comme totalité relative, et la grandeur rentre dès lors dans ses acceptions particulières et se regarde comme lui *appartenant*. Quand nous disons : Ceci *est une* plante, *un* animal, nous exprimons par là le fait d'une certaine totalité *collective*, composée d'individus, plantes ou animaux, et c'est à elle que nous rapportons le fait d'ailleurs *existant*. Quand nous disons enfin : *je suis triste*, par exemple, l'emploi du mot *suis* serait parfaitement déplacé s'il était décidément question en cela du moi philosophique ; mais il faut considérer que ce n'est pas du tout de lui qu'il s'agit d'ordinaire, mais bien du moi individuel de Pierre ou Paul, que nous appelons abusivement du même nom. Celui-ci n'est effectivement qu'une partie circonscrite de l'autre, et peut se qualifier comme *étant triste* ou gai, sans qu'on puisse y trouver à redire. Si cependant il s'agissait positivement du vrai moi, alors sans doute il faudrait dire pour parler juste : J'ai de la tristesse ou du chagrin.

Le rapport de possession (tout comme celui de subsistance et d'appartenance), le fait *avoir*, en un mot, est lui-même — dans la relation philosophique du moi au non-moi — un non-moi nouveau, quelque différent qu'il soit par son caractère (relatif) du non-moi absolu. Il rentre en conséquence à son tour dans l'ordre philosophique comme *étant eu* (possédé) *par moi*, et c'est ainsi qu'en vertu de nos principes nous avons nécessairement : *entendement d'un entendement*, puis : entendement de l'entendement d'un entendement, et ainsi de suite en application indéfinie ; un entendement *potentié*, en un mot (1), sans jamais parvenir pour cela, en remontant cette chaîne, à l'entendement du *moi-même*, qui se trouve toujours en dehors d'elle. Voilà ce qui nous donne l'explication bien naturelle d'un des phénomènes les plus difficiles à comprendre par les procédés métaphysiques ordinaires, et qui demanderait l'admission de facultés toujours nouvelles et toujours supérieures, si l'on se piquait toujours de conséquence en bâtissant des systèmes. L'importance de ce résultat, qui éclaircit complétement une question aussi grave et qui découle immédiatement de nos principes, doit sauter aux yeux de quiconque a la moindre habitude de spéculation philosophique, et cela nous dispense d'y ajouter les réflexions qui se présenteront d'elles-mêmes au penseur.

Nos rapports fondamentaux sont tellement simples, leur application dans tous les cas advenants est si facile, les résultats qui en découlent sont si parfaitement satisfaisants, que je pourrais peut-être leur abandonner en entier le soin de plaider leur cause, sans le discrédit où sont tombés en général tous les principes déclarés fondamentaux en philosophie. Voilà ce qui m'engage à leur donner encore quelque attention sous ce point de vue particulier.

Ce discrédit tient en grande partie au peu de succès obtenu sans doute, mais tout autant à l'abus que l'on a fait de ces principes abstraits et généraux, et surtout à la fausse assurance de *vérité infaillible* avec laquelle on les annonce toujours sans pouvoir les maintenir à cette hauteur. Nous devons nous garder en conséquence de tomber dans la même faute, et sans préjudice pour la science, nous pouvons avouer sans détour maintenant, que son principe philosophique ne peut et ne doit *jamais* prétendre à ce titre. — La combinaison primitive de certains faits élémentaires, la *donnée* scientifique qui y répond

---

(1) Bien des fois cependant une gradation analogue d'entendement se trouve être le résultat d'une illusion que nous apprendrons à connaître plus tard. Elle complique la vérité scientifique ci-dessus, mais s'écarte avec la même facilité (Comp. : la Métaphysique du vrai).

et qui est formulée par : *j'ai cela*, voilà qui est la *vérité fondamentale* seule et unique, et toutes les combinaisons exactes de pareilles vérités seront vraies en conséquence. Sa limite est donc clairement tracée, et rien ne saurait en reculer les bornes. Mais cette même vérité donnée n'est point *comprise* pour cela, et c'est à la philosophie que nous demandons dès lors les lumières qui doivent en éclaircir le mystérieux rapport. C'est un principe philosophique que nous demandons pour en faire jaillir la première étincelle. S'il nous rend ce service dans toute son étendue, s'il remplit parfaitement notre attente à cet égard, alors nous serons convaincus de sa *convenance*. Sinon, nous devons en chercher un autre, et ne nous arrêter qu'à celui d'entre eux qui aura fourni, par son application, des preuves suffisantes de cette convenance parfaite. C'est donc d'une vérité relative que nous devons nous contenter à son égard, et ne pas faire comme des gens qui, visant à la lune, se laisseraient tomber dans un puits.

Demander plus qu'il n'est possible d'obtenir, c'est la faute grave qui se commet encore chaque fois que l'on prétend considérer le moi comme objet de spéculation, comme élément particulier de science, tandis qu'il en est l'ensemble. Dès lors on tombe dans un cercle vicieux et dans un dédale de contradictions. L'affirmation : *Je me sens moi ; j'ai conscience de moi ; je me connais moi,* ou bien de quelque façon que nous exprimions la prétention du fait : *J'ai le moi,* n'est pas une vérité évidente en elle-même du genre de la vérité : *J'ai cela,* et jamais elle ne saurait en devenir une. Il faut y renoncer de prime abord, et rien ne saurait mieux nous y disposer que la juste appréciation du rapport fondamental dans le sens que nous lui avons assigné. La totalité (nous apprend-il) ne saurait jamais faire partie d'elle-même, il est absurde (contradictoire) de vouloir l'amener à cela. Quand nous disons : *Je me vois, je me sens,* etc., avec une apparence de raison, ce n'est pourtant qu'une illusion bien grossière qui nous séduit, et le moi dont il s'agit alors n'est autre que l'individu Pierre ou Paul qui en usurpe le nom. Quand nous disons : *J'ai con-*

science de moi, l'erreur est moins évidente, mais elle n'en est pas moins positive, et c'est le sujet métaphysique qui alors en a pris la place, ainsi que nous aurons lieu de nous en convaincre plus intimement dans la suite. Peu à peu, il est vrai, la connaissance progressive obtenue du non-moi, conduit sans doute le moi à la connaissance *approximative* de lui-même, mais c'est sans jamais l'épuiser, et ce résultat, parfaitement conforme à l'expérience aussi bien qu'à notre principe théorique, en devient une des démonstrations les plus frappantes peut-être.

L'impossibilité de se posséder soi-même en implique une autre, c'est-à-dire celle de posséder la *vérité tout entière*, quelque considérable que soit la *part du vrai* qui fût donnée au moi. En substance la vérité est *égale* au moi, quant à sa forme elle le *dépasse*. Le moi, *dans la vérité scientifique* (j'ai cela), se trouve à côté du non-moi, et l'un y reçoit de l'autre sa signification précise. Le moi fait donc partie de la vérité, et c'est pourquoi celle-ci plane éternellement au-dessus de lui comme un fait divin et inépuisable. S'il le possédait en entier, il se possèderait lui-même avec elle, et voilà justement ce qui est impossible. La vérité en conséquence ne se dévoile à nous que dans ses éléments, et nous sommes obligés, pour l'apprécier mieux, d'y ajouter la *forme* qui nous échappe. Cette forme, ou plutôt l'*équivalent* de cette forme, c'est la *philosophie* qui le fournit au moyen de son principe fondamental. D'un autre côté la matière de la vérité ne saurait nous être donnée non plus en totalité — car alors, ainsi que nous l'avons vu — le moi se posséderait encore tout entier lui-même, mais ce qui lui manque et doit lui manquer en cela peut se réduire presque indéfiniment. Car si nous possédions : la somme des non-moi — 1, si nous possédions : sn--moi — $\frac{1}{x}$, il est certain qu'il nous manquerait bien peu de chose à la connaissance complète et matérielle de nous-mêmes, et pourtant la limite du possible ne serait pas encore dépassée. Cette dernière lacune, ce dernier *fait* qui doit nous rester soustrait, *la religion* s'occupe à nous en fournir l'équivalent, et voilà comment, à son tour, elle complète le système. Nous voyons clairement ici à quoi nous pouvons atteindre, nous voyons la double limite qui nous est irrévocablement tracée et le point où notre savoir direct s'arrête et s'arrêtera toujours tant que nous ne cesserons pas d'être ce que nous sommes. La manière enfin dont le but suprême de nos efforts intellectuels nous est acquis, et ce but, tel qu'il se présente à nous en définitive, voilà justement ce que la science de la vérité doit nous faire connaître, et c'est ce qu'elle accomplira dans son développement.

Le rapport fondamental occupe une place essentielle dans la vérité élémentaire, mais quelque signification erronée que nous lui donnions, celle-ci ne saurait la détruire ni même l'ébranler. Cependant, comme une foule de vérités secondaires doivent découler de lui, de déduction en déduction, il faudra bien, — s'il y a erreur, — qu'elle finisse par se découvrir, en nous conduisant à des contradictions, et par conséquent, à l'absurde. C'est donc, je le répète encore une fois, la convenance du principe philosophique, l'excellence des explications qui en dérivent, l'absence d'exceptions et de problèmes impossibles à résoudre par son moyen, qui détermineront la seule certitude dont il soit susceptible, et le degré de confiance qu'il peut mériter.

Quant à l'application de notre principe, à la solution des nombreuses difficultés dont on a hérissé, souvent très-gratuitement, la route de la science, c'est ce qui fera bien des fois le sujet des chapitres suivants, et c'est de là surtout que doit partir la lumière en faveur de laquelle je prie le lecteur de ne pas se laisser rebuter par la sécheresse d'une science abstraite, quelquefois en opposition apparente avec le témoignage de nos sens, et presque toujours avec notre métaphysique vulgaire. Observons seulement ici que, dès le début, nous voilà délivrés, par le moyen de ce principe, de l'adoption d'une hypothèse fondamentale, de l'adoption *de quelque faculté philosophique que ce soit*, c'est-à-dire d'*une cause subjective* (moyen de perception comme de spéculation philosophique) à laquelle, sans cela, nous devrions recourir nécessairement, et qui, une fois posée en fait, nous ôte toute notre liberté dans l'examen du rapport de causalité dont elle découle et à l'empire duquel elle nous assujettit sans retour.

Posséder un fait d'*entendement absolu* en général, posséder quelque fait de ce genre en particulier, ou bien l'*avoir*, cela ne veut plus dire maintenant autre chose, sinon le renfermer organiquement dans notre sein, comme partie inhérente de nous-mêmes. Posséder un fait d'*entendement relatif*, quel qu'il soit, cela ne veut plus dire de même que : *renfermer en nous certains faits dans un certain ordre*, c'est-à-dire *dans quelque rapport mutuel*. Tout cela se fait sans nulle faculté intermédiaire. Les facultés générales ou spéciales qu'on nous assigne à cet effet dans la métaphysique des écoles et de la vie commune, ne sont que les *causes* universelles ou particulières en nous, auxquelles nous avons l'habitude d'attribuer la possession de ces vérités premières, les moyens dont nous pensons avoir besoin pour cet *effet*. Pour peu que nous sachions cependant secouer nos vieilles habitudes d'explication causale, nous devons sentir aussitôt et nous avouer franchement qu'une inclusion organique, par laquelle un fait quelconque devient partie inhérente de nous-mêmes, explique bien mieux le fait de sa présence à l'entendement que le culte superstitieux d'une faculté à laquelle, aussi bien qu'à son mode d'action, nous ne saurions jamais, et quoi que nous fassions, attacher une idée claire, précise et satisfaisante.

Renfermer en soi quelque chose en général, c'est *en avoir entendement;* renfermer tel fait distinct en particulier, c'est *voir*, c'est *entendre*, c'est *penser*, etc. Il ne s'agira donc plus que de spécifier exactement tous ces faits, et de leur faire correspondre ensuite avec précision les termes en usage. Renfermer simplement des faits, ou bien les renfermer avec tel ou tel rapport entre eux, voilà des particularités qui demanderont sans doute l'emploi d'expressions essentiellement différentes. L'un répond à une simple *connaissance,* l'autre à une possession *intelligente*. Posséder des faits avec intelligence, c'est ce que nous appelons en général *les juger*, ou bien en particulier *discerner, comparer,* etc., selon le caractère du rapport présent en entendement auquel ces termes correspondent, selon qu'il y a *différence, ressemblance,* ou autre chose entre eux (1). Ces dénominations répondent parfaitement ainsi à leur destination, pourvu que nous n'y mêlions plus la signification causale et facultative qui en obscurcit volontiers le sens. Renfermer en soi des éléments confus, c'est à quoi répond l'état de l'entendement du vulgaire ; renfermer au contraire ces mêmes éléments dans un ordre clair et complet, voilà l'état auquel correspond un entendement développé, scientifique et philosophique. Ce dernier état se forme graduellement en nous du sein de l'autre, et ce qui est vrai sous ce rapport quant à l'individu, l'histoire de la philosophie l'atteste encore à l'égard de l'humanité. *Enseigner* enfin la science, c'est la *décrire,* et si la forme du langage en fait une argumentation et une déduction, la faute en est tout entière aux erreurs métaphysiques qui depuis si longtemps la dominent.

Nous pouvons rassembler maintenant les résultats obtenus jusqu'ici, et voici, en résumé, ce que nous trouvons à consigner.

1° Nous avons réussi à déterminer le rapport du moi au non-moi comme rapport de la totalité à la partie. Ce rapport, dit de *possession,* s'exprime par le mot *avoir,* et se comprend comme *inclusion.* C'est en lui que nous voyons maintenant le rapport fondamental de *l'idéalisme,* qui ne considère les faits qu'autant que nous les avons, en y rattachant tant bien que mal une réalité à laquelle il les attribue ou qu'il va même jusqu'à renier entièrement.

2° Nous avons déterminé de même le rapport du non-moi au non-moi, le rapport de la partie à la partie, rapport de *subsistance.* Il s'exprime par le terme : *être,* et se conçoit

---

(1) C'est dans la métaphysique que nous apprendrons à connaître les faits de tout genre qui font ainsi notre richesse, et que nous pourrons établir définitivement cette correspondance terminologique.

CHAP. X. RAPPORT D'APPARTENANCE.

comme : *exclusion.* C'est là le rapport fondamental du *réalisme,* qui ne considère les faits qu'autant qu'ils reposent sur eux-mêmes, et qui les ramène ensuite de façon ou d'autre au moi, auquel il en accorde la connaissance, soit accidentelle, soit nécessaire et régulière.

3° Nous avons déterminé enfin le rapport du non-moi au moi, de la partie à la totalité, rapport dit *d'appartenance,* exprimé par : *être eu,* et compris comme *réclusion.* C'est là le rapport fondamental de *l'empirisme* qui ne considère les faits qu'autant qu'ils nous sont donnés en appartenance, sans se soucier d'expliquer cette vérité première.

Ces trois rapports réunis forment les éléments distincts et complémentaires d'un ordre de choses organiques, que nous appellerons : *relation d'inordonnation.* Elle servira de point de départ à la philosophie du vrai, qui de prime abord rassemble ainsi dans un foyer commun les rayons divergents de l'intelligence, et nous fait comprendre sans peine maintenant la nécessité d'un ordre que l'histoire de la philosophie développe d'un bout à l'autre, c'est-à-dire celui de la triple direction, que nous y avons précédemment signalée (Voy. p. 54).

Le scepticisme combat l'idéalisme, en attaquant surtout un élément scientifique, qui sublimé par l'abstraction, se trouve dépourvu de tout fondement solide, et réduit à une existence purement logique. Il le combat encore en attaquant ses facultés occultes, et son système de causalité en général, bien ou mal déguisé. Il combat les fondements du réalisme, en déniant la certitude d'une chose transcendante et réelle, sur laquelle celui-ci repose tout entier. Sans combattre directement l'empirisme, dont il reconnaît la base (en tant que simplement donnée), il lui dispute néanmoins toute valeur en philosophie, et cela par la raison que l'empirisme reste éternellement en dehors des questions principales de celle-là, restreint comme il est à un domaine particulier et circonscrit de la spéculation. Le système philosophique qui ramène à l'expression d'une seule et même relation organique, les rapports fondamentaux coupables de toutes ces contestations, qui concentre de la sorte les rayons divergents de la spéculation dans le simple élément de vérité, et leur accorde une autorité égale ; ce système sans doute est une philosophie du vrai absolu, d'un absolu qui, par lui-même, n'est plus ni idéal, ni réel, ni empirique, mais qui devient tout cela, selon le rapport prédominant sous lequel il se manifeste en nous. Il donne gain de cause enfin au scepticisme, dans chacun de ses griefs particuliers, et fonde néanmoins sur la base respectée par lui, un édifice vaste et solide. En corroborant ainsi les justes prétentions de la philosophie sceptique, cet édifice est en même temps le monument de sa victoire, le fruit de sa persistance, et le prix de son abdication. S'il a obtenu tout cela jusqu'ici, le scepticisme sans doute nous rendra les mêmes services dans la suite. Il ne cessera d'épurer la science des erreurs et des illusions de tout genre, qui se glissent si facilement dans ses détails, et nous pouvons continuer avec pleine confiance les recherches que nous avons entreprises, non sans quelque succès, je m'en flatte.

CHAPITRE XI.

SUITE DES RAPPORTS FONDAMENTAUX. — RAPPORT DE SUBORDINATION.

Quoique nous puissions en appeler, surtout à la convenance (Voy. p. 88) par rapport à notre principe philosophique, une nouvelle démonstration plus directe de celui-ci ne saurait cependant être que bien venue, et nous en obtenons une par la voie la plus simple. — Dans le cas, par exemple, où quelque rapport, appartenant bien positivement à la relation d'une totalité et de ses parties, aurait encore son application certaine et entière à la relation du moi et du non-moi, notre principe en obtiendrait une confirmation éclatante, et qui lui est en effet accordée.

La relation d'inordonnation, examinée seule jusqu'ici, n'est pas la seule cependant qui se présente au sein d'une totalité. Chacune d'elles est sans contredit aussi la somme des parties qui la constituent, et qui s'y associent dans un certain ordre. Indépendamment de cet ordre, dont il n'est pas question ici, chaque élément que j'en enlève change la totalité dans sa substance, et le dernier retranché l'anéantit complétement. La totalité *dépend* en conséquence organiquement (1) de ses par-

---

(1) Je me sers toujours de ce terme dans un sens opposé à celui du mot : *spécifique*. Dans ce sens, une pierre est un organisme, aussi bien que le corps de l'animal.

ties, et voilà un rapport nouveau aussi certain que les précédents, que nous devons consigner ici. Les parties de la totalité sont dans une situation réciproque toute différente à cet égard. Je puis les soustraire une à une, sans que la partie demeurante en soit altérée, autrement que dans un ordre dont il n'est pas question en ce moment. Leur rapport organique est en conséquence celui d'une *indépendance* entière. Le rapport enfin des parties à la totalité en cette occasion, rapport naturellement inverse au premier, est celui d'une *détermination* organique, exercée par elles sur cette totalité dépendante. Ces trois rapports réunis achèvent une relation que j'appellerai : *de subordination*.

Si nous appliquons maintenant ces données à la totalité philosophique, il s'ensuit que, selon cet ordre, le rapport du moi au non-moi sera de la *dépendance* ; le rapport des faits entre eux, de l'*indépendance* ; le rapport enfin du non-moi au moi sera de la *détermination* ; et la conséquence la plus directe nous présente des résultats d'une importance décisive en faveur de notre système.

Dès que nous considérons réunis les deux rapports qui, selon nous, rattachent le moi au non-moi, nous obtenons aussitôt, pour résultat, la notion précise et complète *d'une possession intime par moi, de certains faits (non-moi) avec dépendance d'eux* ; en un mot celle d'un *entendement* que ce moi tiendrait immédiatement du fait non-moi, en vertu seulement de son organisation en totalité. Ce terme analysé n'a pas d'autre signification en effet, et ne peut se définir que de cette façon. Si nous rassemblons de même *subsistance* et *indépendance*, c'est-à-dire les deux rapports qui marquent l'association primitive des faits non-moi, il en résulte évidemment encore, la notion exacte de l'*existence* des choses élémentaires telle qu'elle se trouve en nous. Si enfin nous accouplons de même *appartenance* et *détermination*, nous en voyons résulter certainement aussi, la notion complète d'une *expérience* imposée au moi par un non-moi indépendant et pourtant donné.

Tel est donc le mécanisme suprême dans toute sa simplicité, sur le fondement duquel repose la connaissance des choses, et, par conséquent, la spéculation philosophique entière. Nous en voyons à nu maintenant la trame purement organique. Nous voyons l'ordre organique le plus simple en porter le fruit naturel et inévitable ; nous en palpons pour ainsi dire le germe, et le principe fondamental de la science du vrai se trouve complétement justifié.

Examinons maintenant notre principe dans une de ses applications les plus immédiates et sans sortir du domaine de la vérité élémentaire. Cette vérité (exprimée par : *j'ai cela*) considérée comme totalité relative, et soumise comme telle à la loi universelle, sera donc dépendante de ses parties. Elle sera dépendante des faits *moi* et *non-moi* qui y concourent matériellement, et dépendante aussi du fait relatif *avoir*, qui en est la partie formale. Si maintenant à cette vérité totale nous substituons (ainsi qu'il arrive dans notre façon de voir habituelle) dans la relation de dépendance, le fait formal ci-dessus, c'est-à-dire la *possession* (l'avoir); si nous la considérons, elle, comme dépendante du moi et du non-moi, alors une transposition de faits aura été commise ; alors une erreur maintenant évidente s'est glissée dans notre façon de voir. Voilà pourtant sur quoi repose en grande partie, non-seulement la philosophie de la vie commune, mais encore celle de l'école, où l'*entendement* figure généralement comme placé sous la double dépendance du moi et d'une chose non-moi, du contact desquelles il résulterait sous le prestige de la causalité.

Nous avons rejeté jusqu'ici les services que pouvait nous rendre en philosophie ce rapport de causalité, par la seule raison que, dénué de preuves suffisantes, il nous devenait impossible de l'adopter à la légère. La relation de subordination, appréciée dans son application, fait davantage maintenant, car elle nous laisse entrevoir déjà le germe de ce même rapport de causalité et l'illusion qui ne peut manquer de le faire naître. Il suffit, pour cela, de transporter ce rapport de subordination (placé entre la partie et la totalité) à l'association de deux parties quelconques dans la totalité. Il est temps, en

7

conséquence, d'éclaircir cette matière, en tant du moins qu'elle concerne le rapport philosophique qui nous occupe exclusivement ici.

En disant : *ceci* est cause de *cela* (qui en est au contraire l'effet) nous plaçons en relation de dépendance et de détermination deux faits (ceci et cela) *coordonnés* et non subordonnés en vérité (1) au sein du moi. Nous les plaçons en conséquence dans un rapport qui ne saurait leur convenir en principe. Nous transportons enfin à l'association *de deux parties scientifiques* le rapport qui unit effectivement *la totalité scientifique* aux *parties qui la composent,* et nous commettons ainsi un acte qui doit en altérer le caractère et nous plonger dans des erreurs incalculables. D'où vient cependant cette fausse application d'un rapport exact en lui-même? C'est ce qu'on se demandera sans doute, et c'est à quoi maintenant il est facile de répondre d'une manière satisfaisante.

Lorsqu'une multitude de faits et de rapports différents se trouvent simultanément associés dans l'entendement, on conçoit en général la possibilité d'une fausse attribution des uns aux autres, mais cela ne suffit pas, et nous devons indiquer encore ce qui arrive dans le cas spécial qui nous occupe. Chaque totalité *possédante* (soit absolue, soit relative) est en vérité dépendante des éléments *possédés* par elle. — Voilà le principe. — Mais ces mêmes éléments se concevant en outre comme faits *existants,* il arrivera presque inévitablement que *le fait total possédant* se présentera comme dépendant *des faits élémentaires existants,* quoique l'existence soit ici un fait relatif tout à fait accessoire, étranger en lui-même à leur relation mutuelle, et concernant uniquement le rapport des faits élémentaires entre eux. Une fois engagés dans cette voie, il n'y a plus qu'un pas à faire pour que la possession (l'entendement) devienne dépendante de l'existence ; car il

---

(1) A moins de placer dans cette formule le *moi* à la place de *cela,* mais c'est justement la dernière combinaison de ce genre dont nous nous avisions.

suffit d'identifier le fait possédant et la possession dont il jouit. — Chaque totalité relative, rapportée à la totalité absolue, doit se considérer comme *donnée* (étant possédée par celle-ci), et dès lors (si ses parties déterminantes sont regardées comme existantes), un fait empirique paraîtra dépendant d'une réalité. — Si enfin cette même totalité relative était particulièrement regardée sous le point de vue de son rapport au moi, c'est-à-dire comme un fait simplement possédé (comme possession), et ces mêmes parties néanmoins comme existantes, ce sera alors *un fait idéal,* qui se présentera comme *dépendant du fait réel.* L'inverse pouvant avoir lieu tout de même, nous obtenons ainsi toutes les nuances dont se revêt la relation causale, et leur déduction facile. Égarés dans ce labyrinthe, bien d'autres circonstances concourent encore à compliquer la question, comme à nous en faire perdre le fil. Chaque totalité relative (soit dit : un arbre) fait partie d'une totalité plus vaste, d'une forêt, par exemple, ou du monde objectif même. Comme totalité relative, elle dépend organiquement des parties (tronc, branches, feuilles, etc.) qui la constituent ; comme partie d'une totalité ultérieure, elle concourt à la déterminer. C'est ainsi qu'elle réunit dépendance et détermination, et c'est ce qui tend constamment à nous dérouter. Nous cherchons pourtant à renouer le fil rompu de la trame, et dès lors il n'est pas étonnant que, procédant sans principe fixe, nous le rattachions selon l'ordre de l'expérience en général, et de la succession en particulier. C'est ainsi que de deux faits consécutifs, l'un deviendra l'*effet*, l'autre la *cause;* la chute d'une feuille, par exemple, l'effet d'un coup de vent, et ainsi de suite. Ce rapport mystérieux se retrouvera donc partout ; la réunion de la dépendance et de la détermination, dans chaque fait plus ou moins complexe, nous conduira dès lors à *une réciprocité d'action causale;* la transcendentalité enfin de certains faits (considérés comme en dehors du domaine de l'expérience et comme lui servant de base essentielle), mènera directement à des causes placées dans un monde inaccessible, et d'illusion en illusion, on se trouve avoir élevé sur ce fondement un système tout entier, qui ressemble trait pour trait à celui de notre métaphysique vulgaire. A chaque pas que nous ferons ainsi, il nous devient plus difficile de rebrousser chemin, de quitter l'habitude contractée, de voir clair dans ces phénomènes, et de dissiper le prestige.

La causalité se trouvera bien des fois encore sur notre route, et nous pouvons abandonner maintenant cette matière, que je n'ai prétendu soulever ici, qu'autant qu'il était nécessaire, pour prendre nos conclusions définitives à son égard, et pouvoir enfin, comme en toute justice, renier cette causalité, et la ranger avec tout ce qui s'ensuit, dans le domaine de l'illusion métaphysique, qu'elle remplit en grande partie de ses fictions fatales et diverses.

Avec cette relation importante de subordination organique, qui nous fait voir le moi dépendant et déterminé par ses éléments, relation qui contrarie sensiblement notre routine métaphysique, mais qui aplanira bien des difficultés encore, nous pourrions déclarer déjà notre mission philosophique terminée, si la totalité de cette science suprême, si le moi doué d'entendement, était lui-même un fait achevé, arrêté en soi définitivement, un fait inanimé en un mot, mais c'est ce dont il est loin au contraire. Il vit, il est soumis à une transformation continuelle, et c'est encore une vérité incontestable à consigner, que celle qui s'exprime par *j'ai vie* ou *je vis*. C'est donc sous ce jour nouveau que la question philosophique demande à être considérée maintenant.

CHAPITRE XII.

LA VIE PHILOSOPHIQUE.

Dans la vie du moi, nous distinguons clairement 1° une vie que j'appellerai *absolue,* une vie qui sans affecter les éléments absolus organiques du moi, quant à eux-mêmes, fait entrer de nouveaux éléments de ce genre dans sa substance et dans ses rapports, ou bien les fait sortir au contraire de son sein et de ces mêmes rapports ; 2° une vie *relative* qui affecte simplement l'ordonnance des éléments organiques, déjà présents dans le moi, sans l'enrichir ou l'appauvrir de ce côté. Cette double vie du moi qui n'a aucun caractère propre à part des faits absolus sur lesquels elle porte et qu'elle atteint dans leur présence ou dans leur ordre, cette vie qui par conséquent ne saurait se passer d'eux s'annonce donc conformément à nos définitions antérieures (Voy. p. 26), comme un nouvel *élément relatif.* Quoique d'un genre très-différent de tous les autres, elle n'en possède pas moins le caractère distinctif de la relativité, et nous pouvons nous occuper actuellement du soin de l'éclaircir dans ses traits particuliers.

Cette vie, ce changement, cette transformation des éléments de vérité philosophique, voilà le fait, voilà le certain. Attribuer cette vie à une cause quelconque, à une activité soit intérieure, soit extérieure, l'attribuer à une faculté du moi, du non-moi ou de tous deux, voilà la supposition gratuite, l'hypothèse vulgaire ou scientifique qu'embrasse sans réflexion une philosophie hâtive et la route par laquelle dès lors elle ne peut manquer de s'égarer. Arrêtons-nous donc scrupuleusement au fait de cette vérité : *je vis*, et à son estimation exacte.

L'entrée d'un fait en moi, où il prend ainsi sa part au rapport fondamental de possession, c'est là ce que nous appelons son *acquisition*. La sortie du moi et de ce rapport, c'est en revanche sa *perte*. L'entrée d'un fait dans le rapport de subsistance, c'est ce que nous nommons sa *naissance* (ou son commencement) scientifique, sa sortie au contraire c'est sa *mort* (ou sa fin). L'entrée d'un fait dans le rapport d'appartenance, c'est son *apparition*, comme sa sortie en est la *disparition*. Voilà donc les différents caractères dont se revêt le même fait, selon que nous le considérons dans le domaine de l'idéalisme, dans celui du réalisme ou bien de l'empirisme philosophique. L'inconstance dans le sein du moi change ainsi la tranquille possession d'un fait en *acquisition* ou *perdition*, elle fait de la simple subsistance de ce fait son *advenance* ou sa *cessation*, elle substitue à l'appartenance une *donation* ou *privation* des faits, et voilà toutes les modifications qu'elle fait subir à la relation fondamentale d'inordonnation lorsqu'elle vient animer la substance du moi.

La relation de subordination subit par l'animation une métamorphose correspondante, et qu'il n'est pas moins facile de saisir et de caractériser. La dépendance purement organique du moi vis-à-vis de ses éléments devient une dépendance vitale, son développement devient dépendant de leur inconstance, et pour distinguer cette dépendance de la première, nous l'appellerons : *sujétion*. L'indépendance organique des éléments entre eux devenue vitale, s'exprime dès lors par *liberté*; la détermination vivante enfin, exercée par les éléments vivants du moi sur sa vie totale, c'est de l'*influence*.

D'où vient, se demandera-t-on maintenant et en toute justice, d'où vient le fait apparu? Où va le fait qui disparaît? Est-il anéanti, dans ce dernier cas, ou bien va-t-il se perdre seulement dans un domaine transcendant dont il serait également sorti? S'il en est ainsi, ce domaine se trouve placé en dehors du cercle des choses dont s'occupe exclusivement la science, et cette dernière paraît donc ne plus devoir nous suffire. Ces questions, en apparence si difficiles à résoudre parce qu'elles aboutissent, dans notre façon de voir habituelle, aux limites mêmes de la science, trouvent la solution la plus facile dès l'instant où nous appliquons notre principe philosophique.

Que sont, selon ce principe, tous les faits possédés par moi, sinon *les parties de ma totalité absolue?* Leur apparition est donc une *formation de parties* en moi, et pas autre chose; en d'autres termes : *c'est une simple dissolution organique des éléments dans le sein de la totalité.* C'est là ce qui les fait naître, comme une réunion organique les fait disparaître ou cesser en nous. Nous n'avons donc plus le moindre besoin d'une source transcendantale pour comprendre et pour expliquer le phénomène en question. Il se passe tout entier dans le sein du moi; il appartient tout entier à la science. Le monde que la vie nous ouvre ou bien qu'elle nous referme, ce monde qui, pour ainsi dire, sommeille en nous, est un monde très-distinct sans doute, mais il n'est plus un monde véritablement extérieur à moi. Une dissolution, une libération intérieure des éléments du moi, voilà tout ce qui se passe dans la vie (positive), comprise scientifiquement. Le résultat de ce développement progressif, c'est d'augmenter le nombre de nos biens possédés, de nous procurer de plus en plus la connaissance approximative de nous-mêmes (Voy. p. 89); c'est enfin de nous approprier de plus en plus la matière du vrai. Notre tendance vitale, quelque caractère différent qu'elle prenne, nous porte donc toujours à une conscience plus nette de nous-mêmes et de la vérité, et ce résultat est également important pour la pratique et pour la théorie. Selon l'état du développement interne auquel nous parvenons, nous serons sages, bons et heureux, nous serons vertueux, en un mot; ou bien vicieux, au contraire, si notre vitalité suivait un ordre opposé (négatif). Le germe de l'un comme de l'autre se trouve également en nous, et tout dépend uniquement de la manière dont notre nature intime parvient à se développer.

Outre le monde donné au moi en entendement clair et distinct, outre cet autre monde soustrait à l'entendement direct, mais que le moi renferme également dans son sein et que la vie tend à développer, un troisième monde encore nous est indiqué sans doute dans notre façon de voir philosophique, métaphysique et vulgaire (telle qu'elle subsiste avant que nous nous occupions de l'analyser et d'en rechercher les lois), car certes le moi n'y suffit pas pour remplir l'univers; mais ce dernier monde, absolument externe à nous, considéré comme réalité, ne s'ouvre plus à *la science;* comme réalité, il appartient tout entier à la *croyance*, et c'est elle seule qui devra nous en rendre raison. Cette croyance, cependant, considérée comme phénomène d'entendement, rentre à son tour dans la totalité scientifique. Sous ce dernier rapport, elle tombe elle-même sous l'empire de la science du vrai, et celle-ci doit, en conséquence, nous en donner la clef. Pourvu donc qu'elle le fasse d'une manière satisfaisante (et c'est ce qui aura lieu plus tard), il ne nous restera rien à désirer sous ce rapport.

Si nous savons au juste maintenant en quoi consiste scientifiquement la vie, il est une autre question à laquelle il n'est pas aussi facile de répondre, c'est-à-dire la question : *D'où nous vient cette vie?* Mais c'est heureusement un problème beaucoup moins nécessaire à résoudre. La vie est un fait primitif donné; elle est une vérité incontestable et fondamentale, au delà de laquelle nous ne saurions aller. Elle nous atteste la *possibilité* d'un procès d'organisation et de désorganisation tel que nous venons de le saisir; la possibilité de former ou de dissoudre un rapport intime et bien connu; la possibilité enfin (1) de former ou déformer une totalité organique, puis-

---

(1) Gardons-nous de confondre ici les différentes significations données à la possibilité. En logique elle comprend tout ce qui n'implique point de déterminations contradictoires. Dans un système de métaphysique causale, le possible est le germe dormant de l'effectif. Dans la science du

que le fait en est certain ; mais voilà où s'arrête *la science*, tout comme elle s'arrête devant la nature intime de l'élément dit *absolu*, et dont elle ne saurait donner une autre définition. En-deçà, tout doit s'éclaircir scientifiquement à nos yeux ; au delà, tout est objet de *croyance transcendante*, et voilà une limite dont nous ne saurions marquer assez distinctement la ligne infranchissable.

Dans notre système, tout ce qu'il y a de mystérieux à la vie se trouve renfermé dans le point unique de sa possibilité ; mais celle-ci une fois constatée par le fait, c'est ce qui peut et doit nous suffire scientifiquement. Si après cela nous demandions encore : *Pourquoi* les éléments absolus se lient ou se délient-ils ainsi ? En d'autres termes : *Quelle est la cause* de cette animation vitale ? nous n'avons plus qu'à nous retrancher derrière les preuves données de l'illusion causale sur laquelle repose tout uniment la question, et à abandonner la peine ingrate d'y répondre à ceux qui se débattent encore dans les chaînes de ce rapport.

Après nous être expliqué ce que c'est que la vie absolue qui enrichit ou dépouille la totalité philosophique en substance, la vie relative qui s'y rattache n'aura guère besoin d'une déduction particulière pour être comprise. Elle ne fait qu'affecter l'ordre des faits placés pour ainsi dire au grand jour de l'entendement, en formant et déformant des rapports particuliers et donnés. Elle en aura besoin d'autant moins que nous serons obligés d'y revenir dans la métaphysique, au domaine de laquelle cette recherche appartient plus particulièrement, puisqu'elle ne concerne que les relations mutuelles des faits élémentaires de la science, c'est-à-dire que des rapports entre non-moi et non-moi.

Avec la vie du moi, nous voyons un nouvel axiome s'introduire dans la métaphysique de la vie commune et tendre à s'y

---

vrai, le possible est tout simplement telle vérité dont on ignore la liaison et les antécédents, ou bien tel autre fait qui résulterait d'une série de rapports vrais et connus, sans que lui-même nous fût directement donné.

faire recevoir à côté des deux propositions antérieurement examinées, à côté des affirmations *j'ai* et *je suis*. Cet axiome s'exprime : *Je fais* (j'agis). Quoique toute action du moi soit certainement contenue dans l'expression plus générale de *sa vie* (traitée tout à l'heure), et qu'elle n'en soit, en conséquence, qu'une manifestation particulière, il ne sera pas sans utilité d'examiner plus spécialement cette matière. Nous éclaircirons ainsi le sens exact attaché à l'affirmation ci-dessous, et les illusions auxquelles elle peut donner lieu.

Je fais, ou pour préciser davantage l'expression, *je fais quelque chose*, cela veut dire en d'autres termes : *Je produis un changement quelconque dans l'état de certains faits qui ne sont pas moi*, ou bien : *Je suis la cause première de ce changement*. Si, convaincus maintenant de l'illusion attachée à chaque rapport causal, nous éliminons celui qui se trahit ici, alors ce qui reste de l'assertion ci-dessus, c'est *que le changement aperçu et portant sur tel ou tel fait prend sa source* (son point d'origine ou de départ) *dans le moi*. Mais le moi, selon nous, étant l'ensemble de tous les faits susceptibles de subir un changement quelconque, tout changement, sans nulle exception, se trouve éminemment dans le cas ci-dessus, et devrait, par conséquent, être considéré comme action du moi. Ce n'est pourtant pas cela que nous entendons ordinairement par notre assertion, c'est au contraire une distinction que nous prétendons établir comme certaine, distinction entre cette action et un autre changement qui jaillirait d'une source toute différente et purement *objective*. Voilà donc de quoi il s'agit réellement ; c'est d'un changement *subjectif* que nous voulons parler, c'est-à-dire dont le sujet humain serait le point de départ ou le théâtre, et c'est lui que nous plaçons ainsi à bon droit en opposition avec un changement objectif, en disant d'une part : *Je fais cela*, en disant de l'autre : *Cela arrive*. Le moi dont il est question dans ce cas n'est donc plus que le *sujet*, ou même l'*individu* humain, et ce n'est pas la première fois que nous voyons résulter des confusions de cette erreur commune qui nous fait prendre l'un pour l'autre, et dont il faut surtout se garder. Mais c'est ce dont nos principes doivent nous garantir à l'avenir.

L'action humaine dans le sens vulgaire, l'action de Pierre ou de Paul se porte principalement en dehors de lui (ce n'est que dans les phénomènes psychologiques qu'elle demeure également restreinte à son intérieur). L'action du moi philosophiquement comprise est tout interne, quoique nous dussions y distinguer avec soin une action subjective et une action objective. Ce n'est que dans un monde surhumain ou divin auquel l'analogie nous porte à *croire* que l'action humaine pourrait se répandre au dehors, car ici l'homme figurerait comme partie d'une autre totalité; mais ce monde-là, considéré comme réalité, est en dehors de la vérité scientifique que nous étudions exclusivement ici, et n'y tient que comme phénomène d'entendement. Selon nos principes, tout symptôme de vie, tout changement, sans nulle exception, ayant pour théâtre le sein même du moi, en devient une action, et ne saurait avoir une autre signification.

Quelque aise que je serais de me concilier au moyen de ce résultat la faveur de tous ceux qui en auraient la conviction aussi bien que moi, mais qui s'arrêtent à cette conscience au lieu de l'éclaircir complétement, je ne saurais recevoir sans restriction leur approbation. D'après leur façon de voir, non-seulement c'est le moi qui agit ainsi, mais qui détermine encore cette action, c'est de lui qu'elle tient son impulsion, tandis, qu'en principe, il en est tout autrement. La vie entière tient, dans l'origine, aux éléments du moi, c'est-à-dire au non moi, et détermine ainsi la vie et l'action résultant de celui-là. Ensuite de cette explication, peut-être me reprochera-t-on maintenant, d'un autre côté, la passivité spectatrice d'un moi au sein duquel s'agiterait seulement une vie étrangère, mais ce reproche manque également de fondement. Il est vrai que, selon nous, ce sera toujours un sujet ou un objet qui vivra en moi, ce sera toujours Pierre ou Paul qui agira dans mon sein, que le moi philosophique *aura* cette action comme il *a* tout autre fait, qu'il la verra, l'entendra, la sentira, la pensera, etc., selon le domaine distinct de l'entendement où elle s'achève, et selon le caractère qui lui est propre. Il est encore vrai que la vie tout entière du moi sera déterminée par cette vie élémentaire en lui, mais il n'en serait pas moins très-faux de lui disputer, pour cela, son activité à lui-même. Si le moi possédait une existence *étrangère* à ce non-moi, et *distincte* de la sienne, alors sans doute il demeurerait en dehors aussi de son action, mais comme loin de là il n'en est absolument que l'ensemble, sous le rapport organique, la vie de son élément n'en demeure pas moins inséparablement la sienne.

Une action humaine, dans le sens vulgaire, c'est-à-dire une action qui se porte en dehors de lui (et qu'il ne faut point confondre avec l'action subjective), voilà ce qui disparaît du *domaine de la science,* ensuite de tout ce qui vient de se dire; mais si toute action se présente *ici* comme interne, il en est autrement *dans le domaine de nos croyances.* Dans le monde indiqué par elles, le moi se trouve dans une situation absolument inverse. Là, c'est lui qui fait, au contraire, partie d'une totalité que sa vie, à lui, concourt à déterminer; là, le moi devient élémentaire, indépendant et libre. Là, sa situation est tout analogue à celle que lui assigne notre façon de voir vulgaire, fondée tout entière là-dessus, et qui se forme en assimilant nos croyances à notre science, tandis que pour y voir scientifiquement clair, nous devons en tracer exactement les limites respectives.

On ne saurait donc, en cette occasion comme en toute autre, s'imprégner assez de la conviction philosophique fondamentale, que les seuls rapports du moi au non-moi sont ceux de la possession et de la dépendance, que les seuls rapports du non-moi au moi sont ceux de l'appartenance et de la détermination. Tout autre rapport placé entre eux, ou bien ces mêmes rapports, placés différemment, sont autant d'illusions positives, et dès l'instant qu'il s'en présente une, il faut, sans perte de temps, l'éclaircir dans son origine et la dévoiler dans ses conséquences, afin qu'elle ne prenne pas un ascendant fatal dont, plus tard, il serait bien autrement difficile de s'affranchir.

CHAPITRE XIII.

OBJECTIONS CONTRE LE PRINCIPE PHILOSOPHIQUE APPLIQUÉ A LA VIE.

Les objections les plus sérieuses contre nos principes appliqués aux phénomènes de la vie découleront, je pense, de certains préjugés vulgaires en morale, respectables seulement par leur antiquité, mais sans valeur aux yeux de la science. Ces préjugés se révoltent contre toute détermination active du moi par des faits non-moi, et voudraient considérer ce principe comme subversif de toute morale.

Sans revenir ici aux considérations scientifiques (V. p. 108), ensuite desquelles nous avons vu déjà la passivité reprochée au moi dans cette circonstance n'être point du tout véritable, parce que le moi, dans notre système, n'est pas autre chose que la somme même de ses éléments actifs et passifs. Sans revenir à ce que j'ai dit plus haut (Voy. p. 107) par rapport à un monde surhumain auquel nous croyons nécessairement, monde où le moi devient partie déterminante et libre (1), j'espère qu'on voudra bien me tenir compte, en cette occasion,

---

(1) Ces deux mondes de la science et de la croyance, subsistent également dans l'entendement de chacun, il ne s'agit donc pas ici de renier ou de déprécier le dernier. C'est sa reconnaissance qui domine indubitablement notre façon de voir habituelle, et c'est pourquoi il importe de les discerner exactement, pour éclaircir l'intelligence scientifique des choses.

du fondement scientifique que fournit notre principe à une liberté morale véritable, à une liberté que le vulgaire invoque toujours en repoussant le seul moyen convenable qui puisse la mettre d'accord avec l'expérience. Cette liberté, dont en conscience nous ne saurions douter, et qui pourtant ne s'accorde nullement en apparence avec notre dépendance également indubitable d'une foule de choses qui ne sont pas nous, se comprend immédiatement au moyen de notre principe philosophique. Il fait évanouir la contradiction, car il nous enseigne une détermination tout intérieure, et par conséquent une véritable détermination par nous-mêmes. Cette détermination de nous-mêmes, que nous pourrions bien certainement appeler aussi *liberté morale*, je lui refuse ce nom par la seule raison que le terme *liberté* est déjà employé par moi dans un sens précis et très-différent (Voy. p. 102). L'emploi du même mot, dans ce cas nouveau, ne ferait que bouleverser les idées et ne saurait être permis. L'action humaine, telle que nous la concevons maintenant dans sa généralité, ne diffère donc plus essentiellement de celle que nous réclamons d'ordinaire, si ce n'est par le théâtre de son application, devenu tout interne. Si elle se présente au vulgaire comme externe en grande partie, c'est par la raison unique qu'il la rapporte exclusivement à une personnalité humaine substituée au moi dans cette occasion. L'action personnelle, à son tour, sans rien perdre de sa vérité particulière, rentre seulement dans celle du moi, qui dorénavant embrassera la personne comme partie essentielle de soi, tant sous le rapport organique que vital. Une action véritablement externe enfin n'est pas perdue non plus selon cette façon de voir, quoiqu'elle passe du domaine de la science dans celui de nos croyances.

Quoique ces considérations soient en mesure déjà de nous rapprocher, elles pourraient bien pourtant ne pas satisfaire complétement les exigences opposées, et cela par une raison toute simple. L'instinct philosophique nous présente toujours la simple vérité, tandis que la métaphysique erronée à laquelle nous sommes en proie, en fausse à chaque instant l'application. C'est ainsi qu'il en arrive à la liberté morale, ou, pour mieux dire, à la détermination de soi-même, qu'un chacun sent en lui, avec vérité indubitable ; mais au lieu de la garder pour *lui* (pour le moi), il la transporte (puisqu'il faut toujours en revenir à cela) à l'*individu* Pierre ou Paul, et dès lors elle devient incomplète, sinon erronée. L'homme individuel, vis-à-vis de la société dont il fait partie élémentaire, doit être considéré en conséquence comme libre et indépendant (dans un sens philosophique et non politique) ; il l'est vis-à-vis de la nature extrapersonnelle tout entière, et doit être considéré comme tel par la législation, qui règle ses rapports avec cette société et cette nature. Mais l'homme individuel, considéré isolément et comme totalité relative, l'homme déterminé dans sa substance et dans son action par une foule d'éléments et de ressorts qu'il puise en partie au sein de la nature objective et assimile à lui, celui-là n'est point libre. Il est soumis à des lois qu'il ne saurait éluder, et si le glaive de la loi humaine (qui est un de ces ressorts déterminants) le frappe en toute justice ici-bas, un législateur suprême pourrait bien avoir une autre balance encore pour ses actions et d'autres moyens pour compenser le mal qui en résulte.

Si nous raisonnons d'après la plus simple analogie, ce serait nécessairement sur l'action humaine, dans le monde extra-humain (pour nous), qu'un législateur divin devrait juger de notre mérite absolu, quel qu'en soit le résultat interhumain, résultat dont *nous* sommes appelés à juger et que *nos* lois doivent régulariser. Ces deux ordres de choses cependant ne sauraient être indifférents l'un à l'autre, puisque le développement de la totalité dépend de celui de la partie, et que nous sommes en droit de conclure de l'un à l'autre. Si nous devons croire en conséquence à une législation suprême qui se développe dans l'éternité de la vie universelle et compense le mal produit ici-bas, ce dernier n'en est pas moins très-réel en *lui-même* et *pour nous*. Mais nous aussi nous faisons quelquefois usage du poison, sans penser à en faire une nourriture habituelle, et c'est ainsi qu'il en sera probablement aussi dans l'ordre universel. Si beaucoup en cela est plutôt affaire de croyance que de savoir pur, il n'en est pas moins de nécessité scientifique qu'ils soient d'accord entre eux.

Ce qui vient de se dire n'est point excuser le vice, mais c'est donner une explication satisfaisante de ce fait malheureusement trop certain. Le mal absolu semble en contradiction avec la perfection d'un Être suprême auquel tout nous porte à croire, et ce mal en effet n'existe point selon notre façon de voir. Celle-ci assure en outre à la législation morale et politique sa valeur pratique dont elle serait privée de toute autre manière. Car si une telle législation ne devait pas influer *nécessairement* sur l'action humaine par l'espoir ou la crainte, si cette action pouvait *ne pas être* déterminée par un élément pareil (mais qui n'est pas le seul présent) jeté dans son sein, alors toute loi serait aussi vaine qu'absurde. Voilà pourtant ce qui devrait être, si malgré toutes nos lois nous pouvions conserver une liberté absolue dans le sens qu'on rattache ordinairement à ce mot. Non, une telle liberté, qui au bout du compte ramènerait tout au plus l'aveugle hasard, n'est qu'une prétention sans fondement, un démenti formel donné à toute expérience, et par-dessus le marché une erreur aussi fatale en métaphysique qu'un ressort mal jugé en morale.

La puissance des principes que nous nous plaisons à exalter en théorie est en effet plus que problématique. Un tel principe ne veut jamais dire autre chose, si ce n'est une règle abstraite, tirée d'une expérience plus ou moins bien comprise, et que nous dotons ensuite de réalité et de puissance causale. Il perd ainsi une grande partie de son importance supposée, et la vie pratique nous en montre effectivement l'insuffisance frappante. Nous voyons bientôt ici que ce n'est point le principe qui détermine notre action, mais au lieu de l'avouer franchement, on dit alors : qu'un tel ne suit pas ses bons principes, que tel autre vaut mieux que les siens, préférant à la simple vérité le recours à une inconséquence qui touche de bien près au merveilleux. Si un principe n'a pas de causalité nécessaire, s'il est sujet à des exceptions, alors cette causalité et ce principe sont également misérables. Voilà pourtant les tristes ressources auxquelles on voudrait nous réduire, et c'est pourquoi nous aurions grand tort de craindre qu'en les rejetant, nous puissions nuire à la morale et à la vertu. Tous les principes moraux du monde (sans excepter le libre arbitre) mis dans la vie, à la place des éléments moraux organiques qui y concourent, ne sauraient y rendre de service plus efficace que le principe de la pesanteur, par exemple, appliqué au bout d'un levier, au lieu d'un poids ou d'un bras vigoureux, c'est-à-dire qu'ils y seraient absolument impuissants. Depuis des milliers d'années nous agissons sous le régime du principe de libre arbitre; moins l'humanité est civilisée, moins aussi il est contesté, et nous pouvons bien affirmer cependant, que son influence dans ce long espace de temps se soit fait sentir d'une façon si décidément bienfaisante, qu'une attaque dirigée contre sa théorie dût nécessairement porter atteinte à la morale. Si cette influence était véritable, il se pourrait bien même qu'elle fût dangereuse plutôt que salutaire, car fiers de notre liberté absolue, nous ferions moins attention aux circonstances extérieures, et nous nous précipiterions plus facilement dans des situations où la décision nous échapperait.

Une tendance vraiment immorale n'existerait que dans un système qui soutiendrait l'indifférence du vice et de la vertu par rapport à des fins d'existence surhumaine, qui enseignerait la compatibilité du vice et du bonheur dans notre existence terrestre, et qui peindrait en même temps ce vice avec des couleurs propres à tenter l'inexpérience ou à diminuer l'horreur qu'il inspire naturellement. Un tel système pourtant est si loin de nos principes et de toute expérience, qu'il n'est pas probable qu'on puisse me l'attribuer de bonne foi, ni à qui que ce soit.

Une autre difficulté pourrait naître pour nous, de ce qu'en aucun cas l'évidence du rapport de causalité ne semble mieux établie que dans l'action individuelle (subjective). Cette action se place en tête d'une série de phénomènes vivants, comme impulsion apparente, c'est-à-dire comme la cause dont ils dépendent. Lorsque nous examinons cependant avec plus d'attention et toute sincérité les faits donnés, nous ne pouvons pas manquer de nous convaincre que la présence seule du préjugé causal nous fait tomber ici dans un piége dont ces faits considérés en eux-mêmes nous garantiraient infailliblement. Dans l'action spécialement dite humaine (selon le sens vulgaire attaché à ce mot), le commencement des phénomènes d'inconstance dont elle embrasse l'ensemble se trouve au sein de l'entendement subjectif. C'est ici que nous en voyons le théâtre primitif, d'où ils se répandent dans le domaine de l'objectivité. C'est là tout ce qui la distingue aux yeux de l'observateur impartial de l'événement purement extérieur, et c'est à une simple priorité d'inconstance subjective que se réduisent nos indications. De là cependant à la vraie causalité du sujet, à cette puissance nécessaire et créatrice, il y a loin sans doute. Mais avec cette priorité incontestable selon le temps, la nécessité causale s'introduit clandestinement dans notre façon de voir, et cela parce qu'elle en occupe déjà un coin caché, parce qu'il lui faut de l'aliment, et que nous n'avons pas encore appris à nous défier d'elle. Nous reviendrons plus tard sur ce sujet dont nous nous occuperons avec détail, et ce qui vient de se dire suffira je pense pour le moment, sinon à démontrer définitivement le peu de fondement dont jouissent nos suppositions causales, du moins à maintenir le point de vue de la science du vrai.

CHAPITRE XIV.

APPLICATION DES PRINCIPES DE LA SCIENCE DU VRAI.

Quoique notre tâche philosophique soit actuellement accomplie, il me semble qu'il manquerait quelque chose d'essentiel au tableau tracé dans les chapitres précédents, si nous ne donnions pas ici même, les applications les plus importantes de notre principe. Il faut voir d'abord le bénéfice qu'en retire la science en général et la science pratique en particulier, il faut voir ensuite le lien par lequel s'y rattachent nos croyances et le fondement religieux sur lequel elles reposent, car non moins que le savoir lui-même, celles-ci font partie nécessaire de notre entendement. C'est de quoi nous allons en conséquence nous occuper maintenant.

Si la science du vrai ainsi que nous en avons fait l'aveu (Voy. p. 87), manque et doit manquer d'un principe philosophique dont la vérité fût absolue et incontestable, l'avantage qu'elle retire du nôtre, et qui doit nous engager à le préférer, n'en est pas moins immense. Quant à notre matière scientifique qui est tout entière de la vérité pure, notre principe non-seulement nous la fait comprendre parfaitement dans son essence et dans sa forme, mais il nous sert encore à tracer ses limites avec la dernière exactitude. Il la délivre en même temps et à jamais de l'empire des spéculations transcendantes, et pour la plupart illusoires, sous le joug desquelles elle est courbée d'ordinaire. Nous remplaçons ainsi par un principe dont la certitude sans doute ne nous est pas immédiatement imposée, dont l'évidence par conséquent n'est pas capable d'exclure toute espèce d'objection, mais qui se fonde néanmoins sur l'analogie la plus directe et sur une démonstration rigoureusement logique, des principes qui ne reposent que sur l'hypothèse ou la pétition. L'analogie se rattache à la vérité et s'appuie sur elle, elle nous dédommage de cette manière de son absence par une conviction qui équivaut presque à de la certitude. Telle est par exemple la conviction inébranlable que nous avons de la présence d'un système d'idées dans la tête de notre prochain, et certes nous douterions plutôt du mouvement de la terre autour du soleil que de ce fait simplement admis sur analogie. L'hypothèse au contraire, comme Minerve, sort tout armée du crâne générateur, et n'a guère pour les autres la même valeur que pour lui. Mon système remplace en conséquence des principes qui finissent toujours par soulever le doute, par un principe qui de sa nature tend à persuader. Il concentre enfin ce doute, s'il en demeure, sur un point unique, et le reste de l'édifice en est complétement délivré. La science du vrai d'où disparaissent ainsi les incertitudes d'une théorie vague et chancelante se développerait encore très-bien de son propre fonds, lorsque la détermination du rapport philosophique en serait entièrement écartée, ou même serait différente de celle que nous donnons. Nous pourrions donc à la rigueur réserver l'examen de ce rapport pour le moment où il s'agirait de poser la clef de la voûte scientifique, car le besoin de l'unité n'est ressenti bien impérieusement que par le penseur philosophe, tandis que le simple praticien s'en passe sans trop d'inconvénient. Si nous en avons agi différemment, c'est que le développement de la conscience philosophique dont jouit déjà l'humanité, nous permettait de le faire.

Dès l'instant cependant où la question philosophique, dans le sens restreint, mais suffisamment motivé, je pense, que nous lui accordons, est résolue; dès que le rapport du moi au non-moi est déterminé selon notre principe (comme rapport de la totalité à la partie), la *spéculation* a terminé son rôle dans la science du vrai, et tout ce qui nous reste à faire ultérieurement est de pure *observation*. La matière sur laquelle nous opèrerons dorénavant ne présente plus que des faits *miens*, des faits par conséquent homogènes, que nous avons simplement à rechercher, dont nous n'avons plus qu'à saisir l'ordre donné pour terminer l'édifice de la science, et ce but, nous pouvons, nous devons l'atteindre, sauf les limites prescrites à notre nature. Que nous considérions maintenant cette matière scientifique comme purement idéale, comme réelle ou comme empirique, c'est ce qui revient absolument au même (Voy. p. 94); mais, pour nous rapprocher autant que possible de la façon de voir habituelle, c'est du dernier point de vue (empirique) que nous la traiterons par la suite. Nous le ferons d'autant plus volontiers, que les deux rapports fondamentaux, c'est-à-dire ceux de la possession et de la subsistance, se combinent dans celui de l'appartenance, lequel préside à l'empirisme, tandis qu'il faudrait nécessairement écarter l'un ou l'autre en procédant différemment.

C'est donc la science d'un entendement *donné* que nous allons développer dans la suite, et qui, de concert avec la philosophie, remplira le domaine tout entier de la vérité scientifique. Quant aux divisions ultérieures, selon lesquelles cette science se partagera dans ses détails; c'est dans son sein même que nous en puiserons les indications, et elles n'en seront que plus conclusives. Ce qui vient de se dire suffira, je pense, pour nous faire comprendre exactement le lien qui rattache cette science de pure expérience au principe philosophique, dont l'application nous en ouvre la carrière et nous en trace les limites. Nous pouvons en conséquence passer sans retard à la partie pratique de la science du vrai pour nous convaincre encore, moyennant un coup d'œil rapide, de la haute importance qu'y possède le principe dont nous suivons la bannière, importance qui ne se dément en aucune occasion.

Chaque individu humain jouit d'une sphère d'entendement particulier, si peu d'accord avec celle d'un autre, que leurs façons de voir respectives ne coïncident entièrement en aucun point peut-être. Tout ce que nous pouvons en dire tombe d'ailleurs dans le domaine de la croyance, et ne repose que sur l'analogie des faits que nous trouvons en nous-mêmes, et que nous transportons avec les modifications inévitables à notre prochain. Il est très-certain néanmoins que ces sphères différentes ont aussi des points de rapport nombreux, tant par leurs éléments communs que par l'ordre de leur association, et la compréhension mutuelle des hommes dans le commerce social en fait suffisamment foi.

Cet accord se trahit surtout dans le domaine de l'objectivité, où le même soleil nous éclaire tous, où le sol unique de notre habitation terrestre nous porte les uns et les autres, et nous entoure des mêmes faits. Le monde extrapersonnel se présente en conséquence comme une possession commune à l'entendement de tous ; et de ce fait, considéré en relation avec notre principe philosophique, il découle un résultat de la plus haute importance pratique.

Des êtres humains ayant une part commune à un fait quelconque, des êtres qui renferment le même élément dans leur sein respectif, des êtres par conséquent qui se pénètrent mutuellement, jusqu'à un certain point, ne sauraient plus former, en philosophie, des systèmes isolés et les uns étrangers aux autres, mais font éminemment partie d'une vaste totalité anthropologique qui les embrasse tous (1). Loin d'effacer ainsi l'individualité de chacun, qui, libre et indépendant de son prochain, participe de cette façon à la totalité de l'espèce et la détermine (par la raison même qu'il en est l'élément) dans sa substance, comme dans sa forme et son développement, loin d'effacer une individualité, dans chacune de laquelle nous

---

(1) Sur cette coparticipation mutuelle repose toute influence exercée de l'un sur l'autre, repose l'éducation politique, morale et intellectuelle de l'individu par l'individu, comme par la société, en un mot la Pédagogie tout entière, dans l'acception la plus vaste du mot, quant à son principe philosophique.

voyons un foyer de rapports particuliers et distincts, une *personnalité* humaine, en un mot, cette façon de voir leur assigne de plus un lien universel et un centre commun de tendances vitales. Cela nous explique de la façon la plus satisfaisante la spontanéité apparente d'une foule de phénomènes semblables ou parents qui, sans liaison visible, se développent à la fois dans la vie intellectuelle, sociale et même physique de l'humanité, contre lesquels il est inutile de se mettre en quarantaine, et qui déjà n'ont pas manqué de frapper l'observateur attentif.

Il ne saurait plus être question maintenant, je pense, de la destruction ou de la mortalité d'une humanité constituée de la sorte, et sans aucun danger de ce genre, elle pourra désormais secouer de sa tête les innombrables générations d'individus qui émanent de son sein, comme l'arbre laisse tomber annuellement sa feuillée, sans s'épuiser et sans interrompre son développement régulier. De même, sans danger pour l'individu, celui-ci (malgré la pénétration partielle des êtres associés) pourra voir ses propres éléments changer de rapports (se multiplier ou se restreindre en entendement), sans que rien en cela indiquât la possibilité de le voir s'évanouir. Nous possédons, au contraire, une forte garantie de notre durée dans la barrière insurmontable qui nous sépare subjectivement les uns des autres, et absolument du monde extérieur auquel nous croyons, mais dans lequel nous pénétrons aussi peu que lui-même pénètre en nous. Si cette circonscription absolue, existentielle et vivante, nous gênait sous quelques rapports, du moins elle nous assure une indépendance élémentaire et organique des plus positives. En morale et en politique, les conséquences de ce point de vue sont inappréciables.

Si l'univers scientifique, au lieu de se diviniser comme il tend à le faire orgueilleusement dans plus d'un système ancien et moderne, penche davantage à s'humaniser pour ainsi dire dans le nôtre, on ne songera pas, j'espère, à m'accuser de panthéisme, du moins tant que la croyance universelle ne montrera aucune envie d'adorer cette totalité humaine à laquelle se borne la science. Quand même une pareille aberration pourrait avoir lieu, quand même elle pourrait trouver place dans le développement intellectuel de nos croyances humaines, il est au moins certain qu'elle n'est nullement motivée par notre façon de voir à nous. Celle-ci nous conduit au lieu de cela — en fait de croyances — à reconnaître, ainsi que nous le verrons plus tard, une nature divine à la partie essentielle du moi, c'est-à-dire à l'*âme*. Ensuite elle ajoute à cette conviction celle d'une divinité extérieure et surhumaine telle, qu'elle est seule en état de satisfaire nos penchants religieux. — Au delà du monde philosophique s'étendra donc une sphère surhumaine et divine qui le pénètre (l'âme en faisant partie) et le déborde, une sphère dont la croyance seule nous ouvre les portes, mais qui, dans cette forme, nous est présente avec la même nécessité que la sphère même de notre savoir.

Outre ce domaine surhumain et divin présent comme objet de croyance à notre entendement, celui-ci en renferme d'autres encore qui répètent le même phénomène dans un ordre inverse. Il s'y trouve également un monde sous-humain, un monde animal, végétal, minéral, etc., que nous renfermons également en nous, et qui parvient néanmoins à se soustraire aussi à la communauté anthropologique. Ces formations sous-humaines, dont le développement vital se présente certainement comme distinct et très-différent du nôtre, s'annoncent ainsi comme des puissances pour ainsi dire *irrationnelles* de l'absolu, qui, tout enveloppées qu'elles sont dans notre totalité humaine, ne nous sont données en conséquence que d'une façon purement superficielle, si j'ose me servir de ce terme figuré. Elles renferment ainsi matière à croyance nouvelle, c'est-à-dire à celle d'une *nature extérieure* qui achèvera le tableau universel de notre entendement.

Le monde scientifique, ce monde du vrai et de ce que nous croyons vrai, n'est plus de cette manière la réunion désordonnée d'éléments isolés formant une masse originairement inerte, qu'un souffle de vie et d'intelligence viendrait par-ci par-là animer accidentellement. C'est au contraire une totalité essentiellement intelligente et vivante, dans son ensemble comme dans ses parties les plus déliées. C'est un organisme vivant en développement progressif et graduel. Pour parvenir à ce résultat, nous n'avons pas eu besoin de recourir, comme font les idéalistes modernes, à l'hypothèse au moins hasardée d'une vie intelligente, dépourvue de l'être vivant et intelligent auquel elle s'appliquerait, à l'hypothèse d'une loi logique, naturalisée, humanisée, divinisée en progression croissante, mais vide d'une nature, d'une humanité, d'une divinité solide et véritable, à l'hypothèse enfin dans les chaînes de laquelle on ne continue à se débattre que par la crainte secrète de retomber, en la quittant, dans le domaine désolé d'un réalisme inerte et aride, dominé par la fatalité. Notre système réunit en lui les avantages jusqu'ici incompatibles des deux façons de voir opposées, sans avoir aucun de leurs inconvénients. Notre système enfin évite l'écueil du panthéisme et atteint à son but, sans marcher par la voie d'une méthode éclectique, toujours sujette à une juste défiance, car il se développe tout d'une pièce du sein de l'expérience pure et d'un seul principe fondamental capable d'une démonstration aussi rigoureusement logique qu'il est satisfaisant dans son application.

Élevés et fixés à ce point de vue, nous pouvons nous occuper immédiatement de la partie pratique de la science du vrai qu'il domine, et nous voyons aussitôt disparaître encore, et comme par enchantement, toutes les difficultés scientifiques qui se présentent sur ce terrain nouveau.

CHAPITRE XV.

MORALE DE LA SCIENCE DU VRAI.

L'humanité, c'est-à-dire la totalité sommaire des individus humains, vit essentiellement, comme telle, d'une vie de formation et d'organisation propre, c'est-à-dire *selon les lois de sa nature anthropologique*. A moins d'en considérer le procès comme une destruction progressive démentie par l'histoire, nous ne saurions le concevoir autrement que comme une tendance contraire marchant au développement *achevé en tous sens*; en un mot, comme une tendance à la *perfection* qui ne veut pas dire autre chose. Cette tendance progressive qui, quoi qu'on en dise, se manifeste par la vie tout entière de l'humanité, malgré ses pauses et les pas rétrogrades isolés (dont on ne saurait disconvenir), ne peut être, ni purement *physique* ni purement *spirituelle*, parce que, dans les deux cas, elle serait limitée à un domaine spécial et répondrait mal, en conséquence, à l'idée de la perfection. Cette tendance sera donc l'un et l'autre et prendra inévitablement aussi le caractère d'une direction vers le *bonheur* ou *bien suprême*, fondé dans la nature vraiment *morale* de l'humanité. Cette nature morale sous laquelle je résume dans le sens le plus vaste, tout ce qui porte le caractère de la jouissance ou de la douleur, du plaisir ou de la peine, de l'agréable ou du désagréable, du beau ou du laid, se retrouve plus ou moins dans chaque élément d'entendement humain. C'est elle qui, de cette manière, le soustrait évidemment à l'indifférence absolue ; c'est elle qui donne ainsi à l'expérience, aussi bien qu'à l'action humaine qui s'y rapporte, une certaine *valeur*. Vouloir renier cette nature affective en tout ou en partie, vouloir la dénigrer ou bien en rougir, tout cela n'est que pure absurdité, ou, ce qui est pis, pure tartufferie philosophique. Aussi tous les systèmes moraux fondés là-dessus devaient-ils échouer scientifiquement, et c'est ce qui n'a pas manqué d'arriver. Il ne nous reste donc qu'à reconnaître franchement cette nature intime avec toutes ses conséquences, et nous ne saurions le faire sans profit direct pour la vérité comme pour la science.

Ensuite de ces données fondamentales, la tendance humaine au perfectionnement se divisera, selon sa nature physique, spirituelle et morale, en autant de branches distinctes et caractéristiques, malgré toute l'intimité de leur liaison mutuelle. Ces directions spéciales, saisies selon leur physionomie particulière, nous offriront, par conséquent, une tendance de l'homme vers la recherche : 1° de la *santé* (c'est-à-dire de l'état normal de l'homme physique dans son acception la plus vaste); 2° de la *sagesse* (c'est-à-dire de la science achevée ou de l'état normal de l'homme intellectuel); 3° du *bonheur* (c'est-à-dire de l'état normal, dans le sens scientifique du mot, de l'homme moral). Quel que soit le rapport entre le développement de ces trois tendances au sein d'un individu particulier, quelque prédominante qu'y soit l'une ou l'autre, nous pouvons concevoir de cette manière, à côté de l'imperfection individuelle qui en résulte, une perfection relative de l'espèce, un système de compensation servant de point de départ et de base à la perfection absolue qui tend à se réaliser. Cette dernière cependant, comme perfection de la totalité, ne saurait (selon notre principe fondamental) avoir lieu qu'autant qu'elle se trouverait acquise à chaque individu humain en particulier, car c'est de ces perfections élémentaires qu'elle dépend comme de ses parties déterminantes. Tel serait donc le dernier degré de perfection humaine auquel son développement devrait nous porter, mais c'est ici que nous voyons intervenir certaines circonstances accessoires qui menacent, sinon d'écarter à jamais ce but, du moins de le reculer indéfiniment.

La personnalité humaine (le moi Pierre ou Paul) vit et se développe dans des rapports particuliers et d'un caractère très-distinct. Elle est en contact direct, non-seulement avec un monde d'individus personnels pareils, mais encore avec un monde d'objets coordonnés dont elle a besoin pour remplir sa vocation. Non-seulement son esprit demande des aliments et de la culture, mais son corps aussi veut être nourri, habillé, chauffé, etc., et c'est en satisfaisant à ces conditions que chacun rencontre sur un théâtre limité la tendance égale du prochain. C'est donc ici qu'une collision inévitable a lieu entre l'individu et la nature extérieure d'abord, entre les individus ensuite ; collision qui rend plus difficile à chacun le parfait développement de son être.

C'est de ces rapports que nous voyons résulter la *morale* dont les préceptes, abstraits de l'expérience (intérieure aussi bien qu'extérieure) (1), nous enseignent ce qu'il convient de faire ou de laisser *pour atteindre à la perfection*. C'est d'eux que découle encore la *législation*, qui n'est ou ne doit être autre chose que la règle morale, dans une certaine sphère d'application, investie d'une puissance capable de maintenir les intérêts opposés, en déterminant les *droits* et les *devoirs* réciproques.

---

(1) Cette expérience est la source unique de toute science, qui concerne les rapports mutuels des faits non-moi, parmi lesquels nous devons ranger désormais *notre propre* personnalité tout comme celle des individus nos prochains. Le moi, intelligent et vivant, sera certainement vertueux ou méchant dans une sphère surhumaine et divine, mais dans la sphère pratique du monde social, il n'entre plus qu'en spectateur, tandis que nos idées de moralité n'ont d'application que dans ce monde. Il n'y sera donc plus question que des vertus ou des vices de moi-Paul et de toi-Pierre, dont l'expérience offre seule la mesure et la règle, car tous deux sont également des non-moi donnés à l'entendement philosophique.

CHAP. XV. MORALE DE LA SCIENCE DU VRAI. 125

Quelque nécessaires que soient après cela de bonnes lois et les institutions sociales qui doivent en assurer l'exécution, l'état le plus désirable serait, sans contredit, celui où nous pourrions nous en passer entièrement, sous l'empire unique de la règle morale et de sa garantie immédiate, c'est-à-dire de la *vertu*. Sans vertu, les lois les plus parfaites et les plus exactement observées contribueraient bien peu à la perfection de l'espèce, perfection dont elles ne présenteraient que le simulacre. Dans l'absence de cette vertu, une perfection factice pèserait même d'autant plus sensiblement sur les individus, qu'elle serait plus complétement atteinte et retomberait enfin sur eux comme un joug écrasant. La perfection manquerait ainsi du bonheur, et, par conséquent, elle cesserait d'être de la perfection. La vertu, au contraire, rend superflue, d'un côté, la plupart de nos lois; elle rend de l'autre les lois subsistantes faciles à porter; mais si l'on demandait maintenant ce que c'est que cette vertu qui couronne la perfection humaine, quel est son caractère distinctif? Il faut avouer qu'il est plus facile de soulever la question que d'y répondre en deux mots. Ce n'est pas que cette vertu ne possède une signification très-positive et très-précise, mais cette signification n'est point simple. Elle se divise au contraire en autant de branches distinctes qu'il en subsiste dans la tendance naturelle de l'humanité vers la perfection absolue, et elle comprend alors les *conditions essentielles* de leur développement respectif. Telle est physiquement la *sobriété* et l'*activité*, telle est intellectuellement la *curiosité* (le désir d'apprendre) et l'*assiduité*, telle est enfin, en morale, la *bienveillance* et la *bienfaisance*. Sans sobriété et sans activité physique, la santé la plus robuste sera bientôt altérée. Sans curiosité et sans assiduité intellectuelle, la sagesse ne serait qu'un vain mot dénué de sens et de résultat; mais c'est surtout sans bienveillance et sans bienfaisance qu'un vrai bonheur et une vertu effective ne sauraient se penser. La bienveillance, c'est la sympathie qui nous fait trouver une jouissance vraie dans le bonheur d'autrui : c'est elle qui, par conséquent, devient la garantie immédiate des droits du prochain. Elle fait davantage encore, car elle met à côté du droit inflexible l'équité modératrice. La bienveillance porte en soi l'impossibilité absolue de faire du mal, et si souvent qu'on y déroge, chacun pourtant possède en soi une partie plus ou moins considérable de ce trésor. Il faut tâcher, en conséquence, de l'augmenter; il faut le cultiver en outre, et cette culture, cette introduction pratique de la bienveillance dans les rapports de la vie, c'est justement ce que nous appelons bienfaisance. C'est en elle que nous voyons donc l'élément le plus essentiel de la vertu. La bienveillance active nous apprend à faire des sacrifices, mais ces sacrifices ne sont qu'apparents et relatifs, réels seulement aux yeux de celui qui est privé de cette vertu, car ils portent en eux bien au delà de leur dédommagement. Celui qui possède de la bienveillance ne saurait jamais être méchant, mais celui qui agit sans cesse sous son influence, celui-là seul est vertueux et bon. L'homme au contraire dénué de bienveillance, quelque juste et irréprochable que soit sa conduite, n'est pas encore vertueux, il s'en faut. Il a droit à l'estime, mais il ne saurait inspirer de l'attachement. Celui enfin qui agirait sans bienveillance aucune serait certainement méchant et deviendrait facilement criminel. De ce moment cependant la société ferait usage contre lui des moyens de défense dont elle jouit d'après sa nature, et en définitive de celui de l'expulsion de son sein, car il est contraire à l'harmonie de sa totalité, il est une entrave à son développement, il est un obstacle sur sa route à parcourir, il est un membre gangrené enfin qu'il faut retrancher du corps afin que ce corps ne périsse point.

La morale, considérée comme science des mœurs et de la vertu qui conduisent à la perfection, ne doit jamais se confondre, d'après cette définition, avec la science législative de nos droits et de nos devoirs sociaux (dont nous allons traiter tout à l'heure), mais jamais non plus elle ne saurait se trouver en contradiction avec elle. Partout où le cas en arrive, il doit y avoir erreur de côté ou d'autre. La législation civile et pénale est le supplément pratique de la législation morale, qu'elle doit réaliser dans une sphère particulière. Elles se rapportent l'une à l'autre comme le principe général se rapporte à la règle spéciale et appliquée. La morale nous dit, par exemple : La reconnaissance et le respect de la propriété sont les premières bases du développement social de l'humanité. La loi dit alors : Ceci est mien ou tien, en dictant des peines contre l'infracteur de ces limites. Toutes deux marchent donc au même but par des voies qui peuvent demeurer quelque temps parallèles, mais qui doivent finir par coïncider si la perfection humaine peut s'atteindre, et tel en serait positivement le premier symptôme. Si, au contraire, l'humanité sortait entièrement de cette voie morale et légale, si jamais elle renonçait à la perfection, alors elle deviendrait incapable aussi de concourir à la perfection d'une totalité plus vaste (que la croyance nous impose, quoique la science n'y atteigne pas), c'est-à-dire à la perfection surhumaine d'un monde transcendant et divin, mais alors il paraît également probable qu'elle serait bientôt effacée du livre de la vie, qu'elle serait dissoute pour faire place à une autre construction mieux appropriée à ses fins suprêmes. Cela paraît d'autant plus certain, qu'une direction contraire à la perfection, dans le développement vital d'un être, implique déjà l'idée de sa destruction. Un tel résultat ne saurait donc guère avoir lieu qu'ensuite d'une maladie morale qui seule pourrait entraîner sa mort. Voilà ce que chacun devrait se répéter constamment à soi-même ; il devrait penser qu'il travaille efficacement et sans interruption à un résultat dont il doit avoir sa part inévitable, et certes il n'est pas de conviction qui, bien enracinée dans notre façon de voir, ne soit plus propre que celle-ci à détruire en nous jusqu'au germe d'un égoïsme maladif et mal entendu, qui nous rend facilement criminels et qui est plus dangereux encore à l'individu qu'à la totalité.

La manière maintenant dont il serait possible de concevoir une tendance et des progrès continuels à la perfection sans finir par s'arrêter ou faire des pas rétrogrades, voilà ce qu'il ne nous est pas donné de pouvoir développer scientifiquement avec les connaissances que nous possédons actuellement, mais nous pouvons cependant la comprendre. Si nous admettions en nous une double vie physique et spirituelle, alternativement prédominante, la perfection peut se représenter très-bien comme toujours relative et jamais absolue. A chaque état physique, par exemple, il peut correspondre une perfection intellectuelle et morale telle que la limite atteinte laisserait le premier en arrière d'elle et servirait à son tour de base à un développement physique qui (dans une existence future) déborderait le degré de perfection intellectuelle à laquelle il se trouverait lié, et ainsi de suite sans limitation absolue aucune.

CHAPITRE XVI.

POLITIQUE DE LA SCIENCE DU VRAI.

Au premier coup d'œil jeté sur l'homme en rapport avec la nature, nous voyons le premier s'en *approprier* les objets, c'est-à-dire *les avoir d'une façon particulière* (plus exclusive). Si maintenant nous pesons au poids de notre principe philosophique la signification de ce rapport de propriété, nous voyons en résulter immédiatement :

1° Que la *possession universelle* (d'entendement) de toute chose par chacun, que ce rapport primitif de la science s'y trouve modifié d'une certaine façon, c'est-à-dire limité en pratique. Cette limitation se conçoit parfaitement tant par le rapport pratique entre certains objets et une personne donnée, rapport d'*usage*, que par la *prétention opposée* d'autres personnes à ce même usage qui les force toutes à y mettre des bornes ;

2° Que l'individu possédant propriété ne se trouve pas restreint en cela, aux faits seuls de la nature extrapersonnelle, car on peut dire dans le même sens : *J'ai une maison* et *j'ai un corps; j'ai de la fortune* et *j'ai une âme*, etc.;

3° Que tous les faits ci-dessus (propriétés externes comme propriétés personnelles) doivent être également compris dans la *totalité du moi particulier* dont il s'agit ici comme du propriétaire de toutes ces choses réunies ;

4° Que *ce moi* est à distinguer soigneusement tant du moi personnel que du moi philosophique. Il n'équivaut point du tout au moi personnel (qui est restreint au corps d'un homme et placé en opposition avec tous les objets extrapersonnels), car il est plus vaste que lui. Il n'équivaut point au moi philosophique, car ses limites sont bien plus étroites, et il se trouve en face d'une quantité de faits : *Toi* et *à toi,* que le moi philosophique embrasse tous dans son sein comme faits de sa possession scientifique.

Nous commettrions, en conséquence, une grave erreur si nous considérions le moi personnel comme jouissant de la propriété d'un bien extérieur à lui, quel qu'il soit. Il n'est lui-même qu'une copropriété de celui-ci, et comme lui il appartient *à ce moi de plus vaste acception* que nous devons dénommer d'une façon particulière, c'est-à-dire comme *individu social* ou *citoyen*. Chaque élément de cette totalité (variable de sa nature) s'appelle sa *propriété*.

Voilà ce qu'il est souverainement important, en philosophie pratique, de saisir exactement de la manière dont la chose est fondée en principe, et de ne jamais perdre de vue (1). Une erreur commise ici nous prive aussitôt du seul conducteur capable de nous mener au but (Comp., p. 73).

Le moi politique ou le citoyen se trouve, dans la société humaine, en face d'une quantité de citoyens coordonnés, c'est-à-dire d'assemblages pareils, réunissant *une personne et un certain bien*. Indépendants les uns des autres, ils s'excluent mutuellement dans la totalité qu'ils constituent. Cette totalité sommaire, c'est la *société* en général et l'*État* en par-

---

(1) Le moi métaphysique ou *le sujet;* le moi anthropologique ou *la personne;* le moi politique ou *le citoyen,* ce sont autant de sphères concentriques, au sein du moi philosophique par excellence, sphères d'une circonférence différente, mais d'un centre commun. C'est pour cela qu'elles possèdent dans la science, une signification très-différente, à côté d'une valeur commune. C'est encore pour cela que dans la vie, nous les confondons si facilement, au lieu d'en maintenir avec exactitude les limites; mais dans la science au moins, il faut en agir avec plus de circonspection.

ticulier (quand des rapports spéciaux les réunissent). Cet état, comme organe élémentaire de la totalité anthropologique, remplit d'une part sa vocation tout anthropologique aussi, selon les particularités de sa position et d'une manière que son histoire doit nous faire découvrir; il forme, de l'autre, une totalité relative qui repose uniquement sur l'association des individus et qui suit son développement spécial. Cet état n'a aucune existence particulière à lui en dehors des citoyens qui le forment, aussi peu que le moi ou toute autre totalité à part des éléments qui la composent. L'état abstrait, considéré comme une personnalité, n'est en conséquence qu'une création théorique, un moyen défectueux d'explication auquel nous recourrons en cas de besoin comme à défaut de mieux. Cet état, dans sa totalité, possède néanmoins une véritable âme vivifiante et qui se compose de l'ensemble des idées, des mœurs et des intérêts communs sinon à la totalité, du moins à la grande majorité des individus qui le composent. Voilà ce qui en constitue l'opinion publique, et la puissance immense de celle-ci nous est suffisamment expliquée par là. Ensuite de cette définition exacte et de ces déterminations, il ne sera pas difficile, je pense, d'assigner les rapports intérieurs de la société et l'ordre naturel qui doit la régir.

Avec la première notion d'une *propriété à nous* et la *reconnaissance mutuelle* de ce fait qui en découle immédiatement et nécessairement (1), le caractère du développement vital de l'humanité, simplement *naturel* jusque là, prend la physionomie caractéristique d'un développement *social* et *légal*, qui fait, de cette manière, partie essentielle et nécessaire des tendances humaines.

L'ordre social repose donc tout entier sur la *reconnaissance du rapport fondamental de propriété*, et c'est elle qui fait naître *en même temps*, d'un côté le *droit* à cette propriété, de

---

(1) Personne ne dispute sérieusement à son prochain le fait d'une propriété en général; ce n'est que dans son application à telle ou telle chose particulière, que l'on dévie bientôt.

l'autre l'*obligation de la respecter*, c'est-à-dire le *devoir,* avec lesquels un état de *légalité sociale* est créé immédiatement. Si la propriété personnelle est une donnée primitive dans cet ordre de choses, l'origine d'une propriété extérieure quelconque ne peut guère découler que d'un premier usage (c'est-à-dire d'une première mise en rapport avec le fait personnel). Cependant, le développement social dut bientôt introduire des principes plus compliqués dans ce rapport. L'industrie, en créant des valeurs nouvelles par transformation de la matière brute, crée en même temps de nouvelles propriétés. Le commerce, en augmentant la valeur des choses par leur transport sur d'autres marchés, conduit au même résultat, et fait passer en outre cette propriété de main en main. Les objets de la propriété modifiés et multipliés modifient et multiplient en même temps les caractères du droit et du devoir, mais jamais ils ne sauraient impliquer une signification autre que la *reconnaissance d'un genre quelconque de propriété,* et c'est de quoi nous devons nous convaincre d'abord.

L'homme social possède ou peut posséder :

1° *Une propriété personnelle,* donnée à lui par la nature même, et telle est sans contredit celle de son corps avec toutes ses capacités et habitudes acquises (1).

(1) Comme la propriété de notre corps, que nous tenons de notre nature, est ainsi une condition essentielle à notre développement individuel, chaque atteinte à cette propriété est une lésion grave au droit naturel et primitif de tous. La servitude et l'esclavage sont en conséquence non-seulement des rapports injustes, mais encore dénaturés. Mais quelque opposés qu'ils fussent à la raison et au droit public, leur origine se conçoit facilement par la possibilité où se trouve chacun d'aliéner ses facultés, en les mettant au service d'un autre. Cette aliénation portée à son comble, réduit en quelque sorte l'homme à l'état d'une propriété d'autrui (sans parler du cas de violence manifeste, de conquête, par exemple, dans les temps de barbarie). S'il est impossible de défendre entièrement toute expropriation de facultés humaines, sans porter atteinte à la liberté de chacun, sans priver d'une ressource nécessaire le pauvre qui n'a pas d'autre propriété à lui, du moins la législation doit-elle tâcher de prévenir les circonstances capables de pousser le grand nombre à l'abus de son

2° *Une propriété matérielle,* en choses utiles à lui, dans le domaine du monde objectif, c'est-à-dire des *biens* qu'il acquiert ;

3° *Une propriété morale,* telle que l'opinion qu'on a de lui, c'est-à-dire sa réputation qui l'entoure comme d'une auréole ;

4° *Une propriété intellectuelle,* dans ses connaissances de tout genre.

Dans chacune de ces propriétés il peut être lésé par autrui. La libre disposition de son corps et de ses facultés peut lui être prise : ses biens peuvent lui être ôtés ; sa réputation et avec elle une partie essentielle de sa position sociale, peut lui être enlevée ; la jouissance enfin de ses biens intellectuels même peut être troublée de plus d'une manière (1).

La reconnaissance de chaque propriété de ce genre fait naître en conséquence des droits et des devoirs d'une espèce différente, et tous sans exception, ils sont faciles à ramener à l'une ou l'autre de ces sources. C'est à cela que s'appliquera la philosophie pratique, comme science spéciale, ainsi qu'à déterminer les rapports sociaux et l'ordre des choses qui en résulte. Pour remplir cette tâche avec succès, elle doit commencer cependant par se délivrer d'un certain nombre d'illusions fondamentales qui l'ont envahie. Elle doit s'interdire surtout l'abus qui se fait des termes : droit et devoir, et c'est en quoi les réflexions suivantes nous rendront quelque service, je pense.

La communauté anthropologique, ou l'humanité pour ainsi dire personnifiée, suit dans son développement les lois inhérentes à sa nature, mais dans une sphère d'abord où les notions du droit et du devoir ne sauraient s'appliquer encore. Elle ne fait que remplir en cela une capacité primitive (une fa-

---

droit, et à l'extrémité, c'est-à-dire la misère publique. Elle doit empêcher en tout cas cet abus de pouvoir jamais devenir héréditaire.

(1) Le mensonge par exemple qui substitue un fait faux à une vérité, et qui peut faire ainsi le plus grand tort à une personne en égarant ses actions, est une lésion de propriété intellectuelle, contre laquelle la législation doit sévir en certains cas.

culté comprise sans causalité) à laquelle ne saurait correspondre aucun procédé obligatoire, aussi peu de la part de l'individu que de la part du monde extérieur à lui. C'est là la marque distinctive à laquelle nous pouvons reconnaître de suite, et avec certitude, la simple capacité universelle et la faculté spéciale acquise au moyen d'un droit. La même chose se répète exactement dans la sphère individuelle de chacun. Ce serait bien à tort que nous attribuerions à l'homme le droit de se vêtir, de marcher, de manger, etc. ; il en a simplement la capacité primitive, et c'est à ces facultés fondamentales que se rattachent les droits postérieurement acquis par la reconnaissance d'une propriété dans l'état social et les devoirs qui y correspondent. Cette communauté humaine a donc immédiatement la faculté naturelle de guérir le membre malade qui entrave son développement, et cela d'une manière qui envers lui devient soit punition, soit même expulsion de son sein, lorsque tout autre remède est inefficace (1). La même faculté appartient aussi à l'individu qui l'exerce vis-à-vis de ses membres, et l'on ne ferait qu'embrouiller ces notions claires et précises, si l'on se permettait d'appeler les facultés ci-dessus du nom de droits. Jamais rien d'obligatoire ne leur correspond, et l'on convaincrait difficilement le criminel du devoir qu'il aurait de se soumettre à une peine quelconque, surtout à la peine de mort dont il se serait rendu passible.

C'est dans la même catégorie qu'il faut placer encore la construction toute facultative des grand'routes, l'éclairage public,

---

(1) Toute punition infamante est évidemment contraire à l'institution sociale, qui met essentiellement l'honneur de chacun sous la garantie de tous. Le but d'une punition quelconque doit être réparateur ou préservateur, l'infamie imprimée au front d'un membre de l'association n'y atteint en aucune manière. Si les actions d'un homme sont de nature à le déshonorer, aucune législation n'est en état de l'empêcher (et même elle aurait grand tort de le faire autrement que par la réparation du mal commis), mais jamais elle ne doit y contribuer en rien. Elle priverait une personne du droit le plus sacré vis-à-vis de son prochain, droit qu'elle est destinée au contraire à faire respecter autant qu'il est en elle.

les canaux, les postes, etc., tout ce qui appartient enfin à la police administrative dans l'état. L'individu possède de même la faculté et non le droit d'accélérer ou de ralentir par des remèdes le mouvement de son sang, de porter la lumière de la vérité dans les notions confuses de son esprit, et ainsi de suite. Ce n'est donc qu'autant que l'état ou le particulier devient à cette occasion propriétaire direct, que l'idée d'un droit ou d'un devoir s'allie à l'exercice des facultés primitives de la société.

L'état social, provoqué par la propriété, conduit nécessairement, en se développant, à la formation ultérieure de corporations distinctes, de classes sociales, d'états particuliers, etc., à des agrégations plus ou moins vastes entre individus en tête desquelles se trouve la famille, car chaque propriété commune en impose inévitablement le lien, par la communauté d'intérêts qu'elle entraîne. Chaque association de ce genre se trouve placée dès lors comme personnalité relative vis-à-vis des corporations, des classes, des états coordonnés, dans la totalité sociale et dans des rapports de droit et de devoir qui, à quelques modifications près, correspondent exactement aux rapports du même genre existant entre l'individu et l'individu. C'est ainsi que prennent naissance les droits politiques des citoyens dans l'état et les devoirs qui leur correspondent, c'est-à-dire le *droit public*. De même les droits et les devoirs des états entre eux, et le *droit des gens* qui les résume. Chacune de ces communautés subordonnées, formées moyennant propriété de genres divers, ne saurait donc avoir de but bien entendu que l'*assurance de ces mêmes propriétés* personnelles, matérielles, intellectuelles et morales en général, ou d'un de ces biens en particulier, et cela contre d'autres individus, d'autres corporations, d'autres états, etc. Ce sont autant de sociétés d'*assurance mutuelle* dans un cercle plus ou moins vaste d'application, et voilà tout.

Si nous considérons maintenant l'état politique de ce point de vue si simple, nous en voyons découler sans peine les rapports mutuels des citoyens entre eux, comme aussi des citoyens et de l'état. L'exécution, par exemple, de certaines fonctions facultatives de la société se concentre d'ordinaire dans les mains d'une puissance gouvernementale (formée tantôt par un seul, tantôt par plusieurs individus). Cette puissance régulatrice est encore fortifiée par un certain nombre de droits sociaux qui lui reviennent par transfert, lorsque les individus y renoncent en faveur de la totalité. L'unité d'action qui en résulte doit profiter au but de l'association. Quelque nécessaire que soit une puissance pareille dans la société, l'individu pourtant ne saurait renoncer sans réserve, même à celles de ses fonctions facultatives dont il confie l'exercice à l'état. La défense forcée de sa personne, par exemple, lui est toujours conservée dès l'instant où l'appui de la puissance sociale viendrait à lui manquer. Les principes généralement admis dans les sociétés d'assurance mutuelle, principes que le succès justifie pleinement, portent en eux des indications nombreuses quant à l'organisation des puissances législatives et publiques de tout genre; mais il ne nous appartient pas d'entrer en ce moment dans les détails de l'organisation sociale qui se fonde sur ces principes. C'est le fait d'une branche toute spéciale de science pratique, dont nous devions nous borner à indiquer les bases et les traits les plus saillants. C'est à quoi les observations ci-dessus me semblent pouvoir suffire.

Le code privé du citoyen, le code international des états sont de droit positif, en tant qu'ils résument des rapports, tels que le temps et les circonstances les ont déterminés et fixés. Ils sont philosophiques, en revanche, lorsqu'on les considère tels que la nature des choses et de l'homme en demande la réalisation. Réunis, nous devons y voir les colonnes itinéraires au bord de la route par laquelle l'humanité marche au terme de sa perfection, et c'est pourquoi elles doivent être portées à l'harmonie la plus complète possible, sans qu'il soit nécessaire pour cela de franchir d'un bond la distance qui les sépare. La théorie doit trouver sa pierre de touche dans l'expérience, comme l'expérimentation doit se régler sur la théorie, dès l'instant où la pratique met à découvert un défaut certain et qui demande remède.

Si les fonctions légales de l'état politique se bornent à l'assurance mutuelle des biens de ses membres, le but entier de la société n'est pas épuisé par l'ordre fondé là-dessus. En se réunissant, les hommes ont voulu se faciliter encore les moyens d'acquérir ces mêmes biens, et quelque instinctive que cette tendance a dû être dans les commencements, il lui correspond pourtant, et dans chaque classe de propriété humaine, un organisme social plus ou moins développé qui prouve la conscience de ce besoin. Si nous commençons par les biens purement personnels, nous voyons un corps sanitaire, ayant pour but spécial et unique de nous garantir le bien le plus précieux du genre personnel, ou plutôt celui qui les implique tous, c'est-à-dire la santé. La faculté de médecine et de chirurgie, avec ses institutions sanitaires, pharmaceutiques, hydropathiques, etc., ses réunions, ses journaux, etc., présente un ensemble organique assez imposant pour nous prouver qu'elle répond à un intérêt important de la société. Comme il s'agit ici d'un développement tout facultatif de l'humanité, auquel nous ne saurions sans erreur grave faire correspondre les notions du droit et de l'obligation, la liberté la plus grande en devient le principe naturel. L'état politique ne doit donc exercer vis-à-vis de ce corps social qu'une simple surveillance de police légale et générale, pour l'empêcher d'outre-passer ses limites naturelles ou de compromettre le bien même qu'il est destiné à cultiver. L'état, par conséquent, doit avoir l'inspection suprême des pharmacies, des maisons de santé, etc.

Si nous passons de là aux biens matériels, nous voyons la conscience scientifique des besoins de la société d'un côté et des moyens propres à les satisfaire se faire jour d'une manière de plus en plus décidée. Les associations diverses moyennant lesquelles les grandes entreprises industrielles et commerciales sont exécutées de nos jours en font suffisamment foi. S'il y a des difficultés à vaincre, un paupérisme croissant à guérir, c'est encore le remède qu'on invoque, et nous devons croire que le sentiment et la connaissance approfondie du mal ne tarderont pas à nous indiquer le meilleur. Il se trouvera sans doute au sein même de l'association industrielle générale, et au moyen d'une organisation raisonnée de ses intérêts et des forces dont elle dispose. L'état, ici comme ailleurs, quand il s'agit d'une vie toute facultative de l'humanité, ne doit intervenir qu'en vue de police générale. Il doit veiller, par exemple, à ce que des travaux sans mesure, dans l'âge surtout où le corps n'est pas encore suffisamment développé, ne compromettent pas la santé et la vie de l'ouvrier ; à ce que les ateliers soient aérés ; à ce que les mesures de sûreté en tout genre ne soient pas négligées, etc. Mais dès que l'état se mêle de diriger les efforts du commerce et de l'industrie autrement qu'en les éclairant (par les notices de tout genre qu'il a entre ses mains), dès qu'il adopte un système d'encouragement ou de prohibition, il fait faute à ses devoirs essentiels, il prend à l'un pour donner à l'autre, et rien ne saurait l'excuser, si ce n'est le règne trop long de l'erreur en cette matière et la difficulté de rebrousser chemin quand une fois on est engagé dans cette voie.

Dès que nous jetons les yeux sur l'ensemble de nos biens moraux et sur les moyens de les augmenter ou de les faire valoir, nous voyons un puissant organe social veiller de temps immémorial à ce haut intérêt de l'humanité. L'église en un mot. Voilà le vrai domaine de son activité, quelque tendance qu'elle ait eue ou qu'elle ait encore à dépasser ces limites. Cultiver et éclairer les notions de l'Être suprême qui porte en lui tant de consolations ou de justes terreurs, soigner en conséquence le culte qui lui est dû, diriger du sein de ses temples l'éducation morale et religieuse des générations successives qui viennent prendre place dans l'association de l'état ; le faire en conformité avec les institutions de celui-ci et le but du perfectionnement universel de l'humanité ; porter la consolation au malade et au mourant ; créer et surveiller les établissements où vient se réfugier une misère qu'on ne saurait entièrement prévenir ; voilà la mission magnifique du prêtre, qui pour la remplir doit renoncer à l'ambition et à l'influence politique. Si l'état doit laisser le clergé entièrement libre dans l'exercice de ses nobles fonctions, il doit veiller cependant aussi à la paix intérieure, que des opinions divergentes pourraient tendre à ébranler; il doit assurer la liberté de conscience la plus absolue à chacun; mais comme juge suprême, il le doit sans jamais descendre dans la lice, sans jamais devenir partie dans ces débats.

Il ne nous reste plus que la propriété intellectuelle à examiner, et le soin de son développement est confié au corps de l'instruction publique ou universitaire. Son organisation sociale peut laisser par-ci par-là quelque chose à désirer, mais dans tous les pays il tend néanmoins à se constituer d'une manière plus rationnelle et plus indépendante. Pourvu que l'état politique n'y mette pas d'entraves superflues, pourvu qu'il n'envahisse pas l'intérieur d'un domaine où la liberté entière est de toute nécessité, pourvu qu'il se borne à maintenir dans son droit toute propriété bien acquise de ce genre, cette tendance sans doute sera couronnée d'un plein succès. De fausses théories peuvent surgir, mais ne sauraient devenir dangereuses tant que subsiste la libre discussion qui en est le remède assuré. D'un autre côté l'état doit veiller encore à la fixation et au maintien exact des rapports entre l'église et l'université, car leurs fonctions se touchent à bien des égards, et dès lors les collisions sont inévitables. Elles ne cesseront entièrement que lorsque la raison universelle et la vérité seront parvenues à dominer toutes les nuances d'opinions qui partagent nécessairement l'humanité. Si jamais la perfection sociale peut être atteinte, ce sera sans doute par le développement complet des grands organismes sociaux ci-dessus dénommés, dans les limites tracées par l'assurance mutuelle des biens de chacun, et sous l'égide tutélaire, mais la plupart du temps passive, de la constitution politique des états.

CHAPITRE XVII.

RELIGION DE LA SCIENCE DU VRAI.

Si de la morale et de la politique nous passons à la religion, nous avons un fait préalable à éclaircir, en expliquant la nature de la *croyance* (de ce mode d'avoir particulier) dans le domaine de laquelle se placent la plupart de nos convictions religieuses, et qui remplit conjointement avec la *science* précise et directe le domaine de la vérité philosophique. Comme un tel examen appartient tout entier cependant à la métaphysique, nous ne saurions nous en charger ici qu'autant qu'il est absolument nécessaire pour la compréhension de notre matière, et l'on me pardonnera si, pour le moment, je demande l'adoption sur parole de quelques principes dont nous ne saurions nous passer.

Chaque lacune dans l'*ordre de nos connaissances* se remplit selon des lois invariables et d'après l'*analogie* des faits que nous possédons avec vérité d'entendement et conviction absolue. Une image vient de la sorte s'y poser de toute nécessité et suppléer par sa présence à ce qui nous manque directement. Selon l'étendue et la solidité de nos connaissances, une croyance plus ou moins exactement dessinée se développera de ce fond, en relation constante comme en harmonie avec lui. Voilà la raison pour laquelle nous la voyons nécessairement aussi mobile que lui. S'il y avait néanmoins un objet de croyance qui nous soit imposé à tous les degrés de civilisation humaine, un objet vers lequel l'homme, en tout temps et en tous lieux, s'élèverait avec amour ou bien avec crainte, avec confiance ou bien avec timidité, dans l'expression de ses vœux ou de sa gratitude comme vers un Dieu régulateur de ses destinées; si malgré les modifications nombreuses qu'en subit l'image, la religion qui repose sur lui domine dans le cœur de l'immense majorité, sinon dans la totalité des hommes, il n'est plus douteux que cette croyance ne soit motivée par la présence d'une lacune essentielle et nécessaire à remplir dans l'ordre de notre entendement ; il n'est pas douteux non plus que l'idéal qui nous rend ce service, n'ait sa source dans les profondeurs les plus intimes et dans les vérités les plus palpables de notre nature. Nous ne saurions donc nous dispenser d'en constater le fait, et d'examiner la manière dont cette lacune inévitable se comblerait à son tour par l'application de nos principes.

A côté des faits donnés avec clarté scientifique à notre entendement, celui-ci nous en présente d'autres encore qui sont positivement soustraits à la lumière interne de la science. Ces faits, pour ainsi dire voilés dans l'entendement, sont, d'un côté, le noyau subjectif de l'être humain, aussi bien que le noyau objectif des faits externes, ou la chose dite *en soi*; c'est, d'un autre côté, le domaine vague, indéfini et non moins infranchissable qui borne le développement pour ainsi dire excentrique de l'entendement. Notre entendement porte en conséquence, dans son sein, un germe impénétrable et s'enveloppe en même temps d'une ceinture nébuleuse qu'il ne saurait dépasser. Comme totalité philosophique, le moi embrasse un entendement ainsi donné avec cette double limitation, et possède, en conséquence, un double fait extérieur en quelque façon, ou (pour parler avec plus de précision) un double fait *soustrait* à lui jusqu'à un certain point, c'est-à-dire relativement *exproprié*. La vérité interne d'une existence scientifique ne lui en revient pas moins de plein droit (puisque en entendement il ne saurait y avoir l'ombre d'un fait possédé, sans qu'il fût aussi existant), mais donné *intuitivement*, il manque d'une forme particulière, d'un caractère précisé qui soit capable de nous indiquer en lui une nature propre et sciemment exprimable. Nous n'en croyons pas moins à la présence de pareilles distinctions caractéristiques en lui, car si, dans l'expérience, elles reviennent *de fait* à chaque objet qu'elle embrasse, ces déterminations passent par analogie à celui que nous devons considérer comme en dehors d'elle, et lui reviennent *de droit* logique. Nous voyons, par exemple, jusque dans l'élément de vérité une certaine complexité incontestable, nous voyons des parties très-distinctes en constituer la totalité ; mais des faits plus simples que cet élément jusqu'à l'unité absolue, des faits plus fortement constitués, jusqu'à l'union complète, c'est-à-dire des puissances plus ou moins élevées de l'élémentaire, voilà ce qu'une croyance inévitable nous indique analogiquement et d'une façon qui, sans pouvoir prétendre à la vérité directe, n'en possède pas moins une certitude de conviction presque ou même absolument équivalente.

C'est dans cette croyance que le monde transcendant, dont nous avons plus haut obtenu l'indication intuitive, puise maintenant une certaine consistance, une valeur moins abstraite, une signification plus positive pour nous. Toutefois, ce ne serait que par l'entrée de ce monde transcendant dans le domaine de la vérité et de la science, ce n'est que par cette voie unique que nous pourrions obtenir une confirmation directe de notre croyance fondamentale, et voilà, par bonheur encore, ce qui n'est point refusé au développement de la science.

Si nous nous rappelons ici le résultat de nos recherches sur l'animation vitale (p. 103), il s'ensuit immédiatement que le procès tout entier de la vie n'est autre chose que la réalisation (la transformation en vérité) de la partie la plus essentielle de nos croyances. La vie étend ou resserre les limites de notre entendement, moyennant un procès de division (ou de réunion) aux frais d'un monde soustrait à sa lumière, quoique placé dans son sein ; d'un monde qui, pour

CHAP. XVII. RELIGION DE LA SCIENCE DU VRAI. 143

ainsi dire, nous est donné en gros, et auquel nous croyons en détail ; d'un monde enfin qui, sans pouvoir se dire véritablement externe, dans le sens dimensionnel du mot, est pourtant soustrait à la pénétration scientifique et se dit, par cette raison, *transcendant* à juste titre. Ce monde, dont la transformation en vérité scientifique s'arrête sans doute aux limites de la vie et ne perd par elle qu'une enveloppe après l'autre, demeure, quant au reste de sa substance, dans le domaine de nos croyances ; mais ce qui vient ainsi de s'en trahir n'en est pas moins suffisant pour justifier complétement une croyance raisonnée à la partie qui demeure cachée. C'est le vallon derrière la montagne, auquel nous croyions jusqu'au moment où nous l'avons entrevu, et dont nous ne saurions plus douter après, quand même un nouvel obstacle viendrait le soustraire à nos regards. Cette croyance une fois affermie, il est évident qu'elle ne saurait se borner à notre limitation toute d'expérience (limite qui ne porte que sur des faits donnés en entendement précis), il est clair qu'elle franchira toutes les bornes de ce genre pour placer son idéal dans un monde tout à elle, mais si bien d'accord avec celui qui est tout en nous, qu'ils n'en font naturellement qu'un. Cette croyance, dorénavant, aura d'autant moins besoin d'excuse sérieuse que, dans la vie pratique, ses droits sont reconnus depuis longtemps avec une conviction tellement indestructible, qu'elle envahit même une bonne portion du terrain qui ne lui appartient pas et dans lequel elle pénètre victorieusement.

Un monde transcendant et surhumain nous étant une fois donné en matière d'entendement et de croyance, et justifié par l'ordre scientifique, notre monde humain peut y étendre à son aise ses racines comme ses rameaux. Le fondement de nos croyances nous étant régulièrement acquis, l'analogie fait immédiatement un pas de plus, et sur la foi des indications les plus directes, elle le divise ultérieurement en un monde de faits entièrement désunis, c'est-à-dire simples, et en un monde de faits parfaitement réunis, ou complexes par excellence; en un mot, elle y distingue (et cela par suite d'analogies nouvelles, mais dont nous ne saurions nous occuper ici) l'*âme* et le *corps* de l'univers, en d'autres termes, son *Dieu* et sa *nature*. Différents par la forme seulement, Dieu et la nature sont, de cette manière, identiques quant à leur substance. La vie universelle n'est que la transformation de Dieu, qui s'objective dans la nature, et le retour de la nature au sein du Dieu dont elle émane. Nous arrivons ainsi à la totalité unique et vivante d'un univers à laquelle la philosophie du vrai ramène définitivement sa matière sans tomber pour cela dans le panthéisme.

Il serait présomptueux sans doute de disséquer ici cette grande image, en traçant les détails dont elle contient le germe, et nous pouvons laisser à d'autres le soin de les développer, mais il ne sera pas superflu d'ajouter que toute religion positive correspond au degré de ce même développement de nos croyances et marche d'un pas plus ou moins rapide, mais toujours prescrit par l'état de notre savoir positif à côté de lui et de la philosophie dont elle est le complément nécessaire. La religion chrétienne, en réunissant un déisme éclairé et une morale sublime, peut être regardée comme son couronnement, auquel on pourra peut-être ajouter ou retrancher quelque accessoire, mais auquel rien d'essentiel sans doute n'a besoin d'être changé. N'est-il pas admirable en particulier de voir le mystère le plus profond de la religion chrétienne, celui de la *trinité*, considérée comme symbole, répondre avec la plus frappante exactitude à la base philosophique de toute vérité et aux rapports fondamentaux de la science même : *Dieu Père*, à l'élément subsistant et déterminant, à l'élément créateur, en un mot, au non-moi absolu de la philosophie; *Dieu Fils*, à la totalité engendrée par lui, c'est-à-dire au moi anthropologique et d'essence divine; le *St-Esprit* enfin, au rapport qui les unit, c'est-à-dire à l'*entendement* de l'un par l'autre. Un dogme pareil, énoncé de la manière dont il l'a été, ne saurait nous apparaître maintenant comme le produit fortuit d'une fantaisie momentanée et aveugle, mais bien comme l'expression poétique et voilée d'une vérité profondément conçue, comme un coup d'œil lumineux et anticipé sur la marche progressive de la raison. Tel est justement le caractère de la *révélation* religieuse comprise d'une façon rationnelle et scientifique, tel est le caractère de l'inspiration à laquelle Jésus-Christ a prêté sa parole puissante, cette parole qui retentit depuis dix-huit siècles et qui, de la sorte, impose à la science en général, et à la philosophie en particulier, le tribut d'un respect légitime.

Si c'est ainsi que la philosophie du vrai doit considérer le Christ en sa qualité de précepteur religieux, sa qualité de sauveur humain ne repose pas sur un fondement moins scientifique. Ensuite de ce que nous avons vu antérieurement en morale (Voy. p. 111), un juge suprême, aux yeux duquel serait déroulée la tendance totale du développement humain, devra tenir compte à l'humanité de chaque progrès essentiel vers la perfection, quand même à côté de lui il y aurait par-ci par-là stagnation ou pas rétrograde. Celui, en conséquence, dont la vie et les actions pousseront décidément l'humanité dans la voie du perfectionnement, compensera nécessairement une somme plus ou moins grande d'actions opposées (1) dont il déchargera positivement l'humanité entière, et peut-être les individus. Quel est l'homme qui puisse maintenant se vanter, par un exemple de vertu sublime et de haute intelligence, d'avoir fait en faveur du monde autant qu'a fait le Christ, et n'est-ce pas à juste titre qu'il doit être regardé comme le sauveur de l'humanité, en considération seule de cette circonstance? Mais si nous faisons attention de plus à l'époque de son apparition; si nous faisons entrer en ligne de compte le torrent de dépravation morale auquel sa religion est venue opposer une digue puissante, nous ne saurions plus douter que sans lui l'humanité s'acheminait à sa ruine, et qu'elle ne doit qu'à lui, comme à son rédempteur, la possibilité d'un retour

---

(1) C'est ainsi qu'en nous l'intensité d'une jouissance balance également un grand nombre de petites souffrances subordonnées.

vers le but que désormais nous avons l'espoir plus certain d'atteindre.

Notre tâche est actuellement accomplie; puisse le principe philosophique énoncé et développé dans ces pages, remplir l'espoir que nous sommes en droit de fonder sur lui! puisse-t-il, après ce qu'il a fait déjà, rendre les mêmes services dans son application ultérieure! puisse-t-il monter au rang qui lui semble assigné dans la spéculation, et nous ouvrir enfin le port vers lequel nos regards sont tournés depuis si longtemps.

Je termine par le tableau des faits et des rapports dont la vérité philosophique nous présente la complication fondamentale et élémentaire.

TABLEAU

DES ELÉMENTS DE VÉRITÉ PHILOSOPHIQUE.

I. Faits absolus.

a) *Le moi* (la totalité philosophique).
b) *Le non-moi* (la partie philosophique).

II. Faits relatifs (tous non-moi).

a) *Ordre fondamental d'inordonnation.*

Avoir (rapport de possession) de la totalité à la partie.
Être (rapport de subsistance) de la partie à la partie.
Être eu (rapport d'appartenance) de la partie à la totalité.

b) *Ordre fondamental de subordination.*

Dépendance, rapport de la totalité à la partie.
Indépendance, rapport de la partie à la partie.
Détermination, rapport de la partie à la totalité.

c) *Ordre fondamental de vitalité.*

Persévérance (rapport d'inertie) des faits absolus et relatifs.
Inconstance (rapport d'animation) de ces mêmes faits.
Variation, réunissant persévérance et inconstance partielles.

III. Modifications vitales des rapports fondamentaux.

a) *Ordre d'inordonnation vivante.*

Avoir se change en acquérir (rapport d'acquisition).
Être — devenir (rapport d'advenance).
Être eu — être reçu (rapport de donation).

b) *Ordre de subordination vivante.*

Dépendance y devient : sujétion.
Indépendance — liberté.
Détermination — influence.

IV. Notions résultantes.

Avoir avec dépendance = entendement.
Être avec indépendance = existence.
Appartenir avec détermination = expérience.

FIN DE LA PHILOSOPHIE DU VRAI.

DEUXIÈME PARTIE.

LA SCIENCE DE L'ENTENDEMENT.

INTRODUCTION.

CHAPITRE PREMIER.

NOTIONS FONDAMENTALES.

La philosophie proprement dite, considérée comme science du rapport fondamental de toute vérité (rapport du moi au non-moi), est renfermée tout entière dans l'expression de l'élément du vrai (j'ai cela), sphère de son application immédiate et qu'elle éclaire de son flambeau. La science de l'entendement, dont nous allons nous occuper maintenant, est en revanche celle du vrai, ainsi déterminée philosophiquement (comme possession du moi), considérée dans son ensemble, dans ses éléments et dans les rapports particuliers qui les unissent; c'est la science achevée enfin de *ce que j'ai*; en un mot, la science du *mien*.

Cette science, dont la compréhension intime ne nous est donnée que par le résultat de nos recherches philosophiques, est pourtant susceptible du développement le plus complet, quand même on renoncerait d'avance à la solution du grand problème fondamental (voir p. 67), et le serait par conséquent encore, quand même on se croirait en droit de rejeter la solution donnée par nous dans la philosophie du vrai. Notre science présentera toujours une masse de faits *tous possédés* par moi, de faits par conséquent homogènes et coordonnés. Elle offrira, en outre, une foule de rapports entre eux, c'est-à-dire un ordre plus ou moins général qu'il nous est donné de saisir et de consigner. Elle présentera tout cela, quoi que cette possession veuille dire et quel que soit le système philosophique qu'on serait tenté d'embrasser là-dessus. L'individu humain, comme objet d'investigation et d'expérience, ne fera point exception à cette règle. Comme tout autre, il se trouve en face du moi investigateur, qui en possède la connaissance, et pourvu que nous ne venions pas à nous égarer en route, ce champ est assez vaste, je pense, pour nous promettre une riche récolte, lors même qu'il ne serait pas le seul qu'il y eût à exploiter.

Qu'il y ait ou qu'il n'y ait pas, dans le domaine d'une réalité transcendante et absolue, quelque chose d'effectif qui dès lors tomberait entièrement en dehors des limites de la science de notre entendement direct, de cette science qui nous occupe exclusivement ici ; c'est ce que nous ne pouvons ni affirmer ni révoquer en doute immédiatement. Cette réalité absolue est possible et même vraisemblable, mais elle est soustraite à la vérité scientifique, et nous ne saurions l'introduire dans le système de celle-ci, soit comme moyen de définition, soit de toute autre manière, sans ravir à celle-ci son caractère distinctif. Si nous ne parvenions pas à terminer le système dans son ensemble et dans ses détails, sans recourir à ce moyen extrême, force nous serait de nous résigner, de reconnaître notre insuffisance et les limites qui nous sont posées ; mais rien ne saurait nous justifier de les franchir et de jeter, par amour de l'unité, la science toute positive du vrai dans l'abîme des spéculations transcendantes, marquées au coin de l'incertitude.

Avant d'entrer dans les détails scientifiques qu'exige notre matière, il sera nécessaire, sans doute, de bien saisir la science de l'entendement dans ses rapports avec la philosophie, et de lui assigner sa place exacte dans le système universel de la science du vrai telle que nous l'entendons. La richesse des faits qui en remplissent le cadre étant trop grande pour qu'il y eût moyen de la traiter tout d'un jet et dans son ensemble gigantesque, il sera nécessaire également de rechercher dans son sein quelques indications primitives et saillantes, capables de motiver les divisions principales qu'il s'agira d'y tracer, et c'est de l'une aussi bien que de l'autre de ces deux tâches distinctes que nous allons nous occuper successivement.

La totalité des faits de l'entendement se trouve, selon notre principe philosophique, être *égale au moi*, et la science de l'entendement serait donc, au fond, la science même de ce moi. Mais ce n'est qu'autant qu'elle parviendrait à l'achèvement complet de sa tâche, autant qu'elle atteindrait à une clarté absolue dans toutes ses parties à la fois; ce n'est qu'autant que toutes ces parties y demeureraient constamment rapportées à la totalité, que nous pourrions la considérer effectivement comme la science complète de ce moi philosophique. C'est là un développement parfait auquel la science pourrait tendre à la vérité, mais auquel il n'est pas probable qu'elle atteigne jamais. Au lieu de cela et de la manière dont nous l'entendons, elle n'embrasse jamais qu'une partie de ces conditions, selon qu'elle est plus ou moins développée, c'est-à-dire qu'elle est toujours l'expression du moi *dans un état particulier*, et nous ne devons pas oublier surtout que le rapport essentiel, le rapport des faits élémentaires au moi (quoique sous-entendu)(1), en est une fois pour toutes et entièrement écarté. C'est par là qu'elle diffère d'une science du moi, dans sa forme encore plus que dans le fond, mais elle s'y rallie fa-

---

(1) Il a passé dans son essence élémentaire, dont chaque fait est *une possession à moi*, mais cette considération toute philosophique est elle-même en dehors de la science d'entendement, qui ne s'occupe que de *faits donnés ainsi*, quelle que soit la nature de cette donation.

cilement, car la simple application du rapport philosophique en fait aussitôt une science (du moins approximative) du moi. Comme simple *science du mien,* elle differe tout autant de la philosophie dans laquelle nous avons reconnu la science *du rapport subsistant entre moi et non—moi.*

Le premier devoir qui nous soit imposé en abordant cette science de l'entendement, ce sera sans doute d'éclaircir les notions de *totalité* et de *partie,* dont nous avons fait un usage décisif en philosophie, mots dont le sens tout entier nous vient de l'entendement où, par conséquent, il s'agit de les apprécier.

Une *totalité* ici, ne veut pas dire autre chose qu'*une pluralité d'éléments en rapports entre eux,* et *le fait d'une pareille association* est une vérité d'ordre, indubitable et fondamentale comme toutes les autres. Chaque élément ainsi rapporté à l'ensemble de l'association prend de son côté la signification d'une *partie,* et les deux déterminations sont par conséquent, et de toute nécessité, complémentaires l'une de l'autre. Point de totalité sans parties, point de parties sans totalité relative. Si tel est le sens général de ces termes, la forme et l'ordre particulier à chaque totalité, doit varier grandement selon les rapports des éléments y compris. Certains rapports organiques nous donnent une totalité de simple *agrégation;* des rapports de spécification commune nous fournissent une totalité de *genre;* des rapports pour ainsi dire concentriques qui, réunissant respectivement toutes les parties de l'association à l'une d'entre elles, forment une totalité *individualisée,* et ainsi de suite. C'est donc au terme seul de la science de l'entendement que nous pourrons connaître au juste le caractère achevé de la totalité qu'elle nous détaille, et qui résultera définitivement de l'ensemble de nos connaissances et de l'ordre qui s'y fera apercevoir.

Dans la science du mien dont tous les éléments se trouvent simplement coordonnés, c'est-à-dire rangés tous les uns à *côté* des autres, dans la totalité homogène qu'ils constituent; dans cette science dont le rapport d'inordonnation a disparu, un rapport analogue, mais purement métaphysique, et que nous connaissons déjà pour en avoir fait l'application philosophique et fondamentale, prend nécessairement la place de l'autre.

Avoir, dans le domaine de l'entendement scientifique, ne veut plus dire à tout jamais qu'*embrasser,* dans une totalité relative, tel ou tel élément particulier. *Être* n'y veut plus dire autre chose, sinon : *être ceci* ou *cela,* c'est-à-dire *signifier* quelque chose, et par conséquent exclure toute autre signification dans la même totalité. *Être eu,* enfin, ne saurait jamais y avoir d'autre sens que celui d'*être embrassé* ou compris dans l'ensemble d'une totalité métaphysique. Tous ces rapports réunis, enfin, ne constituent plus qu'une *relation organique de coordonnation,* qui n'en est pas moins d'une haute importance. Voilà ce dont on ne saurait se pénétrer assez. Tout entendement, toute existence, toute expérience se rapporte au moi et au non-moi philosophique ; dans la relation mutuelle des faits non-moi, il ne saurait donc plus en être question. Ce n'est absolument que dans son ensemble, comme science appartenant à un moi, que notre matière tient encore à la philosophie ; mais dès que le seuil en est franchi, toute considération de ce genre cesse aussitôt, et si nous l'introduisons dans son enceinte en dépit de la saine science, elle en trouble l'homogénéité relative ; elle y fait entrer la discussion philosophique et toutes les divergences d'opinion qu'elle entraîne. Voilà ce dont il faut la garder en conséquence le plus soigneusement possible, si nous voulons l'élever au rang d'une science positive, si nous voulons la faire marcher indépendante et sans entraves vers ses fins, qu'elle peut et doit atteindre infailliblement. C'est donc là ce qu'il ne faut pas perdre de vue un seul instant ; car la complication philosophique nous entraîne avec rapidité et nous égare positivement, pour peu que nous nous permettions de nous y livrer hors du cercle important, mais étroit, de son application scientifique.

La relation de subordination, considérée dans le domaine de l'entendement, y conserve avec exactitude le caractère dont nous l'avons vue revêtue en philosophie, et cela par la raison naturelle que la déviation fondamentale de position organique par laquelle les deux sciences diffèrent, n'y entre pour rien. *Dépendance* organique de la totalité relative vis-à-vis de ses parties ; *indépendance* des parties entre elles ; *détermination* enfin de la totalité par ces mêmes parties ; voilà ce qu'elle nous présente ici comme là, et c'est ce que nous avions à consigner dès le début.

L'inconstance dans l'entendement, l'inconstance vitale qui porte sur les éléments de la science, de manière à les y introduire, à les en faire sortir, ou bien à les déplacer dans son sein (soit en les unissant, soit en les déliant les uns des autres), modifie les rapports ci-dessus exactement de la même manière que le fait la vie considérée philosophiquement. Il devait en être ainsi, non-seulement parce que c'est la même vie, la même totalité et les mêmes éléments qu'elle atteint, malgré la différence des rapports sous lesquels ils sont considérés, mais encore parce que la vie du moi n'est en vérité que la vie de ses éléments, et qu'elle appartient ainsi tout entière à la science de l'entendement. Elle change dans son sein les relations des faits entre eux, mais elle ne touche à celles des faits vis-à-vis de la totalité philosophique, que pour en ébranler la stabilité. Nous avons donc anticipé précédemment sur ce sujet, auquel il serait inutile de revenir ici parce que nous aurons lieu plus d'une fois de nous en occuper encore. Notre intention qui se borne actuellement à rattacher la science de l'entendement à la science mère du vrai en général, aussi bien qu'à la branche philosophique de celle-ci en particulier, se trouve suffisamment remplie par ce qui précède, et je puis me résumer en conséquence.

Dès l'instant où nous sommes parvenus à déterminer le rapport du moi au non-moi, en donnant à ce dernier la signification d'un fait *mien*, la matière scientifique de l'entendement est ramenée à l'homogénéité la plus parfaite, et le succès est assuré à nos efforts lorsqu'il s'agit de la constituer en système de science positive (Voy. p. 18, etc.). L'application de notre principe philosophique, au lieu de placer en face du moi des éléments distincts de lui, rejette la science tout entière dans son sein, et retire aussitôt à ces éléments toute signification différente (prise dans un sens absolu). Telle serait, par exemple, la matérialité ou la spiritualité appliquée à ces éléments. Entrées dans leur essence même, ces qualifications tendraient aussitôt à produire une scission dangereuse, au lieu de nous rendre les plus grands services, en restant désormais les formes différentes de deux faits également possédés par moi. Le moi embrasse ainsi l'universalité de l'entendement, sans pénétrer nécessairement dans son sein ; il plane au-dessus de l'entendement sans se mettre en opposition avec lui. Les éléments enfin de l'entendement ne sont plus des faits réels, idéaux ou empiriques par excellence, mais ils deviennent tout cela, selon le rapport dans lequel on les considère, et sans déroger par là à leur qualité essentielle *d'éléments vrais*. L'adoption de l'un quelconque de ces caractères, dans les développements qui vont suivre, devient donc entièrement indifférente à l'achèvement de la science qui nous occupe. Elle n'examine que des faits considérés en eux-mêmes, des éléments de vérité absolue, et la multitude des rapports qui les unissent entre eux. Selon le rapport fondamental cependant, au moyen duquel on la rattache à la philosophie, elle prend infailliblement un caractère réaliste, idéaliste ou empirique. L'introduction de celui-ci ne saurait toutefois en changer les résultats, pourvu que, dans chacun de ces cas divers, nous procédions avec la même conséquence. Quoiqu'il nous soit donné maintenant d'apprécier à sa juste valeur le caractère philosophique dont se revêt la science de l'entendement, le moyen le plus sûr de la garantir des incertitudes dans lesquelles elle pourrait retomber par sa faute, ce serait de le laisser dorénavant en dehors des considérations qui ne regardent qu'elle, et dont le succès n'en dépend en aucun cas. Si pourtant nos habitudes s'y opposaient encore trop sérieusement, alors il faudrait préférer au moins le caractère empirique aux deux autres, et considérer chaque élément de science comme un fait qui *serait eu* par moi, car lui seul les réunit dans son expression conciliante ; tandis que l'un des deux autres caractères serait injustement écarté, si nous procédions différemment.

CHAPITRE II.

FAITS GÉNÉRAUX DE L'ENTENDEMENT. — FAITS ABSOLUS ET RELATIFS.

Au premier coup d'œil jeté sur notre matière scientifique, pour y chercher des indications propres à motiver les divisions intérieures qu'en exige le système, nous y distinguons deux caractères entièrement différents, avec l'un ou l'autre desquels apparaissent tous les faits de l'entendement sans exception. C'est le caractère *absolu* des uns et *relatif* des autres, caractère que nous leur avons remarqué déjà (Voy. p. 26), mais auquel il nous est prescrit en ce moment de prêter une attention plus particulière.

Quoique l'entendement réunisse constamment ces deux faits, et cela jusque dans l'élément même de vérité, ils s'y distinguent néanmoins d'une façon très-marquée. Le fait absolu s'y présente comme l'élément essentiel de toute vérité scientifique. Il peut, dans l'état d'abstraction spéculative, s'y détacher de tout rapport avec ses coéléments du même genre, et s'en isoler de la sorte. Le fait relatif (d'ordre ou de rapport) ne saurait jamais au contraire y figurer sans lui. Ce fait relatif porte inévitablement sur l'autre, il en exige la présence et disparaît avec lui. Deux étoiles par exemple, scintillantes au firmament, sont des faits d'entendement absolu ; mais le rapport de leur clarté respective, celui de leur grandeur apparente, la distance de l'une à l'autre, voilà autant de faits relatifs qui, sans le fait absolu de ces étoiles, disparaîtraient de l'entendement. Dans leur représentation la plus abstraite même, ils ne sauraient se passer de la sienne.

Si maintenant nous voulions exprimer par un seul mot cette façon mutuelle de se comporter, nous pouvons, ce me semble, le faire convenablement en disant que le fait relatif *relève* du fait absolu ; que le fait absolu *décide* du fait relatif, et nous y gagnons l'expression d'un rapport fondamental en métaphysique, que j'appellerai : *rapport de liaison* scientifique. Ce rapport, dont le caractère se rapproche en quelque façon de celui de la subordination, ne coïncide cependant nullement avec lui, et plus les nuances tendent à s'effacer dans l'entendement vulgaire, plus nous devons nous efforcer d'en maintenir exactement le sens et les limites dans un entendement scientifique. Je dois donc faire remarquer avec soin la différence qui subsiste entre la *rélévation* et la *dépendance* d'un côté, entre la *décision* et la *détermination* de l'autre. Le fait qui relève d'un autre fait n'a rien en lui qui puisse rappeler ce dernier, quoique inévitablement décidé par lui. L'égalité par exemple n'implique nullement les couleurs ou les sons sur lesquels elle peut porter, tandis que le fait dépendant, au contraire, est donné quant à sa substance même, par les faits qui le déterminent. C'est le cas de violet, par exemple, dépendant des faits bleu et rouge qui le déterminent en y concourant. Si au moyen de cette distinction j'espère avoir suffisamment caractérisé les deux rapports, pour qu'on ne puisse plus s'y méprendre, il me reste seulement à faire remarquer, que chaque fait relatif exige la présence de deux faits absolus au moins, dont il devient le lien de rapport, sans compter (en métaphysique au moins) le moi possesseur de tous ces faits réunis, et qui de son côté se trouve en rapport avec eux, quoique placé sur un autre degré de l'échelle, c'est-à-dire sur le terrain philosophique de la science.

L'analogie qui existe entre la révélation et la dépendance ne manque pas d'être mise à profit par la causalité, qui se glisse facilement dans le rapport de liaison. Dès l'instant où l'on substituerait à la simple décision empirique du fait relatif par le fait absolu, une détermination active et nécessaire du premier vis-à-vis du second, ou bien que l'on changerait la révélation également empirique de celui-ci en dépendance véritable, on bouleverserait aussitôt le vrai sens du rapport en question, on lui donnerait une physionomie causale en un mot, qui par plus d'une voie s'ouvre ainsi une brèche fatale dans l'entendement et réussit à le défigurer. Gardons-nous en conséquence d'introduire dans notre rapport une illusion dont les suites seraient incalculables (1). Pénétrons-nous bien du véritable caractère de cette liaison de pure expérience qui subsiste entre le fait absolu et relatif, entre ces faits très-différents sans doute, mais également primitifs de la science. Il n'y a point ici de substance sans ordre, il n'y a point d'ordre sans substance métaphysique.

Si maintenant nous faisons l'application la plus directe de notre rapport de liaison, nous trouvons que les faits relatifs : *avoir, être* et *être eu,* relèvent, partout où nous les rencontrons, soit d'une totalité et d'une partie quelconque, soit de deux parties coordonnées (2), et nous éviterons bien des erreurs en tenant ferme à ce principe.

Demander maintenant comment s'établit cette liaison entre deux faits absolus par un fait relatif, c'est demander quelle est la relation effective et transcendante entre eux, c'est

---

(1) En philosophie, elle donne lieu à un ordre fondamental qui naît de l'action réunie du moi et du non-moi ; en métaphysique, elle étend cette double action à toute association d'éléments absolus, et finit par la faire considérer comme réciproque et directe. Tout rapport et tout ordre naissent alors de ce concours mutuel. Toutes ces façons de voir sont donc également illusoires, mais leur origine étant une fois découverte, elles doivent cesser de nous être dangereuses.

(2) Lorsque nous transportons par analogie cette application dans le domaine philosophique, où elle se place naturellement aussi, — puisque la vérité fondamentale embrasse également des faits absolus et relatifs,— nous voyons que l'*entendement*, l'*existence*, et l'*expérience* qui sont dans ce dernier cas, doivent être considérés tous les trois comme relevant du *moi* et du *non-moi*, sans jamais *dépendre* d'eux.

demander une chose fort désirable peut-être, mais qui est nécessairement impossible, par la raison toute simple, qu'une pareille entreprise demanderait qu'on rapportât des faits primitifs déjà, à quelque chose de plus primitif encore, mais qui n'existe nulle part en matière de vérité. Autant vaudrait-il s'enquérir de la nature même du fait absolu élémentaire, qui pourtant n'est tel que parce qu'il est fondamental à toute autre chose et simplement identique à lui-même. La possibilité d'un rapport intime entre un fait et un autre, voilà ce qui est constaté *en vérité;* un tel rapport nous étant donné de fait, *comment* un rapport pareil peut-il s'établir? *comment* une intimité de ce genre peut-elle subsister entre deux faits absolus, soit directement, soit par l'intervention d'un fait tierce? Voilà le mystère fondamental, le mystère primitif qui embrasse l'ordre constant des choses aussi bien que celui de leur animation, l'organisme comme l'organisation; mais c'est aussi le seul que la science ait à respecter, le seul qui soit au-dessus d'elle et de tous ses efforts, parce qu'elle-même repose tout entière sur lui. Si jamais il nous est donné de franchir cette limite, ce n'est donc que sur les ailes de la *croyance,* et c'est ce qui arrive en effet d'une manière qui, plus tard, nous occupera régulièrement. Si cette croyance nous fait voir en dehors du domaine de la vérité scientifique des objets et un ordre transcendant qui les régit, elle est pourtant elle-même un phénomène d'entendement tout interne, et comme tel elle est soumise à notre investigation, qui doit et saura l'atteindre.

FAITS SUBJECTIFS ET OBJECTIFS.

Un autre caractère également universel et très-distinct dont se revêtent les faits de l'entendement humain, c'est celui de la *subjectivité* et de l'*objectivité,* auquel nous avons à prêter en conséquence une attention non moins soutenue.

Un doute préalable s'élève cependant à leur égard. — Ce caractère de subjectivité et d'objectivité, se demandera-t-on, est-il bien certainement de nature métaphysique, ou bien ne serait-il pas philosophique peut-être? Ce caractère appartient-il en propre aux faits élémentaires, ou bien s'y rattache-t-il seulement, selon que nous les considérons ou non, dans leur rapport avec le moi? Cette dernière supposition nous semble confirmée par la possibilité où nous sommes de saisir le même élément, tantôt comme fait subjectif, tantôt comme fait objectif, et de le faire sans qu'il changeât pour cela le moins du monde de caractère. S'il en était ainsi, ce serait évidemment réintroduire le moi et le non-moi avec leurs rapports (quand ce ne serait que d'une façon indirecte) dans l'enceinte de notre science, que de prétendre nous y servir de cette distinction; ce serait manquer de conséquence, après en avoir à grande peine écarté les éléments purement philosophiques.

Il est certain, et l'observation la plus superficielle nous en instruit immédiatement, qu'une différence de rapports, et non pas de caractère spécifique, préside à l'attribution objective ou subjective. Les doutes ci-dessus sont donc fondés à quelques égards, mais s'il en est ainsi, ils ne pèchent pas moins dans l'application. Le moi et le non-moi *dont il est question ici* ne sont plus du tout les mêmes que les moi et non-moi philosophiques de la science. Le *moi* et le *non-moi de l'entendement*, ces faits particuliers par rapport auxquels tous les autres prennent une acception subjective ou objective, sont des éléments soumis eux-mêmes à l'investigation du *vrai moi*, qui possède en eux une certaine matière scientifique, ils *sont eus* par lui, de quelque façon que l'on veuille exprimer cette possession, ils font par conséquent *partie* de lui, car le *moi observateur* ne saurait jamais se confondre scientifiquement avec le *moi observé* par lui-même. C'est de ce dernier moi et du non-moi qui lui correspond qu'il s'agit uniquement ici, comme en bien d'autres occasions, et ce sont eux que nous appellerons : *Moi métaphysique* ou *sujet*; *non-moi métaphysique* ou *objet*. Ce sujet enfin, c'est le fait de conscience interne, qui, de concert avec le corps apparent de l'homme, constitue *la personne* (Pierre ou Paul, c'est-à-dire un troisième moi, ou le *moi vulgaire*). Cet objet, c'est *la chose corporelle* en général, y compris *le corps humain*. Entre le moi subjectif et le moi personnel, il y a donc encore une différence très-sensible, un degré d'abstraction de plus, mais l'un aussi bien que l'autre (1) s'écarte positivement du moi philosophique qui les embrasse tous les deux.

Le moi-sujet et le non-moi-objet qui lui correspond, appartiennent donc et bien évidemment à l'entendement du moi philosophique où ils figurent non-seulement l'un et l'autre, mais de plus et très-positivement, l'un *à côté* de l'autre. Ces deux moi distincts de fait et de position, nous ne saurions plus les confondre arbitrairement. Vouloir, au point où nous sommes, dire que le sujet n'est autre que le moi, ce serait entièrement renier nos principes, car ce serait identifier le fait possédant avec un fait possédé, ce serait déclarer en conséquence la partie identique à la totalité, ce serait avancer une chose absurde et contradictoire. Dans tous les cas, cela ne saurait se faire sans preuve préalable, et je doute bien qu'on réussisse à la fournir. C'est donc avec le plus grand scrupule que nous discernerons le sujet (terme par lequel nous désignons exclusivement le moi métaphysique, qui n'est, en vérité, qu'un non-moi particulier de la science), non-seulement du moi philosophique (qui possède et sujet et objet), mais encore du moi personnel (ou de l'individu anthropologique). Nous distinguerons avec le même soin, les non-moi divers qui leur correspondent respectivement.

Le penchant qui nous entraîne à confondre le sujet avec le moi, à confondre l'objet avec le non-moi (ou mien) en général, ce penchant est pourtant enraciné d'une manière si profonde dans notre métaphysique vulgaire, qu'il n'est pas permis d'en écarter l'erreur, sans peser encore une fois la valeur respective des deux façons de voir opposées, et sans recher-

---

(1) On se sert bien souvent d'expressions que la définition exacte des mots rend incorrectes, parce qu'elle y fait entrer une double entente, et c'est pourquoi il faut éviter avec soin leur application irrégulière. On dit indistinctement, par exemple, le sujet ou l'objet d'un discours, d'une réflexion, etc., au lieu de dire simplement leur *matière*.

cher le fond de vérité sur lequel une erreur aussi commune et aussi accréditée paraît devoir reposer.

Si, dans ce but, nous regardions encore pour un instant le sujet métaphysique comme identique au moi, et, par conséquent, comme possesseur de l'entendement subjectif aussi bien qu'objectif, nous retomberions de suite dans tous les embarras de la question philosophique, ou plutôt nous n'en serions pas sortis. C'est encore le rapport du moi au non-moi que nous avons à rechercher alors, et la difficulté consiste derechef, à s'expliquer la manière dont le sujet se présente à lui-même, difficulté qu'il faut bien résoudre, puisqu'il n'est pas douteux alors, qu'il n'ait une pareille connaissance, de quelque nom qu'on l'appelle. Tout ce que nous avons dit antérieurement sur le rapport du moi avec lui-même s'applique donc ici, et tous les subterfuges auxquels on a eu recours pour résoudre le problème, n'ont encore servi à rien. Tantôt le sujet a dû sortir de lui-même et creuser dans son sein pour se connaître, tantôt on lui a renvoyé son image par le miroir objectif, mais tout cela ne saurait aboutir qu'à des résultats hypothétiques, et doit, par conséquent, entraver les progrès de la science du vrai. Rien de tout cela ne nous est nécessaire, tant que nous demeurons fidèles au principe philosophique sur lequel repose notre système. Le moi, distinct du sujet aussi bien que de l'objet, les renferme tous deux dans son sein, puisqu'il les possède tous les deux dans son entendement. Il ne saurait partager le bénéfice de celui-ci, et tous les faits qui se rattachent, soit au sujet soit à l'objet, comme étant possédés (eus) par eux, ne le sont dès lors que d'une manière relative, c'est-à-dire qu'ils sont *embrassés* dans l'ensemble de leur totalité subordonnée. Le moi cependant dépend de leurs états respectifs ; son entendement est déterminé par eux, soit dans son obscurité primitive et vulgaire, soit dans son développement scientifique le plus complet ; il en dépend directement et *ses* états divers ne correspondent qu'à des faits d'ordre particuliers dans *leur* sein. Rien n'est obscur, rien ne ressemble à une hypothèse dans cette façon de voir, qui explique tout et repose sur un principe capable de démonstration. Elle écarte facilement les embarras nombreux que de toute autre manière on ne fait qu'éluder ou reculer.

Il ne sera pas plus facile de concevoir, dans le sens de notre métaphysique vulgaire, la manière dont le sujet entrerait en possession de l'objet. Pour l'effectuer, nous avons recours en vain à des facultés incompréhensibles à leur tour, à des *causes* en dehors de toute expérience, auxquelles nous demandons le simulacre d'une raison pour cet *effet* singulier et qui nous offrent un terme sonore pour toute réponse. Rien de plus simple, au contraire, que la solution donnée par notre principe d'ordre philosophique. Le moi, le moi seul embrasse le sujet et l'objet dans son entendement, par le fait de sa capacité organique. C'est là en avoir possession en général, ou bien entendement, conscience, idée, sensation, etc., en particulier, selon le caractère propre au fait possédé. Vis-à-vis l'un de l'autre, le sujet et l'objet ne font, en revanche, que s'exclure mutuellement. Ils existent, ils vivent en moi, la vie les développe et les enrichit, ou les enveloppe et les appauvrit en fait d'éléments distincts. Complémentaires l'un de l'autre, un échange d'éléments peut avoir lieu entre eux. Le moi connaît de tous ces changements ; c'est en lui qu'ils demeurent enregistrés, sans cesser de se rapporter tantôt au sujet tantôt à l'objet, dans un entendement qui, en se développant, devient de plus en plus scientifique. Si nous sommes portés à croire que cet entendement progressif indique une faculté particulière dont serait doué le moi, c'est le principe causal qui seul nous en impose l'erreur ; il demande une cause à l'entendement considéré lui-même comme un effet, et c'est en prouvant l'illusion qui préside à cette exigence, que nous en sommes à jamais délivrés.

Nul doute maintenant, ce me semble, que notre façon de concevoir le rapport du moi au sujet aussi bien qu'à l'objet, et le rapport de ces derniers entre eux, que cette façon de voir, conforme d'ailleurs à un principe suffisamment démontré, ne soit aussi la plus simple et la plus satisfaisante. Voyons donc, maintenant encore, d'où peut venir l'erreur si générale et si difficile à repousser, par suite de laquelle le sujet et l'objet se confondent respectivement avec le moi et le non-moi philosophique, et parviennent à usurper d'un côté l'entendement, de l'autre la place qu'il y tient.

Le *sujet* et l'*objet métaphysique* remplissent ensemble tout le champ de l'*entendement*, et, par conséquent, la totalité du *monde métaphysique*. L'abstraction qui dépouille l'objet de toutes ses qualifications, qui dès lors les reporte toutes au sujet, et réduit ainsi le premier à n'être plus qu'un point transcendental (la chose par excellence) vis-à-vis de l'autre ; cette abstraction, dis-je, conduit le sujet à représenter la presque totalité des faits. Sa position y a tant d'analogie alors avec celle du moi, dans la science du vrai, que ce moi, possesseur de l'entendement, ce moi qui ne saurait en être repoussé, ce moi enfin dont le rapport philosophique avec la science est encore méconnu, quoique instinctivement donné, doit inévitablement s'identifier avec lui (1). Dès lors l'objet devient non-moi unique ; dès lors les contradictions naissent en foule, et la métaphysique, devenue philosophie pour avoir absorbé celle-ci, ne tournant plus que sur elle-même, tombe en proie aux illusions les plus désastreuses. Tout comme le sujet s'y empare

---

(1) Si nous faisons ici l'application de nos principes, nous obtenons l'explication directe la plus satisfaisante de ce phénomène. Le moi (dans la vérité élémentaire) possède le fait non-moi, absolu aussi bien que relatif (c'est-à-dire le rapport d'entendement), qui lui rattache le premier. Lui-même en revanche, quoique indiqué dans ce rapport, ne saurait y être donné *à soi*. Dès lors le rapport d'entendement *relèvera* plus particulièrement du non-moi, dans le rapport de liaison métaphysique, qui y trouve son application, mais ce défaut s'y fait nécessairement ressentir. Si maintenant, par une analogie quelconque, un non-moi spécial s'offrait dans ces circonstances, qui fût plus à même qu'un autre de remplacer le moi (simplement indiqué), il ne pourra manquer de s'emparer de l'entendement pour son propre compte. Un fait de ce genre se trouve justement dans *l'élément essentiel et universel de l'entendement* (sujet), et c'est de lui que dès lors relèvera tout entendement. C'est encore lui qui deviendra de la sorte l'*objet-sujet* ou le faux-moi de notre métaphysique illusoire.

des rapports appartenant au moi, le moi reçoit à son tour les déterminations du sujet, ou plutôt les uns et les autres vont se confondre dans le *sujet-moi* de cette métaphysique illusoire. C'est ainsi que l'existence, qui n'appartient qu'au sujet, transportée au moi, est venue l'enrichir; c'est ainsi que l'entendement du moi, transporté au sujet, a passé de même dans ses attributions. C'est là ce que nous aurions pu prévoir, avec nos données actuelles, et signaler d'avance; c'est là ce que nous voyons arriver dans toute l'étendue de nos prévisions. Les énumérer, c'est faire le tableau exact de notre métaphysique vulgaire, et nos principes philosophiques en reçoivent une confirmation aussi éclatante qu'irrécusable.

Les enseignements principaux que retire la science de l'entendement de tout ce qui précède, et qui redressent à bien des égards les erreurs vulgaires dans lesquelles nous tombons sans cela sont, en résumé, les suivants, et méritent la plus sérieuse attention.

Selon la philosophie du vrai, le sujet et l'objet sont, tous les deux, à comprendre dans la classe des faits : non-moi, ou miens : *ils sont* (ils existent), en conséquence, et tous deux *ils sont eus* (possédés) par moi; mais ils ne sauraient jamais être considérés l'un vis-à-vis de l'autre, ni le sujet comme possédant l'objet, ni l'objet comme étant possédé (en entendement, en idée, ou de toute autre façon) par le premier. Au lieu de cela, dans la métaphysique de l'école et de la vie commune, l'existence de l'objet est quelquefois (en idéalisme) subordonnée à celle du sujet; toujours c'est le sujet qui possède, c'est l'objet qui est possédé par lui. C'est en quoi nous voyons donc *une première erreur*.

Le sujet, embrassant dans la science du vrai, des éléments divers et nombreux est, dans son ensemble, une totalité relative, qui *a* ses parties sans doute, mais qui les a *en compréhension* et non pas en possession d'entendement (Voy. p. 153). Au lieu de cela, dans la métaphysique du monde (quand même nous renoncerions à vouloir embrasser un objet extérieur et réel avec des facultés subjectives), ce sujet semble au moins posséder, *en entendement,* les faits de la conscience subjective qui le caractérisent lui-même. *Deuxième erreur.*

Dans notre science du vrai, l'objet est absolument dans le même cas que le sujet, par rapport aux faits qu'il embrasse dans sa totalité relative. Il les *a* en simple compréhension, et ils ne sauraient lui être attribués dans un autre sens. Dans ce cas, du moins, les deux systèmes s'accordent.

Le sujet et l'objet de la science du vrai, considérés comme parties complémentaires du moi, *déterminent* celui-ci qui dépend d'eux quant à sa substance, tout comme dans son développement il dépend du leur. Vis-à-vis l'un de l'autre, ils jouissent, au contraire, de l'*indépendance* la plus absolue. Au lieu de cela, dans la vie commune et dans sa métaphysique vulgaire, le sujet et l'objet dépendent mutuellement l'un de l'autre quant à leurs états respectifs, et se déterminent ainsi réciproquement. *Troisième erreur.*

Le sujet et l'objet réunissent (en vérité), dans leurs totalités respectives, des éléments très-distincts dont, en conséquence, ils *dépendent*, et qui sont, en revanche, indépendants les uns des autres. Au lieu de cela, nous nous plaisons souvent à considérer le sujet comme libre de leur influence, et ces éléments, au contraire, comme déterminés par lui à bien des égards, ou bien encore comme se modifiant (se déterminant) mutuellement. *Quatrième erreur.*

Ces erreurs graves et fondamentales découlent toutes et très-visiblement de la même source, c'est-à-dire de l'ignorance du vrai rapport philosophique et de la substitution du moi au sujet, substitution par laquelle ce rapport pénètre dans la métaphysique qui n'en a que faire. A ces erreurs vient se joindre enfin l'illusion causale qui les couronne et les rend plus tenaces. Pénétrons-nous donc bien de ce rapport suprême, fortifions-nous sans cesse de sa présence lors d'une considération de philosophie et de métaphysique mêlée, car une fois identifié à notre façon de voir, non-seulement il nous sera facile de dissiper, par son moyen, les nuages qui pourraient envelopper la question, mais nous en préviendrons d'avance le retour et l'accumulation dangereuse. Voilà ce que je ne saurais assez répéter, car dès qu'un instant de relâchement auquel, dans les commencements surtout, on n'est que trop exposé, nous distrait de ce régulateur infaillible, nous retombons de suite dans les vices d'une habitude invétérée; l'illusion, derechef, s'empare de nous, et nous voyons se hérisser de nouvelles difficultés, une route qui, désormais, ne doit plus nous en présenter de sérieuses.

Pour épuiser cette matière, il nous reste seulement à caractériser l'un vis-à-vis de l'autre le sujet et l'objet métaphysiques quant à leur physionomie particulière et distincte, autant du moins qu'il sera possible de le faire ici sans le secours de l'analyse, qui seule peut en achever la tâche.

Quant à l'entendement subjectif, il se présente, malgré tous les changements qu'il subit dans son intérieur, comme l'élément persévérant de la science, relativement à l'objet qui y varie sans cesse. S'il est des objets dont la durée paraît l'emporter de beaucoup sur celle que nous pouvons assigner au sujet dans la limite du vrai scientifique, si la terre, par exemple, survit aux individus humains qu'elle porte, cela n'est juste qu'à quelques égards, et cela est certainement faux en entendement direct. Nous voyons bien des fois, en effet, disparaître de l'entendement et soleils et planètes, tandis que le sujet humain y demeure intact. Cette circonstance assigne au sujet, dans sa relation avec l'objet, une certaine *nécessité* (métaphysique et non logique), elle donne, en revanche, à celui-ci, une *contingence* correspondante que nous pouvons réunir dans l'expression d'un nouveau rapport fondamental d'*importance métaphysique* que, plus tard, nous apprendrons à mieux connaître. — Le sujet se présente, en outre, sinon comme *unité absolue,* du moins, bien certainement, comme *unité relative,* c'est-à-dire comme totalité organique d'éléments rapportés à un centre commun d'existence et de vitalité. L'objet, au contraire, n'offre, dans sa totalité, qu'une masse entièrement dépourvue d'un tel ensemble, et si la même unité s'accorde quelquefois à un objet particulier, à l'individu Paul ou Pierre, par exemple, ce n'est jamais que par analogie, et quelque vraisemblable que cet ordre y soit, c'est toujours comme *croyance* qu'il figure en nous.

Voilà ce qui suffira, je pense, pour faire apprécier exactement les traits principaux, sous lesquels cette division essentielle et profonde du subjectif et de l'objectif, se présente dans le domaine de l'entendement.

CHAPITRE III.

ENTENDEMENT TRANSCENDENTAL ET EMPIRIQUE.

Parmi les caractères plus généraux qui distinguent les faits de l'entendement, il en est deux encore que nous devons remarquer ici. Ils partagent son domaine dans un sens pour ainsi dire contraire à celui de la subjectivité et de l'objectivité, de façon que sujet et objet y prennent chacun leur part. Ces caractères sont la *transcendentalité* d'un côté, et l'*empirie* (1) de l'autre, qui marquent à leur coin son contenu tout entier.

Au fond de chaque vérité distincte dans notre entendement, au fond de ce que nous voyons, sentons, pensons, etc., nous ne pouvons nous empêcher de placer un *noyau* nécessaire, un noyau porteur des marques distinctives, des qualités particulières et accidentelles des choses, qualités que nous regardons à leur tour et en quelque façon, comme l'*enveloppe* d'un être plus réel et plus essentiel qu'eux, dans la totalité qu'ils constituent ensemble. Voilà la signification exacte de la *chose en elle-même,* considérée comme élément *essentielle-*

---

(1) L'empirie opposée en métaphysique à la transcendentalité diffère si remarquablement de l'empirisme, opposé en philosophie au réalisme et à l'idéalisme, que nous pouvons, sans nulle crainte de mésentendu, nous servir ici de ce terme usité.

ment existant, en un mot, comme substance absolue et *transcendentale*. Elle demeure en entendement, quand même l'abstraction la dépouillerait de ses vêtements accidentels et passagers, de ses qualifications diverses que nous considérons, en revanche, comme les *éléments simplement apparents* de la chose, c'est-à-dire comme les faits *empiriques* de la science.

Nous avons beau chercher cependant, aucune marque particulière et distincte ne nous met en état de saisir par lui-même, et d'une façon indépendante, ce noyeau transcendental des choses, et de lui assigner ainsi son caractère positif. C'est là ce qui nous fait concevoir bien des fois un doute sérieux par rapport à son *existence* réelle, et cela par la raison toute simple, qu'un *mode de possession* quelconque devrait (instinctivement comme en principe raisonné) correspondre nécessairement à une existence donnée. Admettre celle-ci sans examen et sur la foi d'une indication incertaine, la rejeter de même, en dépit de la conscience qui nous l'impose, voilà qui est également facile, mais aussi peu scientifique l'un que l'autre (1). Voyons donc ce que nous en diront nos principes, appliqués à ce cas particulier. — Puisque nous avons une idée, une notion, une indication quelconque enfin, de ce fait nécessairement fondamental, de ce fait transcendental qui nous embarrasse, il se trouve par là même au nombre de ceux que nous devons comprendre, scientifiquement, dans la généralité des faits *possédés* par nous. Il est absolument impossible de le répudier comme élément d'entendement, et par conséquent aussi, il doit *être* (dans le sens philosophique aussi bien que métaphysique du mot), il doit subsister et signifier quelque chose. Si nous sommes tentés de lui refuser

---

(1) C'est ce qui donne lieu, d'un côté au réalisme métaphysique ou *matérialisme*, de l'autre à l'idéalisme métaphysique ou *spiritualisme*, que nous devons nous garder de confondre avec le réalisme et l'idéalisme philosophique, qui découlent d'une source différente (p. 93), mais qui respectivement s'identifient souvent avec eux, tant que la philosophie et la science de l'entendement se confondent de la manière observée dans le chapitre précédent.

néanmoins l'*existence*, c'est que nous sentons confusément qu'il y a méprise à son égard. La plus grave réside dans l'extension que nous donnons volontiers à ce mot existence, en lui accordant une signification absolue, en dehors de tout entendement possible ; tandis que la science, aussi bien que l'instinct du vrai, en repoussent également l'admission, et récusent le rapport de causalité qui seul y donne lieu (1). Ensuite nous devons nous apercevoir aussi que les termes destinés à exprimer la possession de ce fait mystérieux (de la chose en soi), et que nous tâchons de lui appliquer, ayant généralement une signification déjà déterminée différemment, et toute relative à d'autres faits donnés, ils répondent nécessairement mal à celui-là, ou n'y répondent pas du tout. Dès lors il nous semble, quoique avec trop de précipitation sans doute, que ne pouvant se ranger parmi les faits possédés d'une façon spéciale et déterminée, le fait transcendental n'est plus possédé du tout. Commençons donc par rechercher un terme qui puisse lui convenir, un terme qui exprime exactement la façon obscure et inintelligible de sa possession, et dès lors il nous répugnera bien moins de nous avouer cette possession elle-même. Ce service nous est convenablement rendu par le mot : *appréhension,* que nous y rattacherons dorénavant. Nous dirons donc que nous avons appréhension, ou bien que nous appréhendons un fait nécessaire et fondamental, mais dont le caractère, loin d'être distinct et prononcé en nous, s'entoure au contraire d'une certaine obscurité. Ce fait, puisque nous l'*avons* de cette manière, *est* ou existe en nous comme les autres, et quoique placé en dehors d'un entendement clair et intelligible, il ne l'est pas en dehors de cet entendement même,

---

(1) Du moment où nous parvenons en spéculation à la limite de l'entendement, sans nous être dégagés de cette illusion, la cause du dernier fait empirique donné, tombe inévitablement en dehors de son domaine, et va se placer dans un monde absolu et transcendant, constitué par l'ensemble de ces causes premières ; monde que dès lors nous confondons aisément avec le domaine transcendental, donné en vérité d'entendement.

où il conserve une *signification particulière*, et dont rien ne saurait le priver. Si, pour nous conformer à l'usage, nous affectons à sa façon d'être spéciale une désignation distincte aussi, si nous l'appelons son *être transcendental*, il faut bien se garder d'y chercher autre chose qu'une distinction terminologique, correspondante à son rôle particulier dans l'entendement auquel nous ne voyons plus rien d'incertain (1). Cela posé, nous dirons par contre que nous avons *expérience* des faits dont le caractère est *une possession claire et distincte*, des faits qui s'y présentent plus précis, plus indépendants les uns des autres ; car voilà bien en quoi ces deux ordres de faits diffèrent essentiellement dans notre façon de voir. La subsistance de ces faits d'expérience ayant également besoin d'une dénomination particulière, nous l'appellerons leur *être empirique*, qui n'exprimera à son tour que la signification toute spéciale qui leur revient sous ce point de vue. Enfin nous remarquerons encore, qu'un fait d'expérience se trouve toujours et partout uni dans l'entendement à un fait d'appréhension, soit que nous en considérions le domaine subjectif, soit que nous envisagions son domaine objectif. Nous y voyons constamment un noyau transcendental s'unir à la qualification empirique, et la porter pour ainsi dire. Dans le premier cas, ce noyau n'est autre que le *sujet transcendental humain*, le sujet abstrait auquel, dans l'individu pensant, voyant, etc., nous attribuons volontiers (quoique illusoirement) l'entendement même de ces faits (entendement qui n'appartient qu'au moi), mais auquel ils sont effectivement liés, comme à leur centre commun dans l'ensemble de l'entendement subjectif, ou du *sujet métaphysique* avec lequel nous ne devons pas le

---

(1) L'abstraction de toutes les qualités distinctes d'une chose la réduit à rien, nous dit-on, et fait disparaître totalement cette chose, dont le noyau se présente en conséquence comme un être abstrait sans réalité positive. — Cela n'est point exact. L'abstraction le dépouille et le décolore mais elle ne l'atteint pas du tout. Il flotte au contraire dans l'entendement, indépendamment de ces qualités disparues, et c'est là justement son caractère distinctif.

confondre. Ce sujet métaphysique embrasse en conséquence le sujet transcendental avec toute l'expérience et tout l'entendement empirique qui s'y rattache (1), et que nous appellerons dans cette signification restreinte, du terme de : *conscience*. Dans le domaine objectif, en revanche, c'est *la chose en elle-même*, c'est la substance abstraite qui se présente comme *objet transcendental*, au fond de tout *objet métaphysique*, et ce dernier embrasse non-seulement cette chose, mais encore toute l'expérience qui s'y rallie dans l'ordre de l'entendement, et que j'appellerai distinctivement du nom d'*apparence*.

L'élément de l'entendement réunit en conséquence toujours ce double caractère transcendental et empirique, il réunit appréhension et expérience. Demander maintenant, comme on l'a fait bien des fois en métaphysique, la conformité d'un fait empirique avec un fait transcendental ; la conformité de certaines qualités apparentes avec la chose en elle-même, c'est exactement comme si l'on demandait la conformité de la couleur et du poids d'un objet. Là comme ici, les faits dont on demande la conformité sont les parties essentiellement distinctes d'une totalité donnée, et dans les deux cas, la coïncidence demandée est également absurde.

A la place de ce rapport de conformité illusoire, nous voyons une relation de *spécification mutuelle* caractériser véritablement l'association du transcendental et de l'empirique. La chose transcendentale purement *numérique* est spécifiée par le fait empirique qui lui donne ainsi une *qualité*; le fait empirique au contraire est spécifié numériquement par l'élément transcendental auquel il doit sa *quantité* d'entendement, et cette relation métaphysique est de la plus haute importance.

La complexité de l'élément même de notre entendement nous donne sur-le-champ matière à de graves réflexions, et nous fournit la clef d'un certain nombre d'erreurs primitives en métaphysique, lorsque nous y appliquons les deux rapports

---

(1) Il gravite pour ainsi dire vers ce centre transcendental, qui en est le lien nécessaire, en un mot, l'*âme* de la métaphysique du vrai.

fondamentaux de la science, celui de coordination et celui de subordination métaphysique. Le fait de notre entendement élémentaire étant par cette complexité même une *totalité relative,* celle-ci *a* (elle embrasse) le fait transcendental, comme le fait empirique, qui y *sont* (signifient) quelque chose, l'un par rapport à l'autre. En second lieu cette totalité *dépend* des deux faits constitutifs qui à leur tour sont en rapport *d'indépendance* mutuelle. Voilà la vérité, voici maintenant les illusions qui en métaphysique vulgaire s'y glissent habituellement. C'est ici que l'élément transcendental *est* seul, et qu'il *a* en quelque sorte (qu'il embrasse en portant sur lui) l'élément empirique; c'est le premier dont *dépend* en quelque sorte l'autre, comme accident attaché à lui. Nous voyons maintenant qu'en tout cela il n'y a que transposition de rapports vrais, dont l'application se fait nécessairement, mais porte à faux, parce que la loi régulatrice nous est échappée, tandis que la causalité qui a pris sa place nous conduit naturellement aux erreurs signalées en ce moment.

Pour ne pas interrompre sans nécessité la suite de nos raisonnements, nous avons dû négliger jusqu'ici une branche d'entendement non moins essentielle que l'expérience et l'appréhension, à laquelle le métaphysicien attentif reconnaîtra sans peine des traits de parenté indubitable avec cette dernière, malgré la différence non moins certaine qui d'autre part se fait remarquer entre elles; nous devons donc y revenir maintenant.

L'expérience comme l'appréhension embrassent, ainsi que nous avons vu, des faits positivement et exactement caractérisés dans leur manière de nous *être donnés;* en un mot des faits *définis* en métaphysique. L'*indéfini* (l'indéterminé) diffère essentiellement de tous deux, et pourtant lui aussi se trouve bien certainement *indiqué* (donné) dans l'entendement. Nos principes veulent donc que nous lui assignions à son tour, la place qu'il y occupe scientifiquement et de droit, dès qu'il ne dépend plus de nous de l'en écarter. Quoi que nous fassions, nous voyons l'ensemble de notre expérience et de son noyau appréhensif, flotter pour ainsi dire dans un milieu vague, indéfini, immense, dont rien ne saurait affranchir notre entendedement métaphysique. Ce domaine qui partage avec l'appréhension un caractère parfaitement abstrait, en diffère en cela, qu'il ne se divise plus d'une façon subjective et objective. De la sorte aucune caractérisation positive ne porte atteinte à son être essentiellement indéfini, qui en devient le caractère négatif. C'est ainsi qu'il est donné à moi, à côté de l'être appréhendé d'une façon que nous appellerons : *intuitive,* par rapport à tous les deux. Au sein de sa grandiose uniformité, disparaissent toutes les nuances de la possession distincte, c'est ici que s'abîme le regard, que se perd le son, que s'efface le souvenir, que s'endort la pensée, ici s'anéantit toute spécialité. J'appellerais volontiers cet entendement vague d'une chose insaisissable, du nom de révélation, si je ne courais pas ainsi le risque, de le voir confondu avec une révélation religieuse dont il ne saurait être question dans ce moment. Cette région d'entendement peut à juste titre se considérer pourtant comme l'empyrée métaphysique, car toutes les religions positives placent infailliblement dans ce domaine vague et céleste, le siége de la Divinité. Le seul terme qui lui convienne en conséquence et qui exprime d'une façon satisfaisante le caractère scientifique de cet entendement remarquable, sera donc le mot : *manifestation,* sous lequel nous le désignerons à l'avenir. Nous y entrevoyons déjà le fondement qui plus tard nous servira nécessairement à l'édification de notre *croyance* religieuse ; car dès l'instant où nos besoins intellectuels et moraux nous conduiront à remplir le vide de ce domaine indéfini, il viendra nous réfléchir par la voie de l'analogie, une image qui ne sera autre que celle de la Divinité. Elle servira dès lors de complément nécessaire à notre savoir, et s'adaptera exactement à l'état de nos lumières ; mais ce n'est pas le moment de soulever un voile derrière lequel nous ne voyons plus rien avec l'œil de la science, mais tout avec celui de la foi et de la religion.

Quoi que nous eussions fait jusqu'ici pour éclaircir la question du fait transcendental (appréhensif et manifeste) (1) et du fait empirique (avec ses modes d'expérience diverse), quoique leur valeur relative dans l'entendement soit déjà déterminée d'une façon satisfaisante, le point philosophique en tout cela, l'énigme d'une chose qui *est* et qui même *est essentiellement*, sans qu'il lui corresponde rien de *précis* dans la possession du moi, rien qui fût assignable d'une façon indépendante, n'a pas encore été résolue. Cette énigme paraît compromettre cependant nos principes mêmes, et c'est pourquoi il nous importe de l'éclaircir. Ramenons donc pour quelques instants nos regards vers le domaine de la philosophie.

Si nous prenons en considération une des premières conséquences de notre principe fondamental, le moi embrasse et porte dans son sein, non-seulement tous les faits qui s'y font apercevoir, mais encore tous ceux qui peuvent jamais y apparaître au moyen d'une dissolution organique à laquelle nous devons ce phénomène (Voy. p. 103). Il s'ensuit qu'il doit se trouver dans son sein *deux façons d'être* très-différentes; l'une : *celle des faits organiquement désunis;* l'autre, au contraire : *celle des faits organiquement réunis* (où l'exclusion mutuelle des éléments et leur indépendance sont encore incomplètes). A ces deux modes d'existence correspondent naturellement deux modes analogues de possession, la première nécessairement *distincte,* la seconde, au contraire, *concrète.* C'est à la première façon d'être que répond visiblement *le fait empirique* de la science, au premier mode de possession, l'entendement dit d'*expérience.* C'est à la seconde façon d'être que répond le *fait transcendental,* et au second mode de possession l'entendement dit d'*appréhension.* C'est ainsi que dans un phénomène, hérissé jusqu'ici des plus grandes difficultés, tout devient clair et parfaitement compréhensible, par la simple application du prin-

---

(1) La division de l'entendement transcendental, en *appréhension* et en *manifestation,* exige l'adoption d'un terme commun pour la généralité de notre possession transcendentale, et c'est par le mot : *intuition,* qu'elle sera convenablement rendue.

cipe philosophique ; et si, malgré cela, on voulait encore persévérer dans le doute, nous avons heureusement jusque dans le domaine de l'aperception sensuelle des phénomènes analogues, capables de confirmer d'une manière plus directe encore notre façon de voir. Nous *pressentons* ainsi (en analogie avec l'appréhension), par exemple, les deux faits du jaune et du bleu dans celui de la couleur verte, qui trahit, par sa nuance, jusqu'à la quantité de leur part respective, quoique le vert se présente toujours comme fait unique de l'aperception distincte. Voilà donc une gradation semblable, ultérieure et parfaitement avérée, du même phénomène de dissolution incomplète, qui fait naître, à un certain degré d'achèvement, l'expérience d'abord (en distinction de l'appréhension), et qui le dépassant ensuite, introduit des faits de plus en plus distincts et précis dans l'entendement. D'un autre côté, l'*union organique* peut nous montrer en sens inverse, des gradations de possession appréhensive en deçà même du degré qui en détermine la limite. C'est ainsi que la totalité du monde transcendental se divise pourtant en éléments *numériquement distincts* (en unités et quantités) qui marquent évidemment une certaine dissolution *au sein du fait uni* par excellence.

L'*unité* et le *nombre* métaphysique, il faut se garder de les confondre, comme on le fait trop souvent, avec la *totalité* et les *particularités* de l'entendement. S'il nous arrive volontiers de le faire, cela tient sans doute à la liaison constante des faits transcendentaux et empiriques, liaison qui nous présente la plupart du temps une correspondance régulière entre l'unité et la totalité, entre le nombre et certaines particularités remarquées. Une telle correspondance n'est pourtant pas de nécessité absolue. A l'unité métaphysique correspond souvent aussi un ensemble de particularités diverses, par exemple à l'unité subjective, la multitude des faits de conscience ; à une seule particularité empirique il correspond souvent un grand nombre d'unités transcendentales, par exemple à chaque goutte d'eau une multitude d'unités élémentaires, transcendentales et moléculaires. L'*unité absolue* est un fait simple et constitutif de chaque nombre; l'*unité composée* (telle que nous la concevons bien souvent, et dans laquelle le nombre entrerait) implique nécessairement contradiction. Une pareille unité ne résulte que de la confusion des idées ci-dessus mentionnées et ne saurait être qu'une *unité relative*, ou plutôt une totalité relative *prise pour unité*. C'est en confondant ces distinctions essentielles que l'on parvient à l'infini dans la division de l'unité, division qui est tout illusoire. Chaque fait, caractérisé d'une manière quelconque, donné dans l'espace, le temps, etc., implique déjà une certaine combinaison. Si malgré cela on le prenait pour unité relative, par rapport à d'autres faits, son expression mathématique sera toujours $=_a\overline{\times}_b$ et c'est cette valeur qui peut diminuer indéfiniment, sans qu'elle fût divisée ni divisible, par la seule multiplication : $\overline{(a\times b)_x}$, etc. L'unité arithmétique, géométrique, mathématique, etc., se trouve elle-même dans ce cas, et doit être distinguée soigneusement de l'unité métaphysique dont nous parlons ici, et qu'il sera facile maintenant de conserver dans sa signification scientifique.

Aucun entendement n'est capable de nous présenter l'unité ou la pluralité, à part d'un fait caractérisant quelconque, et cependant l'unité et le nombre y sont au fond de toute chose. C'est ainsi qu'ils s'y annoncent décidément comme étant des appréhensions. L'unité et le nombre d'ailleurs sont les seuls caractères applicables à la chose essentielle et abstraite, à la chose en soi; ils sont en conséquence des faits éminemment transcendentaux, dans le sens scientifique du mot, mais il y aurait une impardonnable méprise à leur accorder pour cela, la *réalité absolue* et tout imaginaire, que la causalité prête aux choses en dehors de l'entendement.

Si d'un côté, une union organique plus intime que celle que nous pouvons considérer comme le terme moyen dans l'organisation du moi, nous est indiquée et nous explique convenablement le phénomène de l'appréhension, une union moins intime, au contraire, que ce terme moyen, une désunion plus complète, formera naturellement l'autre extrême de l'organisme humain Quel sera maintenant le caractère présumé des faits soumis à cette dissolution totale, voilà ce qu'il s'agit de rechercher, et si nous le retrouvons tel dans l'entendement, alors nous aurons l'un par l'autre la confirmation des faits par l'ordre supposé, et celle de l'ordre par les faits donnés.

Chaque définition d'un fait implique un rapport quelconque de ce fait à un autre. Il n'est différent ou semblable à lui que par comparaison. Un fait ne saurait être spécifié d'une façon particulière, qu'en distinction d'un fait caractérisé différemment, et ainsi de suite. L'absence d'une définition applicable (l'indéfini) annonce donc absence de rapport quelconque, et la dissolution complète des faits élémentaires ne saurait se comprendre non plus, si ce n'est par la cessation de tout rapport mutuel entre eux. Tout fait placé dans cette situation organique se trouve donc, par là même, rangé dans la catégorie de l'indéfini, que nous voyons occuper effectivement une place très-marquante dans le système de notre entendement, car la totalité de notre *expérience* se trouve, pour ainsi dire, suspendue entre une *appréhension* obscure mais précise, et une *manifestation* vague et tout indéfinie. Celle-ci ne peut donc manquer d'être comprise actuellement dans toute sa valeur philosophique et métaphysique.

De ce que nous venons d'apprendre de la nature organique des faits transcendantaux et empiriques, il suit encore que nous n'avons plus à nous occuper de ce que peuvent devenir les faits qui disparaissent en entendement, ni de la source d'où pourraient provenir ceux qui nous apparaissent en lui. Ce n'est plus, en effet, de cet entendement même qu'ils disparaissent, ce n'est plus en lui qu'ils surgissent, car ils ne font que passer d'une de ses divisions principales dans l'autre. En quittant le domaine de l'intuition, c'est dans l'expérience qu'ils apparaissent ; en abandonnant celle-ci, c'est l'intuition appréhensive ou manifeste qui les absorbe. Ce résultat, obtenu sans le secours de l'hypothèse et par voie toute légitime, s'accorde, d'une façon remarquable, avec le principe philosophique, selon lequel tout ce qui tombe dans le domaine de la science, doit se passer dans le sein du moi, et cela nous met singulièrement à l'aise quant à la vie métaphysique de l'entendement et pour tout ce qui la concerne.

Le contenu de notre entendement direct est épuisé quant à sa matière avec l'expérience et la double intuition, il ne l'est pas quant à sa forme et à l'ordre qui le régit. Si chacun des domaines ci-dessus désignés nous présente une totalité richement dotée et bien ordonnée sous beaucoup de rapports, il offre également des lacunes sensibles dans ce même ordre. Dès lors (par une loi logique, invariable, et que nous examinerons plus particulièrement dans la partie synthétique de cet ouvrage) un fait complémentaire, indispensable à l'achèvement de l'ordre observé, se présente à nous d'une façon caractéristique et qu'il nous reste à examiner.

Lorsque des rapports positifs nous sont donnés en entendement, tandis que de façon ou d'autre, le fait absolu auquel ils seraient directement applicables vient à nous manquer, il y est suppléé en vertu de cette loi logique, et le fait absent se représente aussitôt, quoique marqué d'un caractère particulier et analogique, c'est-à-dire comme *croyance*. Lorsqu'au contraire, des faits absolus nous sont donnés en entendement direct, et que c'est un rapport distinct entre eux qui vient à nous faire faute dans le système de leur association, alors la loi logique intervient encore, et la lacune se remplit par un fait relatif également analogique. c'est-à-dire par une *admission*. La croyance et l'admission sont ainsi des phénomènes logiques de nature semblable et qui diffèrent seulement par le terrain absolu ou relatif de leur application.

A l'une des extrémités de la spéculation, les rapports donnés avec précision n'atteignent pas à la limite des faits absolus et présents en évidence. Le rapport du moi et du non-moi demeure indéterminé d'une façon directe. Une *admission* est donc nécessaire, et c'est la *philosophie* qui s'en charge. Le résultat, selon nous, c'est le principe d'*ordre fondamental d'inordonnation*, c'est, en un mot, l'omnipotence scientifique du moi.—A l'autre extrémité, les faits donnés sont dépassés, au contraire, par l'image de l'ordre et des rapports puisés dans l'entendement. C'est donc une *croyance* qui nous est prescrite pour achever le système, et la *religion* se charge de nous la fournir. Le résultat en est un *Dieu* caractérisé dans ses attributions, et le culte qui s'ensuit.

Si au bout de notre spéculation scientifique, ces deux anneaux extrêmes de la chaîne, si l'admission et la croyance, la philosophie et la religion, la loi de la nature et sa divinité allaient se trouver parfaitement d'accord, non-seulement alors le système du vrai se formerait en totalité achevée et harmonique, en science véritable, en un mot; mais le résultat obtenu, fondé tout entier sur l'expérience éclairée par un principe unique, aurait encore pour nous la force de conviction et de vérité relative la plus puissante qu'il nous soit donné d'obtenir. Elle équivaudrait à la certitude que nous avons de l'existence d'une idée, par exemple, dans la tête de notre prochain, ou bien à celle d'un ordre régulier dans les domaines célestes, ordre dont la supposition nous y fit découvrir véritablement des mondes nouveaux.

Mais si, au lieu de suivre une marche mesurée, nous procédions d'une façon hâtive et vicieuse, si nous adaptions des rapports illusoires à des faits certains, si nous placions des faits incongruents dans les rapports qui nous sont effectivement donnés, alors notre philosophie et notre religion deviendraient erronées et discordantes, alors nous tomberions, d'un côté dans l'*extravagance,* de l'autre dans la *superstition,* et voilà les deux écueils opposés dont nous avons constamment à nous garder.

Le résultat philosophique et religieux, l'ordre suprême et l'être suprême, d'après ce qui vient de se dire, ne sont donc pas de nature à se ranger dans la science du vrai direct, auquel ils servent néanmoins de complément indispensable. Ils donnent ainsi matière à des branches scientifiques absolument distinctes, quoique essentiellement liées au tronc commun, à des sciences qui peuvent bien encore prétendre à la vérité, mais seulement à une vérité relative (indirecte), découlée de la vérité absolue et déduite de celle-ci. Si l'on concluait de cela que la science spéculative (soit philosophique, soit religieuse) ne saurait avoir une valeur réelle par rapport à la vérité positive que nous cultivons ici ; si l'on disait, en d'autres termes, qu'elle n'a point de certitude scientifique, il faut bien en convenir. Il n'est pas juste, pourtant, d'appliquer ainsi la mesure de l'une à l'autre, car l'entendement humain est composé, à partie égale, de ces deux éléments, aussi essentiels l'un que l'autre. Le vrai moi pratique, vivant d'une vie d'expérience et de spéculation à la fois, ne saurait jamais se réduire à une seule de ces existences. Se fonder sur leur hétérogénéité (purement relative) pour déprécier l'un quelconque de nos développements vivants et les lois qui les régissent, ce serait exactement comme si l'on dépréciait la science acoustique, par exemple, par rapport à la science optique, parce que l'une ne saurait avoir de valeur directe pour l'autre. Enfin, la philosophie et la religion étant sœurs jumelles, et toutes deux filles de la science du vrai, aucune rivalité raisonnable ne saurait avoir lieu entre elles.

MÉTAPHYSIQUE GÉNÉRALE DE L'ENTENDEMENT.

CHAPITRE IV.

NOTIONS FONDAMENTALES.

Dans la science philosophique du vrai, le rapport du moi au non-moi était le point essentiel à éclaircir. Il en a été de même du rapport entre les faits absolus et relatifs, les faits subjectifs et objectifs, les faits transcendentaux et empiriques, c'est-à-dire entre les généralités respectivement complémentaires de l'entendement, dans la science de celui-ci. Il a fallu les saisir avec exactitude pour pouvoir en poser les fondements inébranlables. Je crois l'avoir fait d'une façon assez satisfaisante dans les chapitres précédents, pour n'avoir plus besoin d'y revenir, et pour pouvoir m'occuper maintenant des divisions principales qu'exige le détail de la science. Sans division, elle ne saurait se traiter avec ordre; mais pour que cette division puisse lui convenir exactement, c'est dans la science même qu'elle doit être motivée, c'est de son sein qu'il faut la tirer.

Ramener les phénomènes de l'entendement à leurs premiers éléments, sans égard aux formations particulières qui se présentent dans ce domaine; saisir les vérités de rapport généralement applicables aux éléments ci-dessus, sans égard à telle association spéciale dans laquelle elles pourraient se rencontrer, voilà quelle sera la tâche d'une partie importante et première de notre science. Elle est destinée à nous mettre en possession de notre matière et à nous faire connaître sa législation abstraite et universelle. C'est là enfin ce que nous appellerons sa *métaphysique*.

Passant ensuite aux spécialités de l'entendement, il faut commencer par le saisir dans ses caractères les plus marquants et les plus généraux. C'est pour cela que nous devons embrasser, dans un cadre vaste et commun, le domaine tout entier de l'*entendement subjectif* (la totalité de son expérience et de son appréhension particulière), c'est-à-dire notre *conscience* métaphysique, en un mot. Voilà ce qui nous vaudrait une *psychologie* dans la plus vaste acception.

Agissant de même vis-à-vis de l'*entendement objectif*, vis-à-vis de la totalité des faits d'expérience et d'appréhension qui s'y trouvent associés, l'étude de ce vaste champ nous fournira une *cosmologie* de l'entendement.

Apercevant en outre et dès le début, dans les phénomènes de l'homme individuel aussi bien que dans l'ensemble de ces individus (dans l'humanité), une sphère d'entendement où la psychologie et la cosmologie se touchent par des points multipliés et rentrent à chaque instant l'une dans l'autre, nous y trouvons la matière d'une science vaste et intéressante de rapprochements, de l'*anthropologie*, en un mot. C'est avec celle-ci que notre tâche serait terminée, sinon dans les détails de ses nombreuses subdivisions, du moins dans l'ensemble de son encadrement scientifique.

Avant de nous occuper ici de la métaphysique de l'entendement, à laquelle nous bornerons nos travaux dans cet ouvrage, et dont les principes sont énoncés dans les chapitres précédents, jetons d'abord un regard d'appréciation sur une des conséquences les plus directes qui en découlent pour elle, c'est-à-dire sur la signification de l'âme humaine, dont nous faisons d'ordinaire l'instrument et le réceptacle de toute science, et dont nous allons traiter ici dans le sens de notre système spéculatif. Si, aux yeux d'une métaphysique sévère, j'avais tort de placer ici ces considérations préliminaires, peut-être pourront-elles me concilier quelques sentiments qui, révoltés d'avance contre des principes mal saisis dans leur conséquence, repousseraient d'antipathie mes idées. S'il en était ainsi, je croirais cette digression suffisamment excusée.

L'âme, dans la métaphysique du vrai, est dépourvue, selon nous, d'un entendement direct attribuable à elle, parce que cet entendement appartient tout entier au moi. Elle coïncide exactement, dès lors, avec le *sujet transcendental* de la science du vrai, avec ce noyau vivant dont nous avons antérieurement reconnu l'existence. *L'âme, dans le sens de la métaphysique du monde*, correspond, au lieu de cela, au *sujet moi*, c'est-à-dire à une création tout illusoire (voir p. 165) et qui se trouve faussement dotée de tous les faits de conscience unis dans l'entendement au fait transcendental subjectif. Si, en vertu de mes principes fondamentaux et de leur application, j'enlève ainsi à notre âme un entendement direct (comp., p. 76), possédé par elle, pour le restituer au moi qu'on en a dépouillé injustement en sa faveur, je ne prétends nullement lui disputer un entendement relatif à elle-même. L'analogie le lui assigne bien certainement comme à une partie organique et essentielle du moi, et cet entendement peut fort bien embrasser dans son ensemble ces mêmes faits de notre conscience subjective ; mais si j'ai plus d'une raison pour y *croire*, je n'en ai aucune pour affirmer que je le *sache*, et voilà ce qu'il fallait distinguer avec soin pour ne pas compromettre la certitude du vrai en l'associant à une incertitude inévitable. Tel est donc l'entendement de l'âme que nous devons admettre, et qui non-seulement peut très-bien subsister à côté du *nôtre* (comme fait l'entendement de Pierre et de Paul), mais que la mort physique, en outre, ne pourra plus altérer gravement. Dans notre système, la dissolution organique (jusqu'à un certain point au moins) correspond essentiellement à un entendement *plus distinct*, et la dissolution du corps et de l'âme individuelle qui réside en lui, regardée par le matérialisme comme destructive de tout entendement, doit être considérée, selon nous, d'un œil absolument différent. — Si toutes les explications de ce genre suffisent pour compléter la science, moyennant un système de *croyances raisonnées*, et la réconcilient avec notre façon de voir habituelle, elles ne sauraient jamais prétendre à s'y faire recevoir au même titre que les vérités directes dont nous reconnaissons immédiatement l'autorité. Je retourne actuellement à ma matière.

La métaphysique, avons-nous dit, c'est la science générale des éléments de l'entendement, indépendamment des particularités de leur association dans le tableau universel et mouvant de ce dernier. C'est en même temps la science de leurs rapports, indépendamment des spécialités de leur application à tel ou tel fait déterminé. Elle est, en conséquence, une science abstraite de l'universalité du vrai, et nous offrira en traits généraux, non-seulement les *éléments* de cette vérité scientifique, mais encore les *lois* universelles selon lesquelles ils se combinent. Par ce terme : loi, cependant, nous n'entendrons plus désormais une *cause d'ordre* ou un *ordre causal*, c'est-à-dire, nous ne soumettrons plus, par exemple, le mouvement de la matière terrestre à une *loi d'attraction,* etc. La seule loi véritable que nous reconnaissions ici, c'est la règle de ce mouvement même, c'est l'ordre selon lequel il s'achève, c'est-à-dire *la vitesse croissante en raison inverse du carré des distances;* ou bien, en d'autres termes : toute loi sera pour nous *une association régulière de rapports et de faits quelconques*, donnés en entendement. Nous ne demanderons plus : *Pourquoi* (par quelle cause) *une chose est-elle* ou *arrive-t-elle?* et nous nous contenterons de nous enquérir *de la manière dont elle est* ou *dont elle se fait*, de chercher réponse à la question : *Comment cela est-il* ou *comment cela se fait-il?* Voilà le point de vue fondamental par lequel notre métaphysique diffère de celle de la vie commune, qui repose tout entière sur le principe illusoire de causalité, principe qu'il importe d'abandonner à jamais.

Avec ce *pourquoi* abusif, répudié en somme de l'investigation scientifique, nous voyons disparaître nécessairement tous les *pourquoi* particuliers qui s'y rattachent. Nous ne demanderons plus, par exemple : Pourquoi ceci? c'est-à-dire par quel *motif*; pourquoi cela? c'est-à-dire dans quel *but*; pourquoi ainsi? c'est-à-dire par quel *moyen*; mais nous aurons à répondre, au lieu de cela, à toute question qui concernera le concours des faits dans la totalité d'un ensemble quelconque et l'ordre de ce concours. Nous demanderons donc : Tel fait, en liaison avec un autre, est-il placé dans le souvenir (comme, par exemple, le motif); ou bien dans l'avenir (comme le but); ou bien encore dans le présent (comme le moyen), mais sans y rattacher le moins du monde une influence causale, telle qu'elle figure en ce cas dans l'ordre illusoire de la métaphysique vulgaire.

Rechercher et désigner les éléments de l'entendement en examinant avec soin ses états divers; commencer dans ce but par les états les plus simples et remonter aux plus compliqués, voilà la tâche que nous impose la *partie analytique* de notre science, et la marche que nous y devons suivre. Rechercher et désigner ensuite les rapports qui unissent ces éléments entre eux; faire voir ainsi les traits particuliers de l'association desquels résultera la physionomie générale de l'entendement, voilà ce qui nous est prescrit à l'égard de sa *partie synthétique*. Remplir cette double tâche dans toute son étendue, mais d'une manière rapide et concise, d'une manière qui, sans nuire à la solidité scientifique, nous permette cependant d'embrasser d'un coup d'œil les résultats obtenus, voilà le but que je me propose dans cet ouvrage. C'est au lecteur à prononcer, jusqu'à quel point mes efforts ont pu réussir à l'atteindre; mais, quoi qu'il en soit de l'exécution, la clef de toute science particulière, de toute science limitée par le caractère spécial des faits dont elle s'occupe (faits subjectifs ou objectifs, faits sensuels ou moraux, faits simultanés ou successifs, etc.), et qui remplissent son cadre d'une matière homogène, doit se trouver nécessairement dans une métaphysique conçue de la sorte,

Chacune d'elles tient par ses racines à cette science fondamentale, abstraite de toutes les autres, dont elle résume l'ordre et la loi universelle.

L'importance de notre science métaphysique ainsi constatée, nous pourrons y tenter de suite les premiers pas en nous orientant d'abord sur ce terrain nouveau. — Au début de sa carrière spéculative, le moi se trouve pris, pour ainsi dire, dans la synthèse universelle des faits de l'entendement, dépendant qu'il est du non-moi et de ses rapports. Le sujet surtout, étant entièrement engagé dans les liens de l'objectivité qui domine cette synthèse organique et primitive, les commencements de la philosophie devaient tourner entièrement vers le réalisme objectif, c'est-à-dire le matérialisme. Peu à peu l'émancipation subjective, marchant avec les progrès de l'analyse, nous fit entrer cependant dans une meilleure voie ; mais cette analyse qui seule nous conduit à bon port est loin d'être achevée, lorsque déjà nous croyons toucher au but qu'elle se propose. Il faut donc y revenir bien des fois, et cela avec toute la persévérance et toute l'attention dont nous sommes capables. Elle n'est point achevée, il s'en faut, tant que le moi s'identifie encore avec l'âme ou le sujet ; elle ne l'est point tant qu'on s'imagine pouvoir dire avec vérité : le moi est ceci ou cela en particulier (esprit ou matière, force ou toute autre chose). Ce fait spécial servant à sa définition, quel qu'il soit, n'est jamais qu'un fait non-moi, en *ma* possession qui, faute de généralité absolue, ne saurait servir à ce but. Dès que l'analyse est parvenue à le dégager de toute combinaison accidentelle, à le représenter dans son indépendance et dans ses limites privées, son incapacité sous ce rapport se met aussitôt en évidence. Tout ce que nous pouvons dire du moi, sans faire intervenir un pareil fait, se borne donc au rapport abstrait : *J'ai*, et cette conviction est le dernier fruit d'une analyse vraiment scientifique. D'ailleurs aucun ordre précis ne saurait être observé avant d'avoir suffisamment éclairci les faits sur lesquels il porte, et c'est encore à l'analyse que nous en devons le bienfait. Dans l'ordre le plus sévère du développement spéculatif, il faudrait commencer en conséquence par l'analyse métaphysique ; faire suivre celle-ci par la partie synthétique de la science, et couronner l'œuvre par le résultat tout synthétique aussi, auquel nous conduit la philosophie. Si nous avons préféré, pour plus d'une raison, placer cette philosophie en tête de nos travaux, c'est surtout parce que l'état avancé des lumières analytiques de l'époque, nous permettait de le faire sans inconvénient. Il faut revenir cependant à l'ordre métaphysique naturel, dès le moment où nous nous retrouvons sur le sol même de cette science, et c'est pourquoi nous allons passer immédiatement à l'analyse des faits de l'entendement. Quoique tout y repose sur sa matière élémentaire, les faits néanmoins dont elle se compose ne sont ni très-nombreux ni d'un accès bien difficile. Chacun les possède en soi, et chacun avec l'attention nécessaire doit réussir à les y découvrir ; mais leur dégagement dans la spéculation semble se faire d'une façon graduelle, sur laquelle l'individu ne saurait guère anticiper. Il répond à un développement organique de l'espèce aussi bien que des individus, à un perfectionnement progressif de notre nature dont nous ignorons le terme, mais dont l'histoire nous retrace les degrés.

La question philosophique du rapport fondamental (de quelque façon qu'on y réponde), nous le savons déjà, est définitivement écartée du sein de notre spéculation actuelle. Les faits élémentaires de la science, une fois pour toutes, y sont uniquement considérés comme *une possession à nous*, de quelque façon qu'on la spécifie en la rapportant à tel ou tel fait particulier,—qu'on l'appelle entendement en général, ou bien expérience, appréhension, sensation, idée, etc., en particulier. Ces faits, en conéquence, n'y ont plus d'autre existence que celle qui leur revient en entendement, où leur caractère distinctif leur donne une *signification* positive et certaine. Dans l'enceinte du cercle ainsi tracé, nous pouvons donc nous flatter d'asseoir sur une base solide, une science métaphysique aussi exacte qu'aucune autre ; et si l'observation peut et doit l'enrichir ou la transformer encore, jamais du moins ses oscillations ne sauraient ébranler l'édifice même qui la renferme. Sur ce vaste terrain nous aurons à nous défendre derechef des illusions et des erreurs inévitablement attachées à l'expérience humaine, expérience qu'un développement long et graduel fait seul parvenir à maturité ; mais nous n'avons plus rien à craindre quant au succès définitif de nos travaux.

J'offre maintenant au public philosophe et métaphysicien le résultat de mes recherches, présidées par la plus scrupuleuse attention et passées bien des fois au creuset de la méditation. Libre, du moins dans cette partie de mon ouvrage, de toute prévention systématique, puisqu'elle ne touche en aucune façon au principe philosophique dont je porte la bannière, j'ose croire que ce résultat contribuera quelque peu à l'éclaircissement de l'horizon scientifique, ainsi qu'à son extension, tout éloigné que je suis de la pensée présomptueuse qu'il puisse à lui seul en achever l'édifice. Cette riche matière ne saurait s'épuiser aussi vite ; la voie à toute découverte nouvelle ne saurait se fermer aussi facilement, quand un degré d'abstraction de plus ou de moins peut nous ouvrir ou nous fermer un monde. J'appelle de tous mes vœux, au contraire, les recherches ultérieures destinées à redresser des erreurs involontairement commises, ou celles que j'ai pu laisser subsister malgré moi, et de quelque côté qu'il puisse nous venir, je serai toujours le premier à saluer un véritable progrès.

MÉTAPHYSIQUE DE L'ENTENDEMENT ANALYTIQUE.

CHAPITRE V.

ANALYSE DE L'ÉTAT UNIFORME DE L'ENTENDEMENT.

Les organes de l'homme, sous le point de vue scientifique, ne sauraient plus être regardés de prime abord comme les instruments (causes médiates ou immédiates) de notre entendement, dans le sens communément attaché à ce mot. L'organe de la vision ou de l'ouïe, l'œil ou l'oreille, par exemple, selon notre façon de voir, doivent se considérer seulement comme des groupes de faits particuliers, liés respectivement à certains autres faits, c'est-à-dire aux couleurs et aux sons, d'une façon spéciale ou dans des rapports, qu'il s'agit de bien saisir et d'exprimer avec exactitude. C'est là tout ce que nous enseigne à leur égard un examen strictement limité au domaine de l'expérience. Quoi qu'il en soit pourtant, c'est d'après ces organes, c'est en prenant acte de ces groupes de faits éminemment différents entre eux, que nous établissons les distinctions premières, au moyen desquelles la classification nécessaire à l'ordre scientifique, pourra s'achever d'une façon naturelle et dépouillée d'arbitraire.

L'énumération de ces organes borne d'ordinaire leur nombre à cinq, qui sont : 1° L'*œil*, ou l'organe de la vision, c'està-dire celui auquel viennent se rattacher tous les faits *colorés*, remplissant le domaine perceptif de la *lumière* et de l'*obscurité;* 2° l'*oreille*, organe de l'ouïe, domaine des *sons* et du *silence* ; 3° le *nez*, organe de l'odorat, domaine des *senteurs* et de l'*inodore;* 4° le *palais*, organe du goûter, domaine des *saveurs* et de l'*insipide;* 5° la *peau*, organe du toucher ou des faits *tempérés,* domaine du *chaud* et du *froid* (1). A ce nombre trop restreint certainement, il faut ajouter au moins : 6° l'*estomac*, organe de l'*appétence,* domaine de la *faim* et de la *satiété;* 7° le *cœur*, organe de sensations qui n'ont pas même reçu une dénomination convenable, mais qu'on reconnaîtra sans peine dans ces *émotions* cordiales et palpitantes, dont l'*audace* et la *crainte* sont les éléments opposés ; 8° tout l'ensemble des organes du *toucher interne*, avec sa *chaleur* et son *froid* particulier ; 9° l'*organe sexuel*, avec ses *appétits charnels;* 10° le *sensorium*, organe du *sentiment moral*, domaine du *plaisir* et de la *douleur* (2) ; 11° le *cerveau*, organe de la pensée ou des

(1) On rapporte ordinairement à l'organe du toucher les sensations du *mou* et du *dur*, du *lisse* et du *raboteux;* mais c'est positivement par erreur. Tous ces faits appartiennent à l'expérience d'une *résistance* ou d'une *construction* différente, et se retrouvent avec un caractère modifié, mais analogue, dans d'autres organes. Ils tiennent visiblement à une circonstance d'*ordre* (vivant ou organique), et ne sauraient se placer ici. Le chaud et le froid en revanche possèdent exclusivement le caractère spécifique et distinct qu'il convient de saisir, et si nous allions les soustraire à leur signification scientifique, aussi bien qu'à leur organe spécial, en faisant de ces éléments des matières coloriques ou frigoriques, ce serait mêler bien inconsidérément la physique à la métaphysique, et nous jeter loin de la bonne voie.
(2) Les limites de cet organisme ne sont pas tracées, il est vrai, aussi distinctement que celles des organes précédents, mais les parties osseuses et cornues du corps, aussi bien que les chairs molles, sont inaccessibles au sentiment du plaisir et de la douleur. Ce sentiment peut et doit donc être considéré de même, comme restreint à une *partie organique* de notre corps, quelle qu'en soit l'étendue et le caractère. Il paraît se rattacher en particulier à l'organe des nerfs gangliens, dont le siège central se trouve dans la région abdominale, mais dont les ramifications s'étendent par

idées qui s'y rattachent d'une façon parfaitement analogue à ce que nous observons sous ce rapport dans les autres organes. Ils remplissent le domaine de la *veille* et du *sommeil*; 12° les organes enfin que j'appellerai *négatifs*, parce qu'aucun fait d'entendement particulier ne s'y rattache directement, tels que les os, les cheveux, les ongles, etc., qui se comportent dans l'expérience comme de simples objets externes, engagés dans l'ensemble de la personne humaine.

Parmi tous ces organismes, dans l'encadrement desquels nous plaçons les faits de l'entendement, il faut distinguer soigneusement ceux du *sentiment* et de la *pensée*, en vue non-seulement de leur importance métaphysique, mais encore par rapport à une particularité frappante dans le mode de leur application. C'est elle qui nous prescrit de leur attribuer la dénomination d'*organes communs*, que nous leur donnerons à tous les deux et dont il nous faut expliquer les motifs.

Les éléments du sentiment s'allient incontestablement en métaphysique, soit aux faits *perceptifs* (expression générale sous l'acception de laquelle je réunirai tous les faits compris dans la série des neuf premiers organes ci-dessus nommés), soit aux faits *idéels*, et leur impriment ainsi leur caractère, ou plutôt s'y associent. L'organisme sensitif se comporte de même en physiologie, quant aux organismes perceptifs et idéels, auxquels nous le trouvons intimement lié. Quant à la dénomination d'*organe moral* que je me suis permis de lui donner, je crois y être suffisamment autorisé par un fait indubitable — c'est que le germe de toute morale réside dans le sentiment. Sans lui toute expérience et par conséquent toute action serait

---

la presque totalité du corps. Le concours nécessaire des nerfs cérébraux, pour avoir la conscience positive et distincte du sentiment ci-dessous, n'infirme pas cette assertion. C'est du reste à la physiologie qu'il appartient de fixer nos opinions à cet égard, mais de quelque manière qu'elle le fasse, son arrêt ne peut altérer qu'une définition toute relative du sentiment, comme fait d'entendement rattaché à tel ou tel organe particulier, sans toucher aux vérités absolues et directes, que notre analyse se contente d'énoncer.

absolument *indifférente,* et dès lors toute morale aussi s'évanouirait immédiatement.

L'organe du cerveau ou de l'*esprit* (comme je l'appellerais volontiers, si cette dénomination n'impliquait pas une question très-distincte et qui sera tout à l'heure agitée), cet organe dont l'importance métaphysique l'emporte encore, s'il se peut, sur celle de l'organe moral, s'allie de la même manière que lui, et par l'intermédiaire du système nerveux, dont il est le centre, aux organes de la perception aussi bien que du sentiment, et jette ainsi des éléments idéels au sein de chaque aperception, où nous retrouvons distinctement l'alliage de son caractère (1).

Ce mode de réunion constante, observé dans le domaine de nos perceptions, de nos sentiments et de nos idées, est une considération d'*ordre,* une chose par conséquent, à laquelle je ne devrais toucher ici qu'autant qu'il est nécessaire pour bien saisir le système de nos organes communs (du sensorium et du cerveau), si d'un autre côté il n'était à propos d'y rattacher quelques réflexions importantes pour la suite. Elles sont motivées surtout par l'habitude où nous sommes, de lier les faits d'expérience ci-dessus dénommés à des principes en dehors d'eux, habitude dont on ne saurait trop tôt ni trop complétement se défaire. Je me hâterai donc de protester que je suis bien loin de vouloir ici préjuger la question (toute différente) des principes *matériels* ou *spirituels,* dont les aperceptions sensuelles, morales ou idéelles pourraient découler respectivement. C'est là un problème à la solution duquel nous sommes loin d'être appelés en ce moment, où nous nous occupons exclusivement de l'énonciation de simples faits, suffisamment avérés pour pouvoir se passer de son appui théorique. Aussi tout ce que nous en avons dit jusqu'ici, est-il loin de toucher à ce point délicat. La présence d'un fait de perception, de sen-

---

(1) Qu'il y ait en cela ou non, développement d'une faculté particulière à nous, c'est ce que nous ne pouvons affirmer ou nier immédiatement, mais c'est de quoi nous n'avons nullement à nous occuper ici.

timent ou d'idée, est une *vérité positive*, et, de plus, une *vérité locale*, c'est-à-dire circonscrite dans le domaine d'un entendement particulier. Le concours de ces faits, dans chaque *impression* où (selon l'ordre de l'entendement) nous les trouvons associés, est encore une vérité très-certaine, quoique d'ordonnance, mais ne préjuge pas davantage la question ci-dessus élevée. Ces vérités seules sont le fait que j'ai prétendu énoncer, et j'ai pu le faire sans doute sans toucher au principe abstrait, quel qu'il soit, sur lequel on serait tenté de les asseoir, mais dont le système de dénomination et de classification qui va suivre doit être considéré comme affranchi pour jamais.

Pour fixer aussitôt que possible l'usage terminologique des expressions que nous venons d'employer, il importe de poser la règle suivante. Le terme *aperception* embrassera dorénavant, dans sa généralité, tout fait d'entendement lié à l'un quelconque des organes mentionnés plus haut, et dans la seule considération de cet ordre des choses. Ayant égard, en outre, au caractère particulier des faits résumés sous ce terme, nous y distinguerons : 1° Des *perceptions* (ou aperceptions sensuelles) au nombre desquelles nous avons à ranger tous les faits compris dans l'attribution des neuf premiers organes; 2° des *sentiments* (ou aperceptions morales) renfermés tous dans la seule sphère de l'organe moral; 3° des *idées* (aperceptions spirituelles) se rattachant uniquement à l'organe cérébral.

L'entendement *uniforme*, tel que je le comprends et tel qu'il va maintenant fixer notre attention analytique, n'est point un entendement imaginaire, résultat de quelque abstraction préalable, et réduit par elle à un certain nombre arbitraire de faits, mais au contraire un entendement, en possession duquel nous pouvons nous trouver effectivement, et qui permet, en conséquence, l'opération d'une analyse directe et régulière. C'est l'état où nous sommes, ou dont nous approchons du moins de bien près dans l'obscurité d'une nuit tranquille, où l'entendement (libre d'émotions passionnées) se trouve réduit à son mode le plus simple; car, en fait d'aperception positive, celle du toucher est alors la seule qui vienne s'y présenter clairement.

Nous pouvons donc nous occuper de son analyse, sans crainte de commettre de graves erreurs, mais aussi sans disconvenir que les connaissances antérieurement acquises par l'expérience de la vie devront l'enrichir de beaucoup. Il s'y placera un certain nombre de faits qui, probablement, seraient dérobés à l'entendement en question, s'il était le premier ou le seul qui nous fût donné. L'extension qu'il subit ainsi est cependant sans aucun inconvénient par rapport au résultat analytique, tant qu'on s'y borne à l'énumération de faits absolus, car ceux-ci devront, en tous cas, se retrouver ailleurs. Elle serait bien dangereuse, en revanche, et doit être soigneusement surveillées, lorsqu'il s'agit de faits relatifs, de faits d'ordre ou de rapport, dont l'introduction déplacée fausserait nécessairement le caractère de l'expérience véritable.

Notre entendement uniforme, soumis à l'observation analytique, nous présente en premier lieu comme fait d'entendement transcendental, la base d'une *appréhension* où l'objet et le sujet ne se distingueraient pas encore clairement, et peut-être pas du tout, sans les leçons d'une expérience préalable. L'*unité* et la *pluralité* (sans laquelle toute distinction s'effacerait) sont, en conséquence, la seule chose qui spécifiât cette appréhension (voir p. 177). Quant à la *manifestation* d'un *vague indéfini*, qui enveloppe et limite chaque état d'entendement, j'en ferai mention, une fois pour toutes, comme d'un fait donné, mais soustrait à nos efforts analytiques. Entre lui et l'appréhension, nous découvrons enfin le fait d'une *expérience* (entendement empirique) qui, dans le cas présent, se réduit au premier abord à une seule *aperception* distincte, rattachée à l'organe du toucher. En la fixant avec quelque attention, elle se divise cependant :

1° En *perception*, fait qui s'exprimerait ici par : *J'ai chaud*, par exemple, et qui est trop évident par lui-même pour demander l'appui d'un commentaire quelconque ;

2° En *sentiment*, fait qui se traduirait par : *J'ai agrément* ou *désagrément;*

3° En *idée*, fait qui s'exprimerait en général par : *J'ai une représentation*. On ne manquera pas de s'apercevoir pourtant, que cette dernière expression ne spécifie rien de particulier, que l'élément idéel, dont il s'agirait *surtout* en ce moment, n'est point fixé et désigné exactement de cette manière; qu'une généralité incertaine enfin, dans laquelle le caractère perceptif de l'aperception entre comme partie essentielle (comme fait primitif fourni à la représentation), envahit ce domaine important de l'entendement. Il s'agit donc avant tout de mettre au jour le fait distinct et précis qui se rattache à l'organe du cerveau, et qui, dans la représentation, s'allie à l'élément perceptif ou moral qui en fait la base.

Un examen attentif et sérieux nous fait découvrir dès lors dans les différences de *vivacité* (ou de lucidité) avec laquelle les faits nous sont donnés, un élément d'entendement que j'appellerai *énergie*. Cette énergie aperceptive est modifiée par une certaine *atonie* (tout comme dans la vision l'obscurité modifie et gradue la lumière), et voilà les deux faits qui se rattacheraient au cerveau, comme à leur organe spécial. Ce résultat s'écarte trop cependant de notre façon de voir habituelle en métaphysique, pour que je ne dusse pas m'attendre à une opposition animée sur ce point, et je ne saurais aller plus loin sans justifier mon opinion, ou pour parler plus juste, mon entendement analytique à cet égard.

On s'entendrait peut-être plus facilement avec moi, si à la place des faits élémentaires, énergiques et atoniques, je replaçais (comme je l'ai fait plus haut) la *veille* et le *sommeil* qu'on est plus généralement disposé à saisir comme *phénomènes cérébraux;* mais ce n'en serait pas moins une faute grave en ce moment. La veille et le sommeil sont à la vérité des *états* d'entendement évidemment cérébraux, mais comme tels, ils correspondent à la présence spéciale de certains *faits* élémentaires, qu'il faut justement désigner, tout comme la *vision* doit être distinguée de la *lumière* et de l'*obscurité*. Un état correspondant à la possession d'un fait spécial, ne doit donc pas se confondre avec ce fait en lui-même. La veille (qui correspond à la présence d'une énergie donnée) est au cerveau, ce que la vision (correspondante à de la lumière donnée) est à l'œil; le sommeil (correspondant à l'atonie) est pour le cerveau, ce que la vision négative (correspondante à l'obscurité) est pour cet œil. Voilà des affirmations qu'il suffit ce me semble d'énoncer pour les faire agréer, et ces réflexions nous conduiront directement je suppose à une conciliation. C'est dans la veille que s'allume notre pensée, comme dans le sommeil elle s'éteint. Si dans le sommeil nous rencontrons le rêve, où se trahit sans doute un reste de pensée éveillée (quoique pour ainsi dire déchirée en lambeaux), cela ne diffère guère de ce que nous voyons arriver pendant la nuit, où des phénomènes lumineux peuvent nous apporter une vision partielle. Si enfin, le sommeil suspend jusqu'à un certain point le reste de nos aperceptions, c'est justement parce que l'élément de la pensée, s'alliant à toutes, les éclaire toutes de son flambeau. Il en est encore de lui comme de la lumière éclairant les objets visuels. Sans l'intervention de l'élément idéal, nous devons donc être privés effectivement de perception comme de sentiment. Cet ordre de choses, si remarquablement d'accord avec l'expérience, confirme ainsi notre façon de voir et vient ajouter à l'importance de l'idée, dont il fait, d'une façon bien facile à concevoir maintenant, la *lumière interne* de l'entendement. Pour nous affermir dans notre façon de voir, considérons encore une fois le fait particulier qui caractérise la disparition des phénomènes aperceptifs dans le sommeil, et sans doute nous aurons alors l'élément spécialement attribuable au cerveau. Lorsque nous observons cette disparition dans ses progrès, que nous montre-t-elle, si ce n'est une dégradation *énergique* des faits (un décroissement de vivacité, une diminution de lucidité) indépendamment de la qualité spécifique de ces faits, dans tous les genres d'aperception. C'est par là que des états en tout point conformes, quant au reste de leurs éléments, peuvent encore différer d'une façon indubitable.

Cette énergie est donc un fait particulier, un fait indépendant et distinct en nous, qu'en tout cas il s'agissait de classifier, et sa généralité métaphysique correspond parfaitement à la communauté physiologique du système nerveux cérébral. Nous sommes bien autorisés en conséquence à l'adoption de notre mode de classification scientifique, et c'est tout ce dont il s'agit ici. Quant à l'atonie que nous avons opposée à l'énergie pour en motiver les gradations, comme l'obscurité alliée à la lumière produit les divers degrés de clarté visuelle, il me semble que la chose n'a guère besoin de justification. Le voile que cette atonie étend sur l'aperception me semble très-distinct d'une simple absence d'énergie, et c'est dans les moments qui précèdent le sommeil qu'il y paraît avec plus d'évidence. C'est un véritable rideau qui tombe alors devant les objets de l'entendement, qui se relève et retombe encore. D'ailleurs l'analogie universelle du froid qui gradue le chaud, du silence qui gradue le son, du fade qui gradue la saveur, etc., devait également m'y autoriser.

Si les observations ci-dessus n'étaient pas encore en mesure d'écarter tous les scrupules contraires, du moins me semblent-elles suffisantes pour motiver provisoirement ma façon de voir, que la suite expliquera mieux je pense, et saura soustraire à toute contestation. En attendant je dois rappeler encore une fois que le principe d'action intérieure, dit intellectuel ou spirituel que nous attribuons au moi, mais qui ne saurait se traiter que dans la partie synthétique de l'ouvrage, n'a rien à démêler du tout avec les résultats purement analytiques et empiriques obtenus dans ce chapitre.

Revenons maintenant sur nos pas. L'aperception morale, mentionnée ci-dessus comme un des éléments de notre état uniforme, lorsque nous la considérons attentivement, se divise à son tour en deux parties, dont j'appellerai l'une *sensation*, l'autre *affection*. La première c'est le sentiment allié à la perception sensuelle, et qui ajoute à celle-ci le caractère du *plaisir* et de la douleur dont elle est accompagnée. La seconde, c'est encore le même sentiment, mais allié par contre à l'idée, et qui lui communique également le caractère moral de *jouissance* et de *peine*. Ce sont en d'autres termes les divers caractères que la différence d'alliage perceptif ou idéal impose à un seul et même fait moral. Plus les nuances sont délicates, et plus il importe de les saisir et d'en maintenir l'expression, mais il ne faut pas s'imaginer pour cela, qu'une idée (non plus qu'une perception) puisse nous donner par elle-même une jouissance ou un plaisir, une peine ou bien une douleur, que nous puissions jamais, en un mot, penser l'une ou percevoir l'autre. Ces derniers éléments sont des faits qui s'associent bien certainement aux premiers, mais qui appartiennent exclusivement au sentiment, et tout autant vaudrait-il supposer que nous puissions goûter une couleur, ou voir une pièce de musique.

L'aperception spirituelle se divise comme l'aperception morale en deux parties distinctes, selon l'union qu'en a contractée l'élément, soit avec le fait de perception, soit avec celui de sentiment. Dans le premier cas nous l'appelons : *représentation*, dans le second, nous devons lui conserver le nom d'*affection* rattaché tout à l'heure à cette combinaison du spirituel et du moral, quel qu'en soit l'élément prédominant.

Je *perçois*, je *sens* et je *pense*, voilà ce qui épuisera donc, et en conséquence de ce que nous venons de voir, le fond d'une donnée aperceptive, que dans cette triple composition j'appellerai : une *impression* complète, et cela quel que puisse être l'entendement particulier que nous considérions analytiquement. Qu'il soit caractérisé par un fait de vision, d'audition, de saveur ou tout autre, les résultats obtenus ci-dessus s'y appliquent également. Nous pouvons donc les résumer en dressant le tableau des éléments qu'il renferme, sans tenir compte ici de leurs variétés, que le tableau général placé à la fin de l'analyse métaphysique se chargera de prendre en considération nécessaire.

ÉLÉMENTS D'ENTENDEMENT UNIFORME.

A. *Éléments transcendentaux* (d'intuition).

1. *Appréhension :* Unité, pluralité.
2. *Manifestation :* Vague indéfini.

B. *Éléments empiriques* (d'expérience).

1. *Perception* (aperception physique).
2. *Sentiment* (aperception morale).
3. *Idée* (aperception spirituelle).

C. *Combinaisons élémentaires.*

1. *Sensation* .... { Perception. / Sentiment.
2. *Représentation* ... { Perception. / Idée.
3. *Affection* .... { Sentiment. / Idée.
4. *Impression* ...... { Perception. / Sentiment. / Idée.

CHAPITRE VI.

ANALYSE DE L'ÉTAT SIMULTANÉMENT COMPLEXE.

L'entendement complexe auquel nous allons passer maintenant, et que pour avancer pas à pas, nous pouvons considérer comme restreint à une double aperception, nous le prendrons dans le domaine de la vision. Cette vision présentant sans contredit l'application la plus riche de la perception, nous lui accorderons dans la suite une préférence méritée dans nos observations analytiques, nous réservant toutefois de prendre en considération particulière les cas exceptionnels où les résultats obtenus pour elle ne s'appliqueraient point à la sphère des autres organes.

Le noyau transcendental d'un pareil entendement, comparé à celui de l'entendement uniforme, ne subit qu'un changement numérique, sans conséquence essentielle, et ne cesse pas de nous présenter : *unité* et *pluralité,* comme caractères de toute spécification appréhensive. La distinction transcendentale de l'objet et du sujet lui demeure encore étrangère, abstraction faite de toute connaissance antérieurement acquise. L'analyse empirique en revanche, nous présente une richesse généralement doublée.

1° Deux perceptions : de *bleu* et de *rouge* par exemple.

2° Les sentiments distincts (de sensation et d'affection qui y correspondent).

3° Les idées (représentatives et affectives) qui s'y rattachent.

Tels sont en général les éléments empiriques de notre état, quoiqu'il puisse selon les circonstances nous offrir aussi : indifférence morale entre les deux impressions distinctes, et que la sensation puisse s'y confondre assez complétement avec l'affection, pour qu'elles ne fussent pas en évidence distincte.

Sans changer quant à sa substance, et par conséquent quant aux résultats de l'analyse, notre état peut subir une modification très-sensible dans sa physionomie, lorsque nous prenons en considération l'ordre régnant entre les éléments ci-dessus. Cet ordre, sans doute, n'appartient plus à la partie purement analytique de notre tâche, qui seule devrait nous occuper ici; mais comme elle en retire un profit immédiat, nous pouvons nous permettre d'en dépasser un moment les bornes, sauf à revenir aussitôt sur nos pas.

Le rouge et le bleu peuvent se présenter dans cet entendement, d'une part en *mélange*, de l'autre en *séparation*; et dans les deux cas, ce n'est qu'un certain ordre entre les éléments spécifiés, qui se trouve exprimé de la sorte. Dans la première supposition, il en résultera une couleur unique, quoique mixte, qui sera le *violet;* et les faits rouges et bleus, malgré leur alliance intime, s'y distinguent assez bien pour que l'on puisse y remarquer jusqu'à leurs proportions différentes. Dans le second cas, nous observerons immédiatement un fait nouveau, c'est-à-dire celui d'une *limite* entre nos deux couleurs, qui, indépendamment de ces dernières, ne saurait apparaître en nous, et qui, par conséquent, doit, selon notre mode de définition adopté, se ranger parmi les faits *relatifs* de l'entendement.

Les faits moraux et spirituels ne sont pas soumis nécessairement à la limite perceptive, sans toutefois lui demeurer constamment étrangers. Deux perceptions limitées peuvent nous présenter soit uniformité, soit diversité de sentiments; elles peuvent nous être données avec une énergie pareille ou différente; mais, quoi qu'il en arrive, il est certain néanmoins qu'aucune limitation purement morale ou spirituelle ne nous est directement indiquée dans l'aperception simultanée.

Quoiqu'il ne nous soit pas donné en ce moment, de pouvoir éclaircir entièrement le fait important de la limitation ci-dessus observée, et de lui assigner sa place définitive dans le système de l'entendement, pour ne pas nous hasarder trop avant sur le terrain synthétique de la science, il nous est permis cependant de faire ici remarquer une chose, c'est que nous devons évidemment à cette limitation les notions de l'*espace* et de l'*étendue*. Toutes deux se présentent à l'examen attentif, comme des faits sommaires de ce genre, donnés soit en impression directe, soit en pure représentation (où dès lors ils prennent un caractère plus abstrait par la disparition de l'élément perceptif). Dans ce dernier cas, la limite ne figure plus dans l'entendement que comme *direction* ; et c'est ainsi qu'elle y survit à l'impression limitée du moment. L'espace devient de cette manière le résultat et la *somme de toutes les limites,* ou plutôt de *toutes les directions* données. Dans le premier cas, c'est un espace rempli, et pour ainsi dire meublé ; dans le second, c'est un espace vide et abstrait qui nous est présent en entendement. L'étendue, en revanche, n'est que *la somme d'une certaine classe de directions particulières* (restreintes au cadre d'une même dimension). L'un et l'autre sont en conséquence de véritables phénomènes d'expérience acquise, des résultats d'ordre purement empirique, et ni la transcendantalité ni la réalité ne sauraient leur être attribuées à juste titre. Nous pouvons d'autant moins nous le permettre, que leur élément constitutif est un simple fait de relation, un fait-rapport enfin entre des faits absolus et donnés dont, en conséquence, il relève. Nous verrons tout à l'heure à quoi peut tenir l'extrême difficulté que nous avons d'ordinaire à nous persuader de l'origine tout empirique et relative de ces faits ; en d'autres termes, de retirer l'étendue à la substance (qu'elle matérialise). En attendant pénétrons-nous au moins du résultat obtenu, comme d'un fait important et certain. Sans cette conviction, notre façon de voir habituellement illusoire nous entraîne bientôt, et nous rejette à cet égard dans de nombreuses et d'inextricables contradictions. De ce nombre est, par exemple, l'admission d'un espace considéré comme *totalité réelle et sans bornes*, quoiqu'il fût nécessairement composé de *parties limitées*, occupées par les divers objets, et dont l'ensemble devrait le constituer sans pouvoir jamais y parvenir.

Si, dans l'entendement, il n'y a point de limitation sans division spécifique dans son domaine, sans éléments distincts (tels que rouge et bleu, par exemple) d'une part, sans disposition particulière de l'autre, c'est-à-dire sans un certain ordre (de séparation) entre ces éléments; si notre connaissance d'un espace métaphysique repose sur ces données premières, l'espace ne doit plus être considéré non plus comme la condition formale, en nous résidante (comme loi de notre sensibilité), sans laquelle les faits ne sauraient se présenter à l'aperception les uns à côté des autres, c'est-à-dire de la manière que l'envisage M. Kant. L'espace n'est pas même le caractère le plus général de cette association. Sa connaissance ne s'acquiert que dans un domaine spécial et restreint de notre aperception, il n'y entre que par une expérience toute particulière. Nous en avons la preuve évidente dès l'instant où nous considérons l'association de plusieurs sons, par exemple, à la place des couleurs ci-dessus. La limitation ne s'y fait point apercevoir; car jamais nous n'y verrons autre chose qu'un mélange de ces faits élémentaires, et toute notion d'espace aussi nous est positivement fermée par cette voie. Les odeurs, les saveurs, etc. etc., sont dans le même cas; et le toucher seulement, qui de rechef nous présente le phénomène de la limitation (quoique d'une façon moins précise que la vue), introduit aussi l'espace et l'étendue dans l'entendement. L'aveugle le doit à lui, et sans lui il en demeurerait privé infailliblement. Notre déduction métaphysique de l'espace reçoit de ces considérations une confirmation aussi complète qu'irrécusable.

Faute de nous convaincre de la véritable origine de nos connaissances, soit en fait d'espace soit en fait d'étendue, nous tombons dans des erreurs métaphysiques qu'il est presque impossible d'éviter. Maintenant que cette matière me paraît suffisamment éclaircie, nous pourrons concevoir sans aucune difficulté, comment l'espace, c'est-à-dire ce résultat sommaire de toute limitation, ne saurait être limité lui-même, et cela par la raison toute simple, qu'il porte *en lui* toute limitation. Maintenant nous comprendrons sans plus d'effort, comment un certain degré d'abstraction, portant sur la partie perceptive de la limitation, ne repoussera de l'entendement qu'une partie de l'impression étendue qui s'y trouve, et laissera subsister la représentation dimensionnelle, c'est-à-dire *la direction*. C'est d'elle que nous qualifions illusoirement alors la chose transcendentale, comme d'une étendue abstraite mais véritable. Cela vient de ce que nous croyons avoir achevé l'abstraction de tout élément empirique, tandis que nous n'avons fait encore que dérouler, pour ainsi dire, une seule des enveloppes dimensionnelles dont se couvre le noyau transcendental des choses. Dès l'instant où l'abstraction des éléments empiriques est *complète,* ce noyau n'a plus d'étendue, n'est plus du tout dans l'espace.

Les faits absolus de notre entendement, dimensionnalisés par l'application de l'étendue à leur caractère spécifique, se trouvent y avoir gagné une physionomie *extensive,* qui modifie jusqu'à leurs rapports (d'une façon que nous aurons à examiner plus tard), et deviennent ainsi — si l'on n'y prend garde — des faits matériels et corporels. Tels ils se présentent à notre manière de voir vulgaire, selon laquelle ce caractère leur est essentiel et leur fait contracter une réalité absolue. Nous ne devons donc pas nous étonner si la tendance matérialiste a si longtemps prévalu dans la philosophie. Pour s'en affranchir il fallait s'élever à un degré d'abstraction, auquel la métaphysique pendant longtemps ne pouvait atteindre, et sur lequel, — une fois atteint, — elle ne pouvait se maintenir, faute d'avoir obtenu la solution satisfaisante, complète et définitive du problème, solution sans laquelle les rechutes étaient inévitables.

L'intersection de deux directions, voilà ce qui constitue *le point abstrait*; l'intersection d'une limite et d'une direction nous donne en entendement : *le point aperceptif*. Deux points réunis par la voie la plus courte déterminent *la ligne droite*, et marquent une *longueur*. Deux lignes qui se touchent en un point déterminent *le plan*. Des longueurs achevées en tous sens donnent à l'objet sa *grandeur* dans le plan étendu, et son *volume* dans l'espace. L'ordre qui fixe ces points de limitation, dessine sa *figure*. La science enfin des faits dimensionnels et de tous leurs rapports, c'est la *géométrie*.

Si, à l'exception de la vue et du toucher, le reste de nos sens ne nous présente rien de semblable à la limitation, si la vue et le toucher même nous en refusent le phénomène en certaines circonstances, pour y substituer un mélange uniforme, nous devons en conclure que la limitation ne tient qu'à l'ordre des faits sur lesquels elle porte, et que la construction de l'organe auquel ils se rallient, pourrait bien y entrer pour quelque chose. La physiologie en effet pourrait nous en fournir la clef, et c'est au moyen de la configuration respective de nos organes, au moyen de l'homogénéité plus ou moins parfaite de la surface où viennent aboutir les nerfs, qu'elle en donnera l'explication. L'organe de la vision est sans contredit le mieux partagé à cet égard, et c'est le nombre ainsi que la distribution (l'ordre) des nerfs, différemment impressionnés dans la rétine, qui détermine la configuration de l'objet visuel (1). La perfection de l'odorat du chien s'explique ainsi par la seule inspection de son organe nasal, dont la construction si différente de celle du nez humain, se prête évidemment à l'im-

---

(1) Il s'y dessine comme sur un fond de canevas, si je puis me servir de cette comparaison, que la figure ci-jointe rendra palpable en traduisant exactement ma pensée.

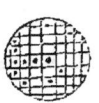

pression de véritables images odorantes. Tout ceci, destiné seulement à nous montrer l'influence de l'organisme sur les formes de l'entendement, sans l'ombre d'une fiction causale, est, du reste, parfaitement indifférent à la science métaphysique et à ses vérités indépendantes de toute explication de ce genre.

Si nous examinions maintenant un état complexe formé par un plus grand nombre d'éléments, et si nous l'analysions de la même manière, le contenu de notre entendement s'enrichirait sans doute en substance, et l'ordre des faits pourrait y varier à l'infini, mais le fond de notre savoir analytique n'en serait nullement augmenté. Nous pouvons donc passer immédiatement à une tâche nouvelle, mais intimement liée aux résultats obtenus jusqu'ici.

CHAPITRE VII.

SUITE DE L'ENTENDEMENT COMPLEXE. — ANALYSE DE L'ÉTAT D'ABSTRACTION.

Dès que nous voyons une énergie différente dans ses degrés (modifiée par le fait atonique), caractériser particulièrement à cet égard les éléments simultanément présents dans un entendement complexe (sans égard à l'ordre qui pourrait y régner), alors cette différence énergique rejette très-visiblement les parties qui en sont atteintes, dans des *catégories de présence* très-distinctes les unes des autres. L'une éclairée, pour ainsi dire, par une énergie plus vive, nous est donnée aussitôt en *présence abstraite*; l'autre, au contraire, comme voilée par la dégradation énergique, nous est donnée en *présence distraite*. C'est en quoi consiste tout état d'abstraction, où nous voyons constamment un nombre plus ou moins grand de faits distraits se perdre dans l'obscurité de l'entendement, un nombre plus ou moins grand d'autres faits abstraits, en revanche, briller sur le premier plan, pour ainsi dire, de cet entendement. Enfin, nous considérons un tel état d'abstraction comme plus ou moins parfait lui-même, en proportion exacte de l'étendue de la distraction qui y règne, et qui réduit de plus en plus son contenu empirique. Le phénomène d'une aperception quelconque, éclairée particulièrement par une énergie vive et dominante dans l'entendement, au point d'éclipser tout le reste; ce phénomène, dont l'expérience n'est nullement rare, se classe donc nécessairement dans cette catégorie. Que de fois une *préoccupation* ou bien une *distraction* ne soustrait-elle pas à notre connaissance, des faits positivement placés à notre portée, tandis que notre attention se fixe ou se concentre sur un point exclusif. C'est ainsi, du moins, que nous exprimons d'une manière assez inexacte l'expérience en question; mais lorsque nous l'analysons plus régulièrement, elle se réduit aussitôt à une certaine disproportion dans l'énergie respective des faits, dont la présence suffit pour relever l'un, dont l'absence jette un voile sur l'autre, et caractérise ainsi les degrés d'une abstraction qui ne consiste qu'en cela.

C'est maintenant que nous pouvons comprendre et juger sainement de l'importance majeure de notre aperception cérébrale qui, réduite au fait de l'énergie positive et négative, n'y perd rien de son influence suprême, et d'un autre côté nous donne bien mieux la clef de ces phénomènes remarquables, que toutes les théories spiritualistes et causales qu'on pourrait imaginer. Notre façon de voir fait de l'élément exclusivement attaché à l'organe du cerveau, la véritable lumière intérieure de l'entendement, sans prétendre, pour cela, déterminer sa nature intime, et sans recourir à des facultés occultes et incompréhensibles. Si l'on avait constamment procédé selon la méthode adoptée dans cet ouvrage, la question de spiritualité ou de matérialité, par rapport à l'élément idéal, sans doute n'eût jamais été élevée, maintenant qu'elle nous est adressée, il faut bien finir par la résoudre, et nous en avons les moyens.

Par la position scientifique que nous avons occupée dès notre début, cette question, longtemps vitale, a déjà perdu une grande partie de son importance. Le fait idéal tout comme le fait sensuel ou moral, est un élément intrinsèque du moi, parfaitement distinct de caractère. Dès lors il nous est assez indifférent d'apprendre jusqu'à quel point il pourrait différer de ceux-ci, autrement encore que dans son caractère apparent. Il nous importe peu d'apprendre, que cette différence soit plus qu'une différence d'organisation et de vitalité, ou bien qu'elle ne soit absolument que cela. Cette question est d'autant plus insignifiante qu'il est moins probable que nous parvenions jamais à percer ce mystère. La difficulté ne serait pas moindre si nous prétendions assigner une raison suprême à chaque différence qui subsiste entre les divers faits perceptifs. Aussi n'y songerions-nous guère ni dans l'un ni dans l'autre cas si, au fond de la question, ne se cachait pas la supposition de certaines facultés supérieures dont nous croyons avoir besoin pour expliquer l'entendement *intellectuel* (confondu, bien souvent, avec l'entendement idéal, comp. p. 199). Cet entendement nous semble d'une nature trop extraordinaire pour qu'on puisse l'attribuer *causalement* à un sens quelconque, et rien n'est plus vrai. Mais la prétention à une faculté quelconque, spirituelle par excellence ou purement sensuelle, doit s'évanouir également avec l'illusion causale, et notre principe philosophique en détruit la nécessité. Dans la classification métaphysique, enfin, des faits que nous découvrons en nous, classification à laquelle tout se réduit ici, ce ne sont pas des théories spéculatives, mais l'expérience directe et les simples vérités de l'entendement qui doivent nous guider. Elles n'indiquent nullement, entre le caractère de l'idée représentative et celui de la perception, une différence plus marquée qu'entre la saveur, par exemple, et le son, et par conséquent, elles n'annoncent pas une différence fondamentale qui nous forcerait impérieusement de leur assigner une autre nature. Dès lors nous sommes suffisamment autorisé à ne plus considérer l'élément idéal que comme un fait d'expérience spéciale, uni au système d'un organe particulier, tout comme la perception et le sentiment, et ne se distinguant pas essentiellement de ces derniers. La matière, d'ailleurs, ayant entièrement disparu de notre système avec la réalité de l'étendue, il ne s'y trouve pas de place non plus pour l'esprit, qui n'a de sens métaphysique que par son opposition à la première. Gardons-nous seulement de confondre l'esprit avec l'intelligence dont nous aimons à l'investir.

car elle appartient directement au moi aussi bien que l'idée et la perception.

Revenant actuellement de cette digression forcée à notre sujet, il nous reste à faire remarquer les différents états d'abstraction qui peuvent se présenter dans l'entendement. — Il en est un d'abord où les faits donnés en présence abstraite sont ramenés à très-peu de chose, où, par conséquent, la distraction domine décidément ; c'est celui que nous désignons comme état de *sommeil,* opposé, en cela, à l'état de *veille.* Il en est un autre où l'entendement se trouve réduit, en substance, à son domaine appréhensif presque seul (par la distraction à peu près complète des faits de l'expérience), et la spéculation vient alors s'y mouvoir exclusivement. Voilà l'état qu'à tort, sans doute, on prétendrait qualifier, par excellence, du nom d'un état d'abstraction, — ainsi qu'on le fait d'habitude, — car il n'en est certainement qu'un développement extrême, et la généralité de notre expression scientifique doit embrasser également les gradations inférieures d'un pareil état (1). J'espère, en conséquence, qu'on me saura quelque gré des distinctions plus exactes, fondées sur l'analyse, que j'ai tâché d'introduire dans la terminologie scientifique relativement à ce point, et qu'elles pourront se faire agréer généralement. Ensuite de tout cela, nous dirons désormais qu'il y a abstraction, ou que nous sommes en état d'abstraction, chaque fois qu'il entrera dans la composition de notre entendement une énergie distribuée de façon à faire prévaloir tel fait sur un autre, que ce fait soit placé dans le domaine de la perception, de la pensée ou du sentiment. Il y aura donc toujours abstraction plus ou moins prononcée, dans chaque état d'expérience positive, et nous ferons remarquer seulement que le fait énergique étant entièrement renfermé

---

(1) C'est ensuite de cette restriction injuste, imposée au sens du mot abstraction, sens resserré dans des limites trop étroites, que le *fait abstrait* équivaut d'ordinaire, non-seulement à un fait placé en présence exclusive, mais réduit en outre au caractère d'appréhension le plus pur possible, par séparation de l'alliage empirique.

CHAP. VII. ANALYSE DE L'ÉTAT D'ABSTRACTION. 213

dans le domaine de cette expérience, la distraction ne saurait jamais atteindre à celui de l'intuition qui demeure en dehors du champ de son application métaphysique, et devient nécessairement sa limite (1).

Quant à la limitation visuelle ou tactile entre deux faits, nous observerons qu'elle n'a lieu distinctement, qu'autant que ces faits seraient rangés dans la même catégorie de présence. Placés dans des catégories différentes d'abstraction, la limitation entre eux s'efface (quelle qu'en soit la raison). C'est ce qui arrive par rapport au soleil, par exemple, dont les contours ne se présentent nettement que par l'interposition d'un verre opaque par lequel l'énergie de sa lumière est tempérée, et ainsi de suite.

Voilà tout ce que nous pouvons dire *sciemment* ici de ce phénomène très-important de l'abstraction, mais auquel nous ne devons pas nous presser d'attribuer une *cause* dans la puissance de notre volonté humaine, vis-à-vis de laquelle nous le considérons trop souvent comme effet. Que l'abstraction dans la spéculation en général, et dans la spéculation philosophique en particulier, se fasse nécessairement ou volontairement, que nous l'attribuions à une faculté passive ou active, c'est là un problème tout différent de celui que nous imposait notre tâche actuelle et purement analytique. Sa solution ne saurait donc nous occuper en ce moment. Elle est renfermée tout entière, du reste, dans celle de la question causale, sur laquelle nous n'avons porté un jugement par anticipation, qu'autant que nous ne pouvions accorder à ce rapport une valeur fondamentale en principe, sans l'avoir préalablement soumise à un examen scientifique et approfondi. Tout ce qui la regarde en outre, est du ressort de la partie synthétique de notre ouvrage. La vérité des faits observés ci-dessus n'en dépend nul-

---

(1) Nous devons par conséquent distinguer deux genres de disparition dans l'entendement, c'est-à-dire la disparition absolue par retraite d'un fait dans le domaine de l'intuition, ou bien la disparition relative ou distraction, par diminution de l'énergie qui l'éclairait.

lement d'ailleurs, et nous pouvons attendre avec patience l'arrêt qui terminera ce procès métaphysique. Ces faits constituent seuls l'état soumis à notre investigation, ils sont tout ce qui nous importe à constater ici, quel que soit leur rapport avec les lois de la nécessité ou du libre arbitre, qui pourraient en régir l'application, et qui, dans ce moment, nous sont entièrement indifférentes. En attendant, les termes dont nous nous servons ne doivent pas impliquer une décision prématurée sur ce point, et c'est ce qui nous engage à beaucoup de circonspection.

CHAPITRE VIII.

ANALYSE DE L'ENTENDEMENT SUCCESSIF D'APERCEPTIONS UNIFORMES.

Nous avons vu précédemment ce que c'est que le phénomène de la vie, dans l'expression générale duquel celui de la succession se trouve éminemment compris, et nous l'avons ramené à sa signification scientifique (Voy. p. 105). Nous avons trouvé que c'est tantôt à une fusion organique des éléments absolus de la science au sein du moi, tantôt à une dissolution de ces mêmes éléments qu'il faut l'attribuer. Ce n'est donc point à cet égard que nous allons considérer la succession d'un certain nombre d'aperceptions uniformes dans l'entendement. Ce n'est pas non plus pour y rechercher la manière particulière dont cette succession s'y achève que nous devons nous en occuper, car une telle considération appartiendrait exclusivement à la partie synthétique de notre ouvrage, mais c'est simplement pour en faire l'analyse et pour y puiser les faits nouveaux dont son examen pourrait enrichir le fond de la science.

Supposons donc que nous soyons en possession d'une aperception uniforme, caractérisée par un simple fait : bleu, par exemple, auquel succèderait un fait : rouge. — Cet événement pourrait avoir lieu de deux manières sans doute. Le bleu pourrait entièrement disparaître et se trouver remplacé par le rouge, mais ce phénomène alors ne serait que la substitution pure et simple d'un état uniforme rouge à un état uniforme bleu, et nous ne gagnerions rien à l'observation de ce changement. Dans la véritable succession, telle que l'expérience nous en offre le spectacle, le fait qui succède n'efface point le fait primitif, il vient seulement s'y associer et donne lieu de cette manière à un état composé, avec physionomie particulière et dont nous allons nous occuper analytiquement.

Si l'aperception bleue restait invariablement présente à l'entendement et s'y rangeait simplement à côté de l'aperception rouge, nous en serions revenus sans aucun avantage scientifique à un état antérieurement examiné, c'est-à-dire à celui de complexité simultanée, mais ce n'est pas encore là ce dont il s'agit. Ce bleu, dans la succession, ne s'efface, en effet, que de la *présence* d'entendement, où il est remplacé par le rouge, et va se ranger dans un domaine d'entendement, que nous appelons *souvenir*, et dont nous disons avoir *mémoire*. Ce souvenir, qui n'est un *passé* que par rapport à un autre fait dans le phénomène de la succession (fait dont nous aurons à rendre compte tantôt), ne l'est point du tout par rapport à l'entendement même. Il y occupe sa place simultanément avec le fait présent, mais il diffère de celui-ci 1° par une moindre énergie d'aperception; 2° par l'altération de l'impression bleue, dont il ne reste en nous qu'une simple représentation.

La disparition caractéristique de la perception bleue distraite avec diminution évidente d'énergie dans la totalité de l'aperception primitive, fait rentrer l'expérience en question dans la classe générale des phénomènes d'abstraction, dont nous ne voyons ici qu'une particularité distincte. C'est donc à juste titre que nous pouvons conserver l'expression, *présence*, à l'entendement d'un même fait, opposé d'un côté à la *distraction* plus ou moins complète, de l'autre au *souvenir* plus ou moins vivace jusqu'à l'*oubli*. La distraction nous présente pour ainsi dire une tache voilée dans l'entendement, tandis que le souvenir s'y fait remarquer comme un noyau voilé, différence dont le caractère est purement dimensionnel. — Entre le présent et le souvenir (comme entre le fait présent et le fait distrait) aucune limitation pareille à celle que nous avons examinée dans l'état simultanément complexe ne se fait remarquer ; mais, au lieu de cela, l'apparition ou la disparition (le symptôme de la vie) se place entre eux, et vient nous enrichir d'une limitation nouvelle que nous appellerons *dynamique*, et dont le caractère varie, selon le domaine simplement perceptif ou bien représentatif où s'opère le changement. Dans la perception, elle fait *époque ;* dans la représentation, elle marque l'*instant,* et voilà de nouvelles vérités que nous avons à consigner ici.

Tout comme la somme des limites *statiques* (c'est par ce nom que je les distinguerai dorénavant) dans l'entendement, donne lieu à l'espace, de même *la somme des limites dynamiques* vient y construire *le temps*. Illimité comme l'espace, et par la même raison, — puisqu'il comprend dans son sein tout ce qui est limitation dynamique, — ce temps, en conséquence de son origine, n'a qu'une seule dimension qui, pour ainsi dire, traverse l'espace et s'enfonce dans le sein de l'entendement dont la vie paraît ainsi la filer. Tout comme l'espace tient à un rapport organique entre les faits élémentaires, le temps découle d'un rapport vital entre eux. Il n'est donc pas la condition de leur vie, mais seulement le caractère général dont elle se revêt, et nous ne sommes nullement en droit de l'attribuer à une loi formale régissant notre faculté d'entendement, comme fait le système de Kant. Le domaine où s'applique l'expérience temporelle, enfin, est plus vaste que celui de l'espace ; car l'apparition et la disparition vivifient non-seulement les faits empiriques, mais aussi les faits transcendentaux, ainsi que nous le voyons dans les états *numériquement* différents qui se succèdent en entendement, et correspondent régulièrement aux variations *spécifiques* de l'expérience. Cette transcendentalité du temps (qui diffère grandement en cela de l'espace) est la raison sans doute pour laquelle, dans notre façon vulgaire de voir, nous tenons bien plus encore à la réalité d'un temps qui s'écoule et qui porte en lui les événements, qu'à celle d'un espace qui comprend toutes les choses. La déduction analytique de son origine doit cependant nous éclairer assez sur ce point pour nous défendre désormais contre toute illusion de ce genre.

Les éléments de notre entendement successif dimensionnalisés par le temps, deviennent aussitôt des événements élémentaires dans la totalité dynamique (dans l'histoire) de notre vie, et le même caractère *protensif* s'applique également à certains rapports de l'entendement, qu'il modifie d'une façon que nous aurons lieu d'examiner plus tard.

Tout changement, — quand même il ne porterait que sur un seul élément, de sensation, d'idée, etc., — ne remplace pas moins un certain *état* par un autre, et coupe ainsi notre entendement tout entier en deux parts. Ce n'est donc pas un point, mais bien une *section* limitante qu'il y fait naître. Deux sections de ce genre y déterminent une durée particulière, c'est-à-dire un *période*. La science abstraite des événements qui remplissent la vie de leurs rapports temporels, c'est la *chronométrie*. Celle-ci, réunie à la géométrie et à l'arithmétique, se développe conjointement avec elles comme science des *mathématiques*.

Si nous prenions maintenant en considération un plus grand nombre d'aperceptions successives qui viendraient ainsi se superposer dans l'entendement, nous n'y gagnerions qu'une prolongation indéfinie de la dimension du temps, formé par leurs limites respectives, sans rien obtenir de nouveau quant au fond de nos connaissances analytiques.

Nous pouvons donc passer immédiatement à l'examen d'un phénomène intimement lié aux observations précédentes, et dont la haute importance mérite ici la plus sérieuse attention.

A côté du souvenir et du présent, nous remarquons encore et constamment dans l'entendement de la vie, un *avenir* dont nous avons la *prévision*. Le présent, placé entre ce souvenir et cet avenir, dans le courant continuel des faits, s'y réduit au moment à peine saisissable de leur apparition ou disparition en nous, et ce n'est que la masse des faits simultanément présents, et celle des faits relativement persévérants, qui donne à ce présent une certaine extension, et pour ainsi dire de la consistance métaphysique.

Cette prévision d'un avenir, ce phénomène qui présente sans doute une des énigmes scientifiques les plus difficiles à résoudre dans notre métaphysique vulgaire, trouve la solution la plus claire et la plus satisfaisante au moyen des connaissances que l'analyse vient de nous fournir par rapport à la dimension du temps et à son mode de formation. — Cette dimension, constituée par les limites de l'apparition ou de la disparition consécutive, s'arrête nécessairement à l'entrée du domaine de la véritable présence. Ce domaine d'entendement est inévitablement placé *en dehors et en avant du vrai temps écoulé pour nous,* et ce domaine, présent à nous malgré cela, est donc justement le fait *qui répond avec évidence et parfaite exactitude à ce que nous appelons l'avenir.* Nous ne saurions même en donner une autre définition analytique que celle-là. Enfin, la totalité de l'image dimensionnelle du temps, nécessairement libre (comme nous avons vu plus haut, p. 217) de toute limitation ; cette image puisée dans le passé avec ses époques et ses périodes, avec toutes ses divisions enfin, soit régulières, soit irrégulières, s'adapte naturellement à l'entendement extratemporel aux limites duquel elle n'est point assujettie, et lui imprime de cette manière, à son tour, un caractère pareil de dimensionnalité dynamique, quoique ce ne soit pas celle du vrai temps écoulé. C'est ainsi que se complète exactement la prévision, telle que nous en possédons en nous le phénomène. Si maintenant des faits prévus viennent coïncider avec des faits arrivants, cette coïncidence atteste seulement une certaine régularité dans la vie universelle, à laquelle nous en devons le bienfait ; mais bien des fois aussi, les promesses du passé ne se trouveront pas confirmées par l'expérience qui suit. Dès lors nous croyons avoir manqué de perspicacité, et nous nous faisons tort ainsi à nous-mêmes. La faute en est simplement aux limites étroites qui étreignent notre passé, comme à l'absence de clarté suffisante qui règne dans cette fraction d'entendement que nous embrassons d'un coup d'œil. C'est là ce qui nous ferme seul la connaissance d'un ordre complet dans son sein, et dès l'instant où nous en posséderions la trame tout entière, l'avenir pour nous n'aurait plus de mystère non plus. C'est donc pour cela que, très-naturellement, l'un doit y voir plus clair et plus loin que l'autre, et l'espoir ne nous est point défendu de voir quelque jour les limites de l'avenir reculées considérablement, par les progrès que doit faire faire à l'humanité la connaissance solide de son passé et l'intelligence philosophique qu'elle en acquiert, sans que nous puissions nous promettre pour cela d'en soulever entièrement le voile.

Les faits aperçus dans l'avenir, pour ainsi dire au travers d'un prisme temporel, prennent naturellement par cette circonstance et par leurs rapports avec les faits placés dans les domaines du passé et du présent, un caractère de modification que nous ne saurions passer sous silence. Ce caractère se présente le plus distinctement dans les faits d'aperception morale, et c'est ainsi que nous voyons apparaître le plaisir et la joie — dans un avenir promis à notre expérience, c'est-à-dire attendu, — comme des faits *espérés;* la douleur et la peine au contraire, comme des faits *redoutés* d'avance.

Voilà la manière bien simple, par laquelle tout devient parfaitement compréhensible dans un phénomène profondément mystérieux, aussi longtemps que le flambeau de l'analyse en est écarté; aussi longtemps que nous mettons notre espoir dans les secours incertains dont nous berce le principe de causalité et dans les facultés qui en découlent. Avouons donc franchement que l'expérience est bonne à plus qu'on ne pense d'ordinaire, et qu'elle est capable de nous instruire jusque dans des circonstances placées, au premier abord, fort au delà de sa portée scientifique.

CHAPITRE IX.

ANALYSE DE L'ENTENDEMENT RÉFLECTIF.

Lorsqu'un certain nombre de représentations survit aux sensations dont elles sont accompagnées dans l'expérience de la vie et qu'elles remplissent à elles seules, ou du moins presque seules, le champ de l'entendement, alors nous nous trouvons dans un *état de réflexion*. Cette définition nous dit déjà que l'analyse qui va nous occuper ne saurait guère nous offrir que des éléments connus; aussi sa tâche se borne-t-elle en cette occasion à saisir le caractère propre de cet état d'abord, ensuite à spécifier exactement les formations phénoméniques qui se présentent dans son sein, sans toucher cependant à l'ordre de leur liaison mutuelle ou bien avec les objets extérieurs. Cet examen autrement dirigé appartiendrait en entier à la partie synthétique de cet ouvrage, et tomberait d'ailleurs, sous bien des rapports, en partage à la science toute spéciale de la psychologie.

S'il est certain que l'état de réflexion ne saurait rien nous présenter (en faits élémentaires au moins) que ce que l'expérience lui aurait fourni, si l'aveugle et le sourd ne sauraient avoir la moindre idée représentative de la couleur et du son, si l'élément perceptif entre donc essentiellement dans sa composition, ainsi que nous l'avons observé déjà, nous ne devons pas confondre cependant cet état de réflexion avec celui du souvenir qui lui ressemble à bien des égards. Il en faut au contraire maintenir soigneusement la distinction, quoique les mêmes représentations y donnent lieu. Le souvenir est une représentation qui survit à l'impression directe, mais *dans l'ordre de liaison* où l'expérience l'a placée. La réflexion en revanche, c'est cette même représentation, *mais détachée de l'ordre ci-dessus* et se mouvant plus librement que dans l'expérience habituelle de la vie, quitte à jamais du lien qui l'enchaînait auparavant. C'est en cela seul que diffèrent nos réflexions et nos souvenirs dont les éléments sont parfaitement pareils.

Il suit de ce que nous venons de dire, que nos souvenirs seuls (tant que rien ne s'en efface) sont en possession de nous retracer des vérités (dans le sens vulgaire du mot), c'est-à-dire des faits nécessairement conformes aux lois de l'expérience et de la logique; l'état de réflexion au contraire, pourra réunir dans un ensemble défectueux, des faits qu'aucune expérience ne met en contact (un serpent ailé, un dragon, une chimère, etc.), il peut même assumer ainsi des faits contradictoires et par conséquent impossibles, comme par exemple un triangle à quatre faces, et ainsi de suite. Dès lors nous appelons ces conceptions fausses, inexactes ou absurdes, mais dans le cas même où ces défauts palpables ne s'y rencontreraient pas, dans le cas où la formation réflective serait en tout point conforme à l'expérience et à la logique, il peut encore manquer à son exactitude la confirmation *d'effectivité*. Telle serait par exemple la représentation imaginaire d'un homme se promenant sur la grande route, tandis que rien de pareil n'aurait lieu au temps ou à l'endroit supposé. Il lui manquerait donc une certaine vérité d'application positive, et cette vérité relative, exigée pour des choses qui n'en sont pas susceptibles, ou bien confondue avec la seule vérité absolue et scientifique (c'est-à-dire l'identité), embrouille souvent les questions de philosophie ou de métaphysique, lorsque nous l'y introduisons par erreur.

S'il est facile maintenant de concevoir la formation des

images nombreuses et variées qui remplissent notre entendement dans l'état de réflexion, lorsqu'elles nous représentent de véritables objets, la difficulté devient un peu plus grande quand ces formations nous offrent des combinaisons abstraites et générales. Il n'en est pas autrement cependant de ces dernières non plus, comme par exemple des notions de sagesse, de vertu, de talent, crime, etc. Chacune de ces notions embrasse une somme de faits ou d'événements en représentation et saisis dans des rapports particuliers, avec distraction de ce qui en intervertirait l'ordre spécial. La notion compliquée, par exemple, de la vertu, comprend un état subjectif d'amour pour l'humanité, d'abnégation d'intérêts particuliers, réuni à une somme d'actions individuelles, aboutissant au bien-être d'autres personnes, en un mot elle comprend une série de représentations subjectives et objectives, toutes dissolubles en éléments connus, qui dans leur ensemble constituent cette notion abstraite, réflective et sans liaison nécessaire avec un individu déterminé, ou des actions données dans l'expérience. Cette notion cependant se rattachera immédiatement à toute personne que l'expérience placera dans des circonstances analogues et lui imprimera, aussi bien qu'à ses actions, le cachet de son caractère.

L'entendement réflectif devient un état de *méditation*, quand une même pensée ou une suite de pensées analogues, s'y développent dans leurs rapports particuliers. Il devient un état d'*imagination*, lorsqu'avec un caractère moins solide, ses formations présentent un certain caractère poétique. Il prend bien d'autres dénominations encore selon son contenu et sa forme, ou l'ordre des combinaisons dans son sein, mais il est inutile de les dénommer toutes en ce moment. Si nous sommes parvenus, par ce qui vient de se dire, à ramener les phénomènes de la réflexion, aux éléments connus de la science, c'est tout ce qui pouvait entrer actuellement dans nos intentions. Quelque riche que soit la matière qui s'est fait entrevoir en cette occasion, nous ne saurions l'épuiser ici, et nous devons nous contenter de ce résultat.

CHAPITRE X.

ANALYSE DE L'ÉTAT SIMULTANÉMENT ET SUCCESSIVEMENT COMPLEXE.

Nous sommes maintenant suffisamment préparés, je pense, pour pouvoir nous occuper avec fruit des états de l'entendement, qui sont à la fois et les plus ordinaires dans l'expérience de la vie humaine, et les plus compliqués néanmoins.

Si l'analyse de ces états, entièrement composés des éléments que nous avons appris à connaître déjà, ne nous présente plus rien de nouveau sous ce rapport, du moins ne sera-t-il pas inutile de constater ces éléments dans des phénomènes d'apparence très-différente, et qu'il s'agit en conséquence d'examiner analytiquement pour les ramener aux faits primitifs qui s'y cachent. De ce nombre est en particulier le *mouvement,* auquel nous allons vouer ici notre attention tout entière et bien méritée sans doute, en raison de la haute importance scientifique qui lui revient.

Nous n'apercevons un mouvement positif que dans le domaine des faits statiquement limités dans l'expérience, c'està-dire dans celui de la vision et du toucher, où cette condition se trouve remplie. Le mouvement s'y fait remarquer de deux façons différentes : 1° comme mouvement de *translation;* 2° comme mouvement d'*extension* (1). Tout mouve-

(1) Le mouvement de *rotation* n'est qu'une translation autour d'un

ment en dehors de ces domaines aperceptifs est une supposition ou une croyance, lui seul nous est donné en vérité d'entendement.

Pour bien apprécier le mouvement translatoire, il suffira d'examiner deux aperceptions visuelles dans l'ordre représenté par la figure ci-dessous, et le mouvement qui s'y trouve indiqué.

Soit le ¬ a b c d bleu, sur fond rouge, par exemple, et se mouvant dans la direction a i jusque dans la position i k. Le ¬ e f g h sera une position intermédiaire assez rapprochée du point de départ pour se prêter à un examen comparatif entre elle et la position primitive. Voici, dès lors, les phénomènes d'apparition et de disparition qui nous sont donnés en résultat.

Disparition de fig. a g c e (bleue)   } 1re substitution.
Apparition de fig. a g c e (rouge)   }
Disparition de fig. d f b h (rouge)   } 2e substitution.
Apparition de fig. d f b h (bleue)   }

La figure e b g d sera demeurée invariablement bleue.

Voilà donc un phénomène de double substitution instantanée qui nous est donné dans cette occasion, et c'est une série de pareils phénomènes qui transporte le carré bleu que nous observons, jusque dans la position i k. C'est donc là ce que le mouvement analysé nous présente en faits élémentaires, et ces faits nous sont parfaitement connus.

La double substitution que nous venons de considérer nous

---

point fixe, et la *contraction* n'est que l'inverse de l'extension, aussi bien que son complément nécessaire, dans la totalité du même événement.

offre nécessairement un fait de limitation dynamique, c'est-à-dire une époque instantanée qui se place entre deux états distincts de l'entendement (comp. p. 217) et produit ainsi, en se répétant, la dimension d'un temps donné. Celui-ci coule donc infailliblement avec chaque mouvement, et c'est là ce que nous exprimons bien inexactement, en disant que le mouvement s'opère *dans le temps*.

Chaque objet limité statiquement, provoque nécessairement en nous l'image de l'espace (dont la connaissance dimensionnelle équivaut à la somme des limites présentes en entendement); le mouvement qui ne fait que déplacer ces limites, et qui principalement consiste en cela, ne saurait avoir lieu indépendamment de l'espace. Il opère tout entier sur ses éléments, et c'est encore là ce qu'on exprime d'une façon peu exacte, en disant que le mouvement a lieu *dans l'espace*. Ces expressions sont d'autant plus vicieuses, qu'elles nous font considérer plus décidément le temps aussi bien que l'espace, comme des choses réelles en soi.

L'*extension* qui, en fait de mouvement, nous reste encore à examiner, se distingue essentiellement de la translation par un changement de quantité relative dans les aperceptions ci-dessus considérées, mais ne se compose pas moins d'une série de substitutions que la figure ci-dessous nous dévoilera sans difficulté.

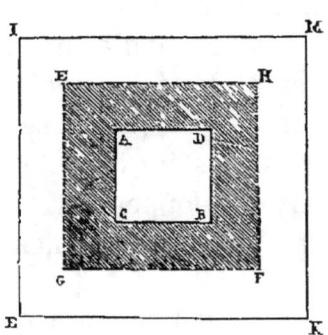

Le mouvement extensif qui développerait le □ a b c d

bleu, sur fond rouge, par exemple, de façon à lui faire occuper à son terme la place i k l m, se constitue d'abord de la

Disparition de la fig. (cadre) e a b f (rouge)	⎰	1re substi-
Apparition de la fig. » e a b f (bleue)	⎱	tution.
Disparition de la fig. (cadre) i e f k (rouge)	⎰	2e substi-
Apparition de la fig. » i e f k (bleue)	⎱	tution.

et ainsi de suite, si la figure grandissait encore, tandis que le a b c d y demeure invariablement bleu (1).

Quoiqu'il soit un peu plus compliqué, le mouvement translatoire extensif (ou contractif) qui réunit les deux modes ci-dessus observés, se ramène avec une égale facilité aux mêmes éléments d'apparition et de disparition. Il n'en serait pas autrement si, au lieu de figures régulières, nous en prenions d'autres en considération qui ne le fussent pas. La correspondance symétrique et la coïncidence exacte des faits apparus et disparus y seraient altérées sans doute, mais c'est en quoi consisterait toute la différence.

Quant au rapport des divers mouvements entre eux, rapport sur lequel se fondent les *vitesses* différentes qu'on lui remarque, c'est ce qui n'est plus du ressort de la simple analyse, et nous nous en occuperons plus tard, mais nous devons, à ce sujet, faire une observation qui n'est pas sans importance. La diversité des mouvements dans le domaine de l'entendement est le fait, auquel les choses y doivent en grande partie leur *individualité* particulière. C'est ce mouvement, c'est ce mode de vivification distincte qui les délie surtout les uns des autres et les fait apprécier de la manière susdite dans notre façon de voir (2). Celle-ci change effectivement à leur égard dès l'instant où nous n'apercevons plus rien de pareil dans leur développement respectif, et leur individualité privée disparaît immédiatement.

---

(1) Pour ramener un mouvement de contraction aux mêmes éléments, il suffit de procéder à rebours.

(2) Il en est le symptôme extérieur. L'individualité se constitue *intérieurement*, selon un ordre différent et tout spécial.

Parmi les éléments nombreux de notre entendement objectif qui obtiennent ainsi leur caractère d'individualité distincte, il se trouve *un assemblage de faits* liés d'une façon remarquable, non-seulement entre eux, mais encore avec la généralité des éléments de l'entendement, un *groupe* dont les mouvements particuliers ont une importance prédominante dans le système de cet entendement, et nous lui devons, en conséquence, une attention toute particulière aussi. Je veux parler du *corps humain* (ou de notre personne). Ce corps humain, cette partie relativement persévérante dans la totalité de l'entendement objectif (qui varie sans cesse autour de lui), nous apparaît en même temps comme l'intermédiaire nécessaire au plus grand nombre, sinon à la totalité de nos aperceptions qui viennent, par classes, s'adapter aux divers systèmes organiques dont se compose son ensemble. L'intimité de cette association est telle que, dans l'enfance de notre développement métaphysique, nous attribuons à ce corps, même la *possession* (philosophiquement comprise) des faits qui s'y rattachent ainsi. C'est l'œil qui les voit, c'est le doigt qui les sent, etc., et le corps se convertit ainsi en *objet-sujet* dans notre façon vulgaire de voir. Lorsque notre entendement s'éclaire et se développe davantage, cette connaissance possessive des choses passe néanmoins au sujet humain (à l'âme), et dès lors les organes corporels ne sont plus, pour ainsi dire, que les instruments dont ce sujet dispose à son gré. Comme tels, ils se trouvent cependant encore dans des rapports passablement mystérieux avec lui, jusqu'à ce qu'un dernier progrès d'analyse et d'abstraction fasse évanouir aussi cette dernière façon de voir causale, et même industrielle. Le fait d'une simple liaison empirique, telle que nous l'avons saisie et caractérisée, est tout ce qui demeure alors à la saine science comme seule vérité indubitable et réellement importante dans ce phénomène.

Le corps humain considéré analytiquement est pareil à une foule d'autres agrégations objectives dans l'entendement ; en ce, il est placé vis-à-vis d'eux dans les mêmes rapports généraux qui unissent ces objets entre eux; il ne s'en distingue donc pas essentiellement, soit dans ses éléments absolus, soit dans ses éléments relatifs, et la seule chose caractéristique par laquelle il en diffère, réside en conséquence dans cette constance plus grande que nous lui reconnaissons. C'est elle seule qui en fait ce qu'il est dans l'entendement, car dès l'instant où cette condition essentielle lui fait faute, le lien corporel est brisé lui-même, et l'élément, détaché de lui, rentre aussitôt dans la classe des objets ordinaires (1). C'est là ce qui arrive par exemple au membre amputé, etc. — C'est cette constance qui fait de notre corps le point de comparaison universel auquel se rapportent — pour leur estimation relative, — tous les objets extérieurs à lui, quant à leur distance, leur taille, etc. C'est cette constance enfin qui imprime aux mouvements de l'objet corporel, un caractère propre et qu'il importe de signaler ici (2). Ce mouvement seul d'entre tous présente nécessairement (par suite directe de la constance des éléments constitutifs du corps, et tant qu'elle dure) un fait apparu toujours identique à celui qui disparaît localement. C'est à cela que se réduit analytiquement l'identité du corps dans toutes les transformations qu'il subit en se mouvant. Qu'on n'aille pas pourtant tirer de cela la conclusion précipitée que je puisse mettre en doute, par cette observation, une identité plus solide et que je prétende anéantir ce corps à chaque mouvement ou changement qui s'y exécute, pour le faire renaître semblable. — Le même changement qui en métaphysique n'est qu'une disparition et une réapparition

---

(1) Si d'autres objets l'emportent en durée sur notre corps, cela est vrai à quelques égards, mais en entendement cela n'est point. La terre et le soleil s'évanouissent bien des fois à l'œil de l'entendement, tandis que le fond de l'aperception corporelle persévère, car même dans l'état de sommeil, nous ne saurions la considérer comme entièrement effacée.

(2) Il ne saurait être question en ce moment que de caractères et de symptômes purement objectifs, qui n'excluent nullement de l'organisme individuel, le concours d'autres rapports intérieurs, et d'ailleurs suffisamment prouvés. Tel est par exemple le fait de la putréfaction qui atteint bientôt le membre amputé, et n'attaque point le morceau d'un cristal brisé.

toute locale, un mouvement purement *phénoménique,* n'est en philosophie qu'une inconstance de rapports et non pas de faits absolus. Il ne saurait donc y avoir anéantissement à cela. Ces différentes façons de voir, selon le rapport dans lequel s'envisagent les faits, ne nous importent guère du reste (en ce moment du moins), pourvu que nous ne songions jamais à établir entre les deux métamorphoses philosophique et métaphysique, la liaison causale qui s'y glisse trop volontiers à la place d'une simple correspondance, la seule scientifique et la seule vraie qui nous soit donnée dans ce cas.

C'est le mouvement personnel qui met principalement le corps humain en état de nous rendre, en entendement, les services signalés que nous lui devons, comme terme de comparaison et comme mesure relative des choses extrapersonnelles, auxquelles il vient s'adapter consécutivement. C'est lui qui nous enrichit enfin d'une façon plus distincte et plus précise au moins, qu'elle n'aurait lieu sans cela, *de la connaissance de l'espace,* en faisant parcourir par notre personne une distance dimensionnalisée. Il importe donc de suivre le développement de ce phénomène, car sans lui il se pourrait bien, qu'une des dimensions de l'espace (sa profondeur) nous demeurât toujours inconnue.

L'espace se présente évidemment à nous comme une agrégation de plans étendus et superposés, dont nous pouvons poursuivre l'accumulation jusqu'à l'instant où la connaissance totale de cet espace en résulte naturellement. C'est au mouvement seul qu'elle est due, et cela moyennant la dimension temporelle, qu'il développe parallèlement en lui faisant correspondre de point en point, un plan d'entendement étendu et distinct de tous les autres. Ces plans divers passent successivement dans le souvenir et se trouvent remplacés aussitôt par d'autres, qui viennent se ranger sur la direction du mouvement. Ils s'y placent comme des feuilles pour ainsi dire enfilées sur le trait qui les traverse, et c'est en cela que consiste tout simplement l'image achevée de l'espace tel qu'il se présente dans l'entendement métaphysique. Il suit de cette formation, il est vrai, que toute espèce de mouvement doit nous y conduire, et c'est effectivement ce qui arrive, mais d'une façon beaucoup moins distincte, que par le mouvement corporel. La raison en est évidente. Lors d'un mouvement isolé et purement objectif, les divers plans de l'entendement ressemblent trop les uns aux autres, par le grand nombre des faits persévérants qui y prennent part, et ces plans s'identifient en conséquence de façon à n'en présenter qu'un seul, sur le fond duquel ce mouvement isolé s'achève. Dans le mouvement personnel le cas est tout différent ; le changement, celui des rapports surtout, y est bien plus prononcé, et des tableaux plus variés se détachant mieux les uns des autres, ils ne sauraient plus se confondre. La *perspective* de l'espace se construit ainsi par leur accumulation.

L'importance du mouvement personnel se couronne enfin par la connaissance que nous lui devons d'une *limitation* nouvelle, et que j'appellerai *active*. Dans le cas même où cette limite coïncide avec les limites statiques de l'entendement aperceptif, il faut se garder de les confondre, car la première subsiste encore, pour l'aveugle et le paralytique, dans l'entendement duquel celle-ci ne saurait pénétrer. La limitation active se présente très-distinctement dans la perception et le sentiment, comme *achoppement* sensible ; elle s'offre à la représentation comme *borne* ; enfin elle engendre à son tour une dimensionnalité qui coïncide, il est vrai, avec celle de l'espace, mais qui en diffère pourtant en ce qu'elle place nécessairement la personnalité humaine à son centre. Une certaine *sphère* de mouvement et d'activité toute *personnelle* nous est donnée de cette manière, et vient achever l'ensemble de notre entendement, tel qu'il est possédé par nous dans ses traits les plus marquants.

La limitation active complète de cette manière un ordre de choses dont les limites statiques et dynamiques font partie homogène, et l'examen de leurs caractères respectifs nous fait reconnaître bientôt, une circonstance essentiellement appelée à répandre le jour sur cette matière importante. La limite sta tique se présente en effet comme *entièrement restreinte à l'entendement objectif;* la limite dynamique, en revanche, *ne sort point du tout de l'entendement subjectif;* la limite active enfin est *éminemment subjective-objective de sa nature.* C'est donc toujours le même phénomène que nous considérons dans chacun de ces cas, quoique dans une sphère d'application différente. C'est toujours un même fait de limitation remarquable, que la vie organique — dans chacun de ces cas particuliers — déplace au sein du moi et de son entendement. Nous n'aurons donc qu'à définir et nous expliquer cette limitation elle-même, pour porter la lumière dans cette question, et voilà ce que la synthétique devra faire sans faute.

En ramenant toute espèce de mouvement aux éléments bien connus de l'apparition et de la disparition aperceptive, nous avons encore aplani sensiblement le sol de la métaphysique, car le mouvement, devenu indépendant de l'espace et du temps, est retourné à la source commune de toute vitalité, c'est-à-dire à l'inconstance fondamentale et organique des éléments de la science (voir p. 103). Nous pouvons passer actuellement, sans plus de retard, à l'analyse des phénomènes d'entendement les plus importants, peut-être, que le domaine de la vérité soit à même de nous offrir.

CHAPITRE XI.

ANALYSE DE L'ENTENDEMENT SUBJECTIF ET OBJECTIF.

Ce n'est point l'analyse d'un état particulier que nous allons entreprendre dans ce chapitre, mais bien celui des deux sections les plus marquées dans le sein de notre entendement et auxquelles chacun de ces états participe. Nous allons parler du sujet et de l'objet, en un mot, qui le divisent en deux parties complémentaires, et dont l'ensemble l'épuise en entier. Nous avons besoin de le faire pour savoir avec exactitude, dans quel domaine ranger les éléments que nous avons découverts jusqu'ici, et tous ceux que peut-être nous découvrirons dans la suite; nous en avons besoin pour classifier les faits, quand il s'agira de faire leur part respective aux deux branches principales qui forment la science du vrai, c'est-à-dire à la psychologie et la cosmologie.

Lorsque nous fixons attentivement notre entendement subjectif pour en faire la revue analytique, nous voyons son domaine s'étendre à tous les éléments empiriques de la science sans aucune exception, et tous ces éléments s'y grouper autour du fait abstrait, constant et central, que nous avons appelé le *sujet transcendental*, en un mot se rapporter à lui. C'est dans cet ensemble qu'ils constituent la totalité de notre *conscience* subjective. Pour apprendre à la connaître dans toute sa valeur métaphysique, commençons donc par l'examen attentif de l'appréhension essentielle, qui en forme pour ainsi dire le noyeau.

Le caractère le plus indubitable du sujet transcendental, c'est l'*unité* avec laquelle il se place en face de la multitude des faits caractéristiques de la conscience. Ce sujet un et indivisible en entendement métaphysique, se présente pour la plupart du temps (quoique illusoirement, voy. p. 162), comme la chose qui possède (dans le sens philosophique du mot) la totalité relative et empirique des faits, qui dans l'entendement constituent la conscience. Cette possession, cet entendement dont serait doué le sujet à la place du moi, est donc l'erreur grave et fondamentale qu'en cette occasion nous devons repousser avec une attention d'autant plus persévérante, qu'elle se glisse plus facilement dans notre façon de voir (par la confusion du moi et du sujet), où elle réintroduit le point de vue philosophique qu'il s'agit particulièrement de tenir à l'écart. Pour apprécier ensuite le rôle véritable du sujet dans le domaine de la science, nous devons prendre en considération préalable les différentes manières dont nous avons vu se former jusqu'ici les totalités relatives, au nombre desquelles l'entendement subjectif doit incontestablement se ranger.

Une totalité a lieu : 1° par association simplement organique d'éléments en rapport les uns avec les autres. Tel est le cas de la pierre par exemple, de l'eau et de toute autre *agrégation*, soit naturelle, soit artificielle, en tant qu'elle se présente d'une façon purement objective. Elle ne réunit ainsi des éléments divers et ne prend place distincte dans l'entendement, que par une limitation commune, car tous les ressorts internes que nous serions tentés d'y faire concourir, ne lui sont jamais attribués que sur la foi de l'analogie. 2° Une totalité naît encore par association formelle, lorsqu'un élément quelconque, par sa généralité d'application, investit d'un caractère commun des éléments d'ailleurs disparates, et de cette manière les rassemble pour ainsi dire sous sa bannière. Telles sont toutes les totalités de genre, comme le règne animal, minéral, végétal, etc.

Le premier de ces cas est évidemment sans aucune application à la totalité subjective, quoiqu'il puisse se retrouver bien des fois dans son sein, et le second pourrait seul donner lieu à discussion, mais lui aussi ne s'accorde pas absolument avec l'observation des faits, tels qu'ils se passent dans notre totalité subjective. Une association répétée d'éléments transcendentaux et subjectifs à des éléments empiriques (réunis dès lors sous cette enseigne) produirait bien une totalité approchante, mais cet ordre, en même temps, détruirait infailliblement le caractère d'unité qui distingue particulièrement le sujet transcendental de l'objet qui lui est opposé sur ce point. La totalité subjective doit donc se former encore selon quelque autre règle, et c'est visiblement par une *communauté de rapports* qu'elle a lieu, communauté qui rattache tous les éléments empiriques de la totalité en question, et chacun d'eux en particulier, à l'élément simple et unique, c'est-à-dire au sujet transcendental de la science, qui en devient ainsi le point *central*. C'est donc un système de rapports certains (quoique indéterminés jusqu'ici) qui distingue d'une façon caractéristique la formation de notre totalité subjective, et plus tard nous pourrons en dévoiler plus exactement la nature et le caractère (1). — C'est à ce mode de formation que s'arrête nécessairement *la considération métaphysique,* d'abord parce qu'il est aussi satisfaisant qu'évident, ensuite par la raison suprême encore que l'*unité* substantielle d'un sujet, dotée directement d'une *pluralité* de qualités diverses et faisant partie de lui-même (selon notre façon de voir vulgaire), implique logiquement une contradiction insurmontable. Quiconque dirait unité contenant pluralité (l'une et l'autre étant comprises dans leur sens exact) est en droit de parler d'un noir blanc, etc., car ces déterminations ne sont ni plus ni moins exclusives l'une

---

(1) Quant aux totalités objectives, il pourrait bien correspondre quelque chose d'analogue dans leur organisation, mais c'est un entendement tout externe, pour ainsi dire, qui nous en est donné, tandis que le foyer de l'organisme subjectif se découvre lui-même à nous. Le centre de gravité objective répondrait convenablement alors au centre vital dont nous traitons ici.

de l'autre (comp. p. 178). *La considération philosophique* cependant va plus loin, et poursuivant l'unité métaphysique au delà de la sphère d'entendement qui la renferme, elle parvient facilement à la dissoudre, et cela sans aucun inconvénient pour cette même unité *dans* le domaine de la conscience, où elle ne cesse d'être un fait scientifiquement certain. Le principe philosophique, appliqué au fait transcendental d'appréhension subjective aussi bien qu'objective, nous a fait découvrir en lui (voy. p. 179) le réceptacle et la source de toute particularité nouvelle, tombant dans la sphère empirique de l'entendement. C'est ainsi qu'il détruit l'unité (c'est-à-dire le fait caractéristique de l'appréhension subjective) dans un sens absolu, mais il le fait dans une autre sphère de la science du vrai, ce qui, en métaphysique, ne saurait l'altérer le moins du monde. C'est ainsi qu'il nous donne la clef d'une émanation ou d'une immanation organique et vivante, qui répond aux phénomènes d'apparition et de disparition dans notre conscience, et qui rattache parfaitement les faits empiriques au sujet transcendental, sans nuire à l'unité toute métaphysique de ce sujet.

Quoi qu'il en soit actuellement de cette unité métaphysique, unie à cette complexité philosophique du sujet humain, l'objet placé vis-à-vis de l'entendement subjectif que nous traitons ici, se réduit bientôt à une appréhension pure, numériquement multiple, à laquelle il ne reste plus rien d'empirique, si ce n'est une certaine *matérialité* tout illusoire. Elle lui est acquise lorsque, faute d'abstraction complète, la chose transcendentale se présente encore avec sa *dimensionnalité* habituelle.

Notre tâche à l'égard de l'entendement subjectif est donc suffisamment remplie, et notre point de vue psychologique entièrement déterminé. La chose devient un peu plus difficile lorsque c'est l'entendement *objectif* qui vient réclamer notre attention exclusive, et c'est la grande mobilité de ses limites qui en porte la faute. Au premier abord, l'entendement objectif, dont le noyau d'appréhension transcendentale se présente numériquement divisé, ne rallie à son domaine que les faits *de l'aperception physique*, et même ceux-ci, d'une manière fort incomplète (le son, entre autres, est toujours un fait subjectif). Le sentiment (de plaisir ou de douleur), l'idée (élémentaire et représentative) semblent demeurer en entier à l'entendement subjectif, contre lequel l'abstraction paraît en conséquence beaucoup moins puissante. Bientôt cependant, le son se rattachant à la vibration des corps, devient en quelque sorte un accessoire objectif; l'odeur se rattache de même à l'émanation d'une particule matérielle, le sentiment et l'idée enfin se conçoivent également en rapport avec l'activité objective des nerfs et du cerveau, et rentrent — du moins indirectement — dans le domaine de l'*apparence*. C'est alors qu'en face de l'objet métaphysique, il finit par ne rester qu'un sujet tout abstrait et qui se présente simplement comme point de mire de l'action objective, sans autre part dans la confection du monde de l'entendement, que celle qu'il doit y revendiquer pour le maintien de son individualité indépendante et dont le fait coordonné (soit passif, soit actif) est enregistré dans l'entendement du moi. Le domaine objectif se trouve de cette manière parfaitement délimité à son tour, et le point de vue *cosmologique* repose tout entier là-dessus.

Le développement spéculatif de l'entendement ne s'arrête pas néanmoins aux formes ci-dessus, et dès l'instant où nous pénétrons plus avant dans l'ordre des faits apparents, du moment où le domaine de l'entendement objectif se divise distinctement en objet personnel et extrapersonnel, cette façon de considérer les choses fait encore tout changer de face. Non-seulement alors, les perceptions passent toutes du côté de l'objet personnel, mais les sentiments et les idées mêmes viennent se rattacher à lui. Les unes et les autres deviennent les faits caractéristiques de certains états personnels, où ils se classent selon l'ordre organique qui y règne, et s'attribuent, les uns à l'œil ou à l'oreille, les autres au sensorium ou bien au cerveau, et ainsi de suite. Dès lors l'*objet personnel* seul se trouve investi de tout ce qu'il y a d'empirique dans l'entendement, l'objet extrapersonnel, en revanche, aussi bien que le sujet, sont réduits tous les deux à une pure appréhension également abstraite, l'une multiple et externe, l'autre simple et interne ; en un mot, nous nous trouvons avoir occupé une position tout *anthropologique*.

Il sera évident maintenant, je pense, que les trois états spéculatifs différents de l'entendement subject-objectif que nous venons de considérer successivement, ne sont que les phénomènes d'un ordre d'association variable en nous et dont il serait absurde de vouloir tirer des conclusions absolues, transcendantes ou philosophiques quelconques. Il ne serait pas moins imprudent d'accorder à l'une des définitions différentes du sujet (et par conséquent de l'âme) et de l'objet qui découleront nécessairement et en opposition l'une de l'autre, de chacun de ces points de vue différents, une valeur plus positive qu'à l'autre, de considérer, en un mot, l'une comme seule vraie, l'autre comme absolument fausse. Le point de vue psychologique nous donne, par exemple, une âme, ressort essentiel et déterminant d'une conscience vivante et active, qui impose son cachet particulier à la chose externe. Le point de vue cosmologique, au contraire, nous présente une âme table rase, qui se prête passivement à l'impression du dehors. Le point de vue anthropologique, enfin, nous fait voir une âme et un corps dont les rapports, soit mutuels, soit respectifs avec le monde extérieur, décident du caractère et de la forme des phénomènes. Chacune de ces façons de voir est relativement exacte, car elle appartient inévitablement en propre à une des phases diverses de la vie intellectuelle du moi et ne saurait en être détachée, mais elle nous induit facilement en erreur quand nous laissons échapper le fil métaphysique qui la rattache à l'ordre universel.

Au point où l'observation analytique nous a conduits dans son développement final, nous voyons quatre parties très-distinctes diviser l'entendement. C'est

1° L'*objet personnel* transcendental, c'est-à-dire le noyau complexe formé par la somme des éléments transcendentaux subsistants au fond de la matière empirique et constitutive de la personne humaine, en un mot, de son corps;

2° L'*objet extrapersonnel* transcendental, substance d'un monde externe parfaitement abstrait;

3° Le *sujet*, également transcendental et abstrait, mais unique, qui se retire, pour ainsi dire, au fond de la totalité personnelle, et qui (à moins qu'on ne lui assigne abusivement l'entendement du moi) s'y trouve dénué de toute détermination empirique;

4° La *masse des faits empiriques*, associés, sans exception, à l'objet personnel, et constituant ainsi l'individu de l'entendement anthropologique, avec son organisme complet et tous les faits qu'il encadre.

Si nous considérons attentivement les éléments de cet ensemble, nous voyons d'abord que l'objet extrapersonnel y correspond exactement à ce que nous avons antérieurement désigné comme intuition objective (appréhensive et manifeste), de sorte qu'en dehors de la totalité anthropologique, il ne se trouve plus, dans l'entendement, qu'un monde abstrait et indéfini dont le fait métaphysique nous est directement donné, mais dont la réalité externe ne nous est imposée qu'en *croyance* (comp. 75). L'objet transcendental personnel d'un côté, le sujet transcendental de l'autre, se sont placés, le premier, pour ainsi dire, à la surface, le second, au fond de l'entendement empirique qui occupe la scène; mais, quoique nous voyions celui-ci se rallier momentanément tout entier à l'objet transcendental personnel, il se montre prêt aussi à s'en détacher à la première occasion, et balancé, en quelque façon, entre les trois éléments transcendentaux à se rapporter tantôt à l'un, tantôt à l'autre, ou bien encore, à se partager entre eux. C'est ainsi qu'il donne évidemment lieu aux différents points de vue que nous appelons psychologiques, cosmologiques, anthropologiques ou de la vie commune.

Dans la vie et dans l'entendement habituel du moi, il est évident qu'aucune des façons de voir ci-dessus, façons de voir que la spéculation scientifique réussit seule à tenir isolées comme à distinguer l'une de l'autre, ne prédomine exclusivement. Dès lors, les systèmes philosophiques et métaphysiques qui reposent sur elles doivent aussi se balancer dans l'entendement, et nous faire pencher tantôt d'un côté, tantôt de l'autre. C'est là ce qui donne infailliblement lieu à cet état de doute sceptique qui ne sait auquel s'arrêter, qui nous agite sans cesse tant que l'ordre suprême et le mécanisme spéculatif nous échappe dans son universalité, mais qui ne saurait plus nous inquiéter dorénavant. Je pense, en effet, que le lecteur tant soit peu attentif se trouvera maintenant en état de se rendre raison exacte de l'ensemble de son entendement, comme des états divers qui le constituent, selon des lois qu'il nous est également donné de saisir, et dont la logique, les mathématiques et l'éthique nous enseignent la règle abstraite aussi bien qu'appliquée.

Je termine ici cet article, auquel je pourrais donner facilement un plus grand développement, mais que je préfère abréger, parce que déjà il empiète grandement sur le sol synthétique de la science. Il est bon, d'ailleurs, d'offrir le plus tôt possible un point de repos bien nécessaire au lecteur qui voudra me comprendre sérieusement. Je le prie donc de ne pas aller plus loin sans avoir mûrement médité les importants résultats obtenus ci-dessus, et sans être parvenu à se familiariser entièrement avec eux.

CHAPITRE XII.

ANALYSE DES ÉTATS DE PASSIVITÉ ET D'ACTIVITÉ SUCCESSIVE.

Dans la science du vrai, le moi étant à considérer comme la totalité de tout ce qui est et de tout ce qui vit, sa *passivité* absolue, pour avoir un sens philosophique, ne saurait se rapporter qu'à la *constance*, son *activité*, au contraire, qu'à l'*inconstance* des éléments renfermés dans son sein et qui déterminent ainsi l'état du moi, désigné par ces termes. — La passivité et l'activité, considérées en métaphysique vulgaire, soit comme facultés, soit comme états phénoméniques, se rapportent toujours, en revanche, au sujet et à l'objet qui en sont investis, selon que nous les supposons atteints d'une vie en dehors d'eux, ou bien comme y contribuant par une vie éclatée dans leur sein. Un examen attentif de cette matière peut seul nous préserver des erreurs que ce double point de vue (philosophique et métaphysique) ne saurait manquer de faire naître en confondant ses résultats, et c'est cet examen que nous allons tenter actuellement.

Vie et changement d'un côté, constance et repos de l'autre, peuvent, certainement, se borner en expérience, soit aux faits du domaine subjectif, soit à ceux du domaine objectif de l'entendement. L'activité que nous ferons correspondre à cette vie, ou la passivité que nous ferons correspondre à cette constance, seront également restreintes, alors, à l'un ou à l'autre de ces domaines, sans être nécessairement liées à de la passivité ou bien à de l'activité dans le domaine opposé. La métaphysique de la vie commune en décide tout différemment, car elle fait correspondre, d'ordinaire, la passivité subjective à l'activité objective, ou *vice versâ*. Elle en agit ainsi parce qu'elle aime à les considérer en rapport de causalité mutuelle dans l'ordre illusoire qu'elle s'est créé. C'est donc en cela que diffèrent essentiellement nos deux façons de voir respectives, l'une scientifique, l'autre vulgaire, et tout s'embrouille dans cette question du moment où nous mêlons inconsidérément les erreurs de celle-ci aux vérités de celle-là.

En outre, constance et inconstance partielle divisent, sans cesse, l'entendement humain dont, en expérience, ni l'une ni l'autre ne s'efface totalement. Aucun des états du moi philosophique ne saurait, en conséquence, se dire exclusivement passif ou actif, et si malgré cela, nous les désignons ainsi, nous ne saurions comprendre, sous ces termes, qu'une prépondérance momentanée de l'une ou de l'autre dans son sein. La constance et l'inconstance étant, d'ailleurs, des rapports qui affectent évidemment l'association des faits élémentaires du moi, c'est-à-dire *des faits non-moi qui le déterminent,* il s'ensuit qu'à la passivité ou bien à l'activité du non-moi, il correspond, nécessairement, passivité ou activité du moi *qui en dépend;* il s'ensuit que jamais il ne saurait y avoir opposition d'activité et de passivité entre moi et non-moi, tandis que la chose arrive souvent entre sujet et objet.

Voilà ce qu'il ne faut jamais perdre de vue quand on fait application des termes de passivité et d'activité, d'une part, au moi ou bien au non-moi, de l'autre, soit au sujet, soit à l'objet, placés — ensuite de ces considérations, — dans une situation très-différente à cet égard. Dans la science de l'entendement, cette application est, en outre, toute métaphysique, et ne saurait exprimer autre chose que l'affirmation d'un état de constance ou d'inconstance, dans tel ou tel domaine particulier de cet entendement, ou du moins, de leur prédomination respective et remarquable dans ce domaine.

Toute activité supposée, *sans* ce symptôme d'un changement, y est une pure affaire de croyance dont, à chaque fois, il faut nous méfier. C'est un mouvement supposé dont l'expérience n'aurait pas encore éclaté au dehors, ou bien une cause admise, dont l'effet n'aurait pas encore apparu. C'est là ce qu'il importait de rappeler ici, pour éviter d'avance tout malentendu dans cette matière, car on y tomberait doublement si l'on donnait, d'un côté, à nos expressions le sens vulgairement attaché à ces mots, si l'on confondait, de l'autre, le sujet avec le moi, ou le non-moi avec l'objet d'une métaphysique superficielle, et qui pis est, illusoire.

Supposons, maintenant, un état subjectivement passif (c'est-à-dire un état où les faits constants l'emportent dans le domaine de notre conscience subjective) vis-à-vis d'un entendement objectif où règnerait l'activité, où, par exemple, un corps en mouvement se dirigerait vers notre main. Dans ce cas, l'expérience, sans doute, nous présentera plus d'un symptôme de changement subjectif qui, en correspondance avec l'autre, introduira une certaine activité dans notre état subjectif, mais en général, la dénomination d'état passif peut s'y appliquer encore. Cette expérience nous montrera, en outre, une succession d'états semblables, en tout point, à ceux que l'analyse nous a fait connaître jusqu'ici, lors même qu'une certaine augmentation d'énergie aperceptive, un certain accroissement des dimensions de l'objet (à mesure qu'il approche de nous), un degré de crainte plus ou moins vive, à côté d'un désir contraire plus ou moins décidé, réunis dans la prévision de l'événement, introduiraient dans ce phénomène un ordre particulier et caractéristique (1). Cet ordre, du reste, appartient exclusivement à nos études synthétiques, et n'enrichit nullement le fonds analytique qui seul nous occupe ici.

---

(1) Une grande partie de cette expérience est indirecte, et ne fait que s'adapter au phénomène, qui dégagé d'elle devient beaucoup plus simple. C'est ce qui arrive par exemple lorsque nous faisons abstraction des faits de la vision, pour ne considérer que ce qui se passe en pareil cas, dans la sphère du toucher.

Enfin, le contact a lieu (c'est-à-dire l'objet apparaît dans le toucher), et le champ des faits sur lesquels porte l'expérience reçoit ainsi une sensible extension. L'énergie, sur ces entrefaites, continue à croître jusqu'à un certain point, tandis que la crainte et le désir de prévision disparaissent en coïncidant avec l'impression. C'est alors tout d'un coup que l'état passif du sujet devient décidément actif. Un changement préparé à la vérité, mais tombant subitement en évidence, s'est opéré de cette manière, et l'objet, arrêté d'abord dans sa marche, finit par être repoussé, c'est-à-dire par reculer dans un ordre où la main le suivra à son tour. A ce phénomène visuel correspondra, dans le toucher, un *effort* de résistance d'abord et de répulsion dans la suite qui, tous deux, se présentent analytiquement sous l'aspect d'un accroissement prononcé d'énergie subjective dans la sensation du contact. C'est un véritable dégagement d'énergie qui émane du sein de l'aperception subjective (ou, pour parler plus juste, une énergie qui éclaire un dégagement de substance subjective) (1), et qui se répand de cette source sur la conscience empirique du phénomène. Avec elle disparaît aussitôt la domination prépondérante (également due à l'énergie qui l'accompagnait) du fait objectif assaillant, et c'est ainsi qu'il perd naturellement en valeur relative dans l'entendement ce que l'autre y a gagné (comp. p. 210). C'est un équilibre énergique, en un mot, qui se rétablit, et c'est à cela seul que tient l'amélioration immédiate de notre état, auquel le mouvement rétrograde, etc. (dans la vision), ne fait que se lier indirectement dans l'ordre inverse des événements qui suivent et complètent le phénomène.

C'est au point culminant de ce phénomène, c'est au moment où l'activité succède à la passivité subjective, que nous

---

(1) Cette théorie nous explique parfaitement les cas où une activité subjective incontestable et prouvée par ses résultats, nous échappe pourtant en conscience. Elle a lieu dès lors sans être éclairée par la lumière intérieure de l'esprit, et c'est ce qui arrive particulièrement dans l'état de sommeil ou d'évanouissement.

plaçons un fait métaphysique d'un genre tout nouveau, et que nous dotons d'une puissance causale décisive par rapport aux événements subséquents, en un mot la *volonté*. On a beau faire cependant, rien dans l'entendement (aucun fait de vérité absolue et distincte) n'y répond d'une façon positive, aucun caractère saisissable ne saurait lui être attribué, et comme au lieu de cela il se pare bien évidemment d'un caractère causal des plus prononcés, nous sommes forcé de lui disputer toute valeur (autre que relative) dans le domaine de la science. Cette volonté, en d'autres termes, n'est bien certainement que la désignation particulière d'une *cause* (supposée) *en nous, à laquelle nous attribuons comme effet le passage observé de la passivité à l'activité subjective*, avec tout ce qui s'ensuit dans l'expérience. Son sort scientifique dépendra donc tout entier du jugement définitif que nous aurons à porter sur le principe même de causalité. Nous avons déjà vu (Voy. p. 97 et les suivantes) comment ce principe semble reposer sur une illusion, et justice entière en sera faite dans la partie synthétique de cet ouvrage. C'est ainsi que se réduit à une création tout illusoire ce fait d'une volonté facultative à laquelle nous tenons en métaphysique avec toute la persistance d'une longue habitude, mais contre laquelle je suis destiné à lutter de tout mon pouvoir (1). Quoi qu'il en soit, du reste, de ce principe causal, qui ne change rien aux faits dévoilés par l'analyse, l'événement en question ne présente pas d'autre élément de vérité, et consiste simplement dans la collision de deux développements organiques opposés, dont l'un l'emporte alternativement d'*énergie* sur l'autre.

C'est dans ce conflit que l'*achoppement* et la *borne*, que cette *limitation vivante* mentionnée plus haut (qui diffère essentiellement de la limite statique, tout en coïncidant souvent avec

---

(1) La liberté humaine ne souffre nullement de l'adoption de cette vérité scientifique, analytiquement établie, et nous en serons convaincus tant que nous tiendrons le fil des raisonnements concluants qui ont antérieurement éclairé cette question importante (Voy. p. 110).

elle), se fait remarquer d'une façon particulièrement distincte, et cela confirme d'une manière décisive sa nature subjective-objective (Voy. p. 232), qui est bien certainement celle du phénomène tout entier, et surtout du moment phénoménique où nous le voyons se placer.

Je ne saurais me dissimuler les difficultés qu'il s'agira de surmonter, avant que l'on parvienne à se persuader qu'en dépit de l'habitude contractée et malgré la présence d'un but prévu, désiré et atteint, — l'action qui aboutit à ce résultat ne doive pas être considérée comme volontairement dirigée là-dessus (j'ai moi-même passé par là); mais le rapport causal une fois privé du prestige qu'il exerce dans notre façon de voir habituelle, cette conviction tombe nécessairement avec lui. Ce résultat n'empêche pas pourtant le but prévu, le désir ressenti, l'action exécutée, etc., de *déterminer* (organiquement) *l'événement total* dans le sens plus scientifique que nous attachons à ces mots.

Tant que le principe causal domine encore dans l'ordre de notre entendement, nous sommes poussés cependant à donner une cause motivante à chaque fait particulier de l'expérience, et de plus, une cause d'autant plus importante et d'autant plus efficace, que le fait lui-même nous y paraît plus marquant et plus grave. Le passage de l'état de passivité à celui d'activité subjective est bien certainement de cette nature, et la faculté volontaire, chargée en ce cas du rôle causal, en profite dans toute son étendue. La vérité cependant ne réside que dans le fait donné et dans son enregistrement en nous, tandis que la liaison causale de ce fait avec un autre, complique seulement cette vérité positive au moyen d'une chose douteuse de sa nature. Cette vérité s'embrouille bien davantage encore lorsque la question de la liberté et de la nécessité y pénètre, quoiqu'elle aussi n'en soit qu'un accessoire. Cette double complication achève de donner à la volonté humaine l'immense importance métaphysique qu'on y rattache, mais qu'elle ne saurait conserver, pourvu que nous éclaircissions ces différentes circonstances.

Ensuite de l'analyse la plus scrupuleuse du phénomène dans lequel nous faisons intervenir la volonté, la définition métaphysique de celle-ci ne saurait se donner autrement que par : *faculté subjective à laquelle, comme à sa cause, nous attribuons tout passage d'un état subjectif-passif à un état subjectif-actif*, et cette définition ne laissera plus rien à désirer quand le rapport causal aura reçu ses derniers éclaircissements, car lui seul, dans cette définition, peut encore se considérer comme entaché d'une certaine incertitude.

Lorsque nous substituons à l'aperception du toucher (dans le domaine duquel nous venons de considérer essentiellement l'expérience du phénomène ci-dessus) celle de la vue, de l'ouïe, etc., nous voyons arriver des événements parfaitement analogues, quoique différemment caractérisés, selon les particularités de leur mode d'aperception respectif. C'est ainsi que nous nous *habituons*, ensuite d'un certain effort (en apparence volontaire), à l'énergie exaltée d'une lumière ou d'un son; ce qui veut dire analytiquement encore, que l'énergie des faits subjectifs est parvenue à la domination et qu'en conséquence l'énergie des faits objectifs a perdu sa prépondérance dans le rapport de vivacité. Une autre fois nous tâcherons par contre, de nous soustraire à l'atteinte directe de l'aperception visuelle ou auriculaire qui vient nous incommoder, et c'est ce qui revient (dans l'exemple cité en premier lieu) à retirer la main devant l'objet au lieu de le repousser. Cette différence ne concerne donc que l'ordre des faits accessoires qui accompagnent le développement de l'activité subjective, et ne change rien au fond de ce que nous avons dit. Dans le domaine enfin de la réflexion et du souvenir, nous voyons encore le phénomène en question se développer d'une manière analogue, et l'activité subjective y accompagner bien des fois l'éloignement d'images déplaisantes dont l'attention se détourne (en apparence tout aussi volontairement), comme nous nous exprimons alors, et qui fuient en décroissant d'énergie.

L'expérience du même phénomène peut cependant avoir lieu d'une façon absolument inverse et qu'il faut prendre également en considération. C'est souvent la diminution d'énergie objective, au-dessous d'un certain degré, que l'on voit suivie d'activité subjective d'abord, d'un accroissement d'énergie objective ensuite. C'est là ce qui arrive dans tous les cas où nous retenons, pour ainsi dire, de différentes manières les objets qui tendent à nous échapper. Voilà ce que fait, par exemple, le *tâtonnement* avec la main ou l'*attention* qui se fixe sur un objet indistinctement donné, soit à l'œil, soit à l'esprit, etc. Mais dans tous ces cas l'activité du sujet ne succède pas moins à sa passivité, et toujours nous faisons intervenir la volonté comme force causale et déterminante, en la plaçant à la limite de ces états.

Il ne nous reste plus, pour épuiser cette matière, que de faire une égale attention au cas particulier, où nos efforts d'activité subjective ne seraient pas couronnés de succès, comme nous avons toujours supposé jusqu'ici. Dès lors nous substituons, il est vrai, en métaphysique vulgaire, au fait de la *volonté* (considérée comme cause toute-puissante et que nous n'aimons pas à ravaler), des *vœux* (ou désirs) inefficaces sous quelques rapports, et nous ne leur accordons plus qu'une certaine force de *résistance*. Quoi qu'il en soit de cette distinction, qui ne repose que sur une différence de résultats dans l'expérience citée et qui n'affecte pas du tout l'événement essentiel, les vérités analytiques développées ci-dessus n'en souffrent aucune atteinte. L'effort observé dans la résistance est de sa nature tout aussi actif dans le cas de non-succès que de succès ; il l'est toujours, soit que cette résistance se prolonge, soit qu'elle s'éteigne dans une passivité définitive.

CHAPITRE XIII.

ANALYSE DE L'ENTENDEMENT NÉGATIF.

L'entendement du moi ne présente pas toujours la même richesse de faits; il y manque souvent, au contraire, un certain nombre de ceux que l'analyse nous y a fait découvrir. C'est ainsi que nous pouvons non-seulement voir sans entendre, entendre sans goûter, etc., mais encore être privés presque entièrement de tous ces faits d'expérience perceptive à la fois, et même des idées et des sentiments qui s'y lient, supplantés tous deux dans l'entendement par une intuition absolument vague. Tel est l'état de *défaillance*, par exemple, qui vient au secours de l'homme dans les cas d'extrême douleur et de peine excessive. C'est là l'état qu'ensuite des résultats de l'analyse nous devons considérer comme subjectivement actif par excellence; car c'est en lui que l'énergie objective assaillante est le plus complétement effacée (Voy. p. 244) par l'énergie subjectivement développée. La rapidité de l'événement ne nous permet cependant pas, pour cette fois, d'invoquer une volonté causale, qu'en toute autre occasion de ce genre nous ne manquerions pas de faire intervenir, et dont par conséquent, nous voyons qu'il y a moyen de se passer.

La défaillance est le seul état d'entendement négatif complet que nous possédions; mais il est impossible de nous en rendre un compte exact, car nous ne saurions le juger qu'au moment où déjà nous nous trouvons dans un état tout opposé. Ce n'est donc qu'approximativement et analogiquement que nous pouvons en parler, et ce qu'il nous est donné d'en dire se borne à peu près aux observations ci-dessus. Cela suffit néanmoins pour ne pas le confondre avec l'état de sommeil (où l'énergie positive nous manque), avec celui d'obscurité (où nous manque le fait lumineux), de silence (où manque le son), etc., non plus qu'avec la réunion de tous ces faits. Dans les cas ci-dessus, nous pensons encore, quoique ce soient des faits distraits par l'atonie qui nous occupent; nous voyons encore, quoique ce soit de l'obscurité; nous entendons, quoique ce soit du silence, et ainsi de suite. Tous ces faits, sans doute, sont des faits extrêmes, faisant opposition dans l'aperception, des faits que nous pouvons appeler en conséquence du nom d'*aperception négative,* mais qu'il faut soigneusement distinguer du fait *négatif d'entendement,* qui est l'*intuition* (appréhensive et manifeste). Lorsqu'enfin nous parlons de l'une quelconque de ces aperceptions négatives, il ne faut jamais oublier non plus, qu'il s'agit d'exprimer seulement un degré extrême de combinaison aperceptive; car, autant que nous pouvons en juger, les faits positifs et négatifs s'allient toujours dans l'expérience. Ils déterminent ainsi, par leur rapport, les gradations lumineuses, sonores, tactiles, etc., qu'il ne faut pas confondre avec celles de l'énergie qui les éclaire toutes dans la représentation, et qui les range alors dans les catégories diverses de présence abstraite ou distraite, dont les états de veille et de sommeil sont à leur tour les limites.

Une observation importante qui nous reste à faire, et qui se place naturellement ici, parce qu'elle se rattache à un état d'aperception négative, c'est celle qui concerne le rêve et les images qu'elle nous donne au milieu du sommeil. Si d'un côté elles ne nous enseignent rien de nouveau en matière d'analyse; si, comme représentations détachées et non effacées par l'énergie négative (atonie) qui domine dans cet état, elles ne sont qu'un reste d'aperception positive (en évolution selon un ordre différent de celui qui les régit en état de veille), du moins nous donnent-elles une autre leçon qu'il est juste d'enregistrer. Elles nous montrent des phénomènes absolument analogues à ceux de la vie éveillée, sans que nous soyons tentés le moins du monde d'y rattacher des objets réels en dehors de nous. Des attouchements sensibles, des efforts décidés s'y font remarquer et devraient bien nous convaincre, qu'une certaine ordonnance tout intérieure au moi suffit ici pour les faire naître. Cette considération nous guérira d'un faux réalisme qui s'empare volontiers de nous et dont l'existence extérieure est la condition nécessaire. Cette vérité du reste n'implique nullement l'absence d'un fait *extrapersonnel* qui limite le corps humain et diffère grandement d'une *existence en dehors de moi*, qui ne nous est donnée qu'en croyance. C'est à la synthétique et à la psychologie qu'il appartient d'éclaircir davantage ce fait intéressant du rêve où l'analyse ne trouve que des éléments connus.

La tâche de cette analyse métaphysique est maintenant achevée, et je ne vois plus rien dans l'entendement qui ne puisse facilement se ramener aux différentes divisions et subdivisions que la science établit tout naturellement pour classifier ces éléments. Leur énumération complète se trouve dans le tableau annexé à la fin du chapitre, qui tiendra compte en même temps de toutes les diversités spécifiques que nous y rencontrons, et qui rattachent les faits à des organes particuliers. Tout ce que nous y avons noté, c'est à mon avis de la vérité pure et parfaitement indubitable, c'est de la simple expérience métaphysique; et pour l'obtenir, nous n'avons eu besoin d'aucun effort de raisonnement, mais bien de quelque persévérance d'attention.

Si quelqu'un, après avoir scruté le contenu de son entendement avec la même sincérité et la même constance, allait, au moyen de l'analyse et non de la spéculation, y découvrir quelque chose de plus que moi, sans doute alors il réussira bientôt à dessiller sur ce point les yeux des observateurs, et finira par enrichir la science du résultat de sa découverte. Il le fera pourtant sans ébranler les bases solides sur lesquelles je pense l'avoir définitivement assise, et qui se trouvent en dehors du domaine de l'entendement, où chaque fait nouveau viendra se placer nécessairement. Aucune considération étroite ou jalouse ne m'empêchera de reconnaître ses services et de le féliciter de ses succès. Mais si le résultat de cette investigation allait réduire, au contraire, le nombre des faits observés par moi, je regretterais sans doute cette divergence, mais je ne saurais rien retrancher pour cela du registre des éléments scientifiques placés par moi dans l'inventaire de nos biens. Un appel à la majorité des penseurs amènerait alors l'arrêt selon lequel s'établira la valeur de nos observations respectives par rapport au monde philosophique ; et certainement je ne veux pas en récuser l'autorité. Quand on viendrait à reconnaître ainsi que le matériel même de la science peut varier d'un individu à l'autre, ce qui non-seulement est possible, mais malheureusement très-certain, l'ordre et les lois que la suite va développer ne sauraient pourtant en souffrir sérieusement. La philosophie et la métaphysique de l'aveugle ou du sourd, par exemple, ne sauraient s'écarter, pour le fond, de la philosophie et de la métaphysique de l'homme plus heureusement constitué. Quant à la philosophie de l'idiot, je ne pense pas qu'il y ait lieu d'en tenir un compte spécial.

Il se pourrait enfin qu'on blâmât la terminologie dont j'ai cru devoir me servir dans l'intérêt de la science et dont j'attends pour elle les avantages les plus décisifs. Je suis loin de la considérer moi-même comme à l'abri de tout reproche, mais ici comme en d'autres circonstances, j'ai dû tirer parti de ce qui m'était donné par mes devanciers, au lieu d'être appelé à créer mes moyens d'action, situation que certainement j'aurais préférée. C'est là l'écueil qui menace chacun dans cette carrière difficile, et qui le gêne surtout lorsqu'il veut s'ouvrir une route nouvelle. S'il arrivait cependant que l'on vienne à m'indiquer des termes plus exactement appropriés aux faits et aux rapports qu'ils doivent exprimer, je serai toujours heureux de les adopter. Il faudrait seulement, ne s'éloigner pas dans cette circonstance du principe essentiel de toute terminologie, principe selon lequel c'est le caractère des faits et leur généralité plus ou moins grande dans le système de l'entendement, qui sont exclusivement appelés à déterminer leur mode de dénomination et de classification scientifiques. Si au lieu de cela, on allait faire dépendre le sens et la valeur des termes, de l'application préalable de certains principes philosophiques et métaphysiques, basée sur une conviction systématisée d'avance, alors il n'y aurait plus aucun moyen de nous entendre à cet égard. Comment nous réunirions-nous sur les principes sans nous comprendre, et comment nous comprendrions-nous, si les termes adoptés impliquaient déjà les principes contestés? C'est là un cercle dont il est impossible de sortir, si ce n'est par l'adoption d'une terminologie fondée uniquement sur les faits élémentaires de l'entendement et sur l'ordre le plus simple de leur association.

ÉLÉMENTS DE L'ENTENDEMENT HUMAIN.

(Faits possédés par moi)

A. Éléments de l'intuition (de l'entendement transcendental).

1. *Appréhension* ... { subjective ... { sujet. unité. } objective .... { objet. pluralité. }

2. *Manifestation :* vague indéfini.

B. Éléments d'expérience (de l'entendement empirique).

1. *Conscience* (expérience subjective).
2. *Apparence* (expérience objective).
3. *Aperception* (expérience subjective-objective rattachée à l'organisme).

254 IIᵉ PART. LA SCIENCE DE L'ENTENDEMENT.

a. Perception (aperception physique).

Émotions............ Perceptions cordiales....	{ Audace. { Crainte.
Appétences............ Perceptions stomacales..	{ Appétit. { Société.
Températures.......... Perceptions tactiles......	{ Chaleur. { Froid.
Saveurs............... Perceptions saporifiques.	{ Goût. { Insipide.
Senteurs.............. Perceptions nasales......	{ Odeur. { Inodorant.
Sons.................. Perceptions auriculaires.	{ Son. { Silence.
Couleurs.............. Perceptions oculaires....	{ Lumière. { Obscurité.

Appétits charnels.

b. Sentiment (aperception morale)...... { agrément.
 { désagrément.

c. Idée (aperception spirituelle)..... { énergie (lucidité).
 { atonie (opacité).

C. *Associations primitives d'éléments métaphysiques.*

1. *Impression*....... { Perception.
 { Sentiment.
 { Idée.

2. *Sensation*........ { Perception.
 { Sentiment.

3. *Représentation*.... { Perception.
 { Idée.

4. *Affection*......... { Sentiment.
 { Idée.

5. *Pensée* (association de représentations en rapport les unes avec les autres).

MÉTAPHYSIQUE DE L'ENTENDEMENT SYNTHÉTIQUE.

CHAPITRE XIV.

NOTIONS FONDAMENTALES.

La science synthétique de l'entendement embrasse, comme nous avons dit antérieurement, tous les faits de rapport et d'ordre qui associent, non tels et tels éléments particuliers dans un phénomène spécial, mais bien tous les faits d'entendement humain, *dès* que la possession nous en est donnée. Elle devient ainsi une science d'ordre universel à laquelle toutes les sciences d'ordre particulier se rattachent intimement et nécessairement comme à leur souche commune. Exprimer un fait d'ordre général, c'est ce que nous appellerons énoncer *une loi*, et la science synthétique comprendra de cette manière la législation de l'entendement dont à son terme elle nous offrira le code complet. Selon leur application plus ou moins étendue, le caractère de ces lois sera celui d'une nécessité plus ou moins grande, et l'universalité d'application d'une loi lui assurera par conséquent celui de la seule *nécessité absolue* qui en métaphysique nous soit véritablement révélée. Il ne faut pas la confondre cependant avec la nécessité préexistante à toute expérience, nécessité dont se berce l'illusion scientifique sur la foi du principe de causalité. Cette dernière nécessité naît tout entière de la supposition d'une cause en dehors de l'entendement et de son développement, auquel l'ordre des faits donnés serait soumis, et dont alors il découlerait inévitablement. Comme cette façon de voir ne saurait être la nôtre pour des raisons plus d'une fois détaillées, la loi d'ordre qu'aucune exception n'atteindra sera donc la seule que nous pourrons considérer comme fondamentale, universelle et par conséquent scientifiquement nécessaire (1). Dès le début de notre carrière, tout comme dans sa poursuite ultérieure, gardons-nous donc bien d'introduire dans le sens du mot *loi*, la signification causale qui s'y rattache d'habitude. N'allons pas quand nous découvrons quelque règle d'expérience générale, substituer aux faits reconnus des forces transcendantes que nous ne connaissons point, n'allons pas par exemple, quand nous voyons converger la matière terrestre vers un centre, et que nous calculons la vitesse de ce mouvement (2), investir du résultat de nos tra-

(1) La nécessité logique, qui diffère encore, tant de la nécessité métaphysique que de la nécessité causalement illusoire, appartient *à la seule expression des faits dont le contraire est impossible* (parce que la supposition contraire renfermerait contradiction) et doit en être soigneusement distinguée. Dès l'instant néanmoins qu'elle cesse d'être employée logiquement, dès l'instant qu'elle contracte une autre signification que celle d'une absence de déterminations contradictoires, assumées dans l'expression d'un fait complexe, dès qu'on voudrait enfin lui donner un caractère de *puissance*, elle perd toute son importance scientifique. Comme législation abstraite de l'entendement subjectif, la logique jouit de nécessité formale dans toute l'étendue du mot, mais transportée dans le domaine philosophique, embrouillée par l'association à l'existence absolue, qu'on accorde volontiers à ses créations d'ordre abstrait, elle donne lieu aux errements méthodiques de l'idéalisme moderne, qui aurait rendu de bien plus grands services à la science, s'il avait pu se défendre des illusions inséparables d'un seul faux pas dans cette carrière glissante.

(2) Lorsque nous disons : *toute matière est pesante*, nous exprimons une *loi constitutive;* lorsque nous plaçons les distances parcourues par un corps tombant en rapport avec le temps qu'il y met, et que nous donnons ainsi *une certaine mesure a sa vitesse*, nous exprimons une *loi régulative*, mais toujours c'est un ordre de choses empiriques que nous exprimons de cette manière.

vaux une force attractive que nous regarderions comme la cause de ce phénomène. Certes nous n'y sommes pas autorisé de prime abord, et nous nous convaincrons en avançant, d'une manière à n'en pouvoir douter, que c'est cette méthode qui nous précipite d'erreur en erreur, et qui finit par marquer d'incertitude les vérités les plus incontestables par elles-mêmes.

Si maintenant on me demandait encore : *Pourquoi* ceci ou cela arrive-t-il ainsi (c'est-à-dire, ensuite de quelle loi d'ordre)? ou bien, en d'autres termes : A quelle cause régulatrice devons-nous attribuer cela? Je récuserais tout d'abord l'autorité d'une métaphysique qui nous adresserait une pareille question. J'en agirais ainsi, quel que soit le sens précis du mot pourquoi, auquel on attache, en pareil cas, des significations très-différentes selon les circonstances, mais qui, toutes, sont tirées d'une source éminemment causale (comp., p. 186).

Si l'ordre métaphysique général n'a rien d'absolument nécessaire par lui-même, dans le sens vulgaire, dès que son importance repose tout entière sur la généralité de sa présence en entendement, *tel fait d'ordre particulier* n'en est pas moins une chose nécessaire, par rapport *à tel phénomène déterminé* dans l'entendement humain, auquel il donne toute sa signification caractéristique, comme partie essentiellement intégrante et, par conséquent, nécessaire. Sans un ordre spécial de ce genre, l'entendement, par exemple, sera sans doute encore un entendement quelconque; mais il lui manquera le cachet particulier qui en ferait un entendement systématique, scientifique, métaphysique, philosophique, etc. Il en est de lui comme de toute autre association de choses sous forme donnée, car toutes les pierres du monde, par exemple, ne constitueront pas une maison, à moins d'un certain ordre relativement nécessaire, qui les rassemble en totalité de ce genre.

La connaissance acquise du rapport philosophique nous dispense, dans la science synthétique comme dans l'analyse, du recours à des facultés considérées comme causes intermédiaires, moyennant lesquelles, — selon la métaphysique de la vie commune, — nous serions mis en état de faire les recherches scientifiques dont nous allons nous occuper dans cette partie de notre ouvrage. Selon le principe fondamental établi dès le commencement, nous renfermons en nous les éléments de toute science, et c'est ce qui équivaut à leur *entendement absolu*. En second lieu, nous les renfermons dans l'ordre constant ou passager qui les rassemble, qui fait partie intégrante de leur manière d'être en nous, et cette inclusion équivaut à leur *entendement relatif*. Si nous voulons donner maintenant une dénomination particulière à l'entendement (la possession), selon qu'il se rapporte à l'un ou à l'autre de ces deux cas, et si nous nous conformons, en cela, à un usage généralement adopté, cela ne doit pas nous induire, pourtant, à lui supposer une nature différente dans ces circonstances diverses. L'entendement des faits absolus, dans ce sens, sera convenablement désigné par nous comme *connaissance*; l'entendement des faits relatifs de rapport ou d'ordre quelconque, je l'appellerai, en revanche, leur *intelligence* (comp., p. 91), car c'est en saisissant cet ordre régnant parmi les faits portés à notre simple connaissance, que l'intelligence complète nous en est acquise. Dès lors, nous pouvons dire aussi, et cela sans provoquer de malentendu, que c'est l'intelligence qui nous occupera particulièrement dans cette partie de notre métaphysique.

C'est donc ainsi que le moi, doué seul de tous les genres d'entendement, est intelligent tout comme il est pensant, sentant, percevant, etc., sans que nous ayons besoin d'en faire, pour cela, un être spirituel ou matériel, définitions également défectueuses, et dont les inconvénients ont été mis suffisamment au jour par la marche de la spéculation. Elle n'a pu s'en accommoder, et c'est ce qui devait arriver, car elles sont puisées toutes deux dans des domaines subalternes de science métaphysique, et se trouvent, par conséquent, sans application générale. Il en serait ainsi de toute autre définition pareille, et nous devons nous en abstenir également (1).

Nous avons à considérer actuellement une suite de malentendus graves qui découlent, sans exception, d'une façon ambiguë de nous exprimer, et passée tout entière dans notre façon de voir, comme dans notre méthode spéculative. Elle affecte nos jugements les plus habituels aussi bien que les plus abstraits, et voilà pourquoi il importe d'en éclaircir le fait dans une introduction scientifique à la synthèse du vrai, afin de porter remède aux nombreux inconvénients qu'elle entraîne.

Nous disons volontiers, par exemple : *Je sais que je pense*, ou bien, *que je sens, vois,* etc. Nous disons : *J'ai conscience de mon raisonnement,* et ainsi de suite, comme si, par le moyen de l'une de ces fonctions, on parvenait en quelque façon ; à l'autre comme s'il fallait, pour compléter la pensée, par exemple, savoir *en outre,* qu'effectivement nous pensons. C'est, pour l'ordinaire, le mode de possession le plus général qu'en cette occasion nous plaçons en première ligne d'entendement, c'est-à-dire l'expression qui répond au genre et qui embrasse ou implique l'expression de l'espèce, tandis que nous faisons suivre celle-ci. Compliquant ainsi notre façon d'annoncer un fait simple en lui-même, nous faisons une chose inutile, mais au moins dénuée de danger. On dit, de cette manière : Je sais que je sens, que je vois, sans se permettre de retourner l'expression et de dire : *Je sens que je sais,* etc. Dans les régions plus élevées, cependant, de la science, là où résident principalement les divergences d'opinions, où, par conséquent, la terminologie est moins précise, on peut en agir avec moins de circonspection sans se trouver arrêté, pour ainsi dire, en flagrant délit, et c'est là que l'inconvénient de cet usage se fait aussitôt sentir. Tantôt on se dit : Nous savons que nous jugeons ; tantôt nous jugeons

---

(1) Le moi défini comme sujet, ou sujet-objet, est absolument dans le même cas. C'est toujours dire du moi, qu'il n'est qu'une partie de ce qui le compose en totalité

notre savoir, etc., et l'emploi le plus consciencieux des mots, dans un système donné, produira, dans le sens de l'autre, une ambiguïté fâcheuse, donnera lieu à des malentendus presque impossibles à débrouiller. La connaissance du principe régulateur de nos expressions et l'instinct métaphysique peuvent, néanmoins, y parvenir encore dans les cas ci-dessus, mais ils deviennent eux-mêmes insuffisants lorsqu'ils viennent à se compliquer davantage au moyen d'une nouvelle erreur que nous devons également relever.

L'ignorance des vrais principes de philosophie qui nous fait substituer bien des fois le sujet au moi de la science, nous conduit par une autre voie à des expressions analogues, et cela toutes les fois que le moi perd dans la spéculation une partie de ses droits philosophiques (comme possesseur unique de l'entendement), transmis illusoirement au sujet. Lorsque nous disons : *Je réfléchis à ce à quoi je pensais tantôt*, au lieu de dire : *je me souviens avec réflexion* (comme nous devrions le faire), le premier : *je*, représente le *moi philosophique,* tandis que le second au contraire exprime le *sujet métaphysique* (c'est-à-dire un moi particulier) auquel nous avons fait passer illusoirement une partie des attributions du vrai moi, et qui par conséquent se trouve à juste titre soumis à l'entendement supérieur de celui-ci. Plus cette illusion s'étend, plus aussi l'entendement du moi devient général et abstrait sans cesser de dominer les diverses branches de l'entendement particulier (subjectif) qui dès lors nous paraissent subordonnées (comp. p. 86). C'est à cela que tient une gradation d'entendement aussi facile maintenant à comprendre, qu'il est urgent de l'éviter, car le moi personnel aussi vient la compliquer en prenant parfois la place du sujet. Voilà comment l'esprit semble dominer les sens, et la raison à son tour dominer l'esprit, mais quelque dénomination différente qu'y introduise la diversité de système ou d'application, la chose demeure toujours la même. — Quelque grave que soit la faute ici commise, il suffit ce me semble d'en avoir donné la clef, en développant d'une part le vrai principe, en montrant de l'autre le procédé illusoire qui nous fait dévier de la route, pour en détruire complétement les dangers. Pourvu qu'on se donne la modique peine de suivre nos diverses indications, il sera facile de reconnaître chaque fois le genre d'erreur qu'on aura commise, et dès lors de la redresser.

Une autre illusion fondamentale portant sur le fait de notre jugement, est celle qui nous induit à le considérer comme une action du moi, *progressivement développée* dans le temps, car c'est la seule nécessité de traduire en paroles successives (soit dites, soit écrites) le contenu complexe d'un pareil jugement qui en porte la faute. A$=$A par exemple, est l'expression d'une vérité de jugement, dont il ne dépend pas de nous de faire ou de ne pas faire suivre les différents membres, et qui est tout entière achevée, sitôt que A$+$A nous est donné soit en perception, soit en idée, en souvenir ou en réflexion. C'est à ces faits que tient le rapport d'égalité, et le moi le reçoit d'eux. Tout ici s'accomplit du même coup. Si l'un des deux faits : A, avait succédé en entendement à l'autre, alors sans doute il y aurait eu création de *rapport*, mais point du tout dans la formation du jugement ci-dessus, qui ne saurait commencer avant que le dernier A fût donné, mais qui est achevé dès l'instant où il le serait. La succession et le temps avec elle, anime la donnée métaphysique et fait naître un certain état, le moi ne fait qu'en prendre possession tel qu'il est. Voilà ce qu'il importe de ne jamais perdre de vue, et rien n'est plus faux en conséquence que la supposition gratuite d'un acte causal, moyennant lequel l'un des éléments de toute vérité en tirerait un autre (et volontairement par-dessus le marché) soit de son propre fonds, soit du sein d'un élément tiers.

Il est heureux que de pareilles vues soient aussi insoutenables qu'elles sont fausses, car s'il pouvait en être ainsi, il n'y aurait plus aucune certitude en rien, et le scepticisme le plus désespérant serait la seule philosophie raisonnable. Deux faits peuvent être jugés différemment par deux individus, cela se conçoit de plusieurs manières, et n'est que médiocrement fâcheux ; mais si la même personne (sans que rien eût changé dans l'état des choses ou de ses rapports avec elles) pouvait tirer deux jugements opposés du fait de leur présence, ou choisir librement parmi ceux qu'elles nous offrent, alors il n'y aurait plus aucun moyen de distinguer le jugement défectueux du jugement exact, l'illusion de la vérité, et tout serait désormais entaché d'une incurable incertitude. C'est effectivement de pareilles suppositions que le scepticisme tire sa force principale.

Si l'analyse nous apprend *tout ce que nous possédons,* la science synthétique nous dit en outre : *comment nous possédons tout cela.* Notre entendement éclairci par l'analyse dans ses éléments, et par la synthétique dans son ordre, devient ainsi un entendement essentiellement scientifique. L'état individuel qui correspond à un pareil entendement, est évidemment le résultat d'un développement organique et vital, qui ne saurait être le partage de chacun. Il demande le concours d'une foule de circonstances particulières, auxquelles le mérite personnel a bien peu de part. S'enorgueillir de ce bienfait ou le dénigrer quand on ne le possède pas, ne saurait donc être que ridicule ou présomptueux, et la première leçon d'une science synthétique bien entendue, serait en conséquence une leçon de modestie également profitable au philosophe et au praticien exclusif. Il a grand tort le premier, s'il croit, grâce à ses facultés privées, pouvoir se passer des indications positives de l'expérience, qui souvent il est vrai l'arrête dans son vol hardi, mais aussi le ramène sur la bonne voie, lorsqu'il est en train de la perdre. Il aurait grand tort le dernier, de vouloir dédaigner une science cultivée depuis tant de siècles, par la seule raison qu'il n'y comprend rien, ou qu'il n'en voit pas l'utilité d'application. Achevons donc notre tâche sous cette impression salutaire, en y mettant toute la sincérité et toute l'attention qu'elle exige. Nous en aurons besoin plus que jamais, car c'est actuellement que le domaine héréditaire de l'illusion s'ouvre devant nous, et menace à chaque pas d'envelopper de nouvelles ténèbres la lumière pure de la vérité. Si nous tenons ferme cependant aux principes fondamentaux dont le phare doit nous guider toujours, nous sortirons encore victorieux de la lutte, et la science, j'ose en donner la promesse, lui devra de nouveaux et de notables progrès. Le chemin que nous allons parcourir à cette fin n'est pas semé de roses il est vrai ; mais quelque aride pour l'imagination, quelque abstraite, et par conséquent peu amusante que soit une étude destinée à nous donner l'intelligence entière des relations métaphysiques, je ne saurais en dispenser le lecteur qui voudrait saisir à fond cette matière, la juger avec quelque connaissance de cause, et retirer de ce que nous avons dit jusqu'ici, quelque profit pour la suite.

CHAPITRE XV.

DE L'ORDRE SIMPLE OU DU RAPPORT.

La simplicité d'un fait considéré en lui-même le soustrait à toute détermination d'ordre, dont la complexité ou l'association élémentaire peuvent seules nous offrir le phénomène. Cette complexité exigée se trouve cependant jusque dans l'élément de la science, en conséquence de quoi il est des faits primitifs de ce genre, des faits relatifs (d'ordre) fondamentaux, qui nous sont indiqués toujours et partout. C'est à ces faits d'ordre suprême que répondent les rapports philosophiques, examinés dès le début de notre carrière, et sur lesquels, par conséquent, nous ne revenons point.

Ces rapports philosophiques, dont la seule indication nous était donnée, moyennant une expression profondément significative (dans les termes : avoir, être et être eu), mais dont le sens demeurait indéterminé, ce sont pourtant des rapports métaphysiques analogues qui nous ont aidé à les éclaircir, et la haute importance que ces derniers ont acquise de la sorte, aussi bien que leur généralité d'application ultérieure, nous impose le devoir de les placer en première ligne de considération synthétique. Si, dans ces circonstances, quelques répétitions sont inévitables, j'espère les faire excuser par la haute utilité qu'il y aura sans doute, à remettre sous les yeux du lecteur, les faits dont l'application la plus constante et la plus directe va nous occuper chaque instant.

ORDRE D'ORGANISATION.

Le vaste champ de l'entendement (indépendamment de ses rapports avec le moi) est *une totalité relative,* formée de *parties* nombreuses et certainement très-distinctes. Il nous offre en conséquence une *réunion* (en totalité) de faits à côté d'une *désunion* (en parties) tout aussi incontestable. C'est ainsi qu'il nous présente une *complexité* dont le sens implique les deux déterminations ci-dessus à la fois. Nous allons donc embrasser ces trois rapports homogènes, dans l'expression d'un *ordre organique et fondamental* en métaphysique. Ce sont autant de vérités incontestables et primitives qui se répètent indéfiniment dans son sein, en s'appliquant à chaque totalité subordonnée que nous y rencontrons.

ORDRE DE VITALITÉ.

Notre entendement en second lieu, loin d'être un fait achevé, et par conséquent inerte, est animé, au contraire, d'une vie riche et inépuisable qui le développe sans cesse dans son ensemble comme dans ses détails. A côté d'une *persévérance* partielle, il est donc atteint d'une *inconstance* presque universelle. C'est là ce qui implique *variation,* terme par lequel nous désignons réunion de persévérance et d'inconstance dans le domaine d'une totalité quelconque. Il en résulte trois rapports homogènes formant un *ordre fondamental de vitalité.*

ORDRE DE COORDINATION.

C'est la totalité de l'entendement (le monde possédé par moi) qui, en métaphysique, renferme toutes les parties élémentaires de la science, c'est-à-dire qui les *a* métaphysiquement. Mais *avoir,* dans ce sens, ne veut plus dire comme en philosophie : *posséder en entendement* ou *renfermer inclusivement;* ce mot ne dit plus actuellement que : *posséder en compréhension*, ou bien : *embrasser collectivement*. Les parties d'une telle totalité y *sont*, mais elles n'y sont pas *existantes* comme en philosophie ; elles y sont simplement *signifiantes*, c'est-à-dire qu'elles y *sont : ceci ou cela*, des perceptions, des idées, des objets, etc. Leur être ne veut donc plus dire, comme en philosophie : *exclusion absolue de toute autre chose dans le domaine de la vérité ;* mais au lieu de cela : *exclusion de tout autre fait dans un certain sens*. Les parties de cette totalité d'entendement, enfin. *sont eues* par elle, mais dans un sens également différent de celui qu'en philosophie l'on réserve à cette expression. Elles y sont eues, comme la branche l'est par l'arbre, le rayon par le soleil, etc. Être eu ne veut donc plus dire en conséquence : *être donné en entendement*, mais seulement : *être compris sous une acception commune*. Voilà les rapports qui dans leur ensemble constituent l'*ordre fondamental de coordination métaphysique*.

Qu'on se garde bien maintenant de la préoccupation causale qui vient embrouiller immédiatement ces distinctions tranchantes de leur nature, en nous présentant l'entendement comme une faculté (c'est-à-dire comme une cause abstraite de possession) ; car dès lors cet entendement devient un instrument en dehors des faits ; dès lors il prend un sens tout à fait différent de celui que nous y mettons, et qui repose immédiatement sur le principe fondamental de la science. Gardons-nous enfin d'attacher la possession d'un entendement au *sujet humain* (qui n'est qu'un phénomène métaphysique, de quelque nom qu'on le décore, qu'on l'appelle : âme, raison, esprit, etc.), au lieu de la réserver tout entière au moi philosophique placé bien plus haut, et que nous ne devons plus confondre avec lui.

La vie métaphysique, en portant sur les faits, altère nécessairement le caractère de leurs rapports. Dans l'ordre d'organisation, elle fait succéder *désunion* à *réunion*, et *vice versâ*. Le rapport *avoir* se change par elle en *recevoir* ou *perdre*, selon qu'il y aurait *apparition* ou *disparition* de faits dans l'entendement. Le rapport *être* se change de même en *de-*

venir ou *cesser*, selon le premier ou le second de ces cas. *Être eu* se transforme, enfin, de la même manière, en *être reçu* ou *perdu*. C'est là ce qui fait de l'ordre simple de *coordination* un ordre de *coordination vivante*.

ORDRE DE SUBORDINATION.

La totalité de notre entendement *dépend*, en outre, de ses parties. Elle est évidemment constituée par leur réunion, souffre de toute soustraction élémentaire, et s'évanouirait avec elles. Ces parties sont, en revanche, *indépendantes* les unes des autres dans cette considération purement organique, et *déterminent*, au contraire, la totalité dans sa substance. C'est ce qui constitue une nouvelle série de rapports homogènes formant l'*ordre fondamental de subordination métaphysique*, ordre parfaitement analogue à celui que nous avons observé en philosophie, et qui change de la même manière par l'intervention de la vie. La dépendance d'une totalité animée, vis-à-vis des parties inconstantes qui la composent, s'exprime convenablement par *assujettissement*. L'indépendance mutuelle de ces éléments, dans leur relation vivante, c'est de la *liberté*. La détermination vivante enfin, que ces éléments exercent sur la totalité en question, c'est ce que nous nommons leur *influence* Voilà donc la manière dont ces relations se transforment en *ordre fondamental de subordination vivante*.

Les rapports ci-dessus et leurs modifications vivantes sont les faits les plus généraux de ce genre que nous ayons à signaler, et leur application est universelle. Partout où il y a totalité et partie, soit constante, soit inconstante, ces rapports se retrouveront, tandis que les rapports plus spéciaux et dont nous allons nous occuper bientôt, ne font que déterminer l'ordre de certaines combinaisons particulières dans les différents domaines de notre entendement.

ORDRE DE LIAISON.

Les faits élémentaires de la science se divisent en deux classes, dont la situation métaphysique est essentiellement différente : la classe des faits absolus, et celle des faits relatifs. Le fait absolu y supporte, pour ainsi dire, le fait relatif, il en *décide* l'existence métaphysique (quoiqu'il ne la détermine pas, car le fait déterminant entre lui-même comme partie constitutive dans le fait déterminé, et c'est ce qui n'a pas lieu dans ce cas). Le fait relatif, en revanche, *relève* du fait absolu (sans en dépendre, et par la même raison), et c'est ce qui donne lieu à une *relation de liaison métaphysique,* qu'il faut bien se garder de confondre soit avec l'ordre de subordination métaphysique, soit avec celui d'une causalité illusoire (qui, pourtant, ne manque aucune occasion de se glisser à sa place). La vie change les éléments de cet ordre, mais ne saurait l'altérer lui-même.

ORDRE DE CONSTITUTION.

Les faits assumés dans une totalité quelconque, s'y présentent *contigus* ou *séparés.* Cette contiguïté ou cette séparation (faits indubitables, quelle qu'en soit la raison suprême) forment, en conséquence, les deux branches opposées d'un ordre que nous appellerons *constitutif,* et qui est trop évident pour avoir besoin de commentaire. L'inconstance de la vie universelle fait passer non-seulement les éléments contigus dans l'entendement à l'état de séparation, et *vice versâ,* — changement qui n'altère en rien le rapport lui-même, quoiqu'il en transporte ailleurs l'application, — mais elle le transforme encore d'une autre manière, lorsque nous considérons les faits dans le courant même de la vie métaphysique. Alors la contiguïté devient *continuité* ; la séparation devient *discontinuité;* et telles sont les branches opposées d'*un ordre constituant* du même genre. Le fonds synthétique qui s'en enrichit ne s'y borne cependant pas. L'ordre constitutif subit d'autres modifications encore. Nous nous trouvons actuellement sur le terrain des spécialités, et le caractère différent des faits en rapport ne laisse pas d'influer sur le rapport lui-même, qui se modifie ainsi tout en conservant le cachet de sa physionomie particulière. Le caractère transcendental ou empirique est principalement dans ce cas, et tenant lui-même, par sa nature, à un rapport de constitution primitif (Voy. p. 176), il s'impose à tous les rapports secondaires de ce genre. C'est, en effet, une *contiguïté toute transcendentale*, que celle à laquelle nous donnerons la dénomination particulière de *solution élémentaire*. C'est la *séparation toute transcendentale* aussi que nous appellerons *dissolution*. Ce sont, en revanche, la *contiguïté* et la *séparation purement empirique* qui s'expriment par les termes *mélange* et *partage*. De même, la continuité des faits transcendentaux, dans le cours de la vie, est leur *solidité*; la discontinuité de ces mêmes faits, leur *fluidité*. La continuité tout empirique enfin est une simple *adjonction*; leur discontinuité, une *disjonction* vivante.

Voilà bien des modifications de nature constitutive déjà, et pourtant ce ne sont pas encore les dernières, ni même les plus importantes ; car si nous venons à considérer, sous ce point de vue, le domaine aperceptif tout spécial de la vision (ou du toucher), nous y voyons la physionomie du rapport constitutif changer encore, et nous remarquons de suite, que le fait de *limitation statique* que nous avons antérieurement observé (dans l'analyse), ne veut pas dire autre chose que *partage visuel* (ou tactile), rapport auquel est opposé, dans le même domaine aperceptif, un *mélange visuel* (ou tactile) des faits, c'est-à-dire leur *pénétration*. Nous devons donc considérer, désormais, la limitation et la pénétration comme les branches opposées d'*un ordre de constitution spécial* et positivement *objectif*, car si la limitation est bornée en expérience aux domaines de la vision et du tact, la pénétration s'étend à l'aperception objective tout entière. Voilà ce qui achève d'éclaircir ces faits si remarquables en métaphysique, et les ramène en dernière instance (c'est-à-dire en philosophie) à l'*exclusion mutuelle* (plus ou moins parfaite de certains éléments du moi), en d'autres termes, au fait même de leur existence ou non-existence organique et individuelle dans le sein du moi.

Cela posé, nous verrons sans peine maintenant qu'il en est encore ainsi quant à l'*époque* (instant), c'est-à-dire quant à la *limitation dynamique* et quant à l'*achoppement* (borne) ou *limitation vitale*. La première se présente de suite comme un fait relatif correspondant à une *séparation spéciale* et nommément *subjective*, à la seule séparation vraiment donnée entre les faits de pure *conscience métaphysique*. La seconde, enfin, s'annonce décidément comme *séparation subject-objective*, dès que nous avons égard à son caractère temporel aussi bien que spacieux, dans le mouvement personnel où elle se trahit distinctement.

La haute importance de ces faits, qui dérivent tous du rapport fondamental de constitution, tient, en conséquence, beaucoup moins à eux-mêmes qu'aux dimensionnalités respectives de l'espace, du temps et du mouvement qu'ils engendrent, et dont le caractère s'associe en les modifiant, soit aux faits absolus eux-mêmes, soit aux rapports qui les unissent. Elles leur donnent ainsi une physionomie *extensive*, *protensive* ou *progressive* qui, au fond, leur est parfaitement étrangère.

Nous n'avons plus maintenant qu'une seule observation à faire quant à ces rapports constitutifs, et à l'ordre de leur correspondance dans les différents domaines de l'entendement. Il est à remarquer, à cet égard, qu'ils s'y combinent de toute manière sans obéir, en cela, à la règle de leur parenté métaphysique. C'est ainsi, par exemple, que la pierre grise nous présente un *mélange* empirique (de noir et de blanc), à côté de la *solution* transcendantale la plus décidée de ses éléments. L'eau verdâtre de la mer, en revanche, nous offre ce *mélange* empirique (de bleu et de jaune) à côté d'une *dissolution* transcendantale très-prononcée. Le rayon solaire traversant le prisme nous montre *partage* et *dissolution* réunis. Il n'est presque pas d'objet, enfin, où nous ne voyions *partage* empirique et *solution* transcendentale associés.

ORDRE DE CONSTRUCTION.

Si une totalité métaphysique peut résulter, d'un côté, de la réunion plus ou moins intime de certains faits absolus, c'est-à-dire par voie purement constitutive, une totalité de caractère différent se forme en entendement par voie de *construction*, c'est-à-dire par association de faits pareils à des faits différents. C'est cette alliance qui imprime aux combinaisons élémentaires des *ressemblances* qui les rapprochent pour ainsi dire, et les réunissent sous la bannière formale d'une commune parenté. C'est là ce que nous appelons une *totalité de genre*, dont les parties constitutives sont autant d'*espèces*. C'est, par conséquent, à la *communauté* et à la *privauté* (qu'on me passe ce terme, très-convenable, mais rarement employé) des faits concourant dans un assemblage, que nous envoyons tenir le phénomène d'ordre évident. Communauté et privauté des faits, réunies dans l'ensemble d'une totalité qu'ils engendrent, seront de cette manière, les termes dont nous nous servirons pour exprimer deux rapports nouveaux et opposés, formant ensemble un *ordre de construction* sur lequel reposent toutes nos classifications scientifiques. Dans la totalité visuelle, par exemple, la lumière se présente avec le caractère de communauté, et c'est elle qui range, sous l'acception générique d'un fait visible, toutes les couleurs diverses auxquelles revient, à leur tour, la privauté métaphysique.

La vie, en brisant les liens organiques qui subsistent entre les faits, transforme l'élément commun d'une association, en élément privatif dans une autre, et *vice versâ*, sans atteindre de cette manière le rapport de construction, si ce n'est dans son application. Il n'en est plus ainsi lorsque nous considérons sous un point de vue analogue une totalité de faits inconstants, c'est-à-dire un *événement* quelconque. Alors la communauté d'un élément consiste en sa présence dans chacun des éléments successifs, dont se compose l'événement en question ; elle réside dans sa *persévérance* relative. Il y gagne dès lors une importance croissante dans cette totalité et devient son élément *universel,* tandis que les autres ne s'y présentent plus qu'avec le caractère d'éléments *particuliers.* C'est là ce qui transforme la relation de simple construction en *ordre de construction vivant.*

Si maintenant nous faisons application de ces données synthétiques, nous voyons aussitôt que dans la totalité de l'entendement, c'est le fait transcendental qui non-seulement réclame à bon droit le titre d'un *fait commun* par excellence, mais qui, résistant seul aussi à toutes les transformations aperceptives, à toutes les abstractions réflectives dans cet entendement, y jouit encore de l'*universalité* absolue. Le fait empirique, variable et soumis à bien des distractions métaphysiques, devient au contraire, sous ce point de vue, une *particularité* fondamentale de la science.

L'influence des caractères transcendentaux et empiriques sur les rapports ci-dessus, se fait encore remarquer d'une façon tranchante, lorsque nous les considérons dans leur application spéciale aux domaines respectifs de ces deux genres d'entendement. Le fait reconnu *commun* dans le domaine de l'appréhension (de l'entendement transcendental), et par conséquent présent inévitablement à tout entendement, devient dès lors un fait *essentiel* dans son sein. Le fait transcendental *privé* y sera par contre l'*accident* appréhensif, et ces deux branches de rapport opposées, donnent lieu à *un ordre de construction entièrement transcendental.* Le seul fait appréhensif maintenant qui corresponde en vérité à cette essentialité scientifique, c'est l'*unité transcendentale,* présente dans chaque vérité absolue, tandis que les *nombres* formés par son association, sont autant de faits auxquels s'applique l'accidentalité métaphysique.

Le fait reconnu *universel* (c'est-à-dire successivement commun) dans le domaine de l'appréhension, est celui qui en de-

CHAP. XV. ORDRE DE CONSTRUCTION. 273

vient de la même manière l'élément *nécessaire*; tandis que les faits *particuliers* en appréhension vivante s'y présentent dès lors comme *contingents*. Ces caractères de communauté transcendentale (d'universalité et d'essentialité), ainsi que de privauté transcendentale (de particularité et de contingence), ne dérogent pourtant en rien au caractère de communauté et d'universalité absolue, avec lequel le fait transcendental lui-même se maintient en outre, vis-à-vis du fait empirique de l'entendement.

Si nous cherchons maintenant un fait transcendental ayant caractère de nécessité, c'est-à-dire de persévérance absolue dans le domaine de la vie transcendentale, nous n'en retrouvons la condition que dans le *sujet abstrait*, vis-à-vis duquel l'*objet abstrait* se présente sans contredit en revanche, comme le fait *contingent* par excellence de la science. C'est effectivement avec la dernière exactitude que le sujet et l'objet répondent à cet égard aux définitions données, et ce résultat se rattache de la manière la plus satisfaisante à tout ce que nous avons eu l'occasion d'en dire précédemment dans la partie analytique de cet ouvrage (Voy. pp. 167 et 234).

Le fait *commun* d'un entendement purement empirique, voilà ce que nous appelons distinctivement sa *forme*. Le fait *privé* en revanche d'un tel entendement, c'est ce que nous désignerons par le terme parfaitement convenable de *mode* (1), et ces deux faits relatifs nous fournissent en conséquence un *ordre de construction purement empirique,* que nous avons également à enregistrer. Le fait universel enfin d'une expérience animée, nous le distinguons comme fait *général,* en opposition avec le fait particulier de l'entendement empirique, auquel nous réserverons expressément le titre d'un fait *spécial.*

Quelques-unes de ces distinctions terminologiques (un peu

---

(1) La *forme* se confond bien des fois avec la figure ou la conformation (l'ordre) des choses, et dès lors on lui oppose la *substance* ou la matière au lieu du *mode*. J'ai cru devoir m'écarter ici de l'usage vulgaire, afin d'éviter à la fois, une synonymité dangereuse et une opposition défectueuse sans contredit.

arbitraires toujours) peuvent paraître futiles, d'autres sembleront en contradiction avec l'usage reçu, mais toutes correspondent néanmoins à d'indubitables vérités, et ces reproches, quand même ils seraient mérités, ne sont que la suite nécessaire d'un mal inévitable. Nous sommes forcés de faire usage d'une matière dialectique donnée, et dès lors ce mal me paraît suffisamment balancé par un avantage décisif. En saisissant, ainsi que nous avons fait ci-dessus, les faits relatifs d'un même ordre dans chacune de leurs nuances, en leur assignant ensuite des expressions distinctes, nous pouvons soustraire à la synonymité une foule de termes métaphysiques dont l'usage déréglé est l'écueil le plus dangereux de la science. Peut-être se trouve-t-il cependant dans les arsenaux du langage (dont je ne prétends pas avoir épuisé toutes les richesses) des mots mieux adaptés aux faits que je veux exprimer, et toute réclamation fondée de ce genre me trouvera prêt à y faire droit, pourvu seulement que cette adjudication terminologique une fois achevée, l'on efface de nos dictionnaires le reste d'un attirail plus dangereux encore qu'inutile.

ORDRE DE SPÉCIFICATION.

Nous avons terminé maintenant l'énumération des faits d'ordre organique ; ce ne sont pas les seuls pourtant du genre relatif que la science synthétique vienne nous offrir. Dès le premier coup d'œil, nous en voyons au contraire une série entière, empreinte d'un caractère très-différent et nommément *spécifique,* qui vient se placer à côté des premiers et complète ainsi le tableau des relations données en entendement. — Indépendamment de toutes combinaisons d'ordre organique, les faits que nous y trouvons rangés, se distinguent par leur *qualité* ou leur *quantité* accidentelle, et nous voyons en cela les éléments d'un ordre important en métaphysique, qu'il s'agit de saisir actuellement. Toute qualité (rouge, bleu, son, etc.), se rapporte, comme *spécification empirique,* à l'unité ou bien au nombre transcendental, c'est-à-dire à une chose qu'elle caractérise. La quantité (unité ou nombre) se rapporte de même, comme *spécification transcendentale*, à une qualité dont elle est pour ainsi dire le fondement. Cette spécification mutuelle et nécessaire, quelque différente qu'en soit la physionomie respective, se présente ainsi comme un *ordre de spécification fondamental* en entendement, et c'est à lui que se rattachent tous les faits d'ordre spécifique ultérieurs que nous allons passer en revue.

ORDRE DE DISTINCTION MÉTAPHYSIQUE.

En faits de ce genre, nous observons d'abord la *parité*, la *disparité* et la *similité* des éléments caractérisés d'une façon spécifique. Cette dernière (la similité) résulte évidemment de l'union des deux précédentes, car un fait, pour être semblable à un autre, doit comprendre dans sa composition des éléments pareils à côté d'éléments différents par lesquels il s'en distingue. Ces trois rapports homogènes forment ensemble un *ordre de distinction métaphysique*, dont l'expression sera modifiée selon son application au domaine transcendental ou empirique de l'entendement.

La parité tout abstraite et toute numérique dans le premier de ces cas, c'est ce que nous appelons de l'*égalité*. La disparité qui lui correspond est l'*inégalité*, et la similité qui résulte de leur association n'est autre que de la *proportionnalité*. — La parité purement empirique, en revanche, se dit : *conformité ;* la disparité empirique, c'est de la *diversité ;* et la similité qui résulte de leur combinaison est de la *ressemblance.*

L'inconstance des faits, non-seulement attaque l'application des rapports ci-dessus en les transportant d'ici là, — ce qui se fait sans préjudice pour leur caractère distinctif, — mais elle en modifie surtout l'expression, qui change du moment qu'on les considère dans le cours même des événements. La parité des faits qui se succèdent devient une *répétition ;* leur disparité un *changement ;* leur similitude une *modification* qui réunit encore les deux faits opposés, et toutes ces expressions peuvent également s'appliquer, soit au cas d'inconstance empirique (de caractère), soit au cas d'inconstance transcendentale (de nombre).

RAPPORT D'OPPOSITION.

Quand nous disons *ceci* n'est pas *cela*, nous considérons ces deux faits (ceci et cela) comme donnés dans un certain rapport, qu'exprime le terme *opposition* (à moins qu'il ne s'agisse en cela que de la *différence* simplement spécifique). Nous serions tentés, en conséquence, de l'enregistrer à la suite des faits relatifs que l'observation nous a fait découvrir jusqu'ici, mais en y regardant de plus près, nous voyons que ce mot opposition, ne fait que varier la désignation du rapport universel des faits présents en entendement, c'est-à-dire celui de l'*exclusion métaphysique* qu'ils s'y donnent. Nous en avons traité au début de nos études, et ce n'est que d'une application spéciale de ce rapport qu'il s'agit actuellement.

Chaque partie d'une totalité (et tout fait d'entendement est dans ce cas) y donne infailliblement exclusion à la partie associée, qui lui rend la pareille. Si nous avons égard, par exemple, à la totalité de l'aperception visuelle et prenons en considération particulière le fait *bleu*, alors le rouge comme le vert, le jaune comme le blanc, seront vis-à-vis de lui des faits *non-bleus*, tandis que lui-même sera non-rouge, non-vert, etc. Cette opposition générale et réciproque peut prendre néanmoins un caractère bien plus exclusif encore, lorsque les parties ainsi opposées dans une totalité s'y trouvent *complémentaires* et qu'elles en épuisent le contenu, car dès lors elles écartent toute opposition parallèle. Tel est le cas, par exemple, de la lumière et de l'obscurité dans la même totalité visuelle. Chacune d'elles y est la seule opposition parfaite à l'autre, et dès lors cette opposition prend le titre de *négation*. Cette observation si simple nous donne immédiatement la clef d'un rapport très-important dans la science, dont l'estimation erronée et la fausse application nous jette souvent, en métaphysique, dans les plus grands embarras. Selon que nous considérons un fait comme partie inhérente à des totalités diverses, ses rapports d'opposition ou de négation changent inévitablement, mais il serait absurde dès lors, de jeter au travers d'un point de vue nouveau une considération d'opposition préalable et qui pourrait bien n'avoir plus rien de commun avec lui. Voilà pourtant ce que l'on fait très-souvent, mais au préjudice le plus certain de la science. Pour placer ici une application utile de ces principes, je ferai remarquer surtout que le *non-moi* ne doit plus, en aucun cas, être considéré philosophiquement comme une *négation du moi*, depuis que le principe fondamental de la philosophie lui en a fait perdre la signification. Ne formant plus avec lui le complément de la totalité scientifique, il ne figure actuellement vis-à-vis du moi qu'à titre de fait *mien*, et ce n'est que dans la totalité de l'entendement que le moi *individuel* ou *personnel* (qu'il faut se garder de confondre avec le vrai moi) est véritablement l'opposé d'un non-moi extrapersonnel. C'est ainsi que le sujet et l'objet sont certainement aussi des négations parfaites en métaphysique, où l'entendement se partage entre eux et n'offre aucune opposition parallèle. D'un autre côté, l'expérience et l'intuition sont également des oppositions parfaites ou des négations dans ce même domaine de l'entendement direct, qu'ils divisent dans un autre sens, et voilà le point de vue sous lequel la dernière devient, en vérité, une *non-expérience*. Si, d'un autre côté, le *sujet* et l'*objet transcendantal* sont en rapport de négation dans le domaine de l'appréhension pure, ils ne le seraient plus en dehors de lui. L'obscurité et la lumière, le froid et le chaud, etc., ne sont ainsi des négations que dans tel ou tel domaine spécial d'expérience, et ainsi de suite. Que l'on se garde en conséquence de confondre des négations physiques, par exemple, avec des négations métaphysiques, et celles-ci, à leur tour, avec la négation philosophique, car il en résulterait aussitôt une confusion d'idées des plus fâcheuses.

Il en est exactement de même, lorsqu'au lieu d'une totalité de faits absolus, nous considérons une totalité d'ordre ou de faits relatifs. Si, pour totalité de ce genre, nous choisissons, par exemple, l'ordre fondamental de la philosophie, ce sont alors l'*avoir* et l'*être* qui s'y présentent comme relations opposées et non plus le fait qui *a* (c'est-à-dire le moi) et le fait qui *est* (c'est-à-dire le non-moi). Dès lors, *avoir* y correspond à *pas être;* *être*, au contraire, répond à *pas avoir,* et c'est le sens unique de cette opposition exclusive. Si, au lieu de cela, nous allions leur substituer des notions abstraites et indéterminées, comme on fait d'ordinaire, cela ne pourrait qu'engendrer les erreurs dans lesquelles nous tombons effectivement, faute d'un fil conducteur capable de nous guider dans le dédale de la science. C'est ainsi que *pas être* devient *néant; pas avoir* une *incapacité absolue.* Ce néant d'existence comme ce vide d'entendement, sont des illusions toutes deux étrangères à la vérité scientifique, des créations erronées qui résultent d'une transposition de rapports d'ailleurs exacts. Dans les expressions : $1 - 1 = 0$, $a - a = 0$, $b - b = 0$; zéro ou rien est toujours équivalent à point de nombre, point de couleur, point d'aperception, etc., et, par conséquent, il y est toujours d'une valeur relative, et comme telle opposée à un certain *tout* (la totalité numérique, colorée, etc.) *particulier.* Le *rien absolu,* celui, où du *tout absolu* il ne resterait rien (le rien du tout) équivaudrait, *en métaphysique,* à la négation de tout entendement, et, par conséquent, de l'existence d'un non-moi possédé, mais n'irait pas cependant jusqu'à la négation (directe) du moi, c'est-à-dire jusqu'au néant philosophique, placé en dehors de ce rapport métaphysique. Le néant absolu est inconcevable, car le moi qui se nierait lui-même serait une contradiction vivante et parfaitement impossible. Tout le parti qu'on voudrait en tirer philosophiquement, conduit directement à l'absurde. Lorsque parfois nous croyons faire quelque chose de semblable en idée, ce n'est plus le vrai moi qui se retranche de lui-même pour obtenir un néant imaginaire, mais c'est bien le sujet (faussement doté d'entendement), c'est-à-dire un certain moi illusoire qu'on lui oppose, et dès lors aussi, — quoi que l'on fasse, — il demeure en spéculation, quelque chose d'abstrait qu'on peut être tenté de prendre pour de l'existence absolue, mais qui n'est autre que le moi philosophique même, avec un entendement vidé de la presque totalité de son contenu positif (l'objet abstrait y demeure toujours), car aucune abstraction ne saurait aller plus loin. Le néant, conçu en imagination spéculative, n'est donc qu'une illusion, qu'un fantôme impossible comme le carré rond, le noir blanc, ou toute autre affirmation de ce genre. C'est le mensonge fondamental de la philosophie (moi = rien) opposé à sa vérité fondamentale (moi = tout).

Un fait *rapport*, tel qu'il se place entre plusieurs faits absolus, est un fait *directement* inexplicable, parce qu'il est un élément d'entendement aussi bien qu'eux, un fait primitif et fondamental de la vérité scientifique. Il cesserait de l'être, si en l'expliquant nous pouvions le ramener à une donnée plus primitive et plus fondamentale que lui-même. Je défie par exemple d'expliquer la *différence* spécifique de deux faits, sans tourner dans un cercle de définitions qui reposent mutuellement les unes sur les autres, sans recourir nommément à un *plus ou moins*, comme pour expliquer l'inégalité numérique, on est forcé d'en venir à une *différence* abstraite... La seule explication valable en pareil cas, est donc celle qui ramène un rapport spécial à un rapport plus général que lui, et c'est en conséquence la seule dont nous nous permettrons l'usage métaphysique. Si en conséquence nous devons reconnaître l'autorité du fait relatif aussi bien que celle du fait absolu et de la vérité élémentaire tout entière (qu'ils constituent ensemble), le caractère de ces rapports, le rôle qu'ils jouent dans l'entendement, voilà ce qui est pour nous matière d'investigation scientifique, et c'est là ce qui nous donne assez de besogne pour pouvoir nous en contenter.

Ce n'est pas tout cependant que d'avoir signalé ceux des rapports ou des faits relatifs qui établissent directement la liaison des faits absolus entre eux, car nous voyons bientôt, ces faits relatifs entrer à leur tour en rapport pour ainsi dire *secondaire* avec les faits absolus d'abord, puis contracter avec d'autres faits relatifs des rapports pour ainsi dire *ternaires*. Deux choses par exemple sont *pareilles*, et c'est un rapport primaire que nous exprimons de la sorte. Ce rapport *relève* des choses qu'il associe de cette manière, et voilà ce qui fait un rapport secondaire marquant entre eux et lui. Entre les deux rapports ainsi obtenus, il y a enfin *communauté* de caractère scientifique, et le rapport ternaire qui s'ensuit épuise la gradation de faits relatifs, sans épuiser pour cela leur application indéfinie. Nous voyons donc des faits relatifs prendre sans inconvénient la place de faits absolus et servir de base à d'autres relations, dans un ordre dont les traits s'élargissent à mesure. C'est de toutes ces circonstances qu'il importe grandement d'avoir une conscience claire, précise et toujours présente, vu le grand nombre de phénomènes spéculatifs qui s'y rattachent, et que nous défigurons en faisant intervenir des rapports de subordination à la place des rapports de liaison qui dominent ici (comp. p. 157).

Si par exemple de deux faits, soit absolus, soit relatifs dont relève un rapport, l'un règne plus énergiquement dans l'entendement, tandis que l'autre s'y trouve plus ou moins soumis à la distraction, alors nous sommes tentés aussitôt d'attribuer au premier un degré de *détermination* ou d'*influence* plus décidée sur ce rapport. Nous commettrions cependant une erreur métaphysique bien grave si cette façon de voir pouvait prendre racine. La prépondérance accordée à un fait d'existence transcendentale sur un fait d'existence empirique, quant aux rapports qui relèvent d'eux, est de ce genre. Une erreur pareille se glisse jusque dans la vérité élémentaire, quand nous y considérons le rapport de liaison métaphysique dans son application première. C'est le moi et le non-moi qui décident en vérité du fait relatif de *possession*, par exemple, qui relève d'eux, mais ni plus ni moins de l'un que de l'autre. En même temps c'est le moi qui *possède* d'un côté et qui *dépend* de l'autre, c'est le non-moi qui *est possédé* et qui *détermine* à son tour. Au lieu de bien saisir cette relation, nous divergeons bien des fois dans l'estimation de leurs droits réciproques, et plus d'un système philosophique repose là-dessus.

Lors donc qu'un rapport quelconque est considéré dans sa relation avec un fait absolu quelconque aussi, le moi qui en juge *a* (possède) : 1° Une donnée relative ; 2° les données absolues sur lesquelles elle porte ; 3° un rapport secondaire entre la première et les secondes ; 4° enfin un rapport ternaire entre les faits relatifs ci-dessus. Mais dans tout cela il ne faut jamais oublier que c'est la *possession* seule de ces faits par le moi, et non ces faits possédés eux-mêmes, qui relèvent de lui. Il ne faut pas oublier que ces faits décident de cette même possession conjointement avec le moi, et qu'ils le font au même degré que lui. Enfin il ne faut pas oublier que le moi dépend d'eux, qu'ils le déterminent et qu'ils restent tous également indépendants les uns des autres. Du moment où nous serions le moins du monde tentés d'attribuer au moi une détermination ou bien une influence quelconque soit à l'égard de la matière, soit à l'égard de la forme ou de l'ordre de ce qui subsiste en lui, nous commettrions une erreur qu'il faut rectifier sur-le-champ, pour n'être pas entraînés par les conséquences. Dès que nous faisons relever du moi autre chose que son entendement, sa connaissance, son expérience, nous tombons encore dans de semblables illusions, qui jusqu'à ce jour n'ont que trop embrouillé notre intelligence philosophique et métaphysique, mais que nos principes convenablement appliqués doivent écarter désormais.

TABLEAU DES ÉLEMENTS RELATIFS DE L'ENTENDEMENT.

1. *Rapport fondamental d'organisation.*

> Réunion (en totalité).
> Désunion (en parties).
> Complexité.

2. *Rapport fond : de la vie.*

> Persévérance.
> Inconstance.
> Variation.

3. *Rapport fond : de coordination.*

Constant.	Inconstant.
Avoir.	Recevoir (perdre).
Être.	Devenir (commencer ou cesser).
Être-eu.	Être-reçu ou perdu.

4. *Rapport fond : de subordination.*

Dépendance.	Assujettissement.
Indépendance.	Liberté.
Détermination.	Influence.

5. *Rapport fond : de liaison.*

Relevance........	Il ne change que dans son application à des éléments différents.
Décision..........	

6. *Rapports de constitution.*

Constants.	Inconstants.

a. *Rapport général de constitution.*

Contiguïté.	Continuité.
Séparation.	Discontinuité.

b. *Rapport transcendental de constitution.*

Solution.	Solidité.
Dissolution.	Fluidité.

c. *Rapport empirique de constitution.*

Mélange.	Adjonction.
Partage.	Disjonction.

7. *Rapports de construction.*

a. *Rapport général de construction.*

Communauté.	Universalité.
Privauté.	Particularité.

b. *Rapport transcendental de construction.*

Essentialité.	Nécessité.
Accidentalité.	Contingence.

c. Rapport empirique de construction.

Formalité.   Généralité.
Modalité.   Spécialité.

8. *Rapports de spécification.*

Constants.   Inconstants.

a. Rapport général de spécification (de distinction).

Parité.   Répétition.
Disparité.   Changement.
Similité.   Modification.

b. Rapport transcendental de spécification (de quantité).

Égalité.   Répétition..... ⎫
Inégalité.   Changement... ⎬ Quantitative.
Proportionnalité.   Modification.... ⎭

c. Rapport empirique de spécification (de qualité).

Conformité.   Répétition..... ⎫
Diversité.   Changement... ⎬ Qualitative.
Ressemblance.   Modification.... ⎭

9. *Rapport d'opposition* (d'exclusion métaphysique).

Position
Négation.

10. *Rapport illusoire de causalité.*

Cause.
Effet.

CHAPITRE XVI.

RAPPORT ET ORDRE DE CAUSALITÉ.

Nous avons fourni jusqu'ici une carrière fatigante peut-être par son aridité abstraite, mais qui loin d'être stérile, nous aura donné d'importants éclaircissements, si le lecteur a pu me suivre sans faiblir. Sinon, je dois le supplier de ne pas aller plus loin sans être complétement familiarisé avec le point de vue scientifique qui domine nos spéculations. Ce n'est qu'après nous y être bien affermis, que nous pouvons espérer de passer avec fruit à l'examen d'un rapport d'importance majeure, tant par le rôle qu'il joue légitimement que par celui qu'il vient usurper en métaphysique. Ce rapport, c'est celui de *causalité*.— Quel que soit le crédit dont il jouisse, ce rapport ne possède point le degré d'évidence immédiate qui s'attache à tous ceux que nous avons observés jusqu'ici, et dès lors son autorité s'est trouvée contestée d'une part, avec une énergie égale au zèle déployé de l'autre à sa défense. Il est temps actuellement d'écarter le voile imposteur dont il s'enveloppe au détriment de la science, il est temps de mettre au jour le tissu funeste d'illusions, dans lequel depuis si longtems il nous tient garrottés.

La causalité, que signifie-t-elle en vérité métaphysique? Voilà la première question que l'on doive s'adresser à son égard; mais il est plus facile de la soulever que d'y répondre exactement. La causalité c'est le fil invisible, qui tantôt rattache les uns aux autres les faits élémentaires de notre entendement, en les plaçant en relation d'*effet* et de *cause*, tantôt subordonne tous ces faits sans exception, comme *effets patents* à des *causes occultes,* en dehors de tout entendement, et par conséquent de toute vérité scientifique. La causalité enfin, c'est la puissance mystérieuse en vertu de laquelle toute chose considérée comme effet apparent, découle infailliblement d'une source réelle et nécessaire, à laquelle nous la devrions. Comment cette puissance agit-elle ? c'est ce qu'on ignore. Où réside-t-elle ? c'est ce qu'on ne saurait dire précisément ; et cependant on en parle comme d'une chose avérée, on en fait la base d'une philosophie qui se dit appelée à découvrir les causes de toutes choses, et qui jusqu'à ce jour n'a pu en démêler une seule. Comment avec ces matériaux-là, pouvait-on élever un édifice solide? comment pouvait-on seulement en nourrir l'espoir momentané ? c'est ce qu'il n'est pas facile de concevoir, et pourtant on s'est obstiné à fermer les yeux à la lumière, on n'a rien voulu faire pour débrouiller sérieusement le fond chaotique de la question.

C'est tantôt un fait simultané, tantôt un fait précurseur que le vulgaire considère comme la cause de celui qui s'y lie ou qui lui succède dans l'expérience, et qui devient ainsi son effet. Il dit du feu qu'il est cause de la chaleur ; du coup frappé qu'il est cause du bruit; de l'affection ou du désir qu'ils sont cause de l'action subséquente, et ainsi de suite. Toujours et à tout prendre (dans ces cas-là), c'est une liaison de pure expérience qui nous porte à ce jugement, et nous aurions beau faire, nous ne saurions y découvrir de bonne foi le caractère de nécessité que cette causalité métaphysique réclame d'une autre part. — Refoulée par l'attention philosophique d'anneau en anneau dans la chaîne des expériences, la cause finit par devenir un être abstrait, présumé en dehors de toute expérience donnée, et duquel cette dernière dépendrait néanmoins dans son fait comme dans ses formes. Cette cause alors, on s'imagine l'avoir mise au jour, sitôt que l'on est parvenu à forger pour elle un terme convenable, correspondant au fait particulier d'entendement que l'on considère justement comme effet. C'est ainsi, par exemple, que la gravitation universelle reçoit pour cause l'attraction élémentaire, et ainsi de suite.

La cause première vers laquelle nous remontons ainsi, devient tantôt un *être* réel, une *substance* absolue dont l'effet est l'image qu'elle nous imprime, moyennant une autre cause (dès lors puissante) qui se dit *force*, et qui réside en elle. Celle-ci, à son tour, a besoin d'être secondée dans cette œuvre génératrice du fait d'entendement, par une troisième cause nommée *faculté,* et qui doit résider en nous-mêmes. La substance possède des qualités essentielles, la force les répand au dehors, la faculté nous dispose à les recevoir, et voilà le triple mécanisme dont résulte définitivement l'effet, tel qu'il figure dans l'entendement. Tout cet arrangement étant de pure hypothèse, la philosophie n'a pas manqué non plus de prendre une route opposée, tout en partant du même point. La cause première est alors devenue la *puissance* ou la force. La substance, ensuite de cela, n'en est plus qu'une première manifestation, un effet pour ainsi dire d'équilibre. Cette puissance, revenue sur elle-même dans son développement actif, produit l'apparence objective, etc., mais tout cela, certes, n'a pas de fondement plus solide.

De quelque façon qu'on les obtienne, ces forces causales se subdivisent (sans trop de conséquence pourtant dans cette opération) en branches nombreuses, selon les faits d'expérience qu'on leur attribue, ou les fonctions ordonnatrices qu'on leur assigne, et dès lors on ne discute plus que sur l'étendue de leur application. Voilà ce qu'on appelle sérieusement faire de la métaphysique, et même de la philosophie ; voilà la voie dans laquelle on prétend persévérer, sans égard aux objections invincibles du scepticisme, objections trop connues, du reste, et trop souvent répétées pour qu'il soit nécessaire de les rappeler ici. Le scepticisme cependant s'écarte lui-même de son principe fondamental, quand il soutient affirmativement, que l'expérience d'une certaine liaison constante est la source unique d'où découlerait le rapport causal. C'est là ce qui a dû diminuer le poids de ses arguments. Comment l'expérience seule parviendrait-elle à nous indiquer une chose en dehors d'elle ? c'est ce qui ne saurait se concevoir, à moins que ce ne soit une croyance ; mais, faute d'analogie aucune, la causalité ne porte nullement ce caractère. Ces incompatibilités ont dû conduire enfin à l'explication la plus ingénieuse que l'on ait tentée en faveur du rapport en question. La causalité, ou plutôt notre façon de voir causale, a été considérée par M. Kant (ainsi que l'étendue et le temps) comme une condition formale, comme une loi d'entendement même, et perdant ainsi sa réalité absolue, on pouvait croire qu'elle en deviendrait moins dangereuse et moins embarrassante pour la science. Ce n'est pas pourtant ce qui est arrivé en effet, et nous avons encore été entraînés par elle dans un cercle vicieux. Dans ce système, l'entendement auquel les conditions formales et légales ci-dessus ont été attribuées, n'est lui-même qu'une *faculté intellectuelle*, c'est-à-dire une véritable *cause subjective* adoptée d'avance, et à l'adoption de laquelle l'idée causale a déjà présidé. Douter d'une cause en général, c'est douter d'une faculté en particulier, et de tout ce qui pourrait y ressembler ; rien en conséquence ne saurait s'expliquer par ce moyen. Il faut donc s'y prendre d'une manière différente encore. Ce n'est qu'autant que l'analyse et la synthèse nous permettront de déterminer exactement le sens du terme employé en cette occasion, le sens de ce mot mystérieux, de cette causalité rebelle enfin, que nous pouvons espérer d'en résoudre le problème. — Voici maintenant comment l'analyse appuyée sur les connaissances synthétiques déjà acquises, traduira le rapport de causalité.

Une cause, nous dit-elle, c'est à coup sûr un fait que l'expérience ne nous donne point, qu'aucune analogie ne nous indique et qui par conséquent n'est pas un fait de croyance non plus. C'est pourtant un fait donné en entendement, malgré la clarté métaphysique qui lui manque; donc c'est un fait d'appréhension ou bien *transcendental*. Ce fait, en outre, est considéré par nous comme *déterminant* un autre fait, et nommément un fait d'expérience donnée; il est donc placé dans un rapport connu (de détermination) vis-à-vis de lui. Ce fait d'expérience enfin, considéré ici comme *effet*, dépend au contraire intimement du premier. Voilà tout ce que nous trouvons exprimé positivement dans le rapport de causalité, et c'est ce qui suffira maintenant pour éclaircir entièrement la question, car avec ces données, toutes les parties de la proposition nous sont connues, tout y est exactement appréciable. Ce qui nous reste à faire, ce n'est donc plus que de porter la relation causale, ainsi disséquée, au creuset de la vérité métaphysique.

Dans la relation de subordination (Voy. p. 95) la détermination et la dépendance (ces deux rapports également inhérents à l'ordre causal) sont *des rapports entre la partie et la totalité*. Dans la relation causale, le fait transcendental déterminant et le fait empirique dépendant, devraient donc se trouver dans la même situation métaphysique, et par conséquent *celui-là faire partie de l'autre,* mais voilà ce qui est en contradiction directe avec toute vérité d'entendement, où ils figurent au lieu de cela, comme parties coordonnées et opposées. Le rapport de causalité qui les réunit *de cette manière,* implique donc une erreur fondamentale ; il est nécessairement faux, de toute fausseté, et puisqu'il ne se présente pas même en nous avec le caractère de vérité indubitable qui marque tous les autres rapports de la science, rien ne saurait nous empêcher de le rejeter dès cet instant du sein de la science, entièrement et pour jamais. Nous avons cependant une autre obligation à remplir vis-à-vis de lui. Une erreur aussi grave et aussi profondément enracinée doit tenir à des circonstances qu'il s'agit de rechercher, à une illusion qu'il s'agit de mettre au jour, et nous sommes heureux de pouvoir le faire de la façon la plus satisfaisante.

L'illusion en métaphysique a généralement lieu (Voy. p. 7) lorsque certains faits, d'ailleurs distincts, se combinent trop intimement dans l'entendement, pour y apparaître séparément. Alors les uns prennent part aux rapports qui s'appli-

CHAP. XVI. RAPPORT ET ORDRE DE CAUSALITÉ.

quent aux autres, sans y avoir effectivement droit et par contre contre toute vérité. Une réunion de ce genre, — et la plus intime en même temps, — associe dans l'entendement la chose transcendentale et le caractère empirique; il ne faut donc pas s'étonner si leurs rapports respectifs se transportent facilement de l'une à l'autre, et c'est justement là ce qui arrive dans le cas présent. Le monde transcendental (dans sa totalité) *dépend véritablement* des éléments transcendentaux qui le composent. Le monde empirique, en s'associant à lui, devient aussitôt et comme lui, dépendant des mêmes éléments, quoique *illusoirement*. C'est ainsi pourtant que nous le considérons d'ordinaire, et c'est ce qui constitue en tout point un rapport de causalité, tel que l'analyse vient de nous le faire reconnaître. La même illusion s'infiltrant plus profondément faute d'être redressée sur-le-champ, passera naturellement de la totalité empirique universelle, aux totalités particulières qu'elle renferme et ainsi de suite, jusqu'aux particularités élémentaires qui la constituent, et lancés une fois dans cette façon de voir, nous arrivons tout juste au point où nous en sommes effectivement à cet égard.

Grâce à notre examen analytique, voilà donc, je pense, la fausseté du rapport causal non-seulement constatée, mais expliquée en même temps, voilà l'illusion qui le fait naître et son développement naturel mis à la portée du plus simple bon sens; aussi pouvons-nous, sans légèreté maintenant, l'enregistrer comme l'œuvre de ténèbres la plus colossale qui se soit rencontrée sur le chemin de la vérité. Son spectre nous y apparaîtra bien des fois encore; bien des fois encore il menacera nos convictions mal affermies, mais le sens précis des mots et des notions étant enfin déterminé, le rapport fondamental de subordination étant là, qui sert à les faire apprécier, nous ne devons plus craindre de nous égarer, pour peu que nous tenions nos regards fixés sur cette étoile polaire de la science.

Pour appliquer les lumières acquises et pour épuiser autant que possible cette vaste et intéressante matière, nous allons tenir compte actuellement de l'influence profonde que le principe de causalité,— présent en tout lieu, — exerce naturellement sur le système entier de notre entendement, et de l'immensité des ruines dont sa chute couvre le terrain de la science. Mais avant d'aller plus loin, il faut bien nous pénétrer des résultats obtenus, il faut avoir bien présent à l'esprit, que la relation causale n'est plus à considérer désormais que comme un rapport de détermination et de dépendance (rapport entre totalité et partie), transporté illusoirement à l'association du transcendental et de l'empirique, c'est-à-dire de deux parties coordonnées dans la même totalité d'entendement. Toute façon de voir qui découle de ce point de vue illusoire, ne saurait donc avoir qu'une valeur relative dans la science du vrai, quelque importance qu'on y ait attachée jusqu'ici, ou qu'on puisse y mettre encore par suite d'une longue habitude; et sans regret nous devons en subir toutes les conséquences.

La totalité mouvante d'un événement qui se développe dans l'entendement, dépend, tout comme la totalité d'un assemblage simultané, des éléments qui y concourent, c'est-à-dire d'événements élémentaires; mais sitôt que la clef métaphysique de cette relation vient à nous manquer, le fait d'une dépendance et d'une détermination positive nous y frappe seul, sans que l'on sache au juste à quoi le rattacher, et cela d'autant moins qu'il est susceptible de l'application la plus étendue. Dès lors le développement graduel des événements, sortant pour ainsi dire les uns des autres, nous entraîne bien naturellement à considérer l'événement préalable, comme déterminant l'événement qui suit et qui semble en revanche en dépendre. Cela arrivera d'autant plus sûrement, que c'est toujours le dernier fait d'un événement accompli, qui seul est donné avec énergie de présence (tandis que ses précurseurs se rangent dans le souvenir), et qu'il devient ainsi le représentant de l'événement total. Il prend donc naturellement la place de celui-ci dans le rapport de subordination. Voilà comment un rapport quasi-causal remplace ce dernier et vient envahir notre entendement. Le marteau qui tombe se présente alors comme la cause d'un effet qui est le bruit, celui-ci à son tour devient cause de l'effroi ressenti ; l'effroi, cause du mouvement qui s'ensuit, etc. Parvenu de cette façon à détacher la causalité de la relation des faits transcendentaux et empiriques, la dernière ancre du salut est perdue, et nous courons de plus en plus à la dérive (1). Sans ramener la question au rapport fondamental de subordination, tout espoir de nous orienter serait perdu pour jamais, mais une fois en possession du mot de l'énigme, rien n'est plus facile que de la résoudre, sous quelque forme qu'elle se présente, et rien n'est plus satisfaisant que les solutions obtenues de cette manière. Nous allons encore en donner quelques exemples.

Dès l'instant où le fait empirique se change en *effet*, vis-à-vis d'un fait transcendental, il devient à son égard une simple *apparence*, tenant accidentellement à une chose bien plus essentielle que lui. Celle-ci, comme *cause* mystérieuse et *absolument* essentielle, y gagne, en revanche, une réalité fondamentale et puissamment efficace. Une ligne de démarcation profonde trace dès lors les limites entre un monde absolu et le monde des simples phénomènes, entre un monde de réalités externes fermé à nous et le monde interne de l'entendement et de ses images passagères. Ces convictions illusoires (quoiqu'elles se relient à bien des égards à des croyances très-légitimes) dominent, en conséquence, l'ordre fondamental de l'entendement scientifique, et nous ne saurions plus nous en détacher. Nous songeons même d'autant moins à le faire, qu'elles semblent agrandir la sphère philosophique, à laquelle elles ajoutent un vaste domaine, sinon de connaissances positives, du moins de spéculations imaginaires.

Ce monde occulte des causes, se rattachant d'un côté au domaine transcendental, et suivant, de l'autre, le torrent varié des faits empiriques qui semblent en réclamer l'appui, se partage : 1° selon les divisions transcendentales de l'entendement,

---

(1) Les causes efficientes d'un phénomène se présentent non-seulement dans le passé comme *motifs*, mais encore dans le présent comme *moyens*, dans l'avenir comme *buts*.

et présente, en conséquence, un concours de causes *subjectives* et *objectives*, passives, d'une part, comme la *substance absolue*, actives, de l'autre, comme la *puissance vivante*. La substance objective, nous la nommons *matière;* la substance subjective, c'est *l'esprit*. La puissance objective s'appelle une *force*, la puissance subjective une *faculté;* 2° selon les faits empiriques particuliers que nous possédons ou que nous recevons et pour lesquels nous demandons autant de branches facultatives qu'il y a en eux de distinctions marquées (facultés de vision, d'audition, etc., etc.), et de forces qualifiantes (expansions, vibrations, etc.) qu'il est nécessaire pour établir à chaque instant la correspondance régulière des unes avec les autres. C'est ainsi que se développe notre façon de voir habituelle et la métaphysique vulgaire qui en est la législation abstraite. Nous en connaissons maintenant la source, et nous ne saurions plus nous laisser prendre au piége, malgré la solution apparente qu'en reçoit le rapport de l'être et de l'avoir (de l'existence et de l'entendement). C'est la faculté donnée à *l'un* qui sert à procurer *l'autre*, et c'est elle qui devient ainsi l'anneau intermédiaire de la chaîne scientifique, le pont jeté hardiment sur l'abîme qui les sépare, mais qui malheureusement est sans aucune solidité.

Lorsque nous voyons un effet dans chaque phénomène d'expérience, et que, cherchant sa cause, nous sommes parvenus, de la manière examinée plus haut, à placer cette cause dans un autre phénomène de même genre, il est évident pourtant que nous ne saurions nous y arrêter; car tout en nous apparaissant comme une cause relative, ce dernier fait n'en conserve pas moins son caractère empirique, et par conséquent, celui d'un effet qui sollicite une cause nouvelle. Remontant ainsi de fait en fait et d'abstraction en abstraction, nous arrivons enfin à la force, qu'un instant nous considérons comme cause dernière. Un peu plus d'attention nous y fait découvrir cependant encore un certain résidu empirique, et cela dans sa *dimensionnalité;* car toute force agit, en apparence, selon la direction affectée au mouvement qu'on lui impute. Il faut donc nécessairement pousser plus loin et s'enfoncer davantage au sein de l'abîme transcendental. Nous n'y trouvons plus alors que le fait de l'unité transcendentale, et c'est elle qui devient, comme seul et dernier élément substantiel, une cause absolue qu'on investit nécessairement de la force comme du seul moyen d'action possible. En parcourant cette longue échelle, c'est toujours du fait particulier que nous nous élevons au fait général, jusqu'à ce que nous arrivions à celui qui se présente comme universel. C'est ainsi que la première cause apparente de la chaleur, par exemple, est le *feu* (chaud, figuré, coloré, fait tout spécial et bien caractérisé); mais ce feu, se présentant à son tour comme effet et nous forçant d'admettre une cause plus éloignée, c'est un *calorique* (décoloré, sans figure précise, fait bien plus général déjà) qui vient remplir la place causale. Celui-ci se trouvant pourtant dans les mêmes circonstances encore, une force (rayonnante, mais du reste parfaitement abstraite) nous rapproche davantage du but, et nous ne nous arrêtons dans cette voie que lorsque l'abstraction nous refuse son assistance ultérieure. Plus cette abstraction fait de progrès, plus l'analyse secondée par elle dépouille les faits concrets de leurs spécialités, et nous découvre en eux de généralités relatives ou absolues, plus sûrement aussi nous croyons toucher à la cause dernière, et l'élément transcendental, sur lequel l'abstraction n'opère plus parce qu'il en est la limite, se trouvant atteint, c'est là que nous devons nous arrêter naturellement.

L'entendement humain, dans son développement progressif, marchant d'abstraction en abstraction, et sa métaphysique aussi bien que sa philosophie s'étendant graduellement avec lui, il n'est pas étonnant, sans doute, que dans un temps primitif, le feu, l'air, l'eau et la terre se fussent trouvés déjà à la limite de cette abstraction, et durent alors se considérer comme les principes élémentaires de toute chose. Cette limite franchie, une matière étendue et impénétrable a dû lui succéder, et moins grossier, un matérialisme d'autant plus tenace s'ériger en philosophie suprême. Un pas de plus dans cette abstraction fait naître le spiritualisme; un pas nouveau conduit enfin au substantialisme pur, dans lequel la matière et l'esprit ne sont plus que les manifestations opposées d'une essence fondamentale. C'est ainsi que l'erreur même tend à nous rapprocher de la vérité, mais sans jamais pouvoir nous la faire atteindre, car l'illusion causale est toujours là qui, placée entre elle et nous, y porte un obstacle formel, éternel et presque sacré. Par une fatalité qui fait tourner à son profit les choses les plus disparates, l'idée de la Divinité, cette croyance à laquelle nous aboutissons par une voie toute différente (nous en traiterons ailleurs) est venue lui prêter un appui décisif. Accueillant dans son sein une cause toujours fuyant devant notre investigation, elle a fini par la sanctifier comme *cause divine*. Derrière ce rempart, elle a semblé d'autant plus inattaquable qu'elle offrait, en même temps, un principe d'explication tout-puissant et tout commode, par la facilité avec laquelle on l'applique à tous les cas possibles, quoiqu'il tranche la question au lieu de la résoudre.

Ensuite de ce que nous venons d'observer jusqu'ici, l'on ne s'étonnera plus, je pense, de la haute importance et du rôle dominateur que la *volonté*, saisie comme cause d'action individuelle, est appelée à jouer dans tous les systèmes qui reposent sur le principe de causalité. Placée à la limite du changement d'état personnel le plus grave (du passage d'un entendement passif à un entendement actif), elle ne pouvait pas descendre à moins. Pour ne pas nous laisser entraîner par le prestige qu'exerce une longue habitude, il faut même, en ce moment encore, appeler à notre secours toute la puissance d'un principe plus solide et plus régulièrement obtenu.

Dès l'instant où notre méfiance, éveillée par le scepticisme, se porte sur la causalité, nous ne manquons pas de sentir l'insuffisance de chaque cause particulière, obtenue par voie de simple association dans le temps ou dans l'espace, mais au lieu de changer de méthode, nous ne faisons que remonter l'échelle de la succession ou de l'abstraction pour lui en substituer une autre. L'action individuelle qui commence un certain ordre de choses passe nécessairement par là. Après avoir porté un instant la responsabilité causale tout entière, elle est abandonnée pour faire place à une cause antérieure à elle, en un mot, à la *volonté*. C'est cette volonté qui, dès lors, se place à la source de toute activité subjective, et si, par ce moyen, nous parvenons à retirer du domaine de l'expérience et, en quelque façon, de l'investigation régulière, le dernier anneau de la chaîne causale (relativement à cet ordre), cette volonté, d'un autre côté, n'est plus rien non plus que la *cause tout abstraite* à laquelle nous rattachons un fait ou une série de faits donnés en expérience. Elle est donc certainement une chose dénuée de toute vérité directe, selon nos définitions fondamentales, et pour lui donner de la réalité, il faut y ajouter une supposition gratuite. Ce n'est qu'à ce point d'abstraction que l'instinct de la vérité cesse de nous troubler un moment, mais s'il fait autant à lui seul, s'il ne repose qu'après avoir renvoyé la cause factice que nous impose l'illusion, hors des limites de son empire, il est juste que la philosophie le seconde moins tièdement et qu'elle poursuive jusque dans ses derniers retranchements cette causalité fatale pour la frapper enfin de nullité absolue. Quoique ce service nous soit rendu déjà par l'analyse et la synthèse des faits, nous n'en devons pas moins constater l'illusion dans les formes diverses dont elle se revêt, pour ne pas lui laisser un seul haillon sous lequel elle puisse encore se cacher.

La volonté, attribuée comme force causale, d'abord au sujet ou à la personne, passe nécessairement au moi lorsque, dans notre façon de voir vulgaire, nous venons à les confondre tous deux sous l'acception du sujet-moi (Voy. p. 165). Dès lors aussi, c'est par cette volonté résidant en lui que le moi devient la cause première de toute activité subjective et d'un développement vital qui s'étend, par suite, au domaine de l'objectivité. C'est ainsi que se trahit sans peine une trame qu'il suffit de bien saisir une fois, pour apprécier à sa juste valeur, cette façon de voir illusoire d'un bout à l'autre, mais qui nous régit depuis trop longtemps pour ne pas menacer encore de nous entraîner loin de la bonne route, et qu'il faut, en conséquence, surveiller avec une inquiète attention.

Si la volonté dépendait encore de quoi que ce fût, si elle n'était pas absolument libre, il est évident qu'elle ne nous offrirait plus qu'un point momentané de ce repos après lequel nous soupirons, et qu'il faudrait bientôt nous remettre en campagne pour atteindre à la cause finale si ardemment cherchée. Le libre arbitre, comme principe d'action, nous est donc imposé pour condition de succès (tant que nous marchons dans cette voie), et c'est pour cela que nous y tenons avec tant de persévérance. Mais si le libre arbitre est nécessaire à cette manière de voir, elle est pourtant la première aussi qui se mette en contradiction évidente avec lui, et c'est de là que naissent les doutes éternels à ce sujet. — En remontant la chaîne des faits selon l'ordre de leur succession dans le temps, pour y rattacher des causes déterminantes (ainsi que nous faisons d'habitude), il n'est guère d'événement complet dont l'ensemble n'embrasse pas des faits antérieurs aussi bien que postérieurs à l'action humaine, sans qu'on puisse les séparer autrement que d'une façon tout arbitraire. Dès lors, la causalité finale passe de plein droit à ces faits antérieurs à l'action. Qu'ils soient de nature subjective ou objective, n'importe, nous sommes forcés (pour peu que nous mettions de conséquence dans notre procédé logique) de soumettre la volonté elle-même à leur détermination première. Nous abandonnons ainsi le principe à peine admis de sa liberté illimitée, ou bien nous sommes obligés de nous mettre en contradiction flagrante avec nous-mêmes. Ce résultat inévitable est justement ce qui nourrit le scepticisme profond et incurable que soulève cette question, et qui doit finir par nous ramener à la vérité.

Un fait de volonté directement appréciable et possédant un caractère précis, n'existant nulle part dans l'entendement, le passage d'un état passif qui s'évanouit, à un état actif qui surgit en nous, est la seule vérité qui lui corresponde. Cette volonté est le nom que nous donnons à la cause subjective à laquelle nous croyons devoir attribuer ce phénomène, elle est l'illusion que nous rattachons à cette vérité incontestable. Pour la philosophie du vrai il n'y a donc pas de volonté, comme pour elle il n'existe en général ni faculté, ni force, ni qualité transcendante aucune. Pour elle le développement de l'entendement comme celui de la vie subjective et objective, est déterminé par une vie élémentaire, dont le moi dépendant ne saurait disposer *volontairement*. Cependant ce n'est point du dehors non plus qu'il en reçoit l'impulsion, car toute cette vie est renfermée dans son sein, et c'est en cela que consiste sa *véritable détermination par lui-même,* ou sa *liberté* philosophiquement comprise. Elle diffère sans doute de la liberté vulgaire qu'on ne cesse de réclamer pour lui, quoiqu'elle fût en contradiction évidente avec tout ce que l'expérience et le raisonnement ont de plus certain, c'est-à-dire avec la détermination inévitable de l'homme par des faits *qui ne sont pas lui*. Cette persuasion intime est le fondement sur lequel repose tout notre espoir dans l'efficacité des lois auxquelles nous nous soumettons, et qui seraient absolument dérisoires à côté de notre métaphysique prise au sérieux. La liberté scientifique au contraire que nous enseignons ici, s'accorde parfaitement avec cette vérité et ce résultat, enfin avec la morale la plus sévère, comme nous ne manquons pas de le développer en temps et lieux.

Si l'inconstance subjective du moi est une source de graves illusions causales, l'activité objective dans son sein ne l'est pas moins, et l'attribution de la causalité aux faits, selon l'ordre de leur succession dans le temps, y préside tout de même. Au lieu de considérer la totalité d'une série de changements accomplie (l'événement entier), comme assujettie à tous les changements partiels qui la constituent, nous faisons dépendre ceux-ci les uns des autres, d'après l'ordre dans lequel ils se suivent dans cette totalité. C'est ainsi que nous en agissons par exemple, dans l'appréciation d'un mouvement d'horloge. Au lieu d'en attribuer l'ensemble à celui de chaque partie, nous le subordonnons de préférence à celui du pendule ou du ressort, parce que la première impulsion s'y applique (1). Nous commettons la même faute par rapport au mécanisme universel du monde, quand nous voulons le ramener d'une façon analogue à une première impulsion quelconque, et subordonner à celle-ci sa vie et son développement tout entier. En remontant ainsi d'échelon en échelon dans le domaine objectif, jusqu'à ce que la cause cherchée vienne à se placer en dehors de toute expérience, nous parvenons enfin à une *puissance mécanique et spontanée* qui remplace ici la *puissance facultative et volontaire*, à laquelle nous aboutissons par le même procédé en demeurant dans le domaine subjectif.

Si l'admission déplacée des rapports de dépendance et de détermination, entre les faits métaphysiques, se prête singulièrement aux envahissements de la causalité, il ne faut pas cependant les confondre entièrement avec elle. Il ne faut pas confondre le fait auquel on subordonne dans cette façon de voir un autre fait (en vérité coordonnées), avec la cause vraiment métaphysique qui ne coïncide que momentanément avec lui, remonte d'anneau en anneau dans la chaîne des faits, et finit par se placer en dehors d'elle pour mieux la dominer. Il faut donc soigneusement distinguer ici l'*occasion* et les *conséquen-*

---

(1) Ceci suffit pour la conception générale du phénomène; quant à la relation des parties d'un mécanisme par exemple entre elles, il faut ici quelques considérations nouvelles, pour expliquer la transmission du mouvement de l'une à l'autre, sans causalité aucune. Nulle dépendance de partie à partie, voilà le principe; mais lorsque ces parties s'associent et forment des totalités relatives, il peut y avoir *communauté* des parties entre plusieurs totalités, et dès lors *communication* de vitalité entre elles. La poulie fixée dans une roue, l'engrenage d'une roue dans une autre sont de ce genre. Ce n'est que par la partie commune que le mouvement se transmet; c'est donc encore la partie seule qui le détermine dans la totalité. Otez la communauté, et le mouvement s'arrête. La main saisie du bras de levier, devient ainsi partie passagère de l'instrument, etc. — Nous ne voyons en mécanique que la communauté sous la forme la plus grossière, en chimie comme en physique, cette même communauté et co-participation apparaît bien plus intime, et les phénomènes qui en résultent ne sautent plus à l'œil avec la même évidence, mais ils n'en sont pas moins pareils.

ces de la *cause* et des *effets*. Nous pouvons même adopter les premiers de ces termes, et l'*occasion* alors serait dans la science du vrai, le premier symptôme d'inconstance aperçu dans la totalité d'un phénomène vital, c'est-à-dire d'un événement. Celui-ci en dépendra sans doute, mais en partie seulement. La *conséquence* pour nous sera le fait subséquent dans la même totalité, conséquence qui concourt ainsi à la détermination de l'événement entier, de concert avec l'occasion. La dernière conséquence enfin, voilà ce que nous appelons le *résultat* de cet événement qui achevé, de la sorte, dépendra des uns comme des autres, quelle que soit d'ailleurs leur *importance* respective, très-différente sans doute, mais dont l'estimation tient à des considérations absolument distinctes.

Quelque éloignée que soit cette façon de voir (dans les commencements surtout) de nos habitudes métaphysiques à cet égard, elle est la seule conforme aux principes, et la seule qui ne finisse pas par nous jeter, d'illusion en illusion et de contradiction en contradiction, loin de la route unique par laquelle il nous soit donné d'arriver à la compréhension intime et complète des choses, aussi bien que de l'ordre qui les régit. Elle est la seule enfin qui puisse se maintenir intacte en passant au creuset du scepticisme.

CHAPITRE XVII.

SUITE DE L'ORDRE CAUSAL.

Nous pouvons nous occuper actuellement de l'examen des facultés particulières que l'on s'attribue relativement aux faits de l'entendement ou bien à leur ordre ; nous pouvons passer à l'examen d'un édifice qui croule tout entier avec le principe de causalité sur lequel il repose, mais qu'il est nécessaire pourtant de connaître à fond, pour bien juger des richesses métaphysiques que nous perdons et de celles qui nous restent. Quelque grand d'ailleurs que serait l'avantage, revenant à la science, de l'entière élimination des termes nombreux qui découlent de cette source et des fausses notions qu'elles engendrent (en nous reportant constamment, par un principe illusoire, vers un monde de faits imaginaires), il n'est pas probable que l'on y parvienne de sitôt. On aurait même de grandes difficultés à vaincre pour être compris, si l'on tentait la chose de trop bonne heure. Tâchons, en conséquence, d'en régulariser plutôt la formation et l'usage, tâchons de dépouiller la faculté métaphysique de sa *puissance* causale et sans doute illusoire ; mais laissons à ce terme (fût-il employé à tort) sa *signification* relative qui, dès lors, ne fait que rapporter tel ou tel fait au moi, dont la *capacité* générale prend à ce titre une dénomination particulière. Il ne s'agit plus alors que de déterminer avec exactitude et d'une manière invariable, d'une part, le fait ou la circonstance donnée, de l'autre, le terme causal (facultatif ou qualificatif) qui lui correspond. Dès lors aussi nous pourrons, sans trop d'inconvénient, suivre les formes usitées du langage et faire, en métaphysique, ce que l'on fait déjà en astronomie, où nous parlons du mouvement des astres (tout abusive qu'en soit l'expression), parce que la vérité s'y trouve trop solidement établie pour qu'il y ait le moindre danger à le faire.

Soutenir que nous ayons l'ombre d'une connaissance de la nature de nos facultés, quand même nous croirions fermement à leur réalité, ce serait par trop de présomption, ou, pis encore, ce serait du vrai charlatanisme philosophique. C'est donc uniquement sur les faits de notre expérience absolue ou relative, sur leurs dissemblances ou ressemblances, sur leur plus ou moins de généralité enfin, que nous pouvons nous régler dans l'attribution des facultés que nous leur faisons correspondre, comme dans la classification et les subdivisions auxquelles nous pourrons les assujettir. Si cette règle n'a pas été suffisamment observée jusqu'ici ; si, dans leur distribution, les facultés humaines se croisent et empiètent les unes sur les autres, c'est faute de conséquence systématique, c'est faute de posséder la conscience claire et nette des règles qui dominent ici, c'est la faute, enfin, d'un double principe méthodique dont nous faisons simultanément usage, et des contradictions qui en naissent. Tantôt, dans cette attribution, on a pris pour guide *le caractère des faits*, tantôt *les fonctions abstraites* que semblait indiquer l'ordre des phénomènes. Tracer des limites distinctes, donner des définitions exactes selon un principe unique, voilà donc notre tâche en cette occasion ; et si, malgré le soin que j'ai pris de m'éloigner aussi peu que possible du sens usité des mots, les définitions que je donne et les délimitations qui s'ensuivent, n'allaient pas coïncider avec lui, la faute n'en est pas à moi. Je crois, au contraire, avoir bien mérité de la science et même de mes adversaires, en me chargeant d'une réforme indispensable, quoique destinée sans doute à soulever une masse de préjugés contraires, et peut-être même d'animosités peu philosophiques.

Dans un langage métaphysique fondé, d'un côté, sur l'habitude du principe causal, de l'autre sur la vérité des faits, tels que l'analyse nous les présente en eux-mêmes, et tels que la synthèse les accouple et les assume, *une faculté d'entendement en général* (faculté de possession ou d'avoir, correspondante à tout fait : mien, sans exception) embrassera, dans son universalité, toutes les autres branches facultatives, et serait attribuée au moi. — J'espère qu'il n'est plus besoin de rappeler au lecteur attentif, qu'à cette faculté de notre métaphysique vulgaire, il ne faut plus accorder, en vérité, que le sens d'une *capacité*, tout organique du moi, qui embrasserait *ainsi* (et non moyennant elle) la totalité des faits possédés ; mais je ne puis m'empêcher de faire remarquer ici l'admirable instinct du langage, qui fait réellement coïncider, en quelque façon, les termes de *capacité* (tout organique) et de *faculté* (toute-puissante). — C'est en vertu de la causalité seule, qu'on attribue *à* cet entendement une puissance facultative, ou bien qu'on en fait une *de* cet entendement, et tous nos efforts doivent tendre, en conséquence, à séparer deux significations parallèles, données ainsi à la même expression ; à séparer la faculté, du fait d'entendement qui vient s'y confondre (1).

Notre entendement, considéré selon ses caractères les plus marqués et les plus généraux, se présente à nous d'abord comme *entendement passif*, ensuite comme *entendement actif*, et c'est à ces deux distinctions que répondront, en conséquence, deux branches facultatives des plus importantes. Nous les appelons *réceptivité* et *spontanéité*. Comme en toute occasion constance et inconstance des faits se présentent réunies, ces deux facultés sembleront concourir également à l'entendement, où leur limite sera, par conséquent, difficile à maintenir. Lorsque leur application y paraîtra successive (voir p. 244), alors c'est une nouvelle faculté, une *faculté de transi-*

---

(1) Lorsque nous en parlons, c'est toujours dans ce dernier sens.

tion que nous ferons correspondre naturellement à ce phénomène ; en un mot, ce sera *une volonté* que nous trouverons indiquée.

Notre entendement, réunissant en lui deux espèces de faits parfaitement distincts, faits que nous avons désignés, les uns comme *absolus,* les autres comme *relatifs* (voir p. 156) ; deux facultés possessives, également vastes, seront encore attribuées au moi en correspondance avec eux. Ces deux facultés sont celles que nous appelons, d'un côté, *cognition* (faculté de connaissance passive ou active, selon que les faits absolus se considèrent comme constants ou variables) ; de l'autre, *intelligence* (faculté également passive ou active, selon les mêmes circonstances dans le domaine des faits relatifs). Le fait d'une connaissance n'implique que son entendement particulier, indépendamment de toute relation avec un autre fait. L'intelligence, au contraire, doit saisir ces faits dans leurs rapports divers, et je ne crois pas avoir besoin de justifier l'application de ces dénominations métaphysiques, si exactement appropriées à ce que nous avons l'intention d'exprimer par elles. La connaissance, constamment unie à l'intelligence, comme les faits absolus le sont aux rapports qui les rassemblent, elles se confondront, si l'on veut, dans une *faculté de conception* qui les exprimera sous ce point de vue.

La totalité de nos connaissances se subdivisant à son tour en faits d'*intuition* et en faits d'*expérience* (V. p. 176), ces distinctions demanderont derechef l'application de deux facultés correspondantes, et nous verrons une *faculté intuitive transcendentale* concourir avec une *faculté d'expérience empirique* à la connaissance de chaque fait d'entendement particulier où ces éléments se rencontrent toujours. Procédant ultérieurement dans le même ordre, la faculté d'intuition doit se diviser en faculté d'*appréhension* et de *manifestation* (1), et la faculté

---

(1) Il est à remarquer cependant, qu'un instinct secret, quoique très-éclairé, s'oppose à l'adoption de ces facultés d'intuition transcendentales. Il y aurait effectivement une contradiction incontestable à prendre d'a-

d'expérience sera partagée à son tour, selon les spécialités des faits de tout genre qu'elle résume. Sur ce grand nombre de facultés spéciales qui s'indiquent d'elles-mêmes, nous nous bornerons à nommer la *sensibilité* ou la faculté à laquelle nous attribuons la possession de nos perceptions ; la *pensée* à laquelle nous croyons devoir en particulier nos idées ; et le *sentiment* que nous faisons correspondre, enfin, aux faits moraux de l'expérience. Le tableau annexé à ce chapitre est destiné à compléter ce registre, et doit réunir ces résultats. Il nous met à même d'embrasser d'un coup d'œil leur ordre généalogique, et nous dispense de poursuivre ici les ramifications facultatives qui nous sont indiquées encore. Elles devront correspondre exactement aux faits découverts par l'analyse et ne sauraient se régler que sur eux.

La totalité de notre entendement se divisant d'une autre part en entendement *subjectif* et *objectif*, cette distinction profonde nécessite à son tour une attribution facultative à laquelle nous ferons face au moyen d'une *faculté de conscience* (subjective) et d'une *faculté d'aperception* (objective), respectivement correspondantes aux faits placés dans l'un ou l'autre de ces domaines.

Revenant actuellement à l'intelligence, c'est-à-dire à l'entendement des faits relatifs, nous trouvons cette partie, tout aussi importante sans doute en métaphysique, bien moins cultivée que l'autre, et malgré le grand nombre de rapports que renferme l'entendement, les subdivisions assignées à l'intelligence se bornent à peu près à ce qui suit.

Le *jugement* et la *raison* s'y font remarquer en première ligne, et correspondent assez exactement, ce me semble, à la passivité et à l'activité de l'intelligence. On embrasse dans le

---

bord le fait transcendental pour cause, et à le considérer ensuite comme effet de lui-même, en lui faisant correspondre une faculté transcendentale. L'invincible répugnance que nous avons à nous investir d'une pareille faculté, confirme en conséquence, d'une manière frappante, l'exactitude de notre déduction du rapport causal (comme subordination de l'empirique au transcendantal).

jugement des rapports donnés, et pour ainsi dire *fixés* en entendement. Dans le raisonnement, au contraire, nous voyons circuler une suite de rapports successivement saisis en intelligence. Aussi la volonté, mêlée à ces phénomènes, se place-t-elle entre le jugement qui s'achève instinctivement en apparence, et le raisonnement que cette volonté paraît diriger à son gré. *Voici des faits pareils*, par exemple, est un jugement qui nous est immédiatement prescrit par les faits donnés et leurs caractères apparents. En disant au lieu de cela : *Je vois, donc je sens*, c'est une autre opération intelligente qui a lieu, dont le caractère distinct est de se développer successivement et de ramener le fait particulier de la vision au fait plus général de la sensation. Quoiqu'elle participe aussi du jugement par le rapport de constitution qui s'y trouve compris, c'est en vérité une construction qui *s'achève et vient* tomber en évidence (comp. p. 271). Toutes les opérations de cette espèce devront donc s'attribuer (causalement comprises) à une faculté distincte qu'exprime fort bien le mot *raison*, car le fait général qui, en cette occasion, ressort pour ainsi dire du fait particulier (donné seul en vérité directe, quoiqu'il portât l'autre dans son sein), est rapporté de cette manière à sa *raison*, c'est-à-dire à sa *cause logique* dont il s'agit toujours en pareil cas.

Nous appelons *discernement*, la faculté au moyen de laquelle nous croyons obtenir en particulier l'entendement intelligent de toute *dissemblance* ou *ressemblance*, et la correspondance très-exacte entre la dénomination choisie et le rapport qui y donne lieu, saute aux yeux avec trop d'évidence pour avoir besoin de commentaire.

La *faculté d'abstraction* correspond très-exactement aussi à l'entendement *des faits abstraits*, c'est-à-dire à celui d'une *gradation* énergique, à laquelle nous en avons analytiquement ramené le phénomène. La généralité du fait énergique étend nécessairement l'application de cette faculté à tout le domaine de l'entendement empirique, et c'est pourquoi nous trouverons toujours des jugements, des raisonnements, du discernement, etc., dans la sphère de notre abstraction ; tandis qu'une métaphysique superficielle la fait participer directement et puissamment à ces diverses fonctions. La *mémoire*, qui correspond comme faculté au fait du *souvenir*, est absolument dans le même cas, et ne diffère de l'abstraction que par la dimension différente du domaine où elle s'applique (V. p. 216).

La *réflexion* embrasse comme faculté intelligente les relations du sujet avec le moi qui, en vérité, sont des rapports de simple possession (du sujet par moi), mais qui changent de caractère lorsque le moi et le sujet viennent à se confondre. Cette possession prend alors le caractère d'un mirage, le moi se trouve réfléchi pour ainsi dire dans le sujet, et la faculté de se considérer ainsi lui-même devient en quelque sorte de la *réflexion*.

Placés à côté des rapports de diversité auxquels nous faisons correspondre le discernement, les rapports de conformité sembleraient au même titre avoir droit à une faculté particulière; mais quoique nous nous en donnions une qui lui correspond effectivement, c'est-à-dire celle de *comparer* les choses, cette faculté ne jouit pas cependant d'une expression propre, et qui servirait à la désigner d'une manière exacte et indépendante. Dès lors il arrive que nous la rattachons soit au jugement, soit à la raison, partout où nous en retrouvons l'indication; mais c'est ce qui doit compliquer nécessairement ces dernières, et par conséquent embrouiller la question. Si, dans l'application du principe de causalité aux faits intelligents de l'entendement, nous rencontrons ainsi des lacunes, pour peu que nous le soumettions à un examen systématique, ce n'est point à moi qu'on s'adressera, je suppose, pour les remplir, et je me borne à montrer la règle selon laquelle on *devrait* procéder, pour obtenir au moins des résultats harmoniques dans leur ensemble, si l'on voulait persévérer dans les voies suivies jusqu'ici.

Si, dans cette énumération de nos facultés, je fais entrer encore l'*imagination* et le *génie*, c'est plutôt pour épuiser la matière que pour étendre véritablement l'application du principe de causalité facultative. L'une et l'autre expriment les causes intelligentes auxquelles nous attribuons un certain état individuel et particulier. On donne l'imagination à celui qui trahit l'aptitude à saisir les rapports indirects, plutôt que les relations immédiates des faits. C'est là ce qui caractérise son entendement d'une façon poétique et le distingue de l'entendement commun. Le génie, enfin, se rapporte à l'étendue plus vaste du champ que l'intelligence éclaire dans ses relations, à la clarté et à la rapidité avec laquelle elles s'y dessinent. Il est la cause facultative d'un pareil état de choses.

Chaque fait auquel, d'une part, nous faisons correspondre une faculté d'entendement accordée au moi, exige de l'autre, — si nous faisons l'application conséquente du même principe causal, — une *force* (puissance d'existence) attachée au non-moi et servant de base objective aux faits donnés. Une foule de termes que nous n'avons plus besoin, je pense, d'énumérer maintenant, qui commencent par une certaine force de *répulsion* en correspondance avec la *qualité substantielle* de l'élément du monde, force par laquelle il se *maintient* intact dans l'association, et qui se terminent par des forces *rayonnantes, vibrantes, attractives,* etc., en correspondance avec ses *qualités apparentes,* attestent suffisamment qu'on n'a pas oublié cette partie complémentaire de métaphysique causale et erronée, à laquelle je ne m'arrêterai pas.

Les applications que nous venons de faire d'une illusion qui me semble suffisamment démontrée en métaphysique, doivent mettre le lecteur en état de s'orienter, dans tous les cas particuliers de ce genre qui pourraient se présenter à lui, et d'en retirer, chaque fois, la lumière la plus vive. Qu'on ne croie pas, cependant, que tout ce qui vient de se dire ici soit absolument sans valeur aux yeux de ceux qui persisteraient encore, à considérer les facultés humaines comme les causes réelles d'un entendement qui leur serait dû quant à son fait, ou quant à ses formes. La nature de ces facultés productives leur étant aussi inconnue, sans doute, qu'à moi-même, c'est encore par leurs effets qu'ils sont appelés à juger d'elles, et, dès lors, les mêmes règles doivent leur servir pour mieux accorder ce qui doit se correspondre. J'espère donc qu'un temps viendra où, libre de toutes les préventions du moment, on rendra justice entière à des efforts qui, aujourd'hui, pourraient bien encore paraître subversifs de toute philosophie. Ils attaquent, il est vrai, jusque dans ses bases une philosophie encore dominante; mais comme elle est ébranlée déjà par plus d'un choc, elle croulerait encore quand même je ne ferais rien pour accélérer sa chute.

TABLEAU GÉNÉALOGIQUE

RAPPORT FONDAMENTAL

DÉCOULANT DU RAPPORT DE SUBORDINATION, APPLIQUÉ ILLUSOIREMENT

CAUSE (fait transcendental déterminant).

PUISSANCE (cause vivante).

FACULTÉ (Puissance subjective).		**FORCE** (Puissance objective).
1. Réceptivité (Faculté d'Entendement passif).	**2. Spontanéité** (Faculté d'Entendement actif).	**3. Cognition** (Faculté d'Entendement absolu).

D'Intuition (transcendentale), répudiée instinctivement en conséquence de l'origine du rapport causal.

D'Expérience (empirique),

D'APPRÉHENSION. DE MANIFESTATION.

DE PENSÉE (des faits idéels).

DE SENSIBILITÉ (des faits moraux).

DE PERCEPTION (des faits physiques).

N. B. — Si tel n'est pas absolument l'ordre causal de notre métaphysique v[ul]gaire, ou de tel système particulier, c'est qu'il varie nécessairement avec chaq[ue] façon de voir, avec chaque système et son mode de classification différent (sel[on] les faits, les principes ou les fonctions métaphysiques). Tantôt la faculté, au lieu [de] s'attribuer au moi, est donnée au sujet, et alors la *conscience* prend la place

DES NOTIONS CAUSALES.

)E CAUSALITÉ,

L'ASSOCIATION DES FAITS TRANSCENDENTAUX ET EMPIRIQUES.

EFFET (fait empirique déterminé).		
SUBSTANCE (cause inerte).		
ESPRIT (Substance subjective).		MATIÈRE (Substance objective).
4. Intelligence (Faculté d'Entendement relatif).	5. Conscience (Faculté d'entendement subjectif).	6. Aperception (Faculté d'entendement objectif).
(Intelligence active). / LE JUGEMENT (Intelligence passive). / LE DISCERNEMENT (Intelligence du différent).	L'ABSTRACTION (Intelligence des gradations énergiques présentes). / LA MÉMOIRE (Intelligence des gradations énergiques passées). / LA RÉFLEXION (Intelligence de soi-même).	L'IMAGINATION (Intelligence poétique). / LE GÉNIE (Intelligence vaste et profonde). / Etc.

endement, tantôt la pensée et l'intelligence sont attribuées à l'esprit, et tout alors changer de face, mais ces déviations diverses sont visiblement des torts onséquence, et proviennent des embarras naturels où tombent la philosophie métaphysique, faute d'une règle générale et clairement saisie. Ils s'évanouis immédiatement devant le principe simple et concluant de la science du vrai.

CHAPITRE XVIII.

ORDRE COMPOSÉ.

Le monde de l'entendement, représenté synthétiquement à nos yeux, n'y apparaît nullement comme l'amas informe des faits divers que l'analyse nous y fait découvrir. Il se divise, au contraire, en groupes distincts où ces faits se trouvent réunis sous des rapports différents, mais réguliers, et soumis à des transformations continuelles, mais bien ordonnées. Ces groupes s'associent, à leur tour, de manière à se placer dans des relations qu'il importe également de saisir dans leurs traits exactement dessinés. Le relevé complet de cette ordonnance universelle embrassant des éléments constants et simultanément donnés, voilà ce que j'appellerai l'*ordre statique* de la science d'entendement.

ORDRE STATIQUE ET DYNAMIQUE.

Suivre les mêmes faits dans leur développement successif, dans les rapports qu'ils abandonnent et dans les relations nouvelles qu'ils contractent, tel sera le résumé d'un *ordre dynamique* qui, pour être complet, doit embrasser la totalité des éléments scientifiques dans un période assez long pour, pouvoir en conclure, avec quelque droit, à ce que le passé peut nous avoir dérobé, ou l'avenir porter encore dans son sein.

ORDRE HISTORIQUE.

Saisir enfin les états divers de l'entendement aux stations différentes de son développement, selon les données transmises au moyen des monuments divers que s'élèvent la pensée et le besoin, c'est là ce qui nous vaudrait l'*ordre historique* de la science du vrai.

Le monde métaphysique est trop vaste, cependant, pour qu'il soit possible d'en dresser ainsi le tableau universel, sans commencer par les domaines spéciaux dont l'ensemble en achèverait le tracé. Approfondis séparément, ils donneront lieu aux sciences particulières dont le développement occupe le monde savant, et dont les heureux progrès aplanissent rapidement le terrain de la science générale.

ORDRE ENCYCLOPÉDIQUE.

La délimitation et le classement des sciences spéciales de l'entendement, fondés, d'un côté, sur le caractère *des faits absolus* qui les remplissent, de l'autre, sur celui *des faits relatifs* ou des rapports qu'ils contiennent, voilà ce qui donne lieu au développement d'un *ordre encyclopédique*, qu'il nous importe de retracer avant tout, pour nous orienter au sein de notre matière. — L'énonciation du double principe de la démarcation ci-dessus observée implique déjà la conséquence inévitable de deux ordres de sciences entièrement différentes, et qui s'obtiennent immédiatement en marchant dans ces voies distinctes. L'une d'elles, reposant exclusivement sur *le caractère absolu* des faits qui fournissent son contenu, est celle que j'appellerai du nom de *science pratique ou naturelle*. L'autre reposant, au contraire, sur le *caractère relatif* des faits qu'elle embrasse, est ce que j'appelle *science théorique ou exacte*. Chacune d'elles se trouvera nécessairement subdivisée à son tour, selon les spécialités de l'entendement absolu ou relatif qui la constituent.

La science universelle de l'entendement, déterminée par la

philosophie dans son rapport avec le moi (qui la possède), retracée dans ses principes généraux par la *métaphysique,* qui en forme l'introduction abstraite, se divisera donc aussitôt en *science naturelle* et en *science exacte.* Elle nous présentera, dans le premier de ces domaines, les caractères fondamentaux de la *subjectivité* et de l'*objectivité,* selon lesquels elle se subdivise en *psychologie* et en *cosmologie* d'abord, et donne lieu, dans la suite, à l'*anthropologie.* Celle-ci embrassera la sphère humaine, c'est-à-dire le domaine particulier dans lequel la psychologie et la cosmologie s'unissent, non-seulement par contact direct, mais encore par pénétration mutuelle, ainsi qu'il arrive dans le phénomène de la *personne humaine.* C'est ainsi qu'elle devient une science de rapprochement dont l'importance est extrême.

La matière psychologique, cosmologique et anthropologique nous offrant, en outre, sous chacun de ces caractères généraux, un grand nombre de distinctions subalternes, ces dernières donneront lieu à tout autant de sciences spéciales, dont chacune sera en possession de sa sphère distincte. Nous eussions pu les enregistrer ici, mais comme le tableau de l'ordre encyclopédique (annexé à la fin du chapitre) nous les montrera toutes dans l'encadrement de leur association universelle, et reproduira nécessairement les mêmes distinctions, nous pouvons nous abstenir d'en faire actuellement l'énumération pour passer immédiatement à la classe des sciences dites exactes.

Le caractère tout particulier de ces sciences nous impose, à leur égard, l'obligation d'une appréciation scrupuleuse qui, malgré sa haute importance, a été bien négligée jusqu'ici, du moins dans le sens que nous allons lui donner. Elle nous fera concevoir sans peine la raison des avantages éclatants dont jouissent ces sciences vis-à-vis de toutes les autres, avantages dus à la *nécessité* des résultats qu'elles nous présentent.

Si les limites respectives des sciences naturelles nous sont tracées exclusivement par le caractère de leur matière, c'est-à-dire par celui des faits absolus qu'elles embrassent, l'ordre des faits renfermés dans cette enceinte, tout important qu'il y est, n'en forme, en quelque sorte, que l'accessoire. Il en est tout autrement des sciences exactes ; comme c'est le rapport qui en fournit la matière spéciale, c'est le caractère de ce rapport qui détermine leur étendue respective. C'est donc le fait absolu qui s'y présentera comme l'accessoire, et cela est si vrai qu'il n'y effectue réellement son entrée, qu'autant qu'il est susceptible de se prêter à l'application des rapports considérés particulièrement ici.

La première science de ce genre qui vienne se présenter à nous, c'est celle des *mathématiques*, et c'est en réunissant tous les rapports de spécification distinctive, tous les rapports de *parité, disparité, similité* empirique, et surtout transcendentale, qu'elle formule ses vérités générales d'ordre pur et les combinaisons innombrables qui en découlent.

La parité, par exemple, étant désignée par le signe $=$, nous avons $A = A$ pour expression d'une vérité positive, quelle que soit la nature de cet A. Si nous exprimons la disparité entre faits homogènes par les signes $+$ ou $-$, nous aurons $A = B + x$, s'il manque à B quelque chose pour être A ; ce qui est la formule de *l'addition* ; ou bien nous aurons $A = B - x$, s'il manque à cet A quelque chose pour faire B, ce qui est la formule de la *soustraction*. La similité la plus simple étant exprimée par $A\,a + B\,a$, nous avons $a\,(A + B)$ ou bien la formule de la *multiplication*, et, par conséquence immédiate celle aussi de la *division* en posant : $a\,(A+B) = C$, ou bien $\frac{C}{a} = A+B$. Avec ces formules et leurs combinaisons, nous avons l'arithmétique tout entière en posant : $A = 1$, $B = 2$ et ainsi de suite. Avec elles nous avons la *géométrie*, en substituant aux unités numériques des unités linéaires et étendues ; nous avons enfin les *hautes mathématiques*, en y introduisant l'unité de temps et de mouvement.

Une telle science sans doute n'est pas une science de faits positifs, ni d'expérience directe, mais comme elle porte tout entière sur la nature même du rapport, c'est-à-dire sur l'ordre ou la législation des faits, elle devient infailliblement une science régulative de tout ce qui tombe sous l'empire du rapport dont elle s'occupe, et prend ainsi le caractère de nécessité qui lui est propre. Voilà comment les mathématiques deviennent la science régulative du monde objectif tout entier, et pourraient à bien des égards aussi trouver leur application dans le domaine subjectif (1).

L'entendement subjectif cependant possède dans la *logique* une science du même genre, une science exacte et régulative qui lui est propre et qui embrasse tous les rapports d'association organique, tels que l'*inordonnation*, la *subordination*, la *coordonnation*, la *constitution* et la *construction*. Cette science, par rapport à laquelle je ne saurais donner ici que cette légère indication, j'espère quelque jour la traiter spécialement sous ce point de vue nouveau. En attendant il ouvre déjà une riche et admirable perspective, en même temps qu'il nous promet de fixer avec plus de précision ses limites et le domaine de son application.

La science *éthique*, enfin (dont la morale fait partie intégrante), remplit le même rôle à l'égard de l'anthropologie dont elle devient, à son tour, la science auxiliaire et régulative. Elle résume tous les rapports de l'*inordonnation particulière* que nous exprimons par le terme de *possession anthropologique*, c'est-à-dire de *propriété*, ainsi que les rapports de *subordination* qui s'y rattachent. Quoiqu'il ne me soit pas donné non plus d'en parler ici avec plus de détail, je crois cependant avoir dit assez de cette science souverainement importante, pour faire comprendre ma pensée à son égard, pensée que j'aurai plus tard occasion de développer.

La science métaphysique de l'entendement, celle dont nous nous occupons exclusivement ici, ne saurait entrer dans les détails réservés aux branches particulières qui se détachent, comme nous voyons, de l'arbre scientifique. Elle a rempli sa destination tout entière à leur égard, quand elle a

---

(1) La chose a été tentée d'une manière fort remarquable par Herbart.

marqué leur place dans le système, fixé leurs limites respectives, mis au jour le lien de leur association, et livré, enfin, à chacune d'elles la matière philosophiquement et métaphysiquement déterminée dont elle aura spécialement à s'occuper. C'est de sa main que le psychologue, le cosmologue, l'anthropologue, etc., recevront ainsi leur tâche respective, et chacun d'eux, dans la sphère qui lui est adjugée, tâchera de porter l'ordre au moyen d'un développement systématique qui achèvera l'édifice de la science. Avant de s'en occuper ainsi, chacun d'eux, cependant, est en droit de demander compte à la métaphysique de ce qu'elle lui commet, de lui adresser, relativement à la matière qu'elle lui délivre, la question préalable : *Qu'est-ce que c'est que cela?* Voilà justement ce que j'ai voulu dire tout à l'heure par la détermination métaphysique dont cette science est chargée, et c'est ce qui fera le sujet d'un des chapitres suivants.

Pour qu'un assemblage de faits puisse s'élever au rang d'une science proprement dite, il faut, avant tout, et en conséquence des principes antérieurement énoncés (Voy. p. 18), qu'il y ait homogénéité parmi ses éléments, c'est-à-dire qu'il y ait entre eux la communauté d'un trait caractéristique, la forme générale d'un même élément associé à toutes les combinaisons primitives qui constituent sa matière. Cette condition remplie, tout le reste est pure affaire d'exécution. Chaque fait qui ne remplira pas cette condition nécessaire, se rangera aussitôt, et pour cela même, en dehors du domaine de la science particulière qui nous occupera. Il ne saurait y être introduit arbitrairement sans y porter le désordre et la confusion. Un point essentiel, en traitant une science quelconque, sera donc la mise au jour de son caractère d'homogénéité en général, et du fait formal en particulier auquel elle en est redevable. Ceci n'est pas moins nécessaire par rapport à la science universelle que par rapport à l'une quelconque des sciences spéciales de l'entendement. L'homogénéité des éléments de la première étant suffisamment établie, par le caractère *possessif* universel des faits qu'elle contient et qui les rend *miens* sans aucune exception, nous sommes certains, de ce côté-là, de pouvoir en achever l'édifice, et nous allons, avec sécurité, nous livrer à l'étude des branches spéciales qui viennent y concourir. Nous les conduirons également à bon port, pourvu que nous ne perdions jamais de vue cette condition essentielle. Nous aurons soin, par conséquent, d'en écarter surtout ce qui tendrait à y introduire le caractère hétérogène d'une réalité absolue, d'une réalité dont le rapport philosophique (Voy. p. 171) ne présenterait pas la clef, d'une réalité illusoire, en un mot, qui éloignerait inévitablement, du reste de ses coéléments, le fait entaché par elle. Elle donnerait naissance aussitôt à un monde transcendant, inabordable à toute philosophie comme à toute métaphysique positive, à un monde fort incommode par conséquent, et dont, grâce à nos principes, nous sommes parvenus à délivrer complétement la *science*. Ce monde transcendant, cependant, a passé dans le domaine de la croyance; il y jouit à juste titre d'une haute autorité, et c'est ainsi qu'il nous est nécessaire encore en matière de vérité universelle, matière que le savoir et la croyance se partagent, et qu'ils n'épuisent qu'ensemble.

ORDRE DE CLASSIFICATION.

Lorsqu'une masse de faits homogènes se présente en quantité suffisante pour pouvoir réclamer, en s'organisant, le titre d'une science spéciale et distincte, alors nous en voyons les éléments se caser, pour ainsi dire, selon leurs caractères plus ou moins généraux. Les *espèces*, désignées par des caractères différents, se réunissent ainsi en *familles,* sous le drapeau d'une forme quelconque; ces familles sont embrassées de la même manière dans le cadre plus étendu d'un *genre* qui en assume un certain nombre. Ces genres, enfin, rentrent dans un *ordre* ou dans une *classe*, etc., selon les dénominations que l'on attribue à ces divisions successives, et qui marquent dans la totalité scientifique en nombre toujours décroissant; elles reposent toutes sur l'observation d'un caractère de plus en plus général dans les faits, jusqu'à ce qu'il s'en trouve un dont l'universalité réunisse définitivement la totalité des éléments en question, et vienne apposer son cachet à la science elle-même. Cet ordre, remarqué en toute occasion, a lieu visiblement par l'application répétée du *rapport de construction,* et se trouve inévitablement décidé dans son développement par l'état analytique de l'entendement; il embrasse cet entendement d'un réseau de classifications dont le progrès métaphysique étend ou resserre les mailles, mais auquel rien ne saurait se soustraire, à moins de porter un caractère hétérogène. Celui-ci ferait, dès lors, repousser le fait en question hors du domaine scientifique de la majorité élémentaire, domaine auquel il ne saurait plus se rallier. C'est cet ordre métaphysique, enfin, qui, nous poussant d'échelon en échelon dans la connaissance des généralités d'entendement, a donné lieu à tous les systèmes philosophiques (comp., p. 46). C'est lui qui nous force à la recherche d'un rapport fondamental et conciliateur chaque fois que le développement des lumières nous fait aboutir à un dualisme insurmontable dans les éléments de la science universelle.

Cet ordre si important, malgré la simplicité de son origine et de son développement, n'a pas besoin je pense de nous arrêter davantage pour être saisi et complétement apprécié, nous devons remarquer seulement encore qu'il ne s'arrête point à la classification des faits, au sein de chaque domaine scientifique, mais qu'il s'étend également à l'association des sciences déjà distinctes, en les subordonnant les unes aux autres selon la même règle. Le tableau ci-contre, mieux que tout ce que nous pourrions en dire, mettra le lecteur en état d'embrasser d'un coup d'œil les richesses encyclopédiques, parmi lesquelles il n'aura qu'à choisir la spécialité qui lui convient, afin de l'étudier à ses sources et d'en faire l'objet de son occupation favorite.

1. TABLEAU DE L'ORDRE

SCIENCE UNIVERSELLE D...

SCIENCE DE L'ENTENDEMENT DIRECT
(du mien, possédé sciemment, ou de ce que je *sais*.)

1. Métaphysique
(Science des éléments et des principes généraux).

- *Analytique* (Science des Éléments métaphysiques).
- *Synthétique* (Science de l'ordre métaphysique).
- *Discipline* (Science des applications métaphysiques).

2. Cosmologie
(Science des faits objectifs).

- *Chimie* (Analyse cosmologique ou de la matière).
- *Physique* (Science synthétique de l'ordre cosmologique).
  - *Physique, P. D.* (Science des lois générales de la matière).
    - Optique.
    - Acoustique.
    - Magnétisme.
    - Électricité, etc.
  - *Astronomie* (Science des corps célestes).
  - *Géologie* (Science des corps terrestres).
    - *Géognosie* (Science des formations terrestres).
    - *Géographie* (Science de la surface terrestre).
      - Météorologie.
      - Minéralogie.
      - Planographie.
      - Statistique.
    - *Histoire naturelle* (Science de tout ce qui habite la terre).
      - Zoologie.
      - Botanique.
- *Mathématique* (Science abstraite des rapports cosmologiques).

3. Psychologie
(Science des faits subjectifs.)

- *Idéologie* (Analyse psychologique, ou de l'esprit).
- *Phénoménologie* (Science synthétique de l'ordre subjectif).
  - *Phénoménologie proprement dite* (Science des faits considérés comme indifférents).
  - *Esthétique* (Science des faits intéressants sous le rapport du beau et du laid).
  - *Morale* (Science des faits intéressants sous le rapport du bien et du mal).
- *Logique* (Science abstraite des rapports psychologiques).

ENCYCLOPÉDIQUE.

VRAI (du moi possédant).

SCIENCE DE L'ENTENDEMENT INDIRECT
(du mien, possédé analogiquement).

Philosophie (Science du rapp. entre moi et non-moi, ou de ce que *j'admets*).

Religion (Science du non-moi absolu, ou de ce que je *crois*).

4. Anthropologie (Science des faits subject-objectifs).

Théologie.

Cosmogonie.

- *Éthique* (Science abstraite des rapports anthropologiques. Voir le tableau suivant.)
- *Physiologie* (Science synthétique de l'ordre anthropologique).
  - *Anatomie* (Analyse anthropologique).
  - *Physiologie proprement dite* (Science des rapports organiques et vivants entre les éléments personnels. — Phrénologie, magnétisme animal, etc.).
  - *Pathologie* (médicale et chirurgicale. Science des perturbations organiques et de leurs rapports avec les choses extra-personnelles.)

Croyance analogique en Dieu, âme de l'univers et science du culte qui lui est approprié, c'est-à-dire des rapports de l'homme avec son Dieu.

Croyance analogique à une nature extérieure et science de ses rapports avec Dieu, comprise comme le développement progressif des êtres sous les formes diverses d'une existence transcendante passée et future.

2. ÉTHIQUE DE LA SCIENCE DU VRAI.

Science des rapports anthropologiques, ou de la propriété dans l'acception la plus vaste du mot : propriété morale, intellectuelle et physique à la fois.

1. Technique. Science de la production des propriétés.	2. Politique. Science de la conservation des propriétés.	3. Économie. Science de l'augmentation des propriétés.	4. Déontologie. Science de l'usage convenable des propriétés.	5. Histoire. Science du développement humain concernant toute espèce de propriété, et sa distribution pacifique ou violente.
1. Diététique.. Production des biens personnels.	1. Droit civil et criminel.	1. Économie proprement dite. { Politique (ou sociale) privée. { Mercantile (échange physique). Social (échange spirituel et moral).	1. Déontologie morale. Science pratique de la morale et des mœurs, aboutissant au bonheur.	1. Sociale.. { Générale, Particulière, Philosophique, Littéraire, Religieuse, etc., propriétés nationales et internationales.
2. Technologie. { Production des biens matériels. Industrielle. Agricole.	2. Droit constitutionnel.	2. Commerce... { Mimique (par gestes). Rhétorique (par la parole). Grammaire (par écrit). Plastique (par monument).	2. Philologie. Science pratique d'intelligence et d'étude conduisant à la sagesse.	2. Privée... Selon son étendue, sa manière d'être traitée, et les biens particuliers pris en considération spéciale. Histoire individuelle ou biographique.
3. Morale... Production des biens moraux : réputation, tranquillité d'âme, sympathie.	3. Droit international.		3. Déontologie hygiénique. Science pratique de développement corporel menant à la santé.	
4. Philologie.. Production des biens intellectuels : connaissances de tout genre.	4. Science administrative.			

CHAPITRE XIX.

ORDRE DE LA DÉFINITION.

Lorsque nous nous adressons, par rapport à un fait quelconque, la question suivante : *Qu'est-ce que c'est que cela?* C'est une *définition* de la chose que nous demandons en réponse, et cette définition correspond à son tour à l'énonciation d'un certain ordre auquel participe le fait dont il s'agit. C'est pour cela que cette réponse est tout entière du ressort de la science synthétique, mais pour en saisir la portée, il faut commencer par fixer nettement les idées.

Quand je demande au physicien : *Qu'est-ce que l'air?* il pourra me satisfaire momentanément, en me disant qu'il est : *un mélange d'oxygène et d'azote;* mais bientôt je serai porté à lui demander ultérieurement : *Qu'est-ce que l'oxygène et l'azote?* et c'est à quoi il me répondra, que ce sont des *gaz* à propriétés différentes. Si je continuais plus loin mon interrogatoire, sa réponse ira toucher enfin à la *matière* ou à la *substance;* et sortant dès lors du domaine concédé à sa science particulière, le physicien se trouvera tout d'un coup sur le terrain de la métaphysique, chargée de nous fournir une définition dernière. Pour le faire cependant avec connaissance parfaite de cause, le métaphysicien, consulté à son tour, doit commencer par se rendre raison exacte du sens de la question qu'on lui adresse, et dès lors il ne tardera pas à s'apercevoir, qu'il s'agit uniquement ici *de la détermination du rapport, moyennant lequel un fait spécial se rattache dans l'entendement à un fait plus général, et de généralité en généralité au fait universel de la science.* Voilà l'ordre que l'on tend à mettre en évidence, et c'est d'après cela qu'il est procédé toujours et dans tous les cas, comme dans le cas ci-dessus. La première définition de l'air exprime un rapport (mélange) entre deux faits plus généraux (gaz), et c'est en poursuivant de même que nous finissons par rapporter le gaz à la substance. Toutes les définitions de ce genre ne sont donc que relatives, et ne doivent paraître satisfaisantes que jusqu'à un certain point, tandis que la définition absolue vers laquelle nous tendons, se retire de sphère en sphère, jusqu'à ce qu'elle vienne tomber dans le domaine métaphysique, c'est-à-dire dans celui des généralités fondamentales de la science.

Il suit évidemment de ce qui précède, qu'une réponse définitive nous sera donnée ou refusée, selon que l'état de la science nous présentera ou non ce fait d'une généralité absolue, capable de satisfaire notre exigence. C'est alors seulement que chaque fait de la circonférence scientifique, si je puis m'exprimer ainsi, se rattachera à son centre; c'est alors seulement que l'ordre sera complet et général à son tour. Le seul fait métaphysique de ce genre et de cette portée que *nous* connaissions, et qui, sans être absolument simple, n'en répond pas moins à nos désirs; c'est l'élément transcendental, c'est l'*unité appréhendée* avec le caractère *énergique*, c'est-à-dire *la réunion des généralités transcendentales et empiriques.* Il nous présente une véritable *substance énergique* (1),

---

(1) L'énergie étant le caractère de l'élément idéal, nous sommes en droit de considérer ce fait universel comme étant de nature spirituelle; et le spiritualisme philosophique n'aurait pas absolument tort, si en général une pareille définition avait une valeur *philosophique,* mais c'est justement là ce qui lui manque, vu son caractère tout métaphysique. La substance *énergique* devient en outre *substance forte* par une transformation dont la nature causale se trahit facilement, et c'est ainsi qu'elle s'érige en base d'une philosophie toute dynamique et suffisamment motivée en apparence, pour nous expliquer l'autorité dont elle jouit.

et c'est en y ramenant tous les faits particuliers de l'entendement, que nous obtiendrons la réponse métaphysique aux questions de ce genre qui nous seront adressées, et les définitions qui s'ensuivent. La métaphysique ne saurait aller au delà ; et si nous voulions en savoir davantage encore, c'est à la philosophie qu'il faudrait s'adresser. Celle-ci nous rendra raison définitive en disant : *que la substance* (abstraction faite de toute notion causale) *est l'élément organique fondamental du moi.* C'est ainsi que la définition absolue nous ramène au point de départ de toute philosophie, c'est-à-dire à la *totalité* et à la *partie*, au *moi* et au *mien* (qui se définissent mutuellement) ; tandis que toutes les définitions relatives, par l'échelle desquelles nous passons, nous retiennent dans l'enceinte de certaines totalités également relatives, où elles rattachent le fait spécial des généralités d'application plus ou moins vaste.

Ces totalités relatives de plus en plus étendues, que les définitions ci-dessus nous ont fait parcourir, se forment toutes par ordre de classification et moyennant le rapport de *construction* qui le domine ; mais si, au lieu de cela, nous avions égard, en pareille occasion, à des totalités purement *constitutives* (formées d'éléments simplement adhérents) auxquelles se rapporterait notre élément à définir, alors tout changerait immédiatement de face. Notre ordre cependant ne s'en achève pas moins. — La brique, par exemple, définie dans ce sens, devient l'élément constitutif de la maison (considérée comme *terre cuite,* elle rentre aussitôt dans l'ordre précédent) ; la maison devient l'élément d'une ville, et ainsi de suite, jusqu'à la totalité du monde et du moi. La définition philosophique est même toujours (comme nous venons de le voir tout à l'heure) une définition de ce genre, et quoique l'une puisse venir quelquefois au secours de l'autre, le mélange de ces deux modes de définition doit pourtant s'éviter, pour ne pas troubler l'intelligence harmonique de l'entendement.

L'ordre de la définition métaphysique avec son caractère de centralisation et les sphères qui se groupent autour d'un même point, cet ordre, tracé avec précision et clarté, sera d'autant plus complet dans son développement, qu'il s'y rencontrera moins de lacunes dans la détermination des rapports qui réunissent les faits, soit aux centres relatifs de leurs sphères particulières, soit au centre commun où se place le fait universel de la science. L'entendement individuel où tous ces rapports se trouveraient en parfaite évidence, offrirait incontestablement un système de définition achevé.

Il est facile maintenant de saisir toute l'importance de cet ordre dans le développement de notre entendement métaphysique, et l'on comprendra aisément aussi, la raison pour laquelle la clarté scientifique d'un système dépendra en très-grande partie du premier point de vue dont on partira pour la conquérir. C'est lui qui détermine le plus souvent le centre des relations dans l'ordre total, et dès l'instant où ce centre ne s'accorde pas avec les centres particuliers, qu'il ne se prête pas à leur servir de point de ralliement commun, une incohérence inévitable envahit le système, et une obscurité dangereuse l'enveloppe de toutes parts.

Avant d'abandonner cette matière, je dois observer encore que le choix du rapport, moyennant lequel nous rattachons les faits spéciaux aux faits généraux de la science, n'est pas indifférent non plus, mais bien au contraire prescrit avec nécessité. Si, par exemple, nous définissions un fait quelconque d'une manière purement spécifique, comme substance colorée, par exemple, nous sentirions aussitôt que le but auquel nous tendons n'est que très-imparfaitement atteint de cette manière, et qu'il ne le sera véritablement, que lorsqu'une nouvelle définition nous aura présenté la couleur comme *modification organique* de la substance. Nous voyons donc, qu'à côté du fait absolu le plus général possible, notre ordre, pour être complet, exige encore dans la règle l'application du rapport le plus général aussi.

Donner toutes les définitions possibles qu'exigerait l'ordre en question dans sa totalité, ce serait un travail aussi minutieux que colossal, et dont l'utilité, au bout du compte, ne serait pas proportionnée aux difficultés de détail qu'il présenterait infailliblement. Nous saurions d'autant moins nous en charger ici, que l'état des sciences naturelles sur lesquelles il repose n'est pas encore assez avancé pour nous promettre un résultat entièrement et en tout point satisfaisant. Celles de ces définitions, cependant, que l'intelligence métaphysique exige impérieusement, nous les avons données en grande partie, et nous tâcherons d'en compléter l'énumération dans un article particulier; celui-ci n'est destiné qu'à faire ressortir l'ordre même dont nous venons de nous occuper, et qui joue un rôle si marquant dans la synthèse scientifique.

ORDRE D'EXPLICATION.

L'ordre de la définition, quoiqu'il suive en se développant les progrès de la vie universelle, qui déchire et recompose de mille manières les phénomènes embrassés par lui, n'a pourtant rien à démêler directement avec cette vie, et repose en entier sur des faits arrêtés; mais quand nous avons fait le relevé de nos biens-fonds, et répondu de cette manière à la question essentielle : *Qu'est-ce que nous avons?* quand nous avons établi chaque fait particulier dans ses rapports avec les faits généraux de l'entendement, et répondu de cette manière à une question non moins importante : *Qu'est-ce que c'est que cela?* nous sommes portés à demander encore : *Qu'est-ce qui en arrive?* et c'est le relevé historique de l'entendement qui se charge d'y répondre. Sans pouvoir être considéré lui-même comme un ordre dans le sens précis attaché à ce mot, ce relevé embrasse néanmoins tous les faits d'ordre vivant qui se déroulent dans son sein et embrassent l'élément par rapport auquel nous demandons en particulier : *Qu'est-ce que cela devient?* La réponse donnée à chaque question de ce genre fait passer cet élément par une série de rapports vivants, avec les faits auxquels il s'associe successivement et d'une façon passagère, mais dont il devient ainsi le centre mobile. Quand c'est le fait général de la science dont il est question, alors nous en voyons naître un ordre nouveau et très-étendu, analogue à celui de la définition et qui lui correspond dans le développement vivant de notre entendement ; je le nommerai *ordre d'explication*. C'est à lui seul que nous devons l'intelligence historique des phénomènes ; car il indique la manière précise dont ils se forment par la combinaison, ou se déforment par la dissolution de leurs éléments rapportés à l'élément essentiel. Quand il s'agit de faits spéciaux, cet ordre, développé dans le cours d'une expérience analytique et synthétique progressive, demeure soit dans le domaine subjectif où la *psychologie* s'en occupe, soit dans le domaine objectif où la *chimie* et la *physique* en font leur affaire, et s'en nourrissent pour ainsi dire. Quant aux faits composés, quant aux organismes vivants, c'est l'*histoire naturelle* qui se charge de les dérouler. Si un individu humain se plaçait à son centre, cet ordre prendrait le caractère d'une *biographie*; si c'est un état qui joue le même rôle, c'est une *histoire spéciale* qui en résulte. Si le genre humain lui-même prend sa place, cette histoire devient générale ; si c'était un sujet abstrait, comme par exemple l'art, l'industrie, le commerce, la civilisation, enfin, que l'on prenait en considération, alors l'histoire deviendrait *scientifique*. Une histoire universelle du genre humain qui embrasserait non-seulement les événements de l'histoire politique ou des relations internationales, mais encore son développement intellectuel, moral, esthétique, industriel, etc., une telle histoire serait *philosophique*, et la manière moderne de la traiter nous rapproche sensiblement d'un ordre sans lequel notre entendement humain demeurerait certainement incomplet, d'un ordre qui seul peut imprimer à notre intelligence le caractère scientifique d'un développement parfait.

Quel que soit l'ordre spécial de ce genre qui vienne se dégager en nous sur le fond de notre entendement universel, tous les faits et tous les événements qui seraient sans rapport direct avec le fait central qui le traverse, en resteront nécessairement écartés. Ils ne sauraient y pénétrer sans en troubler l'harmonie et sans lui ravir son caractère distinctif, c'est-à-dire sans en brouiller la matière.

CHAPITRE XX.

ORDRE DE L'ANALOGIE. — LA CROYANCE.

C'est déjà beaucoup, sans doute, que de connaître et de bien apprécier les phénomènes d'ordre métaphysique dont les traits impliquent réponse aux questions scientifiques ci-dessus; mais lorsque nous en sommes à l'observation d'un pareil ordre, et, pour ainsi dire, en quête des réponses qu'il nous fournit, alors nous trouvons le fil de l'expérience et de la spéculation bien des fois rompu, nous trouvons les lumières de l'entendement souvent insuffisantes pour mettre en évidence entière les rapports demandés. C'est ainsi que se trahissent des lacunes, soit dans la série des faits, soit dans leur suite, et, par conséquent, dans les définitions ou dans les explications qu'ils nous donnent. Le cas même n'est pas rare, où ces lacunes menacent de vouloir devenir un abîme impossible à franchir ou bien à combler. En vain l'expérience progressive de l'humanité nous promet-elle pour un temps à venir le remède efficace à ce mal; une promesse aussi éloignée ne saurait nous satisfaire, et nous saisissons avec empressement un palliatif, il est vrai, mais qui se met sans réserve à notre disposition. Ce remède, inappréciable quand il s'agit d'établir l'harmonie dans le système de notre entendement, c'est l'*analogie*.

L'analogie qui remplit chaque lacune dans l'ordre de l'entendement s'y présente tout aussitôt qu'elle. C'est ce dont il importe de se convaincre avant d'aller plus loin, pour éviter les illusions dangereuses que fait ici naître le principe causal. Il nous induit à voir dans ce cas une opération intellectuelle, un effort volontaire en vertu duquel nous rechercherions ces analogies et formerions nos opinions ou nos croyances ultérieures, en résultat de la balance des faits.

Posons donc le cas où nous jouirions de l'aspect d'une colonnade sur le fond d'un ciel nuageux, par exemple ; certes nous n'aurons pas besoin d'une faculté particulière, mise volontairement en jeu, pour apercevoir, d'un côté, l'ordre d'*une répétition régulière* (dans la colonnade); de l'autre côté, absence de toute chose semblable (dans le ciel et ses nuages irréguliers). Les faits et les rapports qui constituent cet ordre nous sont donnés simultanément et inséparablement dans une connaissance intelligente qui les embrasse à la fois, et qui prend d'eux son caractère tout entier. Figurons-nous, actuellement, que dans la série des colonnes ci-dessus il en manque une; rien ne justifierait ce me semble l'adoption d'une faculté spéciale, nécessaire, en particulier, pour s'apercevoir de cette lacune directement présente en entendement. Cette lacune, enfin, se trouve remplie inévitablement et sans aucune intervention active et volontaire de notre part, moyennant l'image d'une colonne semblable aux autres, c'est-à-dire par la représentation analogue et correspondante d'une colonne, à laquelle il ne manquerait, pour leur être pareille, que la perception directe. Quand nous voyons d'un côté un objet *bleu*; de l'autre un objet d'ailleurs semblable, mais de couleur *blanche,* nous savons aussitôt que le bleu manque à leur conformité, et ce n'est que pour *exprimer* cette vérité positive que nous avons besoin d'une succession de mots ou de signes, parce qu'elle n'est pas absolument simple. Le bleu flotte, dès lors, comme représentation indépendante, dans l'entendement qui ne saurait plus s'en défaire, et c'est pour ainsi dire au travers d'elle que se présente l'objet blanc. Si un plus grand nombre d'objets bleus se trouvaient ainsi sous nos yeux, et qu'un seul objet blanc fasse exception à la règle générale, cela nous frapperait immédiatement comme défaut de couleur de sa part, auquel suppléerait encore l'addition du fait bleu, absent en perception mais présent en représentation. Dans ce cas, tout comme dans celui de la colonne, un fait complémentaire à l'ordre donné se présente de concert avec lui, sitôt qu'une lacune s'y fait apercevoir. Quelque chose de semblable se rencontre jusque dans les mathématiques, où la totalité nous est toujours déterminée moyennant un certain nombre des parties qui la composent, et cela non-seulement par le calcul ou par la construction, mais directement et en représentation même de la chose. Un triangle, par exemple, est achevé d'une manière *visible, pour ainsi dire,* sitôt que sa base et les deux angles adjacents sont tracés. Cette loi d'ordre que nous appellerons *analogique,* s'annonce en conséquence comme universelle et nécessaire, quelque explication qu'on soit tenté de lui donner, mais qu'il n'importe nullement de poursuivre ici. Supposons, actuellement, qu'il y ait entre l'œil de l'observateur et la colonnade ci-dessus, un rideau qui en cacherait une partie, et certes nous *croirons sur analogie* à des colonnes placées derrière ce rideau, quoiqu'il puisse tout aussi bien y avoir lacune dans leur suite. Voilà donc ce que c'est maintenant que la *croyance* qui équivaut à l'adoption, comme vérité, d'un fait imposé par l'analogie. Selon cette définition, toute croyance pour se légitimer aurait donc besoin d'une analogie *suffisante* et d'une expérience positive au sein de laquelle elle serait puisée.

Une échelle de sons et de couleurs, une gradation énergique, etc., sont des faits d'ordre aussi certains que la colonnade ci-dessus, et chaque lacune s'y fait immédiatement remarquer avec la même évidence. Il n'en est pas autrement, enfin, du fait représentatif qui vient y suppléer. L'ordre présent en entendement pourrait bien cependant ne pas être toujours aussi simple, ni placé dans un jour aussi net, et dès lors la croyance relative à ce qui lui manque ne nous sera pas imposée non plus avec autant de précision et la même nécessité. La manière dont ses lacunes se rempliront en pareille circonstance dépendra plus spécialement alors de l'état d'expérience personnelle de chacun, et par conséquent, devra varier d'un individu à l'autre. Les croyances de l'un peuvent cependant se communiquer à l'autre avec la connaissance des faits sur lesquels elles reposent.

L'intelligence d'un ordre suffit non-seulement, ainsi que nous venons de le voir, pour remplir les lacunes partielles qui se présentent dans son sein, mais elle sert encore à les étendre au delà du cercle de son application directe en expérience ; ces deux cas sont parfaitement semblables. L'intelligence abstraite d'un ordre quelconque couvre de son image représentative tout le champ de l'entendement (la limite ne s'y applique pas), et tantôt elle y rencontre des faits congruents, tantôt des faits soustraits à ses dispositions. Cet idéal d'ordre nous présente, pour ainsi dire, un canevas abstrait que l'aperception peut colorer çà et là, mais qu'elle ne saurait circonscrire dans ses limites. C'est là le cas, par exemple, de l'ordre qui résulte de la répétition constante des rapports dimensionnels, c'est-à-dire de l'espace et du temps, dans le sein duquel les objets et les événements viennent se dessiner ainsi, mais qui toujours en doit dépasser les bornes (1).

Il suffit après cela, que nous ayons rempli d'une certaine manière, et sur le fondement d'une analogie commune, un nombre quelconque de lacunes dans notre expérience, pour nous faire pencher dans la suite pour l'emploi du même remède, toutes les fois qu'une lacune nouvelle en présentera l'occasion. C'est là ce qui déterminera dès lors une certaine méthode de procéder de notre part. Après avoir expliqué, par exemple, le son au moyen d'une vibration de l'air, nous sommes bien près d'expliquer la vision aussi, par la voie d'une vibration éthérée. Cela tient évidemment au sous-ordre régulier qui s'introduit ainsi dans le système, et dont l'harmonie

---

(1) L'ordre causal, tout illusoire qu'il est, se trouve absolument dans le même cas, et s'étend aussi par delà toute la matière donnée à son application.

serait dérangée, de toute autre façon. C'est de l'analogie dans l'analogie, et lorsque les données positives nous manquent, cette harmonie répandue dans le système, cette conséquence du procédé contribue puissamment à la conviction avec laquelle nous embrassons les croyances scientifiques. Quoiqu'un tel ordre fléchisse et doive fléchir devant l'évidence de la vérité directe, sa valeur relative n'en est pas moins très-grande, car la conformité des faits étant le symptôme général de toute vérité, nous devons trouver — lorsqu'elle nous fait faute — un dédommagement dans la conformité de nos croyances et dans l'unité d'ensemble qui en résulte pour le système de l'entendement.

Cet entendement est traversé dans tous les sens par des croyances analogiques qui le complètent à bien des égards, et que nous sommes portés trop souvent à prendre pour des vérités absolues. L'attente du prochain lever du soleil n'est pas autre chose que cela, et repose sur l'analogie dans l'ordre des événements. La persuasion de l'existence d'une vallée derrière chaque montagne qui s'élève à nos yeux, en est une encore, et repose sur l'analogie des choses dans l'espace. Il n'en est pas autrement des idées auxquelles nous croyons, dans la tête d'autrui, et d'une foule de faits du même genre, qu'il serait superflu d'énumérer ici.

La répétition des faits passés, réfléchis dans l'entendement de l'avenir, cette répétition dont l'ordre ne se règle pas exactement sur celui de l'expérience consommée, mais se forme selon des lois particulières (psychologiques et qui sont l'objet d'études toutes spéciales), est une source inépuisable de croyances complémentaires. Si les événements de la vie trompent souvent les prévisions de notre avenir et ne coïncident pas avec ceux que nous en attendons, cela tient évidemment à la connaissance imparfaite de l'ordre des choses, puisée dans l'intelligence du passé. Les étroites limites dans lesquelles cette connaissance est renfermée ne sauraient en effet que la rendre incomplète, et par conséquent fort incertaine dans son application ultérieure. Cependant nous ne saurions pas plus nous abstenir de cette application, qui appartient au développement complet de notre entendement, que de remplir toute autre fonction dans son sein. Selon la loi d'ordre qu'il nous aura donné d'abstraire de l'expérience passée — que les événements développent et perfectionnent au fur et à mesure — la perspective d'avenir qui se dessine en nous doit subir de notables changements ; mais quoi qu'il en soit d'elle, ce sont les événements seuls qui peuvent confirmer cette loi, ou nous forcer d'en adopter une autre. Quelque intéressante que soit maintenant, en pratique, cette confirmation ou cette abolition prononcée par eux, *l'essentiel pour nous*, c'est la loi même, c'est l'achèvement de l'ordre qui doit régner par elle dans notre entendement, c'est l'harmonie enfin qu'elle établit entre toutes ses parties. Si donc, après avoir éclairé l'entendement au moyen de l'analyse, autant qu'il était en nous de le faire, nous sommes parvenus à savoir ainsi : *tout ce que nous avons ;* si au moyen de la synthèse nous avons réussi à nous rendre raison suffisante *de la manière dont nous avons tout cela, ce que c'est, et ce que cela devient ;* si par l'entremise de l'analogie, nous avons obtenu une croyance convaincante de ce qui est *à côté*, de ce qui a pu *précéder* et de ce qui doit *suivre* toute expérience individuelle ; si de cette manière nous avons fermé le cercle de nos connaissances et de nos convictions d'une manière harmonique (comme nous allons tenter de le faire), alors nous aurons achevé sans doute, du moins pour nous-mêmes, tout ce que les efforts de la pensée ont préparé depuis des siècles, et nous pourrons nous vanter de la possession d'un entendement philosophique et métaphysique accompli.—Que la partie problématique de cette intelligence se confirme ou non, c'est ce qui ne saurait nous être indifférent il est vrai, mais cela nous importe infiniment moins pourtant, que l'achèvement d'un système réglé dans son ordonnance. Si elle ne se confirmait pas en tout point, du moins nous aurons la conscience d'avoir fait tout ce qu'il était possible de faire *dans des circonstances données*, et cela doit nous suffire, car c'est tout ce qu'on peut raisonnablement exiger. Des circonstances nouvelles, des progrès nouveaux dans les champs inépuisables de l'expérience étendront le domaine de nos recherches, en multiplieront les produits, et sans doute en développeront encore mieux l'intelligence, mais cela ne saurait diminuer en rien notre mérite relatif, et l'humanité pouvant attendre désormais ces progrès avec tranquillité, les saluera toujours avec reconnaissance.

Si maintenant, pour achever cet ordre universel, nous sommes forcés de franchir les limites de tout entendement positif, n'oublions jamais que la croyance qui nous en rend le service n'est point elle-même une région transcendante (quoiqu'elle en soit une très-distincte de celle de notre savoir) ; ne nous imaginons pas surtout qu'elle soit d'une valeur scientifique moindre, car en nous montrant quelque chose au delà de ce que nous avons sous la main, c'est elle qui nous pousse dans la voie du progrès et de la perfection. Ce n'est donc pas la croyance, mais un objet de croyance qui nous est soustrait en vérité. Cet objet pourtant n'est qu'une lettre scellée dont l'enveloppe peut à chaque instant se briser ; il est hors de la portée de notre regard, mais en marchant nous pouvons espérer de l'atteindre. N'allons pas cependant nous imaginer d'un autre côté que la croyance puisse suppléer au savoir, que celui-ci, sur la base solide duquel elle repose, puisse ou doive jamais se régler sur elle, car ce serait évidemment intervertir l'ordre universel de la nature et de l'intelligence.

La tâche qui nous reste actuellement à remplir, c'est, après tout ce qui vient de se dire, — la réunion des derniers anneaux de la chaîne que nous avons scientifiquement déroulée, — et voilà ce qui ne saurait s'accomplir qu'au moyen d'un *fait analogique* d'une part, et d'un *ordre analogique* de l'autre. L'un nous impose une *croyance* nécessaire, l'autre ce que nous appellerons en distinction une *admission;* et tous les deux nous sont également prescrits par l'analogie la plus parfaite et la plus inévitable. Ce *fait absolu,* c'est la *Divinité* placée à l'un des bouts de la spéculation comme matière nécessaire à l'application de l'ordre abstrait et général qui résulte de notre savoir.

Ce *fait relatif*, c'est le *rapport philosophique* placé à l'autre extrémité de cette même spéculation, où nous possédons encore une matière de vérité, mais où la clef de ses relations fondamentales (comp. p. 180) vient à nous manquer. Tous deux sont donc appelés à remplir des lacunes également marquées dans notre savoir, et cela d'une façon dont celui-ci est incapable de nous rendre le service direct, quoique ce soit lui qui nous en impose la matière et le procédé.

L'analyse métaphysique, en nous faisant remonter des faits compliqués de la science aux faits élémentaires dont elle se nourrit, n'a pas été en état de nous conduire jusqu'à l'absolument simple, mais elle s'est arrêtée dans le domaine du vrai, à une complexité de faits (moi et non-moi, avec rapport entre eux) que nous avons dû reconnaître pour l'élément relatif de toute science humaine, pour sa *vérité* fondamentale. Le rapport du moi au non-moi s'y trouvant absolument indéterminé, la *philosophie* s'est chargée d'y remédier au moyen d'une *admission* analogique reposant sur des vérités positives, et c'est par elle que nous avons débuté dans notre carrière. D'un autre côté, la matière scientifique est bornée, quelque riche et inépuisable qu'elle nous paraisse au premier abord, tandis que l'ordre qui la domine est immense et infini. Il la déborde de tous les côtés, avec l'exigence d'un fait absolu auquel il puisse se rattacher encore, mais que la science directe nous refuse. Dès lors la *religion* vient à notre secours, et nous présente comme tel un monde surhumain, auquel nous croyons de même avec conviction entière. Mais elle ne s'arrête pas là, elle veut le spécifier davantage, et tire infailliblement ses couleurs du monde donné à notre entendement. C'est donc encore le développement de celui-ci qui fournit les traits de celui-là, et notre système scientifique à nous ne saurait en agir autrement à cet égard. — D'une part c'est le parfaitement simple qui échappe à notre savoir distinct, de l'autre c'est le parfaitement composé qui se soustrait également à lui, et cependant l'un et l'autre nous sont indiqués par l'analogie la moins équivoque. Ce sont eux qui se présentent en conséquence et tout naturellement comme les caractères spéciaux d'un monde surhumain qui nous enveloppe et nous pénètre, d'un monde dont nous sortons et dans lequel nous rentrons, quoiqu'il soit absolument fermé à notre entendement immédiat comme à la science du vrai direct, tandis qu'il laisse un vaste champ à la foi et malheureusement aussi à l'imagination. Ce monde, dont la dualité organique est le premier caractère, se divisera par conséquent en *Nature* et en *Dieu*, et consultant des analogies plus spéciales, en *objet* et en *sujet* de l'univers.

C'est ainsi que le dernier acte d'une science de vérité éclairée est une transaction entre l'opinion philosophique (juste en elle-même, mais beaucoup trop étroite quand elle se borne à la reconnaissance d'une nature vivante et réglée par des lois universelles, sans pousser jusqu'à la reconnaissance d'un Dieu qui l'anime), avec le sentiment religieux et le dogme principal de sa croyance suprême (1).

Si le rapport philosophique, auquel nous n'avons pas besoin de revenir ici, nous sert de clef analogique dans une multitude de cas où la lumière directe vient à nous manquer, *la vie universelle* nous offre pourtant un ordre de choses dont l'intelligence nous manque parfois, sans que ce principe fût en état d'en remplir les lacunes. D'autres analogies cependant viennent alors à notre secours, et ce sont elles que nous avons à rechercher maintenant. Nous allons commencer, à cette fin, par nous rappeler quelques observations antérieurement émises : l'inconstance vitale en particulier. Nous avons vu qu'elle nous est donnée comme un fait incontestable en lui-même, mais qui manquait d'une explication quelconque, impossible en effet dans le domaine des connaissances positives. Cette

---

(1) Tandis qu'on embrasse sans aucune difficulté une foule de croyances subalternes, dans l'intérieur de notre entendement, on devient tout d'un coup d'une extrême susceptibilité à l'égard de cette croyance supplémentaire, dont j'espère maintenant avoir mis à jour la source scientifique. Elle est pourtant la mieux motivée que nous possédions, sans excepter même la conviction des idées que nous supposons à notre prochain, et qui sert de règle en grande partie à notre conduite vis-à-vis de lui.

explication, nous pouvons la tenter actuellement par voie d'analogie et de croyance.

Réunion et désunion organique, voilà ce que nous avons vu constituer cette vie, d'une façon élémentaire mais les derniers symptômes de la vitalité universelle vont ainsi se perdre avec les états extrêmes de ce genre, dans le sein du monde surhumain, qui en est formé. La loi explicative de la vie, que nous serions obligés de saisir jusque dans cette source transcendante, est, en conséquence, toute transcendante aussi, et ce serait dans la nature ou en Dieu que nous devrions chercher sa première impulsion ou l'ordre de son inépuisable développement. C'est dire assez que la connaissance directe nous en est complétement refusée, mais si l'insuffisance reconnue de notre savoir sur ce point ne contentait pas l'exigence d'une curiosité aussi naturelle qu'irrésistible, il nous serait permis sans doute d'en chercher une explication analogique, conforme aux lumières acquises à notre entendement. Cette explication nous serait donnée d'une façon convenable au moyen d'une loi de *sympathie* et d'*antipathie* élémentaire qui aurait en outre l'avantage incontestable, de rattacher à un principe *moral* et suprême le monde surhumain et son développement. C'est ainsi que nous pourrons concevoir une divinité dont le sein laisserait échapper des mondes d'intelligences subalternes (selon une règle morale et universelle), mais ne recueillerait en elle que les éléments étrangers à toutes les combinaisons organiques intermédiaires, dont se forme à son tour le monde de la nature et de la science humaine.

Un système qui établit le dualisme de la divinité et de la nature d'une façon aussi précise, ne saurait se qualifier de panthéisme, quand même il ramènerait à l'ensemble d'une totalité commune l'âme et le corps surhumain, constituant ensemble *l'univers*. Il en est ici comme de l'âme et du corps humain, dont l'association dans la totalité humaine, n'efface nullement la différence essentielle et fondamentale. Un tel système fait rigoureusement justice au contraire de la façon de voir panthéiste. C'est en ramenant le naturalisme ainsi que le mysticisme, qui dans leur conséquence parfaite deviennent également panthéistes, à l'unité d'une philosophie absolue, que nous les écartons l'un et l'autre, tout en les conciliant dans la sphère d'une vérité plus générale et d'un monde plus élevé. La totalité vivante et *possédante* (c'est-à-dire douée d'entendement) qui en résulte inévitablement, *l'univers* en un mot, n'est point du tout le Dieu que *nous* admettons en conséquence. *Dieu,* c'est *le fait essentiel et nécessaire* à cette totalité universelle; *la nature* en est le fait *accidentel et contingent.* Le premier en est *l'âme*, la dernière en est *le corps.* On ne pourra donc pas nous objecter non plus, que cette nature s'y présente sur un pied d'égalité avec le Dieu de nos croyances, ni que l'univers enfin, composé par Dieu et la nature, soit au-dessus d'eux. Sa dépendance, au contraire, cette dépendance nécessaire selon le principe de notre philosophie, nous le défend positivement, et rien d'ailleurs ne nous y autorise. L'entendement, que l'analogie nous force d'accorder à cet univers, à moins d'inconséquence flagrante, nous devons le croire circonscrit par la double limite interne d'une intuition pareille ou semblable à la nôtre, et dès lors nous devons accorder la prééminence à l'entendement divin, dans lequel une partie de cette limitation disparaîtrait nécessairement, où règnerait par conséquent la clarté subjective la plus absolue. Le mode d'entendement enfin, réservé dans ce système à la nature (que nous ne saurions en dépouiller non plus), doit être frappé au contraire d'obscurité interne absolue, et borné à la seule clarté d'une aperception purement objective. — Dans ces spéculations transcendantes, que sans doute nous pourrions pousser encore bien plus loin s'il le fallait, ai-je besoin de le dire ? il faut se garder néanmoins de chercher autre chose que de la matière à croyance, et nullement de la science positive. On ne m'accusera donc pas, je l'espère, de l'absurde prétention de vouloir pénétrer d'un regard philosophique ces régions du mystère.

La loi de sympathie et d'antipathie ci-dessus indiquée, cette loi propre à nous expliquer la réunion et la désunion vivante des faits élémentaires, n'est pas suffisante pourtant pour nous donner la clef plus approfondie de cette même vie, dans les formes diverses dont elle se revêt. Il en est de ceci comme de la de gravitation générale, à laquelle il nous faut ajouter encore une loi régulative qui la spécifie davantage. Nous serons obligés encore une fois d'interroger l'expérience, pour y chercher les indices d'une pareille loi, car c'est d'elle seule que nous pouvons les attendre.

En suivant du regard la progression vitale, soit dans la désunion, soit dans la réunion élémentaire, nous voyons toujours au bout de la perspective un terme extrême auquel chacun de ces modes de développement atteindrait infailliblement, et qui mettrait fin au genre de vie dont il est le principe. Ce qui nous reste à faire, c'est donc de rattacher cette fin à un commencement vital, et de le faire d'une façon qui trouverait sa légitimation dans l'expérience. Cette animation, ce passage de la vie à la mort, ou de la mort à la vie, a sans doute quelque chose de bien merveilleux par l'absence de toute expérience parfaitement analogue ; mais il nous est donné pourtant d'éluder les difficultés de sa conception au moyen d'une loi régulative, selon laquelle tout épuisement de vie deviendrait impossible à supposer. Telle serait celle que nous exprimerions dans les termes suivants : *Les éléments absolus en état d'union parfaite, tendent à se désunir; les éléments en état de désunion complète tendent à se réunir;* et cette loi, qu'un grand nombre de phénomènes confirment, cette loi qui est abstraite de ces mêmes phénomènes d'expérience (1), cette

(1) L'air pesant par exemple, c'est-à-dire tendant vers un centre de réunion, prend une tendance opposée et expansive, sous le poids même des couches supérieures de l'atmosphère. La compression fait éclater la poudre fulminante, c'est-à-dire qu'elle remplace la tendance à réunion poussée à sa limite, par une tendance à désunion des plus décidées. Je puis ajouter à ces exemples, celui des gazes, qui se condensent en fluides, celui des substances solides, qui s'évaporent, etc.; car si l'on croyait mieux expliquer ces phénomènes au moyen du calorique, autant vaudrait-il le faire par la lumière ou le son, lorsque la chose se fait visible-

loi enfin dont l'énoncé (à l'état actuel de nos lumières) ne saurait plus être suivi d'un *pourquoi* interrogatif par rapport à ses causes, nous donne la compréhension la plus intime possible de la vie universelle. Nous concevons de cette manière un système d'éléments tendant continuellement à leur union, empêchée par la tendance contraire des éléments qui l'auraient atteint. Nous concevons de même un système d'éléments tendant à désunion, dont le résultat complet serait prévenu par la tendance contraire des éléments qui auraient touché cette limite. C'est ainsi que nous obtenons cette pulsation de la nature, ce procès d'aspiration et d'exhalation, cette loi de vie éternelle et générale, enfin, qui nous suffit pour en saisir le mécanisme universel, quoiqu'elle ne soit pas suffisante pour nous le faire *calculer*. Le service cependant qu'elle nous rend est le seul que nous soyons en droit de lui demander.

ment ou qu'un bruit l'accompagne. La présence et l'absence coïncidente du chaud, de la lumière, etc., dans l'ensemble de pareils phénomènes, sont des vérités sur lesquelles nous pouvons asseoir des règles d'expérience très-positives; mais nous ne devons pas jeter au travers d'elles la causalité illusoire dont il a été fait justice, et qui seule nous guide en pareille occasion.

CHAPITRE XXI.

DÉFINITIONS MÉTAPHYSIQUES.

Une multitude de faits dans un ordre vaste et profond, dans un ordre général, au sein duquel se groupent des faits d'ordre spécial, voilà l'ensemble que nous présente le tableau de l'entendement. Plus l'analyse nous y fait découvrir d'éléments et nous y montre de détails, plus la synthèse nous développe de relations renfermées dans ce système, plus aussi nous voyons la matière et l'ordre scientifique s'y retracer avec précision. Des progrès marquants nous ont conduits, par cette voie, à une connaissance et une intelligence assez avancée pour que nous puissions saisir l'ensemble du système dans ses traits principaux, et cela sous l'impression d'une clarté suffisante; car les lacunes qui s'y rencontrent encore ne sont plus en état d'en troubler l'harmonie universelle. Cependant il faut les remplir aussi; l'ordre complet, l'ordre scientifique n'est qu'à ce prix, et lorsque l'expérience directe n'y suffit pas, nous avons vu comment l'analogie y supplée. C'est ainsi qu'elle donne lieu à des croyances et à des admissions que le temps et l'expérience progressive peuvent rectifier en quelques points, mais qui en attendant ont force de loi et de chose, vu la nécessité qui leur revient dans le système. Dans les cas, au contraire, où l'attention nous fait découvrir directement les rapports qui nous manquent au premier abord, dans l'ordre des choses et des événements, ce sont des définitions ou des explications qui nous rendent ce service attendu. Dans l'un comme dans l'autre de ces cas, les questions de détail sont négligées pour la plupart du temps, et demeurent sans solution, tandis qu'on exige avec plus de sévérité la clef scientifique des choses, qui par leur importance frappent plus généralement chacun. Peu à peu néanmoins, les premières auront leur tour, et la suite en sera une lumière toujours croissante dont profitera notre entendement. Je prie le lecteur de me passer ces répétitions et celles qui suivront encore, car nous allons en venir à quelques applications intéressantes, et peut-être n'ai-je pas absolument tort de craindre les difficultés, que l'on trouve toujours à se familiariser avec un point de vue nouveau. Cette difficulté ici sera d'autant plus grande, que la science de la vérité est venue nous en ouvrir plusieurs à la fois.

Chaque définition donnée dans le sens d'un système, y est ainsi que nous l'avons vu (V. p. 318) l'expression d'un rapport subsistant entre le fait particulier qui se définit, et le fait général de ce système. Ce dernier fait se pose ainsi au centre d'une série de relations, groupées autour de lui. La définition donnée sera relative, et bornée au domaine d'une science spéciale, tant que le fait général invoqué dans cette occasion, ne sortira pas de ce domaine. Elle sera purement *physique* par exemple, lorsqu'elle s'arrêtera après avoir ramené les objets à une *matière* élémentaire; elle sera *métaphysique,* quand elle sera allée jusqu'à rapporter les faits de l'entendement à la *substance* abstraite ou spécifiée énergiquement, car c'est en elle que nous avons reconnu son fait le plus général. Dans la science de l'entendement c'est donc à cela que nous devons nous borner, sauf à nous élever ultérieurement à une définition plus absolue, c'est-à-dire *philosophique.*

Le fil de nos recherches nous a déjà conduit à donner les définitions les plus essentielles au système, car c'était bien une définition, que nous avons prononcée, en disant par exemple: que le sujet et l'objet sont : l'un, l'élément transcendental simple et persévérant, l'autre l'élément transcendental, multiple et, de plus, inconstant de la science. Cette définition cependant est certainement de second ordre, et trouve comme telle son complément nécessaire dans une autre, qui concerne le fait transcendental lui-même. Celle-ci nous l'avons également donnée, en disant que les faits transcendentaux et empiriques sont des associations de substance élémentaire, respectivement en rapport d'union ou de désunion organique. Si maintenant le fait transcendental se trouvait en opposition pure et simple avec le fait empirique, si l'un était absolument et sous tous les rapports, l'inverse de l'autre, il nous serait indiqué par là que nous touchons à une limite analytique, que nous sommes arrivés à des faits également généraux dans la science, et que dès lors nous devons nous contenter de la définition donnée. Au lieu de cela le fait empirique porte le caractère d'une *nécessité moindre* que l'autre, il nous est donc permis de continuer l'investigation à son égard, et je tâcherai de compléter sa définition, selon les indications que nous offre *le rapport de liaison métaphysique,* parce qu'il trahit une certaine analogie avec le rapport du transcendental et de l'empirique.

Ce rapport de *liaison,* qui nous présente les faits relatifs, comme *relevant* des faits absolus, peut en effet s'appliquer jusqu'à un certain point à l'association des deux faits fondamentaux de l'entendement, c'est-à-dire des faits transcendentaux et empiriques. Ces derniers semblent relever en quelque façon, du fait transcendental auquel ils s'attachent sans exception et qu'ils caractérisent. Ce fait plus nécessaire qu'eux semble ainsi décider de leur présence. Voilà des circonstances qui désignent assez exactement le fait empirique spécifiant, comme un *fait relatif* de sa nature mais *tout particulier en cela,* que ses *aboutissants absolus* (Voy. p. 157) ne se distinguent pas les uns des autres (car dans le cas présent nous n'en voyons qu'un seul au lieu de plusieurs). Mais comme cet aboutissant est justement l'élément transcendental, c'est-à-dire l'élément dans lequel nous avons reconnu la substance en état organique de réunion complète, ce cas rentrerait immédiatement dans la règle générale, selon laquelle tout fait relatif exige un certain nombre de faits absolus (toujours quoique indistinctement présents dans le fait transcendental). Le fait empirique serait en conséquence l'expression d'un rapport entre plusieurs éléments absolus et transcendentaux, c'est-à-dire d'éléments en état d'union complète, et par conséquent indistincts. Cette définition nouvelle du fait empirique comme rapport, s'accorde d'ailleurs très-bien avec sa définition antérieure comme *organisme en dissolution*, car il devient ainsi une véritable *pièce de rapport*, si j'ose m'exprimer ainsi, un organisme de transition dans l'association vivante de deux systèmes transcendentaux. En communication entre eux, l'un recevrait de cette façon ce qui émanerait de l'autre, et nous aurions fait un pas considérable dans la compréhension métaphysique des choses (1). Tout cela, pourtant, ne nous mène pas encore jusqu'à la définition des caractères différents dont se revêt la spécification empirique, et c'est de quoi nous devons également nous rendre raison convenable.

Tous ces faits empiriques, nous étant donnés comme élémentaires et primitifs dans l'entendement, nous devons nous arrêter à leur vérité ainsi qu'au rapport de liaison qui les enchaîne, soit à l'objet, soit au sujet, et nous ne saurions directement les définir d'une manière plus exacte que nous n'avons fait. Pour aller au delà, c'est encore à l'analogie qu'il nous faut recourir. Avant de le faire, je dois répéter pourtant que ce serait une erreur grossière que d'accorder à ces croyances subsidiaires et régulatives, une valeur absolue et réelle qu'elles

---

(1) Il s'ensuivrait que la désunion organique complète entre deux systèmes composés de faits quelconques, équivaudrait au cas où ces systèmes ne recevraient ni ne rendraient rien l'un à l'autre, car c'est là ce qui impliquerait absence de tout rapport entre eux. C'est ce qui n'a lieu *nécessairement*, qu'entre les faits absolument simples. — Les rapports constitutifs (de séparation ou de contiguïté) ceux de construction (généralité ou spécialité), les rapports spécifiques (d'égalité et diversité), se rattachent facilement, par suite des données ci-dessus, à des événements organiques et numériquement exprimables, du même genre.

ne sauraient obtenir qu'autant que l'expérience parviendrait à les confirmer. Comme cela ne saurait arriver qu'ensuite de progrès analytiques et synthétiques qu'il n'est pas facile de nous promettre, la chose n'est guère certaine, mais il serait également présomptueux d'en nier la possibilité.

Si les distinctions les plus profondes dans le système de l'entendement, si la différence entre le sujet et l'objet, entre le fait transcendental et empirique, ont pu se ramener scientifiquement à des états organiques et vivants, c'est à peine si nous pouvons appeler une analogie, l'application toute simple du même principe, à l'explication des distinctions subordonnées que nous examinons ici, et qui se définissent alors comme des gradations ultérieures d'union et de désunion, de constance et de vitalité organique. Cette définition au point où nous en sommes, nous est prescrite d'une façon tellement impérieuse, que toute autre à côté d'elle paraîtrait ce me semble chōquante, mais la principale difficulté n'est point là. Celle-ci réside bien plutôt dans l'impossibilité d'assigner exactement tel mode positif d'organisation vivante, à tel ou tel fait de spécification donné, auquel il devrait correspondre, et qu'il s'agirait de définir avec précision. Dès lors ce n'est plus que d'une façon approximative qu'il nous est possible de l'indiquer. Voilà pourquoi nous devons nous régler ici, d'une manière toute générale, sur le plus ou moins de mobilité, sur le plus ou moins de précision et de clarté que les faits nous retraceront. De la présence universelle du fait énergique et de sa grande mobilité, nous devons conclure par exemple à un développement organique et vital plus avancé, et le placer en conséquence au plus haut point de l'échelle. Par la même raison nous ferons simplement suivre dans cet ordre, ceux de la lumière, du tact, du son, de l'odeur, du goût, etc. (1). Quant

(1) Il est possible de consulter des indications plus spéciales, fondées sur le genre du mouvement par exemple que l'on remarque en pareille circonstance, mouvement translatoire, oscillatoire, rotatif, concentrique ou excentrique, etc.; mais ce sont là des choses que la métaphysique doit abandonner à la science plus spéciale qui s'en occupe.

CHAP. XXI. DÉFINITIONS MÉTAPHYSIQUES. 347

au caractère empirique moral (à l'agrément ou désagrément), nous lui avons reconnu déjà une liaison si intime avec le développement actif des phénomènes en nous, que nous sommes suffisamment autorisés à y voir le symptôme d'une vitalité prédominante sur l'organisation matérielle, tandis que tous les caractères sensuels indiqueraient au contraire prédomination de l'ordre organique sur la tendance vitale dans une association.

Quelque peu satisfaisantes que nous dussions trouver ces définitions s'il s'agissait d'appliquer, par leur moyen, le calcul et la mesure à notre expérience métaphysique, elles doivent cependant nous paraître relativement convenables, par rapport à une science qui ne se trouve pas encore, à beaucoup près, au point de maturité qu'exigerait une pareille entreprise. Si par leur intervention, nous établissons l'ensemble et l'harmonie entre toutes les parties de la science, si nous parvenons ainsi à concevoir et à nous expliquer, ce que nous ne saurions saisir directement et soumettre à l'exactitude mathématique, alors nous aurons obtenu sans doute, sinon tout ce qu'il est permis de désirer, du moins tout ce que nous pouvons raisonnablement exiger.

Dans une science où tout, en ce moment, se trouve ramené déjà à des éléments individuellement précisés, et à leurs modes d'association diverse, toute *différence dans l'étendue* de deux perceptions ne saurait plus se concevoir que comme une *différence numérique* entre les faits élémentaires qui viennent y concourir respectivement, et qui se trouvent en même temps *dimensionnalisés* par l'image abstraite de l'espace, telle que nous en avons reconnu plus haut l'origine (voy. p. 204). Chaque **durée différente** sera fondée pareillement sur la *différence numérique* des faits concourant à un entendement vivant, c'est-à-dire des événements élémentaires, *dimensionnalisés* par l'image abstraite du temps qui s'y associe. Chaque *vitesse différente,* se représentera pareillement, comme différence numérique dans les faits successifs, comparés à une durée donnée et prise pour unité relative. Les *différences d'intensité* enfin, se conçoivent encore plus facilement que les autres, par un rapport numérique des faits opposés dans l'entendement, tels qu'énergie positive et négative, lumière et obscurité, son et silence, etc. Voilà donc autant de définitions complémentaires qu'il importait de donner, et qui me semblent assez concluantes pour n'avoir pas besoin d'en chercher d'autres.

Quant aux faits mêmes de ces oppositions remarquables que nous citions tout à l'heure, oppositions qui jouent un rôle si important dans le système de l'entendement, ils demandent certainement aussi leur définition spéciale et que nous ne saurions leur refuser.

Lorsque nous y faisons attention dans ce but, nous voyons qu'à chaque état d'organisation élémentaire (qu'à chaque degré d'union ou de désunion), il peut correspondre l'une aussi bien que l'autre des deux tendances vivantes et inverses qui animent les choses, tendances à réunion ou bien à désunion ; dès lors nous voyons s'expliquer aussi de la manière la plus satisfaisante, cette opposition radicale et partout répétée, que l'expérience nous offre au sein de chaque genre d'aperception particulière. Nous ne saurions donc nous empêcher de placer en correspondance ces oppositions empiriques et ces différences de vitalité. Il sera clair maintenant que la présence réunie de ces tendances opposées dans un même phénomène, ne saurait s'y manifester autrement que par leur paralysation mutuelle et proportionnelle. La chaleur doit ainsi dissiper le froid, la lumière effacer l'obscurité, etc.; mais lorsqu'à ces phénomènes nous voyons s'en associer d'autres, quand le froid ressenti par exemple est accompagné de la congélation de l'eau, et ainsi de suite, alors n'allons pas substituer à l'ordre très-positif d'expérience qui se fait jour en pareil cas, une liaison causale qui n'y est pour rien dans l'appréciation scientifique.

Si donc le caractère *énergique* de la substance en général tenait à une certaine organisation des éléments au *degré M d'union* par exemple, l'énergie positive correspondrait à ce degré M, accompagné d'une tendance à désunion, tandis que l'énergie négative (l'atonie), correspondrait au contraire à ce même degré M, d'union organique, accompagné d'une tendance à

CHAP. XXI. DÉFINITIONS MÉTAPHYSIQUES. 349

réunion. Si le caractère *visuel* en général, tenait au degré N d'union organique entre les faits élémentaires, alors la lumière correspondrait à l'état organique dans ce degré N d'union, avec tendance des éléments à se désunir, tandis que l'obscurité au contraire, correspondrait à ce même état organique avec tendance à réunion, et ainsi de suite. Il serait facile de donner une foule d'explications heureuses, au moyen de cette théorie, mais nous ne saurions le suivre plus loin dans ses développements, sans dépasser les limites de la métaphysique générale qui seule doit nous occuper ici, et sans nous jeter dans le domaine des sciences toutes spéciales, auxquelles nous devons nous borner à préparer les voies.

MÉTAPHYSIQUE DE L'ENTENDEMENT.

CHAPITRE XXII.

INTRODUCTION. — DISCIPLINE.

Pour en venir au point où nous en sommes, nous avons épuisé la matière de notre science d'abord, nous avons tracé ensuite l'ordre général des faits élémentaires découverts, c'est ainsi que nous avons terminé la tâche que la métaphysique du vrai nous imposait directement. Il est cependant des faits d'ordre nombreux encore, dont il n'a pu être question dans cet ouvrage de la manière la plus éloignée. Ils sont réclamés par les domaines divers de science toute spéciale, et c'est là seulement qu'il s'agira de les examiner à leur tour. C'est au cosmologue, au psychologue, à l'anthropologue, etc., que ces questions sont ainsi dévolues de plein droit, et ce n'est pas ce qui nous empêcherait de regarder notre carrière métaphysique comme entièrement achevée. N'allons pas cependant nous hâter d'en proclamer la clôture, car de l'examen métaphysique des résultats obtenus par voie de science spéciale, il découle pour cette métaphysique même, une contre-épreuve salutaire, favorable aux vérités énoncées par elle, mais sans indulgence pour les erreurs qui pourraient s'y être glissées en dépit de nos soins. Elle en mettrait infailliblement à nu la trame défectueuse.

Si le savant occupé d'une spécialité quelconque reçoit de la main du métaphysicien la matière dont il veut s'occuper, s'il la reçoit exactement définie, c'est-à-dire rapportée en tout point au fait général et central autour duquel elle se groupe dans le système total, s'il la reçoit enfin à l'état d'homogénéité scientifique, nécessaire au succès de ses travaux, c'est tout ce qu'il peut exiger d'elle. C'est à lui qu'il appartiendra désormais de porter la lumière d'une analyse spéciale et nouvelle, dans les détails du domaine ainsi concédé, et d'y saisir synthétiquement chaque trait de l'ordre particulier qui le régit. C'est ainsi qu'il réussira, tôt ou tard, à réunir dans un ensemble systématique les matériaux dont il fait son étude particulière et à les élever au rang d'une science accomplie. Parvenue à ce faîte de son développement, la science spéciale retombe immédiatement sous l'empire du métaphysicien, appelé à prononcer sur les résultats obtenus, à leur donner l'explication définitive dont ils pourraient avoir besoin, à les relier enfin à l'ensemble et aux principes du système universel de la science du vrai. S'il parvenait à le faire au moyen des lois générales dont il aurait établi la règle, cette coïncidence achevée porterait en elle la confirmation réciproque des résultats de l'expérimentation par la loi, et de la loi par les résultats observés. C'est là ce qui répandrait sans doute une clarté brillante sur l'ensemble de nos connaissances scientifiques, et c'est par conséquent ce qu'il importe au moins d'essayer. Si tout au contraire, cette explication allait frapper contre d'invincibles obstacles, si elle allait nous enfoncer dans d'inextricables contradictions, s'il n'était possible de les éviter que par la multiplication arbitraire des moyens employés pour en venir à bout, si en un mot il fallait encore procéder comme il a été fait régulièrement jusqu'ici, alors et par là même, nous serions invités respectivement à une scrupuleuse révision de nos travaux. Il est vraisemblable, sinon certain, que de cette manière nous nous rapprocherions l'un ou l'autre, peut-être tous les deux, de la bonne voie. C'est cette œuvre de rectification mutuelle, que j'assigne à la *discipline* de l'entendement, convenablement appelée de ce nom, parce qu'elle est destinée à servir de guide et de régulateur suprême à nos efforts scientifiques, dans toutes les branches d'étude spéciale qui pourraient nous occuper. Si maintenant nous tournons notre attention du côté ci-dessus indiqué, ce n'est pourtant qu'en traits rapides que nous allons traiter cette matière, c'est d'une manière bien moins destinée à l'épuiser, qu'à nous ouvrir les voies par lesquelles un jour on doit arriver à ce but.

Avant qu'une science spéciale soit assise jusqu'à un certain point, il est évident que la métaphysique ne saurait s'en occuper de la façon ci-dessus désignée, avec l'expectative de quelque succès. Elle ne saurait cependant non plus se désister entièrement jusque-là de ses droits légitimes, et nous tenterons en conséquence l'application de nos principes aux traits les plus marquants et les moins équivoques de science cosmologique, psychologique et anthropologique dans l'état actuel de leur développement. Pour réussir dans cette entreprise, il sera nécessaire de commencer par dessiner avec précision les limites respectives de ces sciences (qui se touchent de bien près et se confondent même à plusieurs égards dans l'anthropologie), il faudra caractériser exactement la matière de chacune d'elles dans le sens de notre système, et revenir en conséquence à des faits énoncés plus haut. Nous aurions tort cependant de nous laisser arrêter par la crainte de ces répétitions inévitables, car il nous importe trop en ce moment d'avoir présent à l'esprit nos principes scientifiques, afin de pouvoir embrasser d'un coup d'œil leur portée, et le domaine de chacune de ces sciences adapté à leur point de vue. Faute de le faire, nous pourrions commettre facilement une foule d'erreurs fondamentales dont les conséquences seraient inappréciables, et qui résulteraient du mélange inconsidéré de notions transcendantes avec les notions de science spéciale qui seules sont en droit de nous occuper, dès l'instant où nous en franchissons le seuil. Les notions métaphysiques sans doute doivent s'y rattacher encore, elles doivent même lui servir de fondement solide (tout comme la philosophie sert de base à la métaphysique), mais elles ne sauraient y pénétrer sans y porter le trouble et la confusion. Cela est si vrai, que ni les définitions, ni les procédés purement cosmologiques, purement psychologiques ou anthropologiques, ne seront plus les siens. Tout ce qui leur appartient en propre doit se développer d'une façon indépendante au sein de ces sciences respectives, et les résultats obtenus pourraient bien dès lors ne pas s'accorder en apparence. Ce sera sans préjudice néanmoins pour la science universelle du vrai, car tout dépendant ici du point de vue particulier dont on considère la chose, il importe seulement que la métaphysique ne laisse point échapper le gouvernail, et que les faits ne viennent pas taxer d'erreur les principes sur lesquels repose la science même.

Dans le domaine cosmologique par exemple, le fait transcendental subjectif se trouve complétement éliminé, du moins il n'y demeure qu'à titre de limite abstraite à son extension indéfinie, en d'autres termes: comme *simple négation cosmologique*. Le fait empirique, dans ce domaine, est donc entièrement détaché du sujet et doit y figurer désormais comme *accidentalité d'une chose*, dont l'élément transcendental objectif formerait seul *la partie essentielle*. C'est de celle-ci qu'il *relèvera* donc uniquement dans leur commerce mutuel.

Dans le domaine psychologique au contraire, c'est le fait transcendental objectif qui se trouve dans le cas d'élimination complète, et le fait empirique s'y présentera dès lors comme *accidentalité toute subjective*. Chaque explication ou définition la ramènera par conséquent au sujet, dont il relèvera seul.

En anthropologie enfin, ce même fait empirique flottera entre le sujet et l'objet transcendental, présents tous les deux et au même titre. Il relèvera nécessairement alors de tous deux, et c'est leur relation mutuelle qui servira en conséquence à sa définition et à son explication.

Ces trois définitions différentes du fait empirique, n'ayant qu'une valeur relative et restreinte ne sauraient se faire tort mutuellement, qu'autant qu'elles sortiraient de leurs sphères respectives, pour entrer en contact direct, et dès ce moment en contradiction inévitable; mais c'est justement à la métaphysique à les retenir dans leurs limites naturelles, afin de nous éviter à l'avenir toutes les erreurs, tous les malentendus et toutes les incertitudes dans lesquels, de cette manière, nous sommes tombés si souvent.

Ce qui vient de se dire suffira j'espère pour nous faire apprécier à sa juste valeur la compétence et le terrain de notre science disciplinaire, et c'est ce qui nous permettra de passer immédiatement à l'examen des domaines cosmologiques, psychologiques et anthropologiques, tels que nous devons les livrer à l'observateur, occupé de leur exploitation respective.

La science cosmologique, en premier lieu, aura pour objet d'étude :

1° Tout le domaine de l'intuition objective, appréhension et manifestation réunies.

2° Elle comprendra directement tous les faits d'expérience qui se rattachent à la vision et au tact, c'est-à-dire les caractères colorés, tempérés et figurés des choses.

3° Elle comprendra enfin, d'une façon indirecte, mais également certaine, le reste des faits empiriques de tout genre, dès l'instant où un rapport objectif quelconque viendra s'y rallier. Les faits odorants par exemple y prennent place dès qu'ils seront considérés comme émanations moléculaires, les sons comme vibrations de substances élastiques, etc., tandis qu'ils en seraient exclus comme simples impressions subjectives.

Ce vaste domaine a pour limite en entendement le sujet transcendental, dont les accidentalités empiriques ne nous regardent plus du tout. Dans l'enlacement des deux systèmes cosmologique et psychologique, ce sujet abstrait empiète pourtant bien souvent sur l'objectivité et lui enlève ses éléments les plus légitimement possédés. C'est ce qui nous oblige à la plus stricte attention à son égard, afin d'éviter les confusions naturelles qui s'ensuivent et qui nous jettent aussitôt hors de notre position scientifique toute spéciale. Quelque soin pourtant que nous dussions mettre à tenir écartés l'un de l'autre les *deux points de vue* cosmologique et psychologique, nous aurions grand tort de nous plaindre de leur étroite association dans la science, car elle tient à une véritable parenté de leurs éléments, et par conséquent à une communauté de droits imprescriptibles. Elle nous enrichit bientôt d'une science nouvelle et plus générale, capable de les embrasser tous deux, d'une science anthropologique enfin, au sein de laquelle s'établissent les rapports les plus intéressants entre l'objectivité et la subjectivité, en un mot tous les rapports humains.

L'élément cosmologique dont nous traitons actuellement, c'est donc la substance objective, c'est-à-dire le fait transcendental objectif, empiriquement spécifié de façon ou d'autre, mais toujours considéré dans le domaine de l'*espace*, dont la forme générale s'applique directement ou indirectement à tout son contenu. C'est en un mot de la *matière*. En cosmologie nous ne connaissons pas autre chose, et nous ne saurions même excepter de cette règle l'homme, en tant qu'il figure dans son enceinte. Tout ce qui ne peut se considérer directement ou indirectement comme donné en espace, est par cela même exclu de toute considération cosmologique, et c'est là ce qui caractérise exactement et invariablement l'objet dont nous avons à nous occuper ici. Toute espèce de *force* et d'*action mutuelle* est ainsi bannie d'une cosmologie véritable. Ce sont là des notions purement métaphysiques qui viennent s'y associer, mais qu'il importe par-dessus tout d'en tenir à l'écart, sous peine d'y faire entrer avec elles le désordre et la confusion la plus irrémédiable. Les éléments matériels de la cosmologie *s'unissent, se séparent* et se *coordonnent* dans le domaine de cette science selon des lois dont il faut donner l'expression, mais dont les *causes* ne sauraient jamais nous y occuper le moins du monde, quand même elles auraient toute la vérité métaphysique qui leur manque.

Le temps, comme phénomène de limitation subjective, ne

saurait en conséquence du même principe prendre place non plus dans la cosmologie, du moins tel qu'il figure en métaphysique, c'est-à-dire comme limitation toute subjective; comme il est impossible, d'un autre côté, de l'en arracher entièrement, impossible de considérer le théâtre cosmologique sans les changements de décoration qui s'y opèrent et dont la forme est en partie subjective, sans le mouvement enfin qui s'achève dans l'espace, mais qui implique le temps. — Ce temps abstrait et détaché de tous ses rapports subjectifs en acquiert une certaine réalité absolue. Quoique placé en dehors de la nature matérielle et même en négation avec celle-ci, cela ne l'empêche pas de la dominer sous bien des rapports. Il le fait cependant sans inconvénient pour la science du vrai cosmologique, tant que l'on sait maintenir à côté de tout cela l'autorité rectifiante de la métaphysique. Sans la possibilité d'une pareille abstraction appliquée au temps, il n'y aurait plus ni cosmologie ni psychologie possible (du moins absolument pure), et toutes deux ne sauraient plus se détacher de l'anthropologie, à laquelle elles tiennent par ce double lien de l'espace et du temps, réunis dans le mouvement. Le temps, considéré en conséquence non plus comme forme subjective, mais simplement en lui-même, ce temps dont on ne peut se passer en cosmologie, mais qui doit abandonner sa signification métaphysique afin d'y paraître, devient ainsi (tout comme le sujet lui-même) une négation cosmologique, et comme tel un élément nécessaire de cette science. Tout ce qui se fait en cette occasion est exécuté machinalement par le vulgaire, dont le métaphysicien ne diffère en cela, qu'autant qu'il voit s'achever avec connaissance de cause ce que l'autre admet par instinct, mais d'une manière tout aussi inévitable.

Cela posé, c'est à la *chimie* qu'appartiendra la tâche analytique de notre cosmologie du vrai, tandis que la *physique* en traitera la synthèse. L'*histoire naturelle* enfin s'occupera de la partie descriptive et classificative. Voilà donc la triple tâche imposée au cosmologue qui travaillerait dans le sens de nos principes.

Passant actuellement au domaine psychologique pour l'examiner et le déterminer de la même manière, nous voyons qu'il embrasse :

1° Le sujet transcendental de la science ;

2° L'entendement empirique tout entier qui s'y rattache intimement et forme ainsi la totalité des faits dont s'occupe la psychologie.

Ce domaine immense ne se trouve borné que par la seule limite de l'objet transcendental, dont l'être abstrait et relativement hétérogène se dérobe à son empire et devient ainsi sa négation. L'apparence empirique de cet objet ne nous regarde plus désormais, elle a passé tout entière dans l'attribution du sujet, et c'est lui seul qu'elle caractérise maintenant. La limite objective n'est pourtant pas tracée assez régulièrement pour empêcher l'objet de pénétrer par mille endroits dans le sein subjectif, et de s'emparer quelquefois des biens de ce dernier, en faisant valoir son droit de communauté. Dès lors un point de vue mixte et de caractère anthropologique s'établit nécessairement à la place de celui qu'il nous importe de maintenir, afin de conserver pure la science que nous traitons et que nous devons défendre de toute atteinte pareille.

Le caractère des faits psychologiques, saisi avec exactitude, est entièrement et exclusivement *temporel,* et leur animation phénoménique n'a pas d'autre forme que celle de ce temps. L'espace cependant y pénètre directement (et par des raisons parfaitement analogues à celles que nous avons tout à l'heure alléguées pour le fait inverse), avec la simultanéité des faits visuels et tactiles dont il est et demeure la forme objective ; mais sans anomalie il ne saurait s'y associer en conservant son caractère propre et hétérogène. C'est pour cela qu'il s'y revêt nécessairement d'une certaine idéalité psychologique dont la forme abstraite demeure au sujet et ne s'allie plus aux faits mêmes que nous considérons dans la science.

La substance psychologique ainsi spécifiée, le sujet caractérisé par les faits nombreux d'une conscience empirique, simultanée et successive, dont il porte la forme spacieuse en lui-même, n'a plus rien du tout des caractères de la matière, et nous sommes parfaitement en droit de lui accorder une dénomination particulière, c'est-à-dire de la désigner comme *esprit*. Nous le ferons donc aussi, pourvu qu'on ne s'avise plus de comprendre sous ces termes de matière et d'esprit des réalités d'une nature absolument différente et opposée.

Certes on est forcé à l'admiration de l'intelligence humaine lorsque l'on voit ici, comme dans bien d'autres occasions, jusqu'à quel point notre façon vulgaire de considérer les choses nous approche de la vérité scientifique. Rien ne l'empêcherait même de l'atteindre, si nous voulions toujours nous rendre raison exacte de ses inspirations et nous expliquer sans préjugé quelques-unes de ses contradictions plus apparentes que réelles. Pour peu cependant qu'il y ait encore de distance entre ce but et nous, l'illusion causale s'y glisse, l'élargit sans cesse et nous empêche de résoudre les questions philosophiques, métaphysiques, cosmologiques, psychologiques, etc., qui s'associent dans l'entendement, sans s'y prêter de suite, à une solution commune. Il est dès lors impossible d'y parvenir avant d'avoir atteint le point de vue scientifique plus élevé qui domine toutes ces inégalités de terrain.

Les éléments spirituels de la science psychologique s'associent, se séparent, se coordonnent et se subordonnent comme ceux de la matière; mais selon des lois particulières, lois qu'il s'agit d'observer, de saisir et d'exprimer à leur tour. Toute espèce de force, toute action mutuelle, soit mécanique, soit facultative, tout cet attirail illusoire enfin de causalité doit pourtant en être sévèrement banni, comme étant du seul ressort de la métaphysique. En attendant qu'on en agisse ainsi, l'on s'est égaré si complétement en traitant d'habitude la psychologie comme science des facultés de l'âme, que la discipline de l'entendement ne trouve que bien peu de chose à dire par rapport à des observations négligées ou des affirmations dénuées de tout sens et de tout fondement (1). Ce qu'elle aurait

---

(1) Quoiqu'il se laissât parfois entraîner involontairement par l'im-

de mieux à faire en pareille circonstance, ce serait de procéder en sens inverse, ce serait de construire l'ordre psychologique selon les principes de la métaphysique du vrai, et de voir ensuite jusqu'à quel point les découvertes et les observations mieux dirigées dans le domaine de l'expérience subjective les confirmeront ou nous forceront à les modifier.

Une psychologie traitée selon nos principes se diviserait d'une façon analogue à la cosmologie, en science d'analyse (phénoménologie) d'une part, et de synthèse spirituelle (psychologie proprement dite) de l'autre. Une science descriptive et classificative de l'esprit les complèterait, et nous présenterait une espèce d'histoire naturelle de son développement individuel aussi bien que général, au sein de la vie humaine.

Il ne nous reste plus maintenant que le domaine anthropologique à examiner dans ses limites et dans ses éléments particuliers, après l'avoir plus d'une fois désigné comme une région commune à la cosmologie et à la psychologie. Au premier abord il semble se borner ainsi à une partie assez étroitement circonscrite de l'intuition et de l'expérience métaphysique. Le monde subjectif et tout interne de notre conscience, comme le monde entier des objets externes à la personnalité humaine, paraissent l'un et l'autre s'en séparer; mais à peine placés sur le terrain de la science, nous voyons ses limites s'étendre de proche en proche, et finir par envahir encore l'entendement presque entier (comp., p. 237). Le domaine anthropologique embrasse ainsi la totalité des faits empiriques rapportés à l'élément transcendental qui lui demeure en propre, c'est-à-dire à la substance de l'organisme corporel, auquel ces faits se rattachent en se groupant organe par organe; voilà comment l'œil anthropologique, par exemple, embrassse non-seulement l'œil physique, mais cet œil avec tou-

---

pulsion générale, Herbart, dans son ouvrage de psychologie, doit être excepté de cette condamnation générale. Il se distingue très-avantageusement par des vues justes et profondes, par l'heureuse application du calcul, et son exemple ne manquera pas de porter des fruits salutaires.

tes les images qui s'y peignent, et qui en deviennent les parties constituantes. C'est ainsi que l'oreille anthropologique réunit dans l'oreille physique toutes les vibrations sonores qui l'ébranlent, etc. Il n'en est pas autrement du cerveau avec ses phénomènes de lumière interne, et du reste de nos aperceptions localisées. Tous ces faits tiennent dans l'anthropologie, entre la double limite de deux existences transcendentales, c'est-à-dire entre un sujet et un objet parfaitement abstraits, qui deviennent ainsi les éléments purement négatifs de la science, sans lui être moins nécessaires pour cela. Les éléments anthropologiques se constituent ainsi en : *propres états humains*, dont la philosophie et la métaphysique donnent la clef, et d'où chaque considération directe de matière ou d'esprit pur, est nécessairement bannie. Le sujet et l'objet en pénétrant dans son enceinte viennent pourtant à chaque instant les y ramener, pour peu qu'on y prenne garde. Le sujet transcendental retiré au fond de l'individualité humaine, l'objet transcendental externe dont le monde abstrait l'enveloppe, menacent ainsi de toutes parts le point de vue anthropologique (1), qu'il faut pourtant maintenir soigneusement contre eux. C'est de ce point de vue anthropologique que la nature entière se présente et doit se présenter comme véritable *possession humaine;* c'est là-dessus que nous fondons à son égard notre *souveraineté* en général, et, dès lors aussi nos droits de *propriété particulière*, par une limitation respective dans cette possession universelle.

L'espace et le temps sont tous les deux des formes abstraites en anthropologie, des réalités externes, et pour ainsi dire, le milieu dans lequel s'opère la vie sous forme du mouvement (emprunté d'eux et constitué par eux). La forme interne et caractéristique de cette vie est pourtant la dimensionnalité active (voy. p. 231); c'est elle qui renferme l'homme dans la sphère limitée d'une personnalité animée, dont les états divers

---

(1) Les faits anthropologiques du cerveau en particulier deviennent facilement alors une substance spirituelle, tandis que celle des autres organes du corps demeure en opposition matérielle avec cet esprit.

occupent exclusivement la science ; les états élémentaires de l'homme se fondent, se séparent et se modifient, ils se coordonnent et se subordonnent selon des lois d'ordre (éthique et moral) qu'il faut saisir et tâcher d'exprimer, mais où des forces et des facultés soit réceptives, soit spontanées et volontaires, où une action mutuelle des éléments scientifiques, où les notions métaphysiques enfin qui se glissent si facilement dans l'ordre simple des faits, ne sauraient prendre la plus petite place.

L'anthropologie analytique, c'est ce que nous appelons de l'*anatomie*. L'anthropologie synthétique est la *physiologie* de la science, et *l'histoire naturelle* de l'homme en est la partie descriptive.

Voici donc le point de vue métaphysique duquel le savant cosmologue, psychologue ou anthropologue, doit envisager sa matière scientifique, avant de porter sur elle un regard d'observation spéciale, les moyens d'expérimentation dont il jouit à son égard, et la mesure qu'il peut y appliquer. C'est ainsi qu'il se trouvera en mesure de faire face aux exigences de la science du vrai, sans déroger aux devoirs que lui impose sa tâche particulière. Dans l'entendement de la vie il en est tout autrement. Ici, toutes les limites scientifiques établies s'effacent bientôt, nous passons alternativement d'un point de vue cosmologique à un point de vue psychologique ou anthropologique, et *vice versâ*. De ces oscillations naissent d'apparentes contradictions qui mainte fois nous plongent dans le doute, et qui donnent lieu au scepticisme dont l'état pénible nous pousse à les éclaircir. Désormais il nous suffira de penser à l'ordre et à la loi métaphysique qui règne au-dessus de tout cela, pour ne plus en subir les circonstances fâcheuses.

CHAPITRE XXIII.

DISCIPLINE COSMOLOGIQUE.

Si nous avions à traiter la science cosmologique en cosmologues, c'est par l'analyse chimique que nous commencerions, pour apprendre à connaître notre matière avant tout, et si quelque donnée synthétique était nécessaire pour l'accomplir, elle n'y entrerait pourtant qu'à titre de moyen auxiliaire, sauf à recevoir plus tard son développement systématique. Les premiers pas dans la recherche de l'ordre cosmologique nous conduiraient à sa législation abstraite et générale, telle enfin que les sciences mathématiques nous la fournissent, et telle qu'elle constitue une espèce de métaphysique particulière à son égard. Quiconque voudra dérouler avec un entier succès le vaste tableau de la science cosmologique, n'y parviendra qu'avec leur secours. Synthétiques et régulatives de leur nature, libres en outre des vicissitudes que l'inconstance de la vie jette dans les relations des faits absolus, leurs lois, inaltérables en elles-mêmes, ne font que changer d'objet. Les sciences mathématiques trouvent ainsi à chaque pas leur application nécessaire en cosmologie, et celle-ci y trouve son compte dans tous les temps. La physique, parfaitement comprise à la suite de cette introduction exacte, continuerait nos travaux qui seraient terminés par l'histoire naturelle des divers organismes cosmologiques. Telle n'est pas cependant la tâche que je me propose ici, mais que d'autres ne manqueront pas de remplir, et comme métaphysicien, je passe immédiatement aux phénomènes les plus saillants dans le domaine de la science pour essayer d'en donner successivement l'explication métaphysique selon les principes que nous avons établis, et sans nous imposer un ordre particulier à cet égard.

Le premier phénomène de ce genre dont nous ayons à prendre acte, c'est sans doute la tendance qui affecte les éléments matériels (et maintenant nous ne traitons pas autre chose) à se réunir ou bien à se désunir dans l'espace.

Cette tendance positivement donnée, universelle et fondamentale, que pour ces raisons mêmes nous ne tenterons pas d'expliquer davantage en la ramenant à quelque chose de plus général encore (qui n'existe pas pour nous), gardons-nous bien de la concevoir comme une force active ou dormante, car ce serait agir d'une façon tout à fait anticosmologique. Si toutefois pour bien la saisir nous avions besoin de quelque chose de plus palpable pour ainsi dire, que le fait pur et simple de la contractation ou de l'abandon d'un rapport (d'union) organique, phénomène que dans son accomplissement permanent nous appelons du mot *tendance*, ce que nous aurions de mieux à faire, ce serait d'y associer de suite la forme d'un mouvement abstrait, comme le mouvement apparent en est déjà la forme empirique. — C'est ce qui aura d'autant moins d'inconvénient, que les principes métaphysiques qui doivent nous guider seront plus constamment présents à notre esprit, et que nous saurons mieux ce que nous faisons en pareil cas. Dès lors nous verrons partout *immanation* ou *émanation* de matière, et partout où ce mouvement apparaîtra effectivement, elle se résoudra en matière *pondérable* ou *impondérable*, selon qu'elle se prêtera ou non à la mesure comparative d'un certain *poids* (pris pour unité). Sous la première acception se rangent les *solides* et les *fluides* (y compris les gaz aériformes), sous l'autre ce que j'appellerai les *volatiles*, tels que l'électricité (magnétique), le calorique, la lumière, etc., en tant que nous pouvons les considérer comme faits matériels.

Quoiqu'un mélange de pondérables et d'impondérables se rencontre partout dans le domaine de l'expérience cosmologique, nous sommes frappés néanmoins par leur graduation différente dans ces systèmes mixtes, où prévaut tantôt l'une, tantôt l'autre des deux tendances fondamentales. C'est ainsi que nous voyons d'une part la terre et les planètes se présenter comme des systèmes où prédomine la matière pondérable, de l'autre le soleil et les étoiles, où paraît prédominer la matière opposée.

Le caractère dimensionnel (étendu) dont se revêt nécessairement l'œuvre de la réunion ou de la désunion objective, et par suite duquel les faits matériels *s'approchent* ou *s'éloignent*, fait contracter nécessairement la forme de la *concentration* ou de la *dispersion* (excentration) à chaque système qui réunirait une pluralité de phénomènes pareils. C'est en un mot la généralité d'une de ces directions, dominant dans une masse d'éléments coordonnés, qui fait justement de son système une planète ou bien un soleil. Tout ce qui s'écarte de l'un de ces systèmes appartient ainsi et par là même à un système différent, soit opposé, soit mitoyen, et c'est ainsi que nous pouvons concevoir sans difficulté un ordre de choses, auquel nulle force causale (nulle attraction ou répulsion) n'a besoin d'être rattachée pour nous en donner l'explication convenable.

La somme des tendances spéciales qui donne pour résultat particulier telle ou telle formation planétaire, n'étant qu'une branche de la tendance générale à la réunion, qui règne dans une totalité plus vaste, une gravitation universelle se conçoit encore très-bien, à côté de chaque convergence partielle et bornée à une planète quelconque (1). Chaque loi d'ordre régu-

---

(1) Si le soleil et les astres y ont également leur part, et même une part très-essentielle, c'est que la prépondérance d'éléments impondérables que nous leur accordons ne regarde que leur constitution particulière, tandis que les masses pondérables qu'ils contiennent peuvent très-bien se trouver, vis-à-vis des systèmes planétaires, dans les proportions exactes que l'observation et le calcul réunis déterminent, et que demande la place relative qu'ils occupent dans l'ordre cosmologique total.

lateur que l'observation nous indique en cette occasion n'exprime que les proportions diverses et numériques qui subsistent entre les phénomènes de ce genre, sans qu'il soit nécessaire à leur évidence de faire intervenir des forces motrices, soumises aux mêmes règles, et dont ces phénomènes découleraient d'une façon causale. Si nous en agissons autrement, si les phénomènes d'ordre général ou spécial que nous observons, sont attribués si volontiers à une force d'attraction terrestre ou de gravitation universelle, si nous plaçons dans le soleil et les astres une force d'émanation lumineuse (centrifuge), nous ne faisons que donner des *causes occultes* à des phénomènes positifs, devenus par ce procédé illégitime des *effets patents*. C'est ainsi que nous appliquons une théorie métaphysique (illusoire par-dessus le marché) à un ordre physique certain et qui n'en a que faire, quand même cette théorie aurait toute la valeur réelle qu'on revendique pour elle. C'est ainsi que nous créons un moyen causal auquel, pour y concevoir la moindre des choses, nous sommes obligés de prêter au bout du compte les mêmes lois d'ordre empirique qui règlent les faits de la simple expérience, et sur lesquelles on le façonne sans exception.

L'affinité chimique est un autre de ces phénomènes de cosmologie importants dont la discipline métaphysique examine la signification. — C'est de ce nom que nous désignons la prédilection apparente avec laquelle certaines matières tendent à s'unir entre elles. Cette tendance exclusive qui se manifeste, par exemple, entre les alcalis et les acides, tendance que nous attribuons d'ordinaire à une espèce de sympathie causale, s'explique pourtant d'une manière beaucoup plus simple comme répétition, sur une moindre échelle, du phénomène de la gravitation universelle, dont la convergence terrestre est un des symptômes sans en être le seul. Chaque association moléculaire, soit physique, soit chimique, serait alors un groupe d'éléments gravitant à tendance respectivement égale, et cette façon de voir s'accorde très-bien avec l'uniformité reconnue du mouvement des corps (d'ailleurs les plus disparates) vers le centre terrestre, par exemple, tel qu'il se voit sous le récipient de la machine pneumatique où la plume et le plomb tombent avec une égale vitesse. Rien n'est plus naturel alors que la réunion en apparence sympathique de ceux de ces éléments, dont la tendance (mesurée par la vitesse) coïncide davantage, dès qu'ils sont en position de lui obéir librement. D'après ces données, la tendance moléculaire l'emporterait dans le système gravitant général sur la tendance terrestre, à laquelle il n'obéit qu'en surplus. Celle-ci, à son tour, l'emporte sur la tendance cosmologique, mais c'est toujours la même loi et le même ordre fondamental. Si nous prenons à cœur cette considération, nous ne devons plus nous étonner maintenant des résultats immenses qui peuvent se développer par l'explosion d'une petite quantité de poudre à canon, par exemple, lorsque le lien moléculaire se brise de quelque façon que ce soit. L'élément détourné de sa tendance primitive prend alors la tendance et la direction opposée; et cela se comprend facilement par la simple supposition d'une rupture d'équilibre au centre de l'association.

C'est selon les mêmes principes que nous devons juger des collisions entre les différentes tendances et les déviations qui en résultent; c'est ainsi que nous devons expliquer la rotation par exemple, la vibration, etc., soit planétaire, soit moléculaire, d'après les lois d'une mécanique universelle où tous ces phénomènes s'enchaînent et tiennent intimement les uns aux autres. Ce sont de vraies réunions d'éléments matériels à mouvement linéaire distinct, dont chacun conserve le sien et le fait alternativement prévaloir; cela se conçoit mathématiquement très-bien, et s'applique dans la construction du parallélogramme des *directions* et *vitesses* (car nous ne saurions plus dire actuellement : parallélogramme des *forces*).

Voilà comment notre principe nous fait concevoir sans aucune difficulté les phénomènes d'ordre les plus répandus dans le système cosmologique, tandis que les explications causales les mieux choisies ne fournissent jamais qu'un terme adapté à chaque incident, un terme qui peut fort bien servir à le classer, mais qui n'en donne pas l'ombre d'une compréhension. Essayons donc encore de notre moyen pour concevoir l'ordre des phénomènes électro-magnétiques qui joue un rôle non moins important dans la science, et qui découle tout aussi naturellement des relations où se trouve infailliblement chaque système de matière pondérable vis-à-vis des systèmes opposés.

Comme nos principes philosophiques et métaphysiques ne permettent pas d'admettre que 2 puisse jamais devenir égal à 1, aucune pénétration absolue d'éléments simples (d'ailleurs inconcevable) ne saurait entrer dans notre façon de voir; une telle pénétration peut avoir lieu cependant et sans nulle difficulté entre systèmes d'éléments combinés. Dans ces systèmes, enfin, il ne saurait donc y avoir qu'association de faits plus ou moins simples, de faits plus ou moins généralement donnés, répartis plus ou moins uniformément. L'homogénéité et l'intimité d'une pareille association étant grandement favorisées, dans l'expérience, par la continuité d'un mouvement quelconque (comme par exemple lorsque nous remuons une matière colorante dans de l'eau), il est évident qu'une association très-parfaite de ce genre doit avoir lieu à la surface des systèmes planétaires en contact avec un système solaire, et de plus en mouvement perpétuel. La matière terrestre en rotation non interrompue dans les flots du rayon lumineux qui, pour ainsi dire, la fouette sans cesse, devra s'y dissoudre à un degré éminent, s'allier d'une façon plus ou moins intime avec les éléments solaires, et former ainsi une matière mixte. De cette façon, la nature des volatiles terrestres nous est exactement expliquée, et nous pouvons comprendre en même temps l'expansion propre en certaines circonstances aux fluides et aux gaz, lorsque nous les considérons comme matières solides combinées avec des éléments volatils. Les phénomènes électro-magnétiques, enfin, se conçoivent également après ces considérations.

La matière électro-magnétique, comme résultat de l'intime association de deux éléments cosmologiques opposés, doit se présenter naturellement avec le caractère d'une polarité telle qu'elle lui est effectivement propre dans l'expérience. La friction solaire étant nécessairement la plus grande sous l'équateur terrestre, en raison de la rapidité plus considérable de rotation sous cette latitude, c'est là que nous devons placer particulièrement le siége de la production électrique, et c'est de cette région que le fluide produit s'échappera, dès lors, comme il le fait effectivement, vers les pôles du globe. Homogène de sa nature, ce caractère d'homogénéité ne peut se trahir en lui d'une façon apparente, que sous l'aspect d'une polarisation uniforme, c'est-à-dire dirigée dans le même sens, et voilà pourquoi le flot électrique, s'échappant en sens inverse vers l'un et l'autre pôle terrestre, doit y affluer avec des pôles physiques opposés. L'apparence de deux fluides électriques différents résulte nécessairement de cet état de choses, selon que deux courants déviés de leur direction primitive se rencontrent par leurs pôles pareils ou opposés ; c'est enfin à ce mouvement continuel du flot électrique, poussé dans une direction constante, que nous devons attribuer le phénomène du dégagement électrique par les pointes de matière conductrice qui s'opposent à son écoulement. D'un autre côté, les formes et le mouvement terrestre expliqueront suffisamment les déviations dont le courant électrique subit la loi, et le caractère spécifique de la matière terrestre dissoute dans l'élément solaire pourra motiver la différence subsistant entre l'électricité et le magnétisme, si toutefois il en est d'essentielle.

Les relations planéto-solaires, propres à nous expliquer l'ordre des phénomènes ci-dessus, nous fournissent encore la clef d'une classe également intéressante de faits, c'est-à-dire des phénomènes de vie animale et végétale. Nous y reviendrons dans l'anthropologie, mais en attendant nous devons les saisir déjà dans leur signification cosmologique, comme résultat inévitable d'un isolement, ou dirai-je emprisonnement, d'éléments solaires au sein d'un système de molécules planétaires. Tous les phénomènes de la vie animale s'expliquent avec facilité en partant de cette supposition théorique, et par l'application à l'expérience donnée, des lois générales que nous enseigne la métaphysique.

Comme tout système émanatoire (solaire) doit posséder un noyau, solide formé d'éléments en état d'union organique, et qui passent graduellement à l'état de dissolution (1), noyau par le fait duquel il participe essentiellement à l'ordre de gravitation universelle, de même les planètes, selon toute analogie, sont à considérer comme des systèmes d'ordre opposé, c'est-à-dire comme formées non-seulement par des éléments convergents, mais aussi par un foyer émanatoire, passant graduellement à l'état de dissolution et qui les rallie à l'ordre tout aussi général de la dispersion. C'est effectivement la présence d'un pareil foyer qui nous explique l'éruption des volcans, les tremblements de terre qui les accompagnent, la chaleur des eaux thermales, etc.; mais à voir la quantité des volcans éteints, il paraît en même temps que ce germe de vie terrestre s'achemine à sa fin, quelque éloignée qu'elle puisse être, et sans prétendre pour cela qu'elle doive s'atteindre d'une façon absolue. Les soleils sont peut-être des planètes qui s'animent ou s'éveillent; les planètes au contraire des soleils qui se meurent ou plutôt s'endorment. Cela nous indiquerait une alternative d'existence opposée, partagée par tous les globes célestes. Pour y parvenir, il serait possible qu'ils passent par l'état transitoire des comètes, qui semblent également privées de noyau et d'écorce (si j'ose m'exprimer ainsi), mais dans lesquelles le germe de tous les deux pourrait bien se trouver. Cette succession d'états différents se rattacherait enfin à l'évolution très-probable de notre système solaire tout entier, autour d'un soleil central, ensuite de laquelle des siècles de nos années solaires rentreraient dans la grande année d'un monde plus vaste, quoique fraction lui-même de l'univers.

J'abandonne maintenant à l'astronomie physique le parti

---

(1) Ce phénomène répète en grand, ce que le phénomène de la combustion opère sur une moindre échelle.

qu'elle voudra tirer ou non du jeu des électricités magnétiques, par lequel communiquent les mondes entre eux. Cet agent de mécanique céleste pourrait contribuer peut-être à faire résoudre des problèmes, que les formules mathématiques à puissance causale servent à calculer, mais n'expliquent guère, et je terminerai ici cette esquisse de cosmologie métaphysique. J'en ai dit assez, je crois, pour en faire sentir toute l'importance ; mais le même sujet, traité avec quelque détail, donnerait matière à un ouvrage, et c'est ce qui ne pouvait entrer dans mes plans.

CHAPITRE XXIV.

DISCIPLINE PSYCHOLOGIQUE.

La route à tenir par le psychologue lui est suffisamment tracée par ce qui précède, car elle est analogue à celle que nous devons poursuivre en cosmologie, comme en toute autre matière de science spéciale. L'analyse systématique de l'esprit ne nous arrêtera pas longtemps, la métaphysique ayant grandement préparé, sinon épuisé cette partie. La seule classification des faits élémentaires pourrait donc y subir quelques changements et se régler plus particulièrement sur leur manière de se comporter les uns à l'égard des autres. C'est par là qu'ils se distinguent, bien plutôt que par une vraie différence de caractère, soit que nous les considérions en état de présence ou de mémoire, en imagination, en abstraction, en rêve ou ailleurs, et dès lors nous apprenons à les envisager sous deux points de vue opposés et généraux. Nous ne voyons plus que des éléments psychologiques qui se fuient ou bien qui se cherchent, et c'est dans cette distinction organique et vivante que se trouve ici comme en cosmologie, la clef de l'ordre scientifique qu'il s'agit de concevoir.

Cet ordre psychologique se développe en nous selon des règles et des lois invariables, longtemps avant qu'il nous soit donné d'en apercevoir le fil; mais en se prononçant d'une façon de plus en plus claire, il nous fournit une science abstraite et *logique* qui embrasse l'ensemble de nos rapports organiques. Ces rapports sont ceux de constitution, de construction, de coordonnation et de subordination. Cette science synthétique et réglémentaire doit par conséquent servir d'introduction naturelle à la synthèse psychologique du vrai, dont elle sera le guide et le flambeau. Ce n'est pas d'elle pourtant que la discipline est appelée à nous entretenir. Celle-ci s'occupera de l'explication des principaux phénomènes psychologiques que l'expérience interne nous fait découvrir et dont elle tâche de nous rendre raison, sans avoir la prétention erronée de leur assigner des causes facultatives, ou bien autrement déterminantes.

Ces phénomènes embrassent l'ordre d'apparition et de disparition des éléments spirituels dans le temps, leur circulation, leur association en séries ou bien en groupes, les sympathies affinitives qui s'y trahissent, les différences qui caractérisent le développement de cet ordre, dans les états de souvenir, d'imagination, de spéculation d'une part, dans l'état de rêve, d'aliénation, de somnambulisme de l'autre, états que ces faits remplissent, que cet ordre constitue, et dont le psychologue est tenu de nous dérouler le tableau analytique et synthétique complet. Ce n'est pourtant pas de cette manière naturelle et purement observatrice, qu'on s'y est pris jusqu'ici, à l'égard de la science qui nous occupe, et notre tâche en devient beaucoup plus difficile. Ne pouvant se remplir faute d'étoffe suffisamment préparée, nous allons procéder d'une autre manière, et tâcher de construire en gros les phénomènes psychologiques, selon les principes antérieurement développés, et nous abandonnerons le soin de confirmer ou de redresser nos allégations, à l'expérience qui déterminera quelque jour leurs lois régulatives avec plus de détail et de précision.

Admettons en conséquence sur le témoignage des faits, et sur de graves indices (dans tous les cas où ce témoignage nous manque), que la totalité de notre être psychologique forme un système émanatoire, avec un noyau transcendental qui passe graduellement à l'état de dissolution, et répand ainsi le flot de ses rayons spirituels (dans le sens métaphysique que nous avons donné à ce mot). Nous avons dès lors une base d'opération assez large et assez solide, pour pouvoir prendre aussitôt notre élan scientifique. C'est ce système, en relation avec des systèmes de nature pareille ou bien opposée, qui formera le centre de nos suppositions psychologiques, et sa vie se combinant nécessairement avec leurs vies respectives, donnera lieu par conséquent, aux phénomènes que la science doit éclairer et réunir sous une forme régulière. Commençons donc par jeter un regard d'appréciation générale sur ce qui se passera dans l'intérieur d'un pareil système, abstraction faite des modifications auxquelles il sera soumis, par voie de pénétration extérieure.

Le foyer psychologique, si j'ose m'exprimer ainsi, placé au centre de notre système, y représente *l'âme* humaine et remplit dignement ses fonctions, car il le fait d'une façon active et essentiellement déterminante par les traits qui en émanent. C'est ainsi qu'il jettera dans la conscience, les éléments les plus nécessaires dont elle se constitue, sauf les influences du dehors. L'homogénéité des faits spirituels implique d'abord une parfaite analogie, qui doit subsister entre toutes les parties du système subjectif et sa totalité ; nous devons considérer par conséquent chacun de ces éléments (relatifs) comme un système émanatoire pareil et soumis au même ordre de développement que lui. Le résultat immédiat de cet ordre de choses doit être une clarté d'entendement généralement croissante (en raison de la dissolution élémentaire, voy. p. 176), à mesure que les faits émanés de l'appréhension animique se rapprochent pour ainsi dire de la superficie de la conscience. Cette clarté cependant a ses bornes, et ces mêmes faits finiront dès lors par s'effacer dans le vague intuitif (par dissolution complète, voy. p. 175). Combinant actuellement avec cette vie isolée et toute subjective, le fait d'une double vie extérieure au sujet individuel, nous obtenons les résultats suivants. — La vie émanatoire des systèmes environnants du même genre, cette vie qui se développe en conflit d'action avec la vie subjective, s'annonce comme éminemment exclusive de celle-ci et de toute pénétration organique et mutuelle de pareils systèmes. Aussi l'intérieur de tous ces systèmes soit cohumains, soit animaux ou végétaux, se trouve-t-il entièrement clos pour notre conscience subjective, et forme-t-il la limitation et l'opposition directe de l'être individuel subjectif. Il n'en est pas de même des systèmes contraires. Une tendance à réunion (inclusion) subsiste entre tous les éléments de ce genre, et par conséquent aussi entre eux et le noyau transcendental de notre système subjectif, tant qu'il n'a pas encore passé à l'état émanatoire. Selon la proportion des masses, ces éléments seront entraînés vers ce noyau subjectif qui les engloutira (dans l'oubli après qu'ils auront passé par la conscience), ou bien le sujet lui-même sera poussé vers les objets en relation avec lui (1), et viendra de la sorte en prendre possession. Les éléments *influents* du dehors auront en outre une certaine tendance sympathique (en vertu de leurs lois générales) à se réunir entre eux, tendance qui manquera aux éléments d'origine intérieure. Comme du reste ces éléments ne diffèrent pas essentiellement les uns des autres quant à leur caractère, à chaque degré d'union organique, il leur correspondra seulement (selon leur origine interne ou externe), une tendance de vitalité absolument contraire. C'est pour cela que nous verrons chaque caractère empirique (exprimant un pareil état), affecté d'une opposition relative très-marquée, à laquelle correspond le caractère positif ou négatif (lumineux et obscur par exemple) des faits du même genre (comp. p. 342). L'expérience confirme exactement ces données métaphysiques.

L'ordre fondamental de l'organisme subjectif et de sa vie,

(1) Si l'humanité, comme cela doit être, se développait selon les mêmes lois que l'individu, les noyaux subjectifs devront croître en nombre et diminuer en masse convergente. La suite en serait un accroissement sensible d'activité et de mouvement dans le monde (avec une tendance toujours plus active d'appropriation objective par le sujet, dans une sphère de plus en plus vaste), et c'est bien ce phénomène que nous voyons se réaliser dans l'expérience, telle qu'elle se développe au sein de l'histoire.

esquissé de cette manière dans ses traits les plus saillants, se ramène donc en principe à l'*absorption* et au *dégagement*, et par conséquent ne diffère pas essentiellement de l'ordre cosmologique. Les formes objectives d'*immanation* et d'*émanation* trahissent clairement leur parenté avec eux. En suivant les indications ci-dessus, il me semble qu'il ne saurait plus guère y avoir de phénomène psychologique spécial, qui ne fût facilement explicable par l'une ou l'autre des voies ouvertes à la discipline, et dès lors elle manquera pas de faire son devoir.

C'est de cette construction générale et de cette explication superficielle que nous devons nous contenter en ce moment, quelque facile qu'il serait de les appliquer déjà, au cas de *veille* par exemple (où domine la tendance convergente des éléments influents), de *sommeil* (où l'action psychologique se trouve en équilibre avec l'autre), de *somnambulisme* (où prédomine décidément l'action psychologique), de *folie* (où le rêve se fixe et survit au sommeil). Nous ne devons pas renoncer néanmoins à l'espoir de voir quelque jour la science psychologique, mieux cultivée, et peut-être même soumise avec succès à la mesure exacte du calcul. C'est alors seulement qu'on pourra obtenir dans son sein les résultats importants que l'avenir semble lui promettre, et dont certainement il lui tiendra la parole. Ce n'est pourtant qu'au prix d'observations laborieuses et prolongées, que l'on parviendra quelque jour à cette fin. C'est en suivant la route déjà tracée par l'exploitation des sciences naturelles, route parfaitement frayée et marquée par les succès les plus incontestables, qu'on y réussira, mais non pas en marchant dans la voie de l'hypothèse et de l'imagination, quelque séductrice qu'elle soit, et quelque brillante qu'elle puisse nous paraître au premier abord. — C'est surtout dans leur liaison plus ou moins intime, soit sympathique, soit purement constructive, c'est dans leur liaison simultanée et successive, qu'il faut examiner les faits élémentaires de notre conscience, pour bien saisir leur trame et les ressorts secrets de leur vitalité. C'est le phénomène des gradations énergiques (phénomène auquel tient l'apparition et la disparition en entendement, le passage des faits de l'entendement abstrait à l'entendement distrait, leur présence en entendement direct ou en mémoire), qu'il faudra soumettre avant tout au calcul, par l'admission d'une *unité énergique* convenable, si nous voulons obtenir une science telle que les lois générales de notre organisation spirituelle, en demandent la réalisation.

CHAPITRE XXV.

DISCIPLINE ANTHROPOLOGIQUE.

Quoiqu'il reçoive de la main du métaphysicien, du cosmologue et du psychologue sa matière bien déterminée, dûment analysée, l'anthropologue pourtant doit s'en occuper encore, et c'est surtout pour en classer le contenu selon le point de vue particulier à la science dont il s'occupe. Ce n'est qu'après avoir satisfait à cette exigence préalable, qu'il pourra diriger son attention avec un succès assuré vers la partie synthétique de son ouvrage, et s'occuper en premier lieu de sa loi la plus abstraite. La communauté cosmologique et psychologique qui règne ici, doit nécessairement y donner lieu à plus d'une application des mathématiques et de la logique, qui toutes deux sans doute y rendront des services signalés ; ces applications, n'épuisent pas cependant la législation abstraite de l'anthropologie. Elle en possède une qui lui est toute particulière, et qui embrasse la totalité des rapports d'inordonnation et de subordination anthropologique, sur lesquels repose la notion d'une *propriété* humaine d'un côté, et tout le *développement* social de l'humanité de l'autre. Elle règle de cette manière les relations de l'homme avec la nature aussi bien que les relations des individus entre eux.

Chaque élément anthropologique, c'est-à-dire chaque *état* humain, implique en conséquence de sa nature cosmo-psychologique, un objet et un sujet, en rapport dans une *personnalité intermédiaire*, et tous trois s'y présentent comme appartenances de *l'homme* dans sa totalité, et comme ses *propriétés* à lui, dans l'acception scientifique la plus vaste du mot. C'est de ces propriétés que s'occupe la science abstraite et appliquée, que j'appelle *éthique,* science si mal saisie et si mal exploitée en dépit de son importance majeure, science dont une foule d'erreurs si profondes et si bien enracinées défendent jusqu'à l'abord, que je me suis cru en devoir d'en donner les traits principaux, et de dévier en sa faveur de la règle observée jusqu'ici. Pour ne pas intervertir cependant l'ordre d'enseignement dont je me suis imposé la loi, c'est à la fin de l'ouvrage que je renvoie ces développements de science spéciale, qui formeront avec quelques autres un appendice scientifique. Son utilité j'espère ne sera pas méconnue par le lecteur.

Les relations de l'esprit avec la matière dans l'homme, c'est-à-dire, de la somme de certains *états propres à l'humanité,* voilà ce qui occupe l'anthropologie pure et proprement dite. L'esprit et la matière en eux-mêmes n'appartiennent plus à son investigation, et cela d'autant moins, que la métaphysique aura mieux rempli ses devoirs à cet égard, et nous en aura donné plus exactement la clef. Ces états organiques, il nous importe de les connaître dans leur simplicité d'abord, dans leur complexité ensuite, dans leur succession vivante enfin, avec toutes les vicissitudes qu'elle entraîne. Ces états anthropologiques concernent premièrement l'homme dans son isolement personnel, et donnent lieu analytiquement à l'*anatomie,* synthétiquement à la *physiologie,* puis l'homme dans ses rapports généraux avec la nature extérieure, ce qui nous fournit matière à son *histoire naturelle.* L'anthropologie en parcourant cette carrière ne s'enquiert plus de facultés et de forces quelconques ; elle ne recherche plus les causes auxquelles on aime à rattacher les phénomènes de la science, mais qui sont à jamais bannies de son sein, depuis l'instant où elle se trouve dans la voie de la vérité. C'est à les bien saisir dans leur caractère, dans leurs formes et dans leurs modifications, qu'elle doit s'occuper au lieu de cela, et c'est le seul moyen qu'elle possède pour se faire valoir.

Tel est donc le caractère de l'anthropologie dans sa signification exactement scientifique, mais elle en prend un tout différent, du moment où nous la considérons sous le point de vue (*vulgairement pratique*) de la vie commune. Alors s'évanouissent bientôt les délimitations exactes qu'établit la science. Alors les points de vue se mêlent et se confondent, alors l'esprit et la matière maintiennent l'un vis-à-vis de l'autre leurs droits réciproques. Un domaine tout objectif se déroule devant le spectateur actif (qui conserve son caractère psychologique) et prend en outre une importance philosophique (1). Leurs relations se trouvent cimentées causalement, par le fait d'un objet-sujet anthropologique (le corps). La métaphysique cependant nous fournit la clef nécessaire pour l'exacte appréciation de cette situation, elle nous met en état de rétablir à chaque instant le vrai point de vue, et nous permet en conséquence de développer les rapports anthropologiques sous cette forme vulgaire et pratique, afin de les rendre plus faciles à saisir au grand nombre de ceux qui s'y intéressent.

Passant actuellement à nos devoirs disciplinaires, c'est la personnalité humaine, qui semble demander en premier lieu les explications dont elle est susceptible par l'application de nos principes. — Élément spirituel, système émanatoire engagé dans les liens d'un système opposé et matériel, qui le rattache au sol terrestre (V. p. 364), l'homme doit pourtant se considérer comme un enfant du soleil, avec tout ce qui vit en général d'une vie animale aussi bien que végétale. La dif-

---

(1) Selon que le point de vue cosmologique, psychologique ou anthropologique, prédomine dans cette façon de voir, une tendance métaphysique très-différente se manifeste dans le système de nos spéculations, et le développement philosophique même s'en ressent de la façon la plus décidée. L'histoire de la philosophie en porte surtout le cachet, et nous avons besoin d'un coup d'œil analytique très-exercé, pour ne pas y confondre ces tendances avec celles qui appartiennent plus particulièrement au développement philosophique proprement dit.

férence, très-certaine pourtant et très-grave de ces organismes, tiendrait alors à des rapports de quantité matérielle et spirituelle, aussi bien qu'à des circonstances d'ordre. La vie entière, liée dans son exaltation comme dans son engourdissement périodique, soit journalier, soit annuel, à la présence et à l'absence du soleil, doit jeter un poids décisif dans la balance de cette opinion. Dès lors, l'homme est gratifié d'une patrie autre que cette terre, d'un centre de vitalité différent du sien, mais qui lui sont communs avec son prochain. Dès lors la famille humaine forme en anthropologie une totalité générique, comme elle en formait une en métaphysique. Dès lors enfin, quelque compliqué que puisse paraître le mécanisme subject-objectif de la science, il n'est pas douteux qu'on ne puisse le résoudre en partant de cette base et en profitant du secours que nous fournissent les lois générales précédemment indiquées, sous leur double forme cosmologique et psychologique, qui trouve ici une égale application. Il n'est pas douteux, dis-je, qu'avec émanation et convergence, avec dégagement et absorption, avec rotation et circulation, affinité et sympathie, nous ne soyons en état d'en donner la compréhension scientifique la plus satisfaisante. Il n'est pas douteux non plus que nous ne le puissions, sans recourir aux forces et aux facultés que la métaphysique condamne, que l'expérience ignore, et que l'usage égaré n'adopte et ne conserve qu'en désespoir de raison. Ce ne sera pourtant que lorsque l'observation aura su fixer les faits avec plus de méthode et de suite, que la discipline pourra s'en emparer en définitive, et poser la clef de la voûte anthropologique. En attendant, c'est du concours seul des différents organes, que nous allons nous occuper ici, pour répandre quelque jour sur une question très-difficile, tant qu'elle n'est pas considérée sous son vrai point de vue, mais qui devient parfaitement simple, du moment où celui-ci est fixé.

Nous avons vu que les relations organiques entre les objets sont à considérer (cosmologiquement) comme des procès de véritable infiltration élémentaire, entre systèmes de nature opposée. C'est ainsi par exemple que le rayon lumineux associé aux éléments des objets, nous apparaît modifié par eux (coloré), et les modifiant à leur tour (en les éclairant). Il en est absolument de même du commerce mutuel entre les différents organes dont se compose le corps humain. Ils influent, non pas les uns *sur* les autres, mais pour parler exactement, les uns *dans* les autres. De cette manière nous concevons sans peine, comment le sensorium rend sensibles les membres perceptifs et idéels, en s'y associant par ses ramifications, comment à leur tour les éléments perceptifs et idéels caractérisent le sentiment de diverse façon. L'organe idéel est absolument dans le même cas. C'est lui qui éclaire d'une lumière interne (énergique) le système organique tout entier, et le replonge dans l'obscurité spirituelle, sitôt que le rayonnement, parti de son sein, est intercepté de quelque manière que ce soit. Il en est ici comme de l'absence du rayon solaire, qui plonge les faits dans les ténèbres physiques. De cette façon tout devient compréhensible dans l'ordre fondamental de notre constitution anthropologique, et ce n'est plus que de son développement, selon les tempéraments, les âges divers, et de ses lois particulières enfin, qu'il s'agit de se rendre raison. C'est à quoi l'on parviendra facilement au moyen des données scientifiques ci-dessus et d'une exacte observation.

Quant au commerce des individualités humaines entre elles, nous aurions également à traiter ses phénomènes d'une façon disciplinaire, si les voies étaient mieux préparées. Dans la situation actuelle des choses, il faudrait plutôt en refaire la science de fond en comble. C'est ici surtout, qu'une foule de faits d'expérience pure et indubitable nous sont donnés, c'est ici qu'un trésor amassé par l'observation et l'intérêt soutenu des siècles nous est prodigué, et cependant l'ordre véritable qui règne dans cette partie nous échappe presque à tous les égards. Si nous éliminons le rapport causal, qui domine généralement dans les jugements portés sur ces relations, et qui ne sert qu'à nous égarer, il n'y reste plus guère à nos yeux, qu'un tas de faits sans liaison nécessaire, dont nous avons à chercher le fil, et dont le plan scientifique est encore à tracer. La tâche est immense, et ne saurait se prêter ni au but ni aux proportions imposés à cet ouvrage. Ce n'est donc que d'une façon partielle, que nous pourrons nous en occuper, et c'est ce qui fera le sujet de l'appendice anthropologique dont j'ai déjà fait mention, et qui sera restreint aux questions les plus intéressantes à notre avis.

CHAPITRE XXVI.

RÉSUMÉ ET CONCLUSION.

L'étude approfondie d'un certain nombre d'ouvrages marquants dans les annales de la science, nous ayant prouvé, que tout développement scientifique, pour être parfait et satisfaisant, exigeait pour première condition l'homogénéité de ses éléments, il nous a fallu chercher en conséquence, jusqu'à quel point la philosophie (dans laquelle depuis si longtemps nous tournons autour du but sans parvenir à l'atteindre) était susceptible de nous offrir l'avantage demandé. Cette condition d'homogénéité, c'est sans peine que nous l'avons trouvée dans ses éléments, dès l'instant où nous les avons considérés tous, comme *des faits possédés par moi*. De ce point de vue, chaque élément philosophique s'est trouvé être une *vérité* indubitable en elle-même, une vérité complexe sans contredit, réunissant matière et forme, mais non moins positive pour cela, et c'est ainsi que la possibilité d'une science exacte de philosophie universelle a dû être reconnue.

L'examen attentif de l'histoire de la philosophie nous a fait découvrir en outre, et de façon à n'en pouvoir douter, que la question scientifique à son égard revenait toujours et dans chaque état particulier de son développement, à la détermination plus ou moins exacte des rapports subsistant entre les faits les plus généraux de la science, ou du moins entre les faits, qu'à chaque époque on a considérés comme tels. La mise en rapport de ces faits généraux, autour desquels se groupent toutes les particularités de la matière scientifique, répondait à une exigence d'unité, sans laquelle un schisme incurable divisait le système de nos connaissances. Dès lors nous nous sommes occupés à notre tour de la recherche de ces généralités fondamentales dans la science du vrai, et du soin d'en fixer exactement le rapport. C'est ainsi que notre position philosophique s'est trouvée conquise.

Les deux généralités sous l'acception desquelles nous vîmes se ranger tous les faits scientifiques sans nulle exception, ce furent le *moi* et le *non-moi*; et leur rapport devait en conséquence être l'objet d'une question fondamentale en philosophie qu'il s'agissait de résoudre. Sa détermination fut effectuée par voie de spéculation, et nous conduisit à reconnaître le moi, pour la *totalité* de la science, le non-moi donné (quel qu'en soit le caractère particulier), pour la *partie* élémentaire et constitutive de cette totalité. De cette relation suprême, nous avons vu découler un triple rapport. 1° Celui de la *possession* (de l'avoir), rapport de la totalité à la partie ; c'est-à-dire du moi au non-moi. 2° Celui de la *subsistance* (de l'être), rapport de la partie à la partie, de non-moi à non-moi. 3° Celui de *l'appartenance* (d'être eu), rapport de la partie à la totalité, de non-moi à moi. C'est ainsi que nous avons comblé dès notre début, de la manière la plus simple et la plus satisfaisante à la fois, l'abîme qui séparait jusque-là l'entendement et l'existence. C'est ainsi que nous avons posé le fondement d'une philosophie absolue, où cette différence essentielle n'apparaît plus qu'avec une valeur purement relative.

Selon le caractère particulier du fait non-moi, qu'il renferme, le moi possède en conséquence de ces principes, soit une sensation, soit une pensée, une aperception, une expérience, une intelligence, etc., qui toutes ne diffèrent, entre elles, que par le caractère distinct du fait, *que la possession concerne*, le caractère nécessaire par conséquent à bien saisir comme à fixer invariablement en terminologie. La matière de toute science, ainsi donnée à notre possession, se trouve coordonnée dans le sein de moi, sous des rapports et dans un ordre nouveau, qu'il s'agit également d'apprécier, pour entrer en jouissance complète de notre science tout entière. Cela posé, nous avons pu pénétrer sans arrière-pensée, dans le domaine spécial des faits scientifiques, des éléments de vérité qui nous appartiennent de droit philosophique (des faits qui sont eus par moi), et nous placer ainsi sur le terrain de leurs relations mutuelles, en un mot, nous occuper de la science de l'entendement. Dès ce moment l'observation attentive devient notre unique guide, et suffit pour nous conduire à bon port.

Dans cette carrière nouvelle et toute métaphysique, nous avons retrouvé les rapports fondamentaux dans l'application la plus vaste; sans changer de nature et de forme essentielle, ils y ont perdu néanmoins quelque chose de leur signification philosophique. Hors du domaine de celle-ci, nous avons vu le mot : *avoir*, ne plus correspondre qu'à une compréhension en totalité relative ; c'est-à-dire équivaloir au terme *embrasser*. C'est dans ce sens-là, que le sujet humain et l'objet (qu'il faut bien distinguer du moi et du non-moi) réunissent métaphysiquement, l'un les éléments de la *conscience,* l'autre les éléments de *l'apparence,* dont se forment leurs domaines respectifs, tandis que le moi philosophique seul possède l'une et l'autre en entendement. — En métaphysique *être* ceci ou cela, n'exprime plus qu'une *signification ; être eu,* ne veut plus dire, que faire partie d'une totalité relative, c'est-à-dire s'y *rattacher*.

Partant de là, il ne resterait plus qu'à faire analytiquement l'inventaire des éléments de science, et synthétiquement le tracé de l'ordre qui les associe, et nous avons franchement abordé cette tâche nouvelle. Discernant d'un côté avec scrupule tout ce qui tient aux faits en eux-mêmes, et tout ce que l'ordre de leur réunion y vient ajouter, recherchant de l'autre la trace de chaque ressemblance ou dissemblance, par laquelle se trahit une certaine complexité élémentaire, nous avons réussi non-seulement à ramener les faits scientifiques à leurs plus grande simplicité, à répandre le jour sur notre matière première, mais encore à mettre en évidence les grands domaines coordonnés qui divisent l'entendement, tels que l'*expérience* et l'*intuition*, l'*apparence* et la *conscience*, la *connaissance* et l'*intelligence*.

Ces distinctions scientifiques et cette dissolution élémentaire atteignirent bien des combinaisons considérées jusqu'ici, dans leur forme concrète, comme des faits simples et par conséquent primitifs. Le dualisme d'un monde réel et d'un monde apparent disparut le premier ; l'espace, le temps et le mouvement en subirent également les conséquences, et ramenés comme faits d'ordre, à leur origine relative (trouvée dans le rapport de limitation), ils durent perdre immédiatement et sans retour le prestige d'une réalité adsolue, avec laquelle disparurent une foule d'erreurs et d'illusions accessoires. Le tableau des éléments de science métaphysique que nous avons dressé de cette manière, pourra sans doute s'augmenter et se compléter par une abstraction progressive et une expérience plus exacte peut-être ; mais tel qu'il est, il a pu suffire au développement de la science dans sa maturité actuelle, et c'est tout ce qu'on pouvait exiger de lui.

Après avoir rempli de cette manière la première partie de notre tâche métaphysique, et gagné le fond solide sur lequel devaient reposer nos travaux ultérieurs, nous avons passé à l'examen synthétique des faits d'ordre simple d'abord, c'est-à-dire des rapports métaphysiques, puis des faits d'ordre proprement dit, c'est-à-dire des associations de rapports, que l'inspection du domaine scientifique nous a fait découvrir en grand nombre. Tels sont l'ordre *encyclopédique*, selon lequel se délimitent et se coordonnent les diverses branches de science humaine, comprises dans l'universalité de l'entendement ; l'ordre de *classification* selon lequel les éléments de chaque science particulière se rassemblent et se subordonnent dans son sein ; l'ordre de *définition*, qui ramenant chaque fait spécial à une généralité métaphysique, nous dit par rapport à lui : *ce que c'est que nous avons;* l'ordre *d'explication*, qui nous apprend ce que devient chaque fait, c'est-à-dire comment il se développe et se transforme dans l'entendement ; l'ordre *d'analogie* enfin, qui, par une croyance régulière, remplit toutes les lacunes que l'expérience laisse subsister au sein de l'ordre universel et particulier. Tous ces faits d'ordre divers passèrent successivement en revue, et nous donnèrent réponse satisfaisante aux questions principales que l'investigation métaphysique soulève dans notre esprit.

Avançant dans cette route, nous avons pu éclaircir enfin le rapport de *causalité*, et signaler en lui, le résultat d'une illusion fondamentale, avec laquelle s'évanouit un monde entier de causes occultes, auquel monde, celui du vrai apparent et accessible semblait se rattacher comme simple effet patent. Avec cette causalité illusoire disparaissent nécessairement aussi, toutes les facultés subjectives et toutes les forces objectives, qui devaient renfermer le germe causal des faits de l'expérience. La *volonté* même finit par en partager le sort, dès qu'il fut constaté positivement qu'elle tombait dans la même catégorie, et qu'elle n'avait d'autre signification métaphysique, que celle d'une faculté assignée au sujet, par rapport au passage de l'état passif à l'état actif d'entendement. En perdant leur réalité abusive, tous ces faits devaient conserver cependant une certaine valeur relative, et c'est en considération de quoi nous en avons dressé le tableau généalogique.

Le résultat de tous ces travaux fut en *philosophie*, l'omnipotence scientifique dévolue au moi, sans renier pour cela l'existence d'un monde externe à lui, mais fermé à notre savoir pour s'ouvrir à nos seules croyances. Ce fut en *métaphysique*, de ramener à un petit nombre de principes simples et évidents, la foule des phénomènes que nous déroule le monde interne aussi bien qu'externe, d'en faire comprendre l'enchaînement et l'ordre universel, de répandre ainsi la plus vive clarté sur toutes les parties de l'entendement, devenu de la sorte véritablement métaphysique et scientifique. En *morale*, ce fut de réconcilier la liberté qu'on réclame instinctivement en faveur de nos actions, avec leur détermination nécessaire, qu'on est forcé de reconnaître à chaque instant ; d'opérer cela, en plaçant cette *détermination* en nous-mêmes, et bornant notre *liberté* aux rapports de la personnalité humaine avec tout ce qui lui est extérieur. C'est ainsi qu'elles se mettent en parfaite harmonie entre elles, aussi bien qu'avec la sagesse, le bonheur et la vertu. En *politique,* ce fut la propriété que nous reconnûmes pour principe du lien social, et voilà comment un élément décidé d'ordre et de stabilité fut introduit dans son enceinte, sans nuire aux justes réclamations d'une sage liberté. En *religion,* l'immortalité et l'existence de Dieu furent mises hors de doute, et la Divinité étant reconnue jusqu'à un certain point en intuition directe d'entendement, nous avons vu comment son image représentative est complétée par des croyances analogiques selon les lumières du temps, afin de la retirer du domaine de la pure abstraction. La révélation enfin fut définie comme une anticipation lumineuse et bienfaisante sur la marche lentement progressive de la raison, à la reconnaissance de laquelle nous l'avons signalée.

Quant à la partie rétrospective et disciplinaire de la métaphysique du vrai, appelée à rattacher aux principes généraux, les sciences particulières et les découvertes qui se font dans leur sein, pour en donner la compréhension entière, elle n'a pu fournir qu'une esquisse rapide, mesurée au plan de cet ouvrage, et destinée plutôt à indiquer les voies qu'à épuiser les applications. Malgré cela, elle n'a pas été infructueuse non plus, et dans la cosmologie comme dans la psychologie et l'anthropologie, elle a fait briller à nos yeux quelques rayons de lumière vive et nouvelle. De cette manière, je pense avoir mis au jour d'une façon incontestable la facilité d'application qui distingue nos principes philosophiques, et qui les rend non-seulement propres à fonder une théorie, mais encore à supporter en tout point l'épreuve pratique de l'expérience.

Je livre donc à l'appréciation du public pensant ces pages qui, j'espère, ne passeront pas sans avoir obtenu les honneurs de l'examen scientifique. Pour peu qu'il leur soit acquis, j'aime à me flatter que leur avenir se trouvera assuré, et que l'impulsion nouvelle donnée ainsi à la spéculation, aussi bien qu'à l'observation scientifique, nous rapprochera du but suprême vers lequel nous tendons. Ce but, c'est la vérité, la sagesse, le bonheur et la vertu réunis, c'est la perfection en un mot, qui brille au fond de la perspective.

APPENDICE.

ESSAIS PSYCHOLOGIQUES.

CHAPITRE XXVII.

ESTHÉTIQUE.

Si d'un côté l'objet esthétique appartient essentiellement au domaine cosmologique, il puise de l'autre sa valeur et sa forme dans le sujet, et par conséquent dans la psychologie, il se place de la sorte sur le terrain anthropologique. Nous pouvons néanmoins le considérer d'une façon toute subjective aussi, en faisant abstraction de sa matière, et l'homogénéité plus commode à laquelle nous atteignons ainsi, nous autorise à placer de cette manière l'esthétique du vrai, dans le domaine de la psychologie pure, tant que la production artistique des objets, que nous qualifions de beaux, en demeure séparée, tant que l'idéal seul nous occupe. C'est donc ainsi que nous allons la traiter ici.

Nous possédons des aperceptions agréables ou désagréables sans doute, mais nous n'en avons pas de belles ou de laides par elles-mêmes, c'est-à-dire, qui le fussent en considération isolée. L'agrément n'est pas même lié avec nécessité à la beauté, car un très-beau tableau peut certainement représenter des choses qui nous affecteraient douloureusement en expérience. Le laid ne se trouve pas davantage associé nécessairement au désagréable, car une poésie peut être mauvaise, quand même elle nous dépeindrait les choses les plus attrayantes. Ce n'est donc que dans un certain ordre d'association, c'est dans la disposition des faits que nous devons chercher l'intelligence du beau, et c'est en discernant exactement tout ce qui repose ici sur un principe constant, et tout ce que le goût du temps ou la mode peuvent y ajouter passagèrement, que nous en déterminerons avec précision les éléments et la notion générale.

Il est un ordre d'application très-étendue dans le système de l'entendement, quoique son rôle y soit secondaire sous le rapport de l'importance métaphysique. Cet ordre est celui de la *symétrie,* et c'est lui que nous voyons prendre une grande part à la détermination esthétique. Cette symétrie consiste simplement dans la répétition de faits pareils, correspondants de position ou d'apparition, et nous voyons en elle le type universel de toute espèce de développement régulier, type que le dualisme fondamental de la vie peut servir à nous expliquer métaphysiquement.

Depuis l'ordre excentrique ou concentrique avec sa symétrie parfaite, dans le domaine dimensionnel de l'espace, jusqu'au décroissement symétrique de l'énergie dans l'entendement du passé et de l'avenir par rapport au présent, dans le domaine dimensionnel du temps, la symétrie se rencontre partout, dans l'ordre subjectif aussi bien qu'objectif, dans les formes du raisonnement comme dans celles de l'organisme tout entier. L'homme et la vermine, la feuille et le cristal en font également foi; son absence marque aussitôt les choses d'un sceau de réprobation, d'un caractère de mort qui nous frappe comme lacune dans l'ordre universel, en un mot qui nous *déplaît*. La symétrie flatte au contraire nos instincts de vitalité et nous *plaît* infailliblement, le manque de symétrie servant néanmoins à mieux relever celle qui subsiste, leur association contribue souvent à l'effet total, tandis qu'un abus de symétrie peut le faire manquer.

Un second élément du beau c'est la *fidélité* de représentation, c'est cette vérité relative, moyennant laquelle *l'image* répond plus complétement à *l'objet* qu'elle retrace, et le *répète* avec plus d'exactitude. Le plaisir esthétique qui tient à cette parfaite répétition pourrait bien en conséquence tenir encore par quelque lien à la symétrie, mais quoi qu'il en soit de cette parenté, il s'en distingue assez pour avoir droit ici à une place spéciale. L'eau qui réfléchit le ciel et le rivage, la glace qui réfléchit les objets d'un appartement donnent un plaisir direct de ce genre, et deviennent en conséquence les ornements principaux, l'un du paysage, l'autre de l'habitation.

Un troisième et dernier élément du beau, c'est celui que j'appellerai *sympathie* (accord sympathique). Il se rattache à son tour au précédent, car lui aussi il nous retrace et nous réfléchit un certain objet, en le saisissant dans un certain nombre de ses traits caractéristiques. C'est par un *mot* prononcé, c'est par un *signe* associé à certains faits, qu'il en rappelle *l'image* (nous aurons plus tard la clef métaphysique de ce phénomène), c'est par une image que de la même manière il rappelle certaines notions, abstraites de sa totalité. Celui du papillon par exemple, nous retracera la *légèreté,* tandis qu'un chat ne saurait paraître à nos yeux, sans réveiller l'idée de la *souplesse*. Voilà comment naissent en nous des notions souvent fort différentes du contenu direct d'une aperception. C'est de là que tire tous ses attraits, une personne gracieuse, par exemple, qui nous plaît sans être jolie, etc. La sympathie enrichit notre expérience directe, elle anime des régions d'entendement qui sans elle resteraient inertes et vides. Elle flatte de cette manière un instinct de possession et de vitalité, et si le plaisir qu'elle nous donne ainsi, n'est pas complétement expliqué, du moins le concevons-nous d'une manière analogue à la chose comme à la dénomination choisie.

L'idéal de la beauté esthétique en nous, se trouve retracé d'une manière très-différente, dans l'architecture, dans la peinture, dans la sculpture, dans la musique, dans la poésie, auxquelles nous accordons en conséquence le titre bien mérité de beaux-arts, mais dans chacun de ces domaines il se constitue des mêmes éléments.

Dans les créations de l'architecture, c'est l'élément *symétrique* qui domine décidément, dès qu'elles aspirent le moins du monde à la beauté artistique. Sans symétrie celle-ci n'y existerait plus, et quoique la *fidélité* y paraisse également, dans les ornements de détail sur lesquels elle s'exerce, elle ne saurait jamais le faire que d'une façon accessoire. Son rôle pourtant y sera plus ou moins important, selon le goût de l'époque et la mode, qui tantôt prodigue ces ornements, et tantôt s'en montre avare. Le beau *sympathique* en revanche se fait jour dans l'architecture d'une manière beaucoup plus décisive. Les masses qui nous retracent la force et la solidité, mais aussi la pesanteur, y luttent avec les formes élancées, propres à rappeler l'élégance et la grâce, mais aussi la fragilité. Selon le goût et l'esprit du temps, les unes ou les autres devront nécessairement prévaloir, et le caractère des peuples ainsi que le climat des lieux en auront également leur part. La colonne, image du palmier, certes se dessinera autrement sur un ciel d'Orient que dans les brumes du nord.

L'art de la peinture s'exerce particulièrement dans le domaine de la *fidélité* esthétique, qui vient en conséquence s'y placer au premier rang. Sans elle tout le reste en peinture serait peine perdue, et la perfection n'est qu'à ce prix. Une certaine *symétrie* cependant y préside aussi, surtout dans la distribution des groupes, et la règle artistique d'une disposition pyramidale en fait suffisamment foi. Le beau *sympathique* enfin jouit dans la peinture d'un mérite presque aussi marqué que la fidélité, car cet art si riche nous parle par les yeux de mille manières, soit au cœur, soit à l'esprit, et c'est par ce canal qu'elle y entre nécessairement. Le paysage, par exemple, conserve toujours une certaine froideur, à moins d'être animé par quelque scène de vie humaine ou animale, à moins qu'un soleil levant ou couchant n'y verse la poésie du réveil ou de l'adieu, et ainsi de suite ; c'est là le secret d'un Ruysdael ou d'un Claude-Lorrain. L'esprit de l'époque et des lieux, qui rend la peinture profane ou religieuse, historique ou familière, douce, gracieuse ou sévère, influe puissamment dans ses productions, mais le génie d'un Raphael, placé par sa noble simplicité hors des limites de ces variations, fera l'admiration de tous les siècles.

Dans la sculpture, nous retrouvons la *symétrie* il est vrai, car elle fait partie essentielle des formes dont s'occupe cet art, des formes humaines et animales; mais si nous exceptons la disposition régulière des groupes, où elle peut entrer pour son propre compte, elle n'y apparaît en général qu'en simple auxiliaire de la fidélité. Le terrain de son application s'y trouve en conséquence très-circonscrit. Il en est de même de la *fidélité* tout anatomique à la vérité, mais qui n'en devient que plus importante et plus indispensable. La *sympathie* enfin, bornée à son tour à la pose et à l'expression, surtout dans la statue isolée, participe dans la sculpture au peu de latitude que cet art laisse à l'application des éléments du beau. C'est là ce qui en fait celui de tous, où la perfection est le plus difficilement atteinte. Les chefs-d'œuvre y sont effectivement les plus rares, et la gloire d'y réussir croît nécessairement dans la même proportion. Il fallait des circonstances uniques, à la nation dont les formes sont les plus parfaites, dans un climat où ces formes pouvaient se développer librement, et sans souffrir sous l'influence des vêtements ailleurs nécessaires pour y résister; il fallait encore la position géographique, l'histoire et les croyances de la Grèce, pour élever la sculpture au faîte qu'elle y atteignit, et que le génie d'un Thorwaldsen est peut-être le seul à ressusciter dans toute sa splendeur.

La mesure et la cadence, voilà ce qui appartient à la *symétrie* dans l'art musical, et quoique l'imitation de quelques sons naturels y fasse entrer jusqu'à un certain point la *fidélité,* ce dernier élément du beau ne saurait jamais y jouer qu'un rôle secondaire. Il ne laisse pas cependant d'y être fort estimé, et la voix humaine chantant sur la corde d'un violon, le tintement de la clochette sur la touche du piano, etc., comptent pour des perfections artistiques qui caractérisent le maître.

Le domaine du beau *sympathique* en revanche a la part la plus étendue en musique. C'est sur l'échelle des sons, qu'elle nous fait traverser toutes les nuances du sentiment et de la passion, qu'elle nous fait verser les larmes les plus douces, et bondir de joie ou d'orgueil notre cœur. Mais rien n'est plus fugitif que ces impressions, rien n'est moins stable que les jouissances fondées sur l'humeur sympathique de l'individu ou de la société, et de tous les arts c'est en conséquence celui dont les productions sont les plus asservies à la mode du temps.

Quant à la poésie, c'est de la *symétrie* qu'elle tient le rhythme et la rime. Chaque ouvrage de poétique nous offre en outre des citations, dont la beauté principale réside dans un certain accord entre les sons du langage et les faits qu'il est destiné à reproduire. Il nous montre de la sorte, la part qu'y prend la *fidélité*, d'ailleurs nécessaire sous d'autres rapports. Elle tient encore à la vérité de ses peintures, malgré la grande latitude que la poésie accorde à l'imagination et à ses créations les plus fantastiques. Pour ce qui concerne enfin la *sympathie* esthétique, il est certain qu'il n'existe pas une fibre de notre intelligence et de notre cœur qui n'en subisse l'empire dans la poésie, car la parole qu'elle manie, s'applique à tout et retrace tout. Ce sont des galeries de tableaux vivants et visibles, déroulés et portés sur les ailes de la musique, qui nous enchantent dans les œuvres poétiques d'un Goëthe, Schiller, Byron ou Lamartine ; mais sans doute aussi, pour exercer sur nous une influence soutenue, le génie de la poésie est forcé de varier son langage, selon les temps, les localités et le caractère des peuples.

Dans cette esquisse du beau manifesté dans les arts, il serait injuste de refuser une place à ce qu'on pourrait appeler l'architecture jardinière, car tous les éléments de la beauté s'y trouvent encore réunis. Nous le voyons dans les plantations imposantes de Le Nôtre, où domine la *symétrie*, comme dans ces parcs anglais, où règne plus particulièrement la *fidélité* à la nature. L'élément *sympathique* enfin n'y manque pas non plus et se trouve certainement dans les impressions variées que réveille un caractère plus ou moins soigné, plus ou moins agreste, une perspective plus ou moins étendue, le calme ou l'agitation des eaux, la couleur même du feuillage, etc. ; ces éléments existent jusque dans le modeste enclos, où le sentiment sympathique de la sécurité et de l'isolement, se réunit à l'amour de la création végétale et de l'ordre symétrique des plates-bandes.

Une histoire bien conçue et bien exécutée des beaux-arts serait en même temps l'histoire des goûts et des sympathies humaines, et sous ce rapport une branche aussi intéressante qu'instructive du développement des peuples. Elle fournirait des indications à l'histoire critique, par lesquelles nous y verrions clair quelquefois, dans des momens où le fil des événements nous abandonne, car l'humanité ne vit pas d'une vie politique ou commerciale seule, d'une vie industrielle, artistique ou spéculative, isolée, mais bien de toutes ces vies à la fois, qui s'enchaînent et se correspondent, qui en un mot ne se comprennent bien les unes que par les autres.

ESSAI DE PSYCHOLOGIE MORALE.

CHAPITRE XXVIII.

DES PRINCIPES MORAUX.

Lorsque nous disons, en morale, que la félicité est le but de toutes nos actions, nous énonçons le fait d'un ordre très-certain en expérience psychologique, nous disons que l'image de cette félicité, résultant d'un ensemble de jouissances physiques et intellectuelles, se présente au bout d'une perspective d'entendement, dans le sens de laquelle s'exécute le développement actif de l'homme (1). Voilà la vérité phénoménique, mais

(1) Quelque privation que je m'impose par amour pour l'humanité, ou par sympathie pour un individu, un sentiment de satisfaction intérieure, c'est-à-dire un élément de félicité indubitable, qui se présente en perspective et qui accompagne l'action, m'en dédommage directement. Si l'on me demande : Pourquoi faites-vous telle chose ? le dernier but exprimable que l'on puisse assigner est toujours un *bien*, souvent tout interne, mais non moins positif pour cela, le dernier motif une *satisfaction* qui ne saurait se nier. Celui qui meurt pour ses convictions, le fait parce qu'il y est attaché d'un amour intellectuel qui les identifie de telle façon à son être, qu'on ne saurait y porter atteinte sans le priver de son bien le plus précieux.—Le vrai mérite de l'action est en conséquence dans son résultat

nous aurions grand tort de faire intervenir dans cet ordre la causalité métaphysique du but en question ; nous aurions grand tort de nous imaginer que ce soit dans le désir de cette félicité, que puisse résider la force déterminante de notre action ; de dire enfin, que nous agissons ainsi *à cause* d'elle, assertion qui n'y est pas comprise du tout. C'est cependant à la suite de cette supposition absolument gratuite, de cette erreur métaphysique qui fait confondre un principe d'ordre donné en expérience, avec le principe causal qu'on tend à y introduire, que tous les tartufes de la moralité se révoltent contre un ordre de choses qu'il n'est ni dans notre pouvoir de changer, ni dans l'intérêt de l'humanité de se dissimuler.

Ceux qu'offusque l'eudémonisme moral voudraient lui opposer le système de la vertu pure, mais c'est en vain qu'ils le tentent, car ces deux systèmes sont loin de s'exclure. Si nous admettons la vertu comme but à toutes nos actions, nous pouvons dire tout au plus, qu'il *devrait* en être ainsi, mais nous sommes forcés d'avouer en même temps, que la vertu ne domine pas ainsi la totalité de nos tendances morales, que celles-ci s'égarent au contraire fort souvent, pour nous précipiter dans le vice et même dans le crime. Il ne nous reste donc qu'à reconnaître l'insuffisance du principe de la vertu, quant à sa généralité scientifique, et c'est la seule chose dont il soit question en ce moment. Loin cependant d'avoir à nous en désoler, nous sommes dès lors en meilleure voie, et cela, même à l'égard de la vertu, car nous pouvons démontrer encore qu'elle fait partie essentielle et intégrante de toute félicité véritable. C'est toujours une notion illusoire de félicité mal entendue (d'un bonheur exclusivement borné à la possession de certains biens particuliers), qui, prise pour la vraie, figure alors à sa place dans les états moraux que nous stigmatisons comme

---

relativement aux autres, l'orgueil seul, c'est-à-dire la passion la plus arrogamment immorale, voudrait la réclamer pour nous-mêmes. S'il en était ainsi, le but justifierait l'action la plus criminelle, et voilà ce qui es aussi faux que dangereux.

vicieux. Elle est le symptôme du vice quand même elle n'y conduirait pas. La règle morale que nous énonçons en affirmant : qu'il y a tendance universelle de l'humanité vers la félicité, réunit en conséquence les deux directions opposées, vers la vertu d'un côté, vers le vice de l'autre, mais la première seule nous conduit au but. Notre règle rend donc un service éminent d'unité à la science, tandis que la supposition contraire exige un certain rapport entre le vice et la vertu, qui ne se trouve plus dans son sein. Alors c'est dans les décrets impénétrables de la Providence divine qu'il faut le placer en dernier lieu, et s'il n'y a aucun mal à cela en raison pratique, en raison scientifique l'inconvénient est très-grave.

En vain voudrait-on soutenir la possibilité d'une félicité parfaite, dans laquelle il n'entrerait que le seul bonheur découlant des jouissances sensuelles, car l'homme n'est pas un être purement sensuel, il s'en faut. Il est bien certainement aussi un être pensant, et le bonheur tout spirituel de clarté intérieure, par exemple, à laquelle tient et la paix de l'âme et l'harmonie de l'existence, entre essentiellement et d'une façon prédominante même dans sa félicité. Mais en vain voudrait-on aussi s'élever à la sublime idéalisation d'une félicité entière, capable de subsister à côté des cuisantes tortures du corps. La chose est également impossible, quelque certain qu'il soit que le bien-être spirituel puisse balancer une très-forte dose de mal physique. Avouer franchement cette impossibilité, n'est pas ce qui pourrait faire un tort réel au culte justement sacré de la vertu.

Cette vertu que l'on a constamment à la bouche et qu'au fond on connaît si peu, cette vertu qui embrasse *toutes les perfections nécessaires à la félicité* (comp. p. 125) et dont nous pouvons réduire l'expression à une plus grande simplicité en donnant sa définition purement psychologique, n'est pas autre chose ici, que *la beauté morale*, et comme telle notre trésor le plus précieux. Tout comme la beauté esthétique fait concourir indifféremment le désagréable et l'agréable dans une jouissance positive (dans la chose qui plaît), c'est-à-dire nous prépare un élément de jouissance, indépendamment de ces éléments moraux, de même la beauté morale fait concourir souvent la souffrance et la privation, à une jouissance nouvelle du genre ci-dessus, et nous enrichit d'un élément ineffable de félicité, en émoussant les pointes aiguës du mal. La symétrie, la fidélité, la sympathie sont les éléments de la beauté morale comme ils le sont de la beauté esthétique, et leur parenté se met ainsi au grand jour.

La *symétrie morale* dans l'homme consiste dans *l'accord* de ses actions, avec les lois et les principes de son intelligence. Le plaisir qu'elle nous donne, c'est le repos de *conscience*, que trouble nécessairement leur désharmonie.

La *fidélité morale* de l'homme réside dans sa *véracité*, faisant partie essentielle de l'homme vertueux; c'est la conformité de ses paroles et de ses actions, sans laquelle il est privé à jamais du respect de soi-même.

La *sympathie morale*, c'est celle qui s'établissant entre l'état personnel d'un nombre plus ou moins considérable d'individus (et enfin, du genre humain tout entier), fait jouir l'un des jouissances de l'autre, les fait souffrir des mêmes peines. C'est le caractère d'un état moral, qui non-seulement nous rend capables, mais encore toujours prêts à préparer les premières à autrui, à lui épargner celles-ci. Si le mérite de la vertu, considérée sous ce point de vue, ne croît pas en raison directe de l'utilité individuelle et sociale qui lui revient positivement par là, la conviction de cette dernière vérité, de cette double utilité évidemment prouvée, pourrait bien être plus favorable, sinon à son appréciation sentimentale, du moins à son application pratique et réelle.

L'homme dénué de goût, c'est-à-dire de jugement esthétique, ne voit dans la nature et en lui-même, qu'un amas informe de sensations; leur liaison harmonieuse lui échappe, et c'est ainsi qu'il est privé d'un bien justement apprécié par tant d'autres. L'homme vicieux, ou privé seulement de vertu, n'y voit qu'un torrent de plaisirs ou de peines, et le plus grand des plaisirs, celui qu'il retirerait de leur association, lui est fermé à jamais. Abstraction faite des dangers sociaux que fait courir le vice à celui qui s'y livre, nous pouvons donc affirmer hardiment encore, qu'en fait de félicité respective, l'homme vertueux et l'homme pervers ne sauraient jamais se placer sur la même ligne de comparaison.

Reconnaître un ordre moral, au centre duquel se place sa beauté particulière, et que domine la tendance à la félicité (réunissant bonheur et vertu), ne peut jamais, en conséquence de ce qui vient de se dire, être fatal à la moralité humaine. Il en est absolument de même, quant à un autre principe d'ordre moral qu'on accuse avec une égale animosité, mais avec tout aussi peu de fondement. Je veux parler du principe de *détermination nécessaire,* opposé à celui du *libre arbitre* qui, sans être spécialement moral (puisqu'il est entièrement métaphysique), est censé exercer une influence prépondérante en morale. Quant à sa valeur métaphysique, nous savons déjà à quoi nous en tenir, vu qu'il est d'origine causale et par conséquent tout illusoire ; quant à sa valeur morale, nous allons en juger tout à l'heure, quoique nous ayons besoin pour cela de toucher à des considérations de nature anthropologique plutôt que de pure psychologie.

Si vous donnez à quelqu'un le choix, entre deux choses également tentantes pour lui, croyez-vous qu'il balance moins, selon qu'il croirait à la détermination nécessaire, ou bien au libre arbitre. Certes personne ne voudra l'affirmer. Si quelque chose de plus tombait dans l'un des plateaux de la balance morale, ne serait-il pas déterminé alors, dans l'une comme dans l'autre de ces suppositions. Certes on n'osera le nier. Si pour me prouver ou pour se prouver à lui-même son libre arbitre, il prenait celle des deux choses qui en d'autres circonstances le tenterait le moins, il prouve seulement par cette action, que le *plaisir d'avoir raison* a fait pencher cette fois la balance, et ce plaisir sans doute est un poids très-véritable, quelque différent qu'il soit de sa nature d'un plaisir purement sensuel. En toute autre occasion semblable, un même résultat est à prévoir, quelque principe qui puisse y être inculpé.

Soutenir encore l'efficacité de ce principe, lorsque l'élément vraiment déterminant (l'élément qui fait partie essentielle de l'événement total) nous est clairement indiqué, c'est non-seulement charger ce phénomène d'un accessoire absolument inutile, mais c'est prétendre encore, que la main appuyée sur un bras de levier ne ferait plus son office, si l'on s'avisait de douter des principes statiques qu'expriment les lois d'équilibre. C'est évidemment une fausse importance causale, et rien de plus, que nous attachons à des principes d'ordre, qui abstraits de notre expérience, ne sauraient, exacts ou faux, réagir sur elle.

Si l'influence directe d'un principe est toujours nulle par rapport à l'action, son influence indirecte y est cependant positive, et nous avons pu le voir dans le cas cité tout à l'heure. Dès lors le principe du libre arbitre pourrait avoir en effet un certain avantage. On songera bien des fois à prouver son efficacité tant qu'on y croit, on ne sera plus guère dans ce cas lorsqu'on le combat, et dès lors le bien qui en résulte (par tel ou telle abnégation) serait perdu pour jamais. Il n'est pas prouvé néanmoins qu'il dût toujours en résulter du bien, car on pourra tout aussi souvent le prouver par le mal fait en dépit de bonnes inclinations, que par le bien fait en contradiction des mauvaises. La vérité en revanche est une arme, qui guérit essentiellement les blessures qu'elle peut faire, et la lumière qui nous éclaire le mieux sur nos vrais intérêts, sur la valeur intrinsèque de la vertu et des choses, ajoute mille fois dans la balance le poids ce qu'elle peut en ôter sous ce rapport particulier.

Mais, me dira-t-on alors, il n'y a donc aucun mérite à être vertueux, et l'homme vicieux, au lieu d'être véritablement coupable, est seulement aveugle. Cela est vrai sous quelques rapports, cela est faux sous d'autres. Le mérite n'est et ne peut pas nous être donné vis-à-vis de nous-mêmes, mais bien vis-à-vis des autres; c'est pour cela, qu'une action coupable, quelque méritoire qu'elle puisse nous paraître (et la chose n'est pas sans exemple), n'en perd nullement son caractère criminel aux yeux de la société, et demeure punissable par elle (1). Cette façon de voir répond infiniment mieux que toute autre (surtout que le mal et le bien absolus), à une objection assez importante aussi pour être prise en considération, c'est-à-dire à la culpabilité de Dieu même, sur lequel retomberait autrement le crime absolu de sa créature.

Si nous tenons si ardemment au mérite propre, pour nous en parer à nos yeux, c'est par orgueil d'un côté, et celui-ci me semble bien plus dangereux que le principe méritoire n'est utile. D'un autre côté, la faiblesse de nos moyens intellectuels n'y a pas moins de part, car c'est pour cela que nous nous accrochons à la première analogie subalterne, au lieu de remonter à la source de nos convictions. Une telle analogie nous fait considérer les récompenses de la vertu, à peu près comme la dragée présentée à l'enfant bien appris, la punition du vice comme s'il fallait absolument l'administrer avec la férule; le bon Dieu enfin, comme chargé de cette double fonction. Dès lors sans doute, nous avons grand besoin d'un mérite dont nous n'aimons pas à nous priver. Tout cela semble bien plus naturel, que de placer la récompense et la punition, par une façon de voir plus vaste, plus profonde et plus digne à la fois, dans la pratique même de la vertu ou du vice. Il est à remarquer d'ailleurs, que dans cette dernière manière de considérer les choses, la récompense ou la punition ne sont pas bornées non plus à la courte durée de notre vie terrestre, et qu'elles doivent s'étendre bien au delà de ses limites, avec toutes les conséquences de l'action commise.

(1) Le droit de punir l'homme criminel, même non coupable dans un ordre de choses surhumain, résulte de l'*ordre social*, mais sans doute pour être philosophiquement juste, la punition ne sera qu'un refus des protections sociales (gradué sur la faute), contre la vindicte de l'individu lésé (dont se charge la communauté en appliquant une mesure réparatrice), ou exposé à la lésion (impliquant mesure préventive). Pour peu que nous sachions apprécier le bénéfice de ces protections, une telle punition certes ne nous paraîtra pas insuffisante. Enfin une législation plus douce, découlant infailliblement de l'application de ce principe, serait encore, je pense, un sensible progrès pour l'humanité.

L'enfant qui s'est brûlé à la flamme d'une bougie, certainement n'y touchera plus; l'expérience et les vérités qu'elle enseigne portent ainsi leur fruit nécessaire et direct. La connaissance acquise demeure gravée dans notre être, et devient en conséquence un fait déterminant du développement humain et de son action subséquente. C'est ainsi que la vérité et les lumières qu'elle répand sur notre route, c'est ainsi que l'exacte connaissance des rapports et des choses, est vraiment importante pour nous, mais non le principe abstrait qui est la règle, c'est-à-dire le tracé d'ordre de l'expérience, sans en être pour cela la puissance régulatrice. Sa valeur toute spéculative n'est donc jamais et nullement pratique.

Si la métaphysique réprouve le principe du libre arbitre ou de la volonté déterminante, comme premier mobile de nos actions, si la morale n'en a pas besoin pour conserver le respect que nous lui devons, nous n'en sommes pas réduits pour cela, à la détermination mécanique, par des choses en dehors de nous, avec laquelle on voudrait bien confondre de pareilles assertions. La philosophie, d'après ses principes fondamentaux, (V. p. 96) nous enseigne au contraire de la manière la plus positive, que les éléments déterminants *de nous* ne sauraient être *qu'en nous-mêmes,* et si c'est d'après une loi invariable et certaine que tout notre développement a lieu, et par conséquent nos actions aussi, cette loi pourtant n'a rien et ne saurait rien avoir de causal en soi. Voilà ce que nous ne devons jamais oublier, pour ne pas nous méprendre totalement sur le sens de cette détermination par nous-mêmes, et de sa règle. Elle est une véritable liberté, quoique parfaitement distincte de la liberté volontaire et arbitraire que nous invoquons toujours, sur la foi d'une illusion métaphysique toute-puissante jusqu'ici, mais qui se réduit peu à peu, ce me semble, à sa juste appréciation.

C'est ainsi que la morale, de quelque façon que nous la considérions, ne saurait jamais souffrir de l'adoption en principe des vérités que la métaphysique nous impose sans contredit, à moins de la torturer violemment.

ESSAIS ANTHROPOLOGIQUES.

CHAPITRE XXIX.

ORDRE PLASTIQUE DE L'ORGANISATION.

C'est certainement un des problèmes les plus curieux à résoudre en métaphysique, que cette tendance en nous, qui nous porte sans cesse à reproduire dans le monde objectif, les faits qui subsistent au sein du monde subjectif de notre entendement, de placer constamment la copie matérielle à côté de l'original spirituel.

Si nous l'entreprenons ici d'une façon conforme à nos principes philosophiques et métaphysiques, il est clair d'abord, qu'il ne saurait être question du but ou des motifs de l'artiste reproducteur, quel qu'il soit, du moins d'un but déterminant à l'égard de son action, d'un but volontairement poursuivi, dont la métaphysique de la vie commune se berce sur la foi du rapport de causalité. Le but, les moyens, les motifs, ne sont que des accessoires internes et métaphysiques qui accompagnent le phénomène organique, mais qui ne le constituent nullement. Pour bien saisir cependant ce qui en fait partie nécessaire, et pour comprendre de même les considérations qui vont suivre, il ne sera pas superflu peut-être, de nous replacer, pour un moment, au point de vue de la philosophie dont les principes fondamentaux nous guideront encore, et nous conduiront à des résultats aussi satisfaisants que brillants de clarté.

Le moi, nous le savons, est notre totalité philosophique. En dehors de lui, il n'est absolument rien qui fût *sciemment* vrai. Il embrasse un monde subjectif aussi bien qu'objectif, et tous deux lui sont également internes. Ces deux mondes enfin le remplissent en entier. Toute extériorité absolue, dont le moi serait lui-même pour ainsi dire enveloppé, est scientifiquement prise, un phénomène d'entendement interne, une croyance analogique à laquelle un monde réellement externe, peut et doit même correspondre, mais en vérité philosophique la croyance seule nous en est donnée. Lorsque nous nous occupons scientifiquement de ce monde, ce n'est que de cette croyance et de ses formes qu'il s'agit. Elle nous impose, il est vrai, son objet comme nécessairement réel, mais il n'en est pas moins et toujours inabordable à nous. Si en conséquence de tout cela, nous parlons dans la suite d'objets extérieurs, pour nous conformer à l'usage, nous n'entendrons par là que des faits extrapersonnels, mais non des faits extérieurs à moi, et c'est ce qu'il importait de préciser une fois pour toutes.

Le moi seul possède en outre tous les genres d'entendement, selon le caractère particulier des faits présents en lui, il voit, il goûte, il pense, etc. Selon leur ordonnance, il juge, compare, discerne, etc., il a conscience d'un sujet et d'une vie subjective qui se développe et se modifie en lui, il a apparence d'un objet et d'une vie objective qui en fait autant. Il suit de là, qu'en vérité scientifique, le sujet et l'objet ne savent rien l'un de l'autre, et ce n'est qu'illusoirement qu'on leur attribuerait (directement) un entendement quelconque, qui, dans ce cas, est toujours illégitimement enlevé au moi. L'organisation et la vie de toute chose dans le sein du moi, s'y présente enfin de deux manières opposées, tantôt comme état et vie de désunion, tantôt comme état et vie de réunion élémentaire.

L'état organique de désunion élémentaire correspond à la *manifestation*, l'état de réunion élémentaire correspond en revanche à *l'appréhension*. Un état mixte d'union et de désunion (par conséquent imparfait dans l'un et l'autre sens) correspond enfin à une *expérience* graduée et modifiée différemment, selon leur part respective.

Voilà les notions préliminaires, qui nous permettent d'entamer immédiatement notre matière, et d'en faire comprendre les phénomènes importants.

Dès que les modifications vitales des choses cessent de se trouver restreintes à l'objet ou bien au sujet, c'est-à-dire au domaine spécial de chacun d'eux, dès qu'elles passent de l'un à l'autre, l'événement n'en saurait avoir lieu, que par évolution de leurs éléments respectifs qui contractent en cela des rapports particuliers entre eux, sans changer pourtant de nature et de caractère fondamental, et c'est ce que nous voyons arriver à tout instant. Les faits ainsi détachés jusqu'à un certain point du système de l'un, tombent au même instant dans un certain degré d'appartenance métaphysique (et non de possession) quant à l'autre, et deviennent à son égard un bien acquis du dehors, un bien qui — tant qu'il demeure en rapport quelconque avec le système dont il émane, est son représentant dans celui qui le reçoit. En un mot il est *l'image* du premier dans le second; c'est ainsi que s'opère d'une façon toute naturelle, et parfaitement compréhensible, la reproduction organique de l'un dans l'autre, et cette reproduction est nécessairement mutuelle. N'oublions pas cependant, que le moi seul en est le témoin (le possesseur avec entendement), que ces modifications respectives qui se passent dans son sein, ne sont pour ainsi dire enregistrées que par lui.

Entre objet et objet, toutes les modifications réciproques ci-dessus mentionnées sont comprises dans les phénomènes de la pénétration physique et chimique, et représentées par eux; nous ne dirons plus rien ici de cet ordre de choses purement cosmologique.

Entre sujet et objet, le caractère de cette reproduction de

l'un au sein de l'autre diffère à bien des égards, et c'est sur ce terrain tout anthropologique, que nous allons la suivre; mais quoiqu'il n'y eût pas une seule action humaine qui, dans sa sphère, n'y dût participer, je ne m'occuperai que du phénomène particulier, auquel nous donnons le nom d'une reproduction artistique et plastique.

L'idéal de l'artiste aussi bien que du simple artisan repose, comme partie organique et constituante de lui-même, au sein du sujet individuel, de quelque façon qu'il y soit formé, selon les lois générales de la vitalité organique, lois qui peut-être nous seront plus familières quelque jour, mais qui en attendant ne sont qu'un accessoire de la chose que nous examinons. Tout le reste du monde est l'objet relatif, opposé à ce sujet particulier, et c'est à ce monde qu'il tend constamment à imprimer son image, en se développant organiquement ainsi que nous avons vu ci-dessus. En s'y reproduisant, il est maintenant évident, que l'image produite, c'est-à-dire la modification imposée à la chose, et l'idéal préexistant se ressemblent et se correspondent; le moi qui en juge, le moi qui les possède tous les deux en lui, ainsi que leurs rapports directs (de conformité), en a la preuve la moins équivoque. L'idéal artistique et particulier dont il s'agit ici, n'est du reste qu'une fraction de celui qui remplit la totalité de chaque sujet. Toute production, soit artistique soit autre, correspondant ainsi à un idéal partiel quelconque, représente par conséquent une partie de l'être total, et l'activité subjective en imprime le caractère aux objets avec lesquels il se trouve en relation organique.

Les procédés artistiques qui accompagnent le confectionnement d'une œuvre quelconque, ne sont naturellement que les faits codéterminants et coparticipant à l'ensemble du phénomène, dont l'événement total nous occupe et dont le produit artistique est une partie essentielle. L'association d'une foule de faits participant à l'ensemble de ce développement, doit le modifier très-différemment selon les circonstances, et c'est bien là ce que nous y fait voir l'expérience, telle qu'elle nous est donnée dans la vie, avec ses méthodes et ses moyens divers d'exécution. C'est en un mot l'histoire des obstacles qui s'opposent à la reproduction subjective et la victoire plus ou moins complète remportée sur eux, qui se trouve ainsi retracée.

Cette théorie s'applique tout aussi bien à la musique et à ses œuvres, qu'à la sculpture, à la peinture, etc., quoique la première ne produise qu'une image passagère. Le phénomène n'en demeure pas moins l'expression d'une existence et d'une vie interne, aussi fugitive naturellement que les sons qui la représentent dans l'objectivité.

Pour épuiser cette matière et pour clore la série des modifications que subissent les différents systèmes organiques dans leurs relations mutuelles, nous devons passer maintenant aux rapports correspondants, dans le commerce de sujet à sujet humain. Si la langue (parlée ou écrite), si la pantomime (en actions ou en signes) sont les moyens indubitables, par lesquels l'état interne d'un sujet quelconque se révèle à l'autre, ce sont eux qui correspondent exactement à ce que nous cherchons ici, ce sont eux qu'il nous importe en conséquence de nous expliquer, dans le sens des principes généraux que nous avons établis, et qui nous mettent en état de les placer dans leur jour scientifique.

On conçoit sans peine les inflexions de la voix, la pantomime du geste, etc., comme des symptômes de vitalité subjective passés au domaine objectif, lorsqu'on fait attention au caractère décidé de subject-objectivité anthropologique dévolu aux organes humains. Mais de là jusqu'à la compréhension d'un individu par l'autre, moyennant tel ou tel son, tel signe, etc., souvent sans aucune analogie avec le fait (par exemple l'état moral) qu'il exprime ; de là, jusqu'à la formation d'un langage suivi, il y a loin sans doute. L'impression d'un cri, par exemple (lié au plaisir ou bien à la douleur que ressent l'individu), sur un autre individu coexistant, sera nécessairement accompagnée d'une telle foule de circonstances accessoires, qui viendront modifier son apparition en lui, qu'elle ne saurait obtenir de prime abord la signification qui lui est propre et son rapport à un état psychologique, dont il diffère en tout point ne saurait directement se révéler. S'il en est ainsi, cette considération n'importe nullement à sa manifestation, car elle a lieu sans qu'il y entre l'ombre d'une intention, ou d'une prévision des suites (dans l'origine du moins). C'est uniquement la coïncidence répétée de certaines démonstrations, sonores ou autres, dans notre propre expérience, qui nous fait *croire* par analogie à une correspondance pareille dans l'individu notre prochain. C'est enfin sur la foi seule de cette croyance, que s'établit, pas à pas, le commerce de leurs communications mutuelles, commerce qui la justifie bientôt, qui aboutit au langage des sons et des signes, dont l'écriture est le développement le plus parfait, en même temps qu'elle en fixe les résultats. C'est ainsi que chaque sujet humain demeure entièrement fermé à l'autre, malgré ces communications analogiques répétées, et voilà ce qui s'accorde parfaitement avec tout ce que nous avons eu lieu d'observer sur ce point. Cela couronne en même temps l'importance scientifique de l'analogie et des croyances qui reposent sur elle (1).

Le produit artificiel (l'œuvre) une fois accompli, le langage une fois formé, et ses monuments littéraires (les livres) achevés, ces créations objectives prennent place à leur tour, et pour leur propre compte, dans l'ordre des relations mutuelles entre les choses et les individus. Elles entrent, comme parties indépendantes dans la totalité universelle, et c'est ainsi qu'elles réagissent puissamment sur l'artiste, sur l'orateur, l'écrivain, etc., et le développement progressif de l'humanité, sa perfectibilité sociale se trouve parfaitement assurée. Grâce à ces fruits durables, l'état d'un entendement scientifique s'élève sur leur fondement, et se couronne par la philosophie

---

(1) Cela nous autorise en même temps à l'espoir de pénétrer (à quelques égards du moins), par la même voie indirecte, jusque dans le sein du monde surhumain et divin, qui nous est fermé tout de même ; mais pour y réussir il faut marcher sans doute avec non moins de circonspection que de conséquence

qui vient achever leur ouvrage, en lui donnant sa forme et son caractère particulier.

L'œuvre de reproduction plastique, le plus complet sans doute et le seul direct, c'est celui de la *génération*. S'il nous est facile maintenant de le concevoir dans sa tendance, conforme aux lois générales de l'activité subject-objective, nous serons longtemps encore à nous l'expliquer quant au mystère de son accomplissement physique.

La manière dont l'individu humain appose son cachet particulier au monde objectif qui l'environne, est pour la philosophie la mesure certaine, qu'il lui applique à son tour. C'est là qu'il retrouve le calme ou l'agitation orageuse, c'est là qu'il reconnaît la richesse ou la pauvreté de l'hôte qui l'habite, en traits que l'observateur attentif ne saurait méconnaître, en dessins nuancés jusque dans leurs traits les plus délicats. Ce n'est pas tout cependant, et par la communauté de possession, l'esprit qui domine ses alentours, soumet encore de plus d'une manière celui qui pénètre dans le domaine de ses créations. Combien de fois la seule inspection d'un front calme et serein, ou bien d'un cabinet confortable et de son ordre silencieux, n'ont-ils pas désarmé d'injustes irritations, n'ont-ils pas fait expirer sur les lèvres le reproche prêt à s'exhaler, combien de fois du moins n'ont-ils pas tempéré son explosion (1). Combien de fois à plus forte raison, la nature dans son imposante et tranquille harmonie, dans sa beauté mélancolique, sévère ou gracieuse, ou bien encore dans les torrents de sa vie joyeuse ou terrible, n'a-t-elle pas exercé sur nous sa puissante magie, et ne révèle-t-elle pas à tout instant l'esprit qui l'anime et la façonne, l'esprit divin dont elle porte le cachet? Si de ce Dieu à nous, la nature parle

(1) L'homme extraordinaire qui enveloppe dans sa sphère d'action un plus grand nombre d'individus et de choses, qu'il modifie pour ainsi dire à son image, fait preuve en cela d'une plus grande énergie subjective, ou d'une plus vaste intelligence, choses qui peuvent se trouver réunies en lui, dans des proportions très-différentes et caractériseront très-différemment l'influence qu'il obtient

un langage intelligible, le culte que nous lui rendons en est la réponse immédiate. Ne craignons donc pas qu'il puisse demeurer incompris, pourvu que nos actions ne viennent pas le taxer de mensonge. Quelle qu'en soit la forme particulière, ce culte est un langage éloquent pour exprimer la même chose, c'est-à-dire l'admiration et l'humilité, la reconnaissance et la prière.

Ce thème intéressant, nous avons dû seulement l'effleurer, car il n'entre point dans le plan de cet ouvrage d'en épuiser les détails; j'espère en avoir dit assez cependant, pour que l'ordre suprême qui règne dans ce domaine de science pratique et religieuse à la fois, se trahisse clairement aux yeux de chacun.

CHAPITRE XXX.

ORDRE SOCIAL.

La théorie dans les sciences spéculatives est la règle générale, abstraite de la masse des expériences et des vérités particulières ; c'est la formule universelle dans laquelle nous n'avons qu'à introduire des faits donnés, pour obtenir un résultat précis, une vérité spéciale et d'application positive. C'est en un mot la formule, telle qu'elle nous rend en mathématique les services les mieux constatés. Mépriser la théorie c'est en conséquence mépriser la vérité elle-même, dans ce qu'elle a de plus universel. S'il est un reproche qu'on lui puisse adresser, il ne concerne en conséquence que l'abus qu'on en fait souvent, c'est-à-dire le jeu dangereux de son application intempestive. Discuter des théories ne saurait donc jamais avoir d'inconvénient, et l'on ne provoque un danger véritable, que lorsqu'on s'adresse aux passions du moment, en les couvrant du manteau d'une théorie fort innocente en elle-même.

Chaque théorie, développant un principe régulateur, sera fausse et par conséquent inapplicable, lorsque celui-ci manquera d'exactitude, et sa mise en pratique dévoilera bientôt ses défauts, par les inconvénients qu'elle entraînera. Voilà ce qui est arrivé trop souvent aux théories politiques surtout, dont on a déployé la bannière. Bien des principes ont été mis à leur tête, mais aucun n'a pu s'y maintenir faute d'universalité. *Le patriarcat de l'autorité paternelle* comme principe de la monarchie pure, ce principe qui sans doute convient parfaitement aux temps de la jeunesse sociale, est ébranlé par le sentiment acquis de sa majorité. — *L'égalité naturelle* des hommes, comme principe de la démocratie, fléchit devant les lois générales et éternelles de la nature même, qui établissent en toutes choses l'inégalité la plus incontestable. Le principe aristocratique, fondé à son tour sur cette *inégalité de mérite et de capacité,* s'égare en la supposant stable ou héréditaire, et tombe nécessairement devant l'inconstance des choses humaines. *L'équilibre des puissances sociales*, comme principe de la monarchie constitutionnelle, est la base la plus moderne d'une théorie trop exaltée d'un côté et trop décriée de l'autre ; mais à voir la rage avec laquelle de toutes parts on en sape les fondements, il faut avouer au moins, que (telle qu'elle est) elle ne répond pas encore au spécifique social que nous cherchons en elle. Cet équilibre d'ailleurs doit se déranger nécessairement à la moindre collision, car s'il pouvait durer alors, la machine sociale arrêtée entraînerait une stagnation politique plus fatale que toute autre chose. Nous en sommes donc encore à chercher quelque correctif, et l'agitation sociale, le vague mécontentement qui se montre partout en est la preuve certaine.

Pour qu'un principe social quelconque puisse répondre à ce qu'on exige de lui, il faut qu'il s'accorde, préalablement à toute autre chose, avec le principe moral universel (car l'état social participe positivement au caractère de l'ordre moral), et ce principe, nous l'avons dit ailleurs (V. p. 397), c'est la *félicité.* — Cette félicité, qu'il ne faut pas confondre avec la jouissance d'un bonheur spécial quelconque, porte plus d'un rameau, et le bonheur social en est justement une branche essentielle. En politique c'est lui seul qu'il s'agit d'atteindre, et si nous définissons ce bonheur social d'une manière plus précise, il s'exprimera en d'autres termes, par : *Jouissance assurée d'une masse aussi grande que possible de propriété physique, spiri-*

tuelle et morale, bienfait qui le constitue tout entier, comme nous allons nous en convaincre de suite, par quelques réflexions propres à éclaircir la matière.

1. Le terme : *jouissance,* ne signifie pas seulement la *possession* d'une certaine propriété, mais implique encore son *usage* (1), sans lequel elle serait absolument illusoire.

2. La *propriété* socialement revendiquée par nous exprime à son tour une possession (une façon d'avoir) particulière, c'est-à-dire *relative à certaines parties du moi, constituées en totalité particulière dans mon sein,* et quoique nous ayons développé la chose dans un article (V. p. 129 et suivantes), dont le contenu tout entier appartient de droit à l'ordre que nous examinons ici, il sera peut-être bon de revenir encore une fois sur ce point. — La totalité dont il s'agit ici, et que nous devons caractériser exactement, c'est: *un ensemble de faits,* réunis à titre de *biens,* par *un lien de pratique humaine* (de jouissance exclusive), et au centre duquel se place la personne individuelle, comme le bien le plus essentiel possédé par moi. C'est cette personne à laquelle toutes nos autres propriétés s'allient passagèrement (mais à laquelle ils sont loin d'appartenir en propre) qui prend place *avec elles* dans la société politique, sous le nom de *citoyen.* Le citoyen, élément constitutif de cette société, assume donc en principe, essentiellement et inséparablement, la propriété personnelle et impersonnelle dont il est la totalité. — La propriété du citoyen est de cette manière le principe pratique et l'élément de toute

---

(1) Le droit de *contracter* par rapport à elle, en est une suite nécessaire, mais il est restreint par la condition, qu'aucune stipulation particulière ne doit enfreindre les conditions sociales elles-mêmes. Elle n'est légale qu'autant qu'elle respecte en tout point la propriété du tiers. Quant aux contractants, ils doivent seuls être juges de la valeur des effets par rapport auxquels ils contractent. Il vaut mieux ici, statuer l'erreur que restreindre la liberté. Tout contrat une fois conclu (pourvu qu'il soit légitimement, c'est-à-dire entre personnes autorisées, vrais possesseurs, ni mineurs, ni imbéciles), aucun des intéressés ne saurait l'enfreindre sans violer la loi de l'état, car il porterait atteinte à un bien moral très-positif, à l'*attente* d'un avantage que la loi doit garantir à son propriétaire

sociabilité; aussi est-ce de là que découlent sur-le-champ : les notions du *droit* et de *l'obligation*. La reconnaissance d'une propriété quelconque les fait naître immédiatement, et met fin tout d'un coup à l'état anarchique de nature, c'est-à-dire à *l'état de prétention de chacun à tout*. C'est par son développement complet que le but social peut seul être atteint (1).

3. Sous le terme général de propriété, nous embrasserons toutes ses espèces qui sont :

a. La propriété *matérielle,* comprenant les objets extérieurs, placés dans le rapport de possession (anthropologique et non pas philosophique ou métaphysique) vis-à-vis du moi individuel;

b. La propriété *personnelle,* comprenant l'ensemble du corps humain (sa personne) et de toutes les *habilités* (pour ne pas dire facultés, lequel terme reçoit trop facilement une signification causale) qui lui sont propres;

c. La propriété *morale*, c'est-à-dire la réputation sociale de l'individu, qui entre essentiellement dans l'acception de ses biens, ses espérances légitimes, etc.

d. La propriété *intellectuelle,* ou bien ses connaissances et lumières acquises :

Toute chose qui ne saurait se partager d'une manière tant soit peu durable, n'est pas susceptible non plus de constituer une propriété exclusive, et demeure en conséquence le bien commun de l'humanité. L'air que nous respirons et qui alimente notre existence, l'océan par lequel nous communiquons, le feu qui nous prête sa chaleur et sa puissance, sont de ce genre, et nous en disposons librement, sauf à respecter dans

---

(1) La propriété est le *fait ;* sa reconnaissance crée *le droit en regard de l'obligation ;* sa garantie fait la *loi*. C'est pour cela qu'une propriété peut exister, quoique la reconnaissance n'eût pas lieu et que le droit fût contesté. La justice légale alors examine, porte son arrêt, et rétablit les rapports momentanément troublés de la propriété, du droit et de l'obligation qui lui correspond. La *possession* exprime le rapport entre l'individu social et sa propriété. Point de propriété sans possession, point de possession sans propriété, mais une prétention ou une soustraction peuvent se placer entre eux.

l'usage que nous en faisons les propriétés positives des autres.

La science générale de la propriété ou l'éthique, se divisera en cinq parties distinguées entre elles, selon une règle toute pratique et qui me semble le plus exactement appropriée à ses fins.

1. En science de la production des biens : *Technique;*

2. En science de l'acquisition des biens : *Économie privée et politique;*

3. En science de l'assurance des biens : *Politique,* qui ne consiste positivement qu'en cela comme nous allons le développer tout à l'heure ;

4. En science de l'usage (convenable) des biens : *Déontologie,* — pour me servir d'une dénomination sanctionnée par l'usage de J. Bentham, comprenant en même temps la morale publique et privée ;

5. En *histoire des biens,* qui n'est pas autre chose que l'histoire même de l'humanité, comprise dans sa signification pratique la plus générale.

Quant à la politique, qui va seule nous occuper ici, son principe régulateur unique et parfaitement suffisant, n'est autre que : *l'assurance mutuelle de toute espèce de propriété.* Politiquement parlant, l'*État* n'est ou ne doit être qu'*un établissement spécial de ce genre,* comme la *société* humaine en serait l'institution universelle. Qu'on ne croie pas que ce soit en circonscrire l'idée dans une limite trop étroite, car ce cadre implique aussi un établissement de *police* universelle pour l'administration de tout ce qui tient au développement naturel et purement facultatif de l'association. On y joint très-convenablement encore des institutions d'économie intellectuelle dont le développement est confié à un corps enseignant ou *universitaire;* des institutions d'économie morale, en un mot *une église;* des institutions d'économie matérielle représentées par les *associations industrielles,* mais toutes ces institutions ne sont plus de nature purement politique.

Procédant en pratique comme en théorie, commençant par la spécialité avant de s'élever aux applications générales, l'humanité a débuté par des établissements d'assurance mutuelle dans les domaines restreints d'une certaine propriété particulière : telles sont les assurances contre l'incendie, par exemple, la grêle, etc., et pour atteindre au but, il ne faut plus qu'étendre les procédés en usage dans ces cas, procédés dont l'utilité est suffisamment avérée. Nous les appliquerons en conséquence d'une manière plus fertile et plus vaste à la fois, aux biens de qualités différentes qu'il importe encore de nous assurer. C'est ainsi que nous trouverons les formes précises de l'état politique cherchées trop longtemps en tâtonnant.

Le premier principe pratique de l'assurance mutuelle, c'est une contribution proportionnelle fournie par chacun des membres associés, selon la quantité de propriété assurée. Elle doit former un fonds social, destiné non-seulement à dédommager les individus des pertes essuyées (et de cette manière réparties sur la totalité), mais encore à les prévenir [autant que possible, par une administration scrupuleuse et par la défense de l'association contre les atteintes extérieures. Chacun donnant ainsi une partie du sien, pour conserver et assurer le reste, le problème à résoudre par l'association politique, c'est la manière de former le fonds social, avec les différentes propriétés soumises à l'assurance mutuelle, et son mode d'administration. Voilà ce que nous allons tenter en conséquence ; mais avant toute chose il s'agira de prendre en considération l'état de la société, au moment où le principe d'assurance mutuelle doit y trouver son application pratique.

Toute société procédant à l'assurance de ses biens, ne peut avoir d'autre prétention que de mettre sous garantie sa propriété actuelle et future. Sa propriété *actuelle* est donc le fait positif et donné dont elle part, et le titre de possession (non contestée en ce moment) ne saurait plus tard être remis en question. C'est par là, qu'une société réformatrice se distinguera essentiellement d'une société révolutionnaire, qui tend plus ou moins à renverser cette donnée, pour créer un état de choses supposé plus parfait, selon des principes abstraits et dans un but idéal.—Quand même ce but serait le meilleur possible et qu'on pourrait espérer d'y atteindre de cette manière, ce résultat pourtant ne saurait guère s'obtenir sans marcher dans le sang et sur des ruines, sans sacrifier le présent à l'avenir, le positif à l'incertain. Telle ne saurait être l'intention d'une société, qui jouirait moralement et politiquement d'un certain degré de santé, mais uniquement celle d'une société secouée déjà par le paroxysme fiévreux d'une maladie dangereuse. Je ne parle pas à celle-ci, qui probablement rejetterait le remède simple et doux que je puis lui offrir, quoique pour elle aussi il serait sans doute le plus convenable.

Sous la détermination de propriété actuelle, nous devons comprendre tous les droits civils, et jusqu'aux priviléges subsistants, lorsqu'ils concerneraient un des éléments de propriété ci-dessus dénommés, quand même il s'en trouverait dans le nombre qui fussent onéreux à l'une des parties associées. Ce n'est qu'en établissant un moyen de rachat, qu'il peut être permis d'y toucher, mais cette possibilité sans doute est de rigueur. Il faut ouvrir à chacun la carrière des biens sociaux, il faut lui donner le moyen d'acquérir ses divers genres de propriété, et d'atteindre ainsi au but désiré, mais il ne faut pas tenter d'attirer ce but jusqu'à lui. Cela ne pourrait se faire qu'au moyen d'une crise et d'efforts démesurés, pendant lesquels la société même risquerait de faire naufrage.

Assurer d'ailleurs que tout privilége sans exception soit une injustice, et qu'il faille par conséquent l'abolir, est un de ces sophismes qui, avancés avec audace et soutenus avec art, peuvent éblouir quelque temps, mais qui doivent fléchir pourtant devant la saine raison. Chacun sans injustice et même par pure générosité, ne peut-il pas accorder à un autre, un certain droit restreint à sa propriété jusque-là entière et complète. La limitation de ce droit lui réservera dès lors un certain privilége; et cependant cet arrangement peut être à l'avantage incontestable de l'autre. La défense d'une stipulation de ce genre ou son abrogation, ne serait-elle pas alors l'infraction la plus grave à toute propriété, à la liberté comme à la justice ? Je me garderai bien de soutenir que telle soit l'origine de tous les priviléges ; j'avoue tout au contraire que la force et l'usurpation y ont eu la plus grande part. Dans l'origine même de l'état social, trop souvent la force ou la ruse ont dû prévaloir sur l'instinct d'assurance mutuelle qui portait les hommes à se réunir. Peu éclairés, ils ont dû se borner dans les commencements à quelques genres de propriété seulement, sans s'inquiéter de celle que chacun pouvait se croire en état de défendre lui-même, ou bien qui, trop communs, ne risquaient pas d'être attaqués. Peu à peu seulement, l'état a pu atteindre au degré de son développement actuel et devenir compréhensible enfin dans la généralité de ses tendances. Mais il n'y a plus aucun moyen de remonter actuellement à cette origine dans un cas spécial quelconque, et toute législation adoptant sagement une prescription (1), la société réformatrice doit en agir de même. Elle n'attaquera donc *aucun titre* de propriété positive et non litigieuse, et assurant *toute espèce* de propriété, elle en ouvrira la source à chacun ; car si elle ne le faisait pas, ce serait confisquer au plus grand détriment de chacun les capacités qu'il possède, c'est-à-dire une classe de propriétés indubitables.

Quant aux droits politiques des associés, ils résulteront également (comme conditions nécessaires du résultat désiré), des principes sociaux que nous avons adoptés pour base de notre théorie ; mais comme ils s'allient bien souvent et se fondent dans les droits civils des individus, ce n'est pas non plus sans respect consciencieux pour ce qui subsiste, qu'on peut en établir de nouveaux, ou bien abolir les anciens. Nous devons le faire d'autant moins, qu'il est toujours plus d'une voie pour parvenir au même but, et qu'il n'est pas certain que la plus courte soit toujours la meilleure. Toutes ces considérations

---

(1) La prescription n'est pas fondée en droit, car un droit une fois acquis, ne saurait se perdre que par libre aliénation, mais elle est fondée en raison et en utilité pratique, car elle nous donne seule une base solide, sur laquelle il soit possible d'asseoir une législation.

appartiennent du reste plus particulièrement à la déontologie appliquée, et nous allons retourner à notre théorie purement politique.

Vu l'état actuel de maturité sociale, nous possédons dans l'argent un représentant exact de toute propriété matérielle, et c'est par conséquent en argent, que la contribution proportionnelle des associés pourra se déterminer le plus exactement et selon les besoins de l'association. Il est tant de moyens directs et indirects de taxer la fortune matérielle du citoyen, et de fixer la quotité d'impôt, moyennant lequel on formera le *fonds matériel* de la société, qu'il s'agit seulement de choisir les plus propres à cet usage (selon les circonstances), et nous ne parlerons ici que de l'administration du fonds ci-dessus. Chaque propriétaire de biens matériels, c'est-à-dire le plus grand nombre des citoyens, ayant un intérêt direct et légitime à ce qui regarde cette partie, il est appelé de droit à concourir aux décisions qui s'y rapportent. Comme il est impossible cependant que chacun le fasse directement, il ne pourra l'exécuter qu'en choisissant des plénipotentiaires ou représentants ; et c'est ce qu'il fera naturellement dans les rangs *des plus riches,* comme lui offrant par un intérêt plus grand, les garanties les plus positives aussi. La fixation d'un *cens* d'éligibilité ne sera donc pas une exclusion ou restriction injuste, mais bien une condition pratique absolument nécessaire, pour assurer autant que possible un résultat favorable et moins arbitraire. Ces limites d'ailleurs à l'exercice d'un droit politique, étant sujettes à changer, l'obstacle pouvant tomber devant l'un et s'élever devant l'autre, rien d'injuste n'y entre dans le principe, pourvu que l'application ne les resserre pas trop. Les sources de la propriété matérielle étant très-différentes d'un autre côté, il est essentiellement prescrit, d'appeler en partie proportionnée, dans la représentation des biens matériels, les intérêts distincts qui s'y rencontrent. C'est donc parmi les propriétaires agricoles, commerçants, industriels, rentiers, artistes et savants, qu'il faudrait choisir à partie égale ou proportionnelle ces représentants.

Voilà comment une *chambre de finances* se trouvera constituée, prendra ses résolutions à la majorité des voix, et dans toutes les questions *de ce genre* aura de plus l'initiative des lois.

La propriété personnelle que tout individu met sous garantie sociale, étant essentiellement la même pour chacun, la part de contribution qu'il doit à cet égard au fonds social est nécessairement la même aussi; comme pourtant la personne ne saurait se partager dans ce but, du moins selon les dimensions de l'espace, c'est dans le temps que cette division devra s'effectuer, et chaque individu, sans exception, devra donc à l'état, le service de sa personne, pour un temps à déterminer selon les besoins de la société. La totalité des conscrits destinés à la défense des biens sociaux, soit contre des ennemis intérieurs (comme garde nationale), soit contre des ennemis extérieurs (comme armée), formera le *fonds personnel* mis à la disposition de l'état, et celui-ci demandera pour être administré, un corps politique nouveau. Chaque individu est encore intéressé à cette partie, mais chacun ne pouvant posséder les lumières et les connaissances requises, et par conséquent remplir les conditions nécessaires à l'exercice convenable de ces hautes fonctions, c'est encore à l'élection, éclairée par l'intérêt personnel, qu'il faudra s'en remettre pour en former les rangs. Elle devra le faire sans aucune restriction pour raison de fortune, mais se borner en revanche aux personnes élevées dans les établissements d'instruction publique et privée de l'état, aux personnes qui auraient fait leurs preuves à cet égard, ou bien reçu des grades dans l'armée même, dont les intérêts doivent naturellement y être représentés. C'est ainsi que l'on constituera une *chambre de sûreté,* appelée spécialement à l'administration des forces publiques, avec initiative des mesures à prendre dans tout ce qui regarde cette partie des besoins de l'état.

Le troisième genre de propriété que nous ayons à considérer, c'est la propriété morale, et c'est encore pour former le fonds particulier de ses contributions proportionnelles. Saisi sous ce point de vue, c'est une contribution de respect, de considération et d'estime que s'impose le citoyen et dont il fait les frais, dès qu'il élève au-dessus de lui les individus qu'il honore de sa confiance et qu'il revêt des fonctions sociales, nécessaires à l'administration de ses biens divers. Cette considération respectueuse est le ressort moral le plus puissant et le plus indispensable pour conduire aux fins désirées la machine compliquée de la société politique, et la dispensation de ce capital moral doit encore se confier à une autorité particulière. Sous bien des rapports elle tombe en partage aux corps électoraux eux-mêmes, qui en disposent directement au bénéfice de leurs mandataires ; mais l'autorité spécialement dispensatrice des honneurs sociaux, sera le plus naturellement celle qui se trouve chargée aussi de l'exécution des lois. C'est à cette occasion que le mérite individuel se déploie le plus ordinairement, et c'est pourquoi l'administration du fonds moral sera donnée au *souverain*, qu'il soit *prince* (dans la monarchie), ou conseil exécutif (dans la république). Les autres grands corps de l'état pourraient s'en réserver néanmoins une certaine part, et décerner de leur côté des récompenses nationales de ce genre (1).

Le souverain chargé de l'exécution des lois, assisté dans ses fonctions vastes et multipliées, par un ministère responsable et par une foule d'employés subalternes dont il juge directement la conduite, en doit avoir la libre nomination. Pouvant apprécier d'ailleurs mieux qu'un autre, les difficultés pratiques que les lois trouvent toujours dans leur application, et les suites souvent imprévues qui en naissent, il convient que le souverain jouisse en commun avec les chambres de l'initiative générale des lois, et d'un veto tout au moins suspensif dans leur confection.

Il ne reste plus maintenant qu'un dernier genre de propriété sociale à examiner dans le sens de notre théorie, c'est-

---

(1) Une cour judiciaire d'honneur, pour juger les cas d'offense purement morale, est également indiquée à cette occasion ; mais elle peut fort bien se réunir au corps judiciaire en général, dont il sera question plus tard.

à-dire celle des biens intellectuels, et sous ce rapport on peut s'en rapporter complétement à la générosité particulière, pour former le fonds des lumières publiques. La surabondance des contributions directes et indirectes qui viendront y affluer, sera peut-être le seul inconvénient à redouter, mais il me paraît n'avoir nullement les dangers qu'on se plaît à lui trouver. Un corps social *d'instruction publique* (universitaire), nous est indiqué pour l'administration de ces lumières au profit de l'état, et s'il faudra bien commencer par le constituer d'une manière plus ou moins arbitraire, plus tard c'est à lui-même qu'il conviendra peut-être de laisser le soin de se maintenir au complet, selon certaines règles constantes et qui préviendront les abus (1). Pour tout ce qui tient à l'éducation religieuse et morale par exemple, le clergé est appelé de toute justice à une participation exactement déterminable et déterminée. — Dans tous les cas où l'éligibilité serait attachée à des facultés intellectuelles, à des connaissances spéciales, c'est le corps universitaire qui en jugerait, en accordant ou refusant ces grades, et c'est lui qui ouvrirait ou fermerait ainsi la carrière aux compétiteurs. Pour éviter l'abus d'une puissance pareille (que la publicité du reste retiendra toujours dans de justes limites), les tribunaux et les autres corps de l'état auront, en cas de plainte, un droit de révision et de cassation. Malgré sa grande influence, et même en raison de cette influence, l'université n'aura pas une part plus directe dans la législation politique, et n'y participera que par ceux de ses membres qui seraient appelés à la représentation.

Chacune des trois puissances politiques ci-dessus (le souverain et les deux chambres) se trouve ainsi circonscrite dans un domaine particulier et parfaitement distinct; mais leurs attributions se touchent néanmoins par la complication des intérêts sociaux, et s'enchaînent à tel point, qu'à chacune d'elles doit appartenir un certain contrôle relativement aux autres.

---

(1) Au moyen d'un jury par exemple formé par la voie du sort et présidé par un membre du gouvernement.

C'est pour cela que la conformité de leur sentiment et de leur vote sera nécessaire à la confection de chaque loi. Chacune d'elles possèdera de cette manière non-seulement un veto relatif en toutes choses, mais encore un veto absolu, qu'elle aura droit d'interjeter chaque fois que la constitution sociale paraîtrait compromise. Aucun changement à celle-ci ne saurait donc être même proposé que de leur commun accord.

La tâche la plus importante imposée aux corps législatifs d'un pays, ce sera sans doute la confection ou la correction du code civil et criminel, destiné à régler les rapports des membres associés entre eux, concernant les questions de propriété de tout genre ; sa transmission par héritage ou par contrat ; les peines à dicter pour attentat contre cette propriété, etc.

L'examen enfin des cas où la loi doit trouver son application, examen entièrement distinct de sa confection et de son exécution, embrasse à lui seul une masse de rapports sociaux (litigieux) plus que suffisante pour occuper un corps d'état particulier. Il sera donc nécessaire d'en constituer un de ce genre. La plus grande indépendance de cette autorité *judiciaire* (formée de juges et d'avocats, divisée en cours de justice, assistée en outre d'un jury, partout où cette institution est indiquée par les mœurs et l'usage) étant absolument nécessaire, et des connaissances toutes spéciales étant exigées pour pouvoir en remplir dignement les fonctions, il faudra d'une part qu'elle se complète elle-même, il faudra de l'autre qu'elle le fasse sur des listes de candidats dressées par le corps de l'instruction publique (1). — Dans les cas enfin où il s'élèverait un conflit sur la question de constitutionnalité entre les grandes puissances législatives et administratives de l'état, un comité suprême et extraordinaire, tiré du corps judiciaire et délégué par lui, prononcerait sans appel et sur le seul fait de conformité ou non à la constitution de l'état.

(1) Les procureurs généraux destinés à défendre devant les tribunaux les intérêts de l'état, quoique tirés du corps judiciaire, seront nécessairement à la nomination du souverain, tout comme les corporations et les individus y choisiront librement leurs défenseurs.

Un autre objet essentiel de législation, ce seront les mesures à prendre pour assurer l'indépendance extérieure de l'état, en organisant sa force publique, et ce soin doit marcher de front avec l'autre. Si pourtant les relations de l'état avec les puissances voisines étaient constamment établies sur le principe du respect des droits et des propriétés nationales, comme sur une juste réciprocité, c'est-à-dire sur le droit des gens et la moralité universelle, elles se règleraient d'elles-mêmes avec une si grande facilité, que les décisions de la force n'y trouveraient plus guère leur application.

L'unité d'action et de système, étant dans la plupart des circonstances, mais surtout dans les rapports extérieurs, une condition des plus nécessaires pour l'exercice prompt et régulier des lois et de l'action sociale, cette unité étant le principal ressort d'une administration conséquente au dedans et puissante au dehors, il semble que la forme monarchique est indiquée naturellement à l'association politique. Il est certain pourtant que dans l'organisation de cette branche de pouvoir plus que de toute autre, les usages, les mœurs et les formes subsistantes sont à considérer religieusement, pour ne pas exposer l'état par des changements radicaux, dans quelque sens que ce soit, aux secousses violentes et inévitables qu'entraînerait un essai inconsidéré de ce genre. Cette condescendance est d'autant plus juste, qu'il y a toujours moyen d'accorder une administration consciencieuse, avec telle forme de gouvernement donnée.

Un troisième et dernier soin de haute administration publique ce sera l'organisation de la *police* sociale, destinée au développement de toutes les facultés primitives de l'état, facultés qu'il exerce à côté, mais en dehors de celles dont il est investi par le fait de l'association politique (comp. p. 134). Ces fonctions pour ainsi dire sanitaires du corps social, tendent à favoriser (sous la direction des puissances politiques de l'état), la circulation intérieure par exemple par toutes les voies de communication simples et perfectionnées; elles veillent à la sûreté individuelle, par la garde et l'éclairage des lieux publics, et par tous les moyens préventifs qui sont à sa disposition ; elle s'occupe à garantir la société des contagions physiques aussi bien que morales, soit par l'établissement de quarantaines, soit par des mesures de propreté, etc., ou par une surveillance assidue qui s'étendra sur tout ce qui pourrait blesser la moralité et la décence publiques. Enfin elle recherchera les auteurs de tout attentat commis.

Ce n'est pas le lieu d'entrer dans les détails ultérieurs d'un ordre social, dont nous avons voulu donner seulement les traits principaux. Pour conclure, il nous suffira d'ajouter que le corps social sera d'autant mieux constitué, ou d'autant plus heureusement situé, qu'avec une contribution plus modique on atteindrait à une plus grande sécurité, par rapport aux propriétés matérielles ; qu'avec un temps de service moindre, la sûreté personnelle sera mieux garantie ; qu'avec moins de frais en distinctions sociales, on parviendrait à un respect plus profond des personnes, des droits et du sanctuaire moral des individus; qu'avec une plus grande liberté d'instruction, on jouirait d'une civilisation plus haute, plus générale et plus uniforme.

Si nous adaptions cette mesure infaillible aux divers états sociaux qui subsistent de nos jours, nous serions conduits peut-être à des jugements très-éloignés de ceux que l'on porte d'habitude sur eux, en considération seule des formes aujourd'hui révérées; mais partout aussi nous trouverions sans doute qu'il reste beaucoup à faire. Le mal existant ne tient nullement pourtant à ces formes respectives; car, avec de légères modifications, les principes philosophiques de l'état social s'appliqueraient généralement et fort bien à toutes; mais il vient bien plutôt de ce que nous oublions en politique, comme en tant d'autres occasions, le vrai but, c'est-à-dire le bonheur des nations, par fanatisme pour une forme à laquelle nous croyons le devoir exclusivement. Sans disputer à celle-ci l'importance indirecte qui lui revient, il est bon de remarquer que cette erreur pratique tient plus qu'on ne pense aux illusions de notre métaphysique vulgaire. Elle place toujours en dépendance l'un de l'autre, des faits simplement coordonnés, elle tend à s'exagérer ainsi une influence que ces faits se partagent, et qui s'exerce uniquement des éléments à la totalité. Partout où les éléments du bonheur social existent, la forme politique, selon laquelle on les exploite, paraîtra suffisante ; mais nulle forme de ce genre ne saurait les produire. Aussi peu que le bonheur social s'obtiendrait au moyen de la seule industrie ou du seul commerce développés outre mesure, aussi peu la seule liberté politique est à même de nous le donner. Les uns et les autres sont d'excellents moyens pour y parvenir, mais ils perdraient tout leur prix, dès l'instant où l'on prétendrait les fonder sur les ruines de ce même bonheur. L'excès de liberté nous ramènerait infailliblement à l'état de nature, dont la société et la civilisation ne nous retirent qu'en imposant certaines restrictions nécessaires à son usage.

Jouir de la liberté absolue, c'est être en possession de faire tout ce qui nous passe par la tête. Le meurtre et le pillage sont assurément au nombre de ces actes, et voilà l'état de nature sans doute, mais il est loin d'être désirable. Jouir de la liberté politique et sociale, c'est, en d'autres termes, pouvoir faire tout ce qu'il nous plaît, sans blesser aucune des propriétés d'autrui. Celui qui dépouille quelqu'un de manière ou d'autre, entame sa propriété matérielle ; celui qui en maltraite un autre, porte atteinte à sa propriété personnelle ; celui qui offense son prochain, viole sa propriété morale ; le père qui élève mal ses enfants, leur fait tort dans leur propriété intellectuelle. Rien de tout cela ne doit se tolérer dans l'état social bien organisé. Prélever des impôts arbitraires et excessifs, emprisonner et punir sans motif légal, déshonorer de gaieté de cœur, affamer, pour ainsi dire, l'esprit ; voilà autant d'infractions au contrat social ou à ses intentions, et elles ne sauraient être permises ni au particulier, ni à la masse, ni au gouvernement institué pour les empêcher. Partout où ces limites à l'autorité suprême, aussi bien qu'à la puissance du grand nombre, sont solidement établies, il y aura liberté politique ; partout où elles manquent, quelle que soit la forme abstraite du gouvernement, il n'y a ni liberté ni bonheur. Mais vouloir au delà de ces sécurités-là, ce n'est plus demander la liberté, c'est prêcher la dissolution de tous les liens sociaux, c'est demander l'anarchie.

Les peines infligées par la société aux infracteurs de ses lois, en conséquence de l'origine de l'état, ne doivent jamais être vengeresses, mais purement réparatrices ou préservatrices (comme l'emprisonnement). Elles reposent, non sur un droit, mais sur la faculté naturelle préexistante au droit dans l'état primitif, état dans lequel rentre immédiatement quiconque viole les droits et obligations créés par la société et réglés par ses lois. Celui qui reconnaît l'ordre subsistant dans une société, ne saurait donc se plaindre de la peine prescrite qui lui est justement infligée. Celui, en revanche, qui déclare ne pas le reconnaître du tout, sans doute n'est pas justiciable de cette société, mais celui-là aussi ne peut en aucune façon réclamer sa protection et ses droits. Il se place lui-même hors de la loi commune, et doit en supporter toutes les conséquences. S'il l'attaque, il se trouve sans nul droit vis-à-vis d'elle ou de la personne lésée. Réclamer la protection des lois ou leurs bénéfices, et vouloir se soustraire en même temps aux obligations qu'elles imposent en échange, c'est non-seulement une prétention contradictoire et absurde, mais encore une action vile. C'est accepter le bienfait et insulter le bienfaiteur; c'est un des écarts politiques, enfin, les plus graves que les temps modernes aient produits, et la connaissance des vrais principes de philosophie pratique ne nous permettra plus d'y tomber.

CHAPITRE XXXI.

ESSAI D'ÉCONOMIE POLITIQUE.

L'économie politique appartient tout entière à l'anthropologie éthique, dont elle forme une branche d'application particulière. Elle s'occupe exclusivement de *l'augmentation des richesses* (propriétés de tout genre) *nationales*. C'est un sujet trop vaste pour être traité ici, même superficiellement, dans son ensemble, et si j'en parle, ce n'est que pour toucher un point purement philosophique de la question, dont l'importance est trop généralement méconnue.

Je ne puis m'empêcher néanmoins de défendre, à cette occasion, cette science si belle, fondée par le génie d'un Adam Smith et développée par des écrivains comme B. Say, etc., qui ont marché avec bonheur sur les traces du maître. Les attaques dirigées contre elle par ses récents adversaires voudraient bien, au profit de certains intérêts étroitement conçus, faire rétrograder l'esprit humain et le pousser à l'abandon d'une de ses plus précieuses conquêtes. Elles reprochent à la science l'état de souffrance auquel l'industrialisme, qu'on suppose nourri par elle, a réduit les classes ouvrières de la société; mais ce n'est qu'en oubliant involontairement ou à dessein, que ses doctrines n'ont jamais reçu d'application que par essais faibles et tardifs. On lui reproche donc injustement un mal qu'elle aurait à jamais prévenu par son principe de libre concurrence et de laisser-faire. C'est la prohibition seule qui a forcément reporté sur l'industrie une foule de capitaux engagés ailleurs. Elle l'a fait par l'appât d'un gain disproportionné et créé d'une façon artificielle. Elle seule a donc poussé le monde civilisé à ce développement excessif de l'industrie, réglée jusque-là par le commerce, c'est-à-dire par le véritable besoin de ses produits auquel celui-ci satisfait à mesure. Dès lors cette industrie a fini par le déborder et par l'entraîner haletant sur ses pas. C'est de là que vient tout le mal, et certes ce n'est point à l'économie politique selon l'école d'A. Smith qu'il faut s'en prendre. S'il est une observation (car ce n'est pas un reproche) à lui faire, c'est : que l'application actuelle, immédiate et complète de son principe éterniserait le mal dont elle est innocente. Mais c'est à quoi personne ne songe sérieusement, car la règle et son application sont deux choses parfaitement distinctes, qu'il faut bien se garder de confondre.

Le système indirectement monopoliste des prohibitions existe partout encore au sein des législations commerciales, malgré le tort réel qu'il fait au bien-être de la société. Il resserre continuellement le marché et l'expose de plus en plus aux commotions soudaines, que le développement progressif de l'industrie, poussée en sens contraire, rend plus fréquentes et plus violentes. Il résiste aux démonstrations rigoureuses des penseurs et à l'expérience des crises répétées et toujours plus graves, qui viennent surprendre les peuples au milieu de leurs rêves de prospérité. Ce système paraît même vouloir prendre une extension passionnée, par les mesures de rétorsion qu'on lui oppose partout, et qui le rendent de plus en plus dangereux en lui imprimant un caractère politique. Qu'on cesse donc de craindre l'application trop subite des principes contraires, mais qu'on cesse surtout de les accuser d'un état de choses qu'ils sont seuls en état de combattre efficacement.
— Sans doute il n'est pas possible à la législation de revenir immédiatement sur ses pas. Sans doute il faut convenir, qu'elle a pris des engagements malheureux mais positifs, vis-

à-vis des individus privilégiés par elle, des engagements qu'il faut honorer à tout prix, mais dont elle peut et doit se libérer peu à peu.

Le socialisme reproche encore à l'économie politique de ne pas nous donner le remède des maux que l'industrie a fait surgir par son exagération ; mais si l'on admettait cette façon de raisonner, il faudrait également reprocher à la physiologie de ne point traiter les questions réservées à la seule médecine. La médecine politique est une affaire de législation et de morale, et non plus d'économie pure; mais pour ne pas porter à faux il est essentiel qu'elle se règle sur la connaissance des vrais principes de cette dernière. Celui qui attaquerait ceux-ci rendrait impossible celle-là. Il faut y voir clair pour ramener graduellement l'état social à une situation normale, et dès lors seulement, l'entière liberté des transactions et de la concurrence sera sans danger. Dès lors sans secousse et sans peine, elle saura le maintenir tel, et ne l'empêchera pas pour cela de marcher dans la voie du progrès et du développement naturel. En attendant il s'agit de faire comprendre à l'intérêt particulier, que pour sa propre sécurité, si ce n'est par moralité, il lui importe de venir au secours d'un malheur dont la plaie est saignante ; il faut en même temps lui indiquer le meilleur moyen, mais c'est là une affaire de sagesse et de moralité publique que l'économie seule ne saurait accomplir non plus, qu'il est *au moins* singulier de lui demander.

Quant à nous, nous ne saurions crier assez haut que le remède applicable à ce mal, le remède tant invoqué, n'est plus une chose qu'il faille chercher, qu'il est trouvé au contraire, qu'il est même appliqué, qu'il a subi enfin l'épreuve décisive de l'expérience. Il est tout entier dans *l'association mutuelle, pour assurance d'une rente croissante*, telle qu'elle subsiste et qu'elle se développe dans plusieurs états d'Allemagne et nommément en Prusse, depuis 1839. Association privée, sous la surveillance protectrice de l'état, accessible au pauvre comme au riche, à tous les âges de la vie, mais exerçant particulièrement son action bienfaisante dans la vieillesse qu'elle rassure complétement sur ses destinées, elle est l'ancre du salut des classes ouvrières, et reposant sur le calcul le plus simple, ses résultats sont aussi prompts qu'infaillibles. Je renvoie en conséquence le lecteur à la petite brochure de M. Blesson : *Die Renten versicherungs Anstalten*, etc. Berlin, Posen et Bromberg, 1840, ainsi qu'aux règlements de la société.

L'immense portée de cet établissement est si évidente qu'il suffit d'un coup d'œil sur ses bases et sur ses tendances pour s'en convaincre irrésistiblement. Son développement sera quelque jour la mesure de la grandeur et de la civilisation des peuples. Qu'ils se hâtent donc, ceux qui sont encore en retard sur ce point, car il s'agit de leur bonheur, de leur gloire et de leur avenir tout entier; puisse ma faible voix se faire entendre à cet égard, et fixer leur attention sur un fait de cette importance majeure !

Quelque graves que soient les défauts de toute législation prohibitive, le plus grand n'est pas encore celui que signale l'économie politique. C'est la philosophie morale qui nous l'indique, et c'est lui que nous allons aborder actuellement.

Le but essentiel de l'association politique et civile, de l'état en un mot, c'est de garantir à chacun de ses membres sa propriété et son usage. Toute mesure de prohibition commerciale, gênant la libre importation ou exportation d'un bien appartenant au citoyen, membre d'une pareille association, est en conséquence en contradiction directe avec le but social. C'est pour cela qu'elle devient infailliblement immorale et dangereuse à l'esprit public ; elle change en délit devant la loi, une action non-seulement irréprochable, mais encore autorisée sous tout autre rapport, c'est-à-dire la libre disposition de son bien, dont chacun doit jouir, tant que par son usage, il n'attaquera pas la propriété également sacrée d'un autre. Mais cette restriction ne saurait jamais porter sur l'acte légitime d'un échange de biens, consommé librement et sans fraude entre deux personnes, car il profite également à l'acheteur et au vendeur. Voilà les considérations évidentes que la conscience publique fait naître immédiatement et dans l'esprit de chacun; c'est l'instinct qui le guide, quand il excuse et plaint celui qui est atteint par la loi après l'avoir transgressée. C'est ce qui dépouille toute loi fiscale de ce genre de son autorité morale, et porte d'autant plus volontiers à l'enfreindre, qu'un plus grand profit pécuniaire tente encore la cupidité. Un tel ordre de choses doit égarer le sentiment du juste et de l'injuste en général comme elle le fait dans ce cas particulier; il doit nécessairement nourrir le scepticisme moral, dont la société est effectivement malade.

Cette considération plus que toute autre devrait engager une législation éclairée à mettre un terme aux erreurs des temps passés, en remplaçant les revenus que l'état perdrait en cette occasion, par des impôts plus directs. En les payant, les consommateurs, toujours plus nombreux que les producteurs, gagneront encore d'une façon notable, car c'est sur eux que pèse le privilége monopoliste accordé au petit nombre, au détriment certain de la majorité. Un pareil changement, sans doute, ne doit s'exécuter que d'une façon graduelle, longtemps connue d'avance et maintenue invariablement, car tous les intérêts doivent être également ménagés. Il ne saurait être permis de punir de la faute commise, ceux qu'elle induisait à placer leur fortune dans des entreprises dont la seule garantie était donnée par la loi.

ESSAI RELIGIEUX.

CHAPITRE XXXII.

L'IMMORTALITÉ DE L'AME.

La croyance (bien ou mal fondée, raisonnable ou superstitieuse) est, tout aussi bien que le savoir direct, un élément déterminant dans notre développement vivant, et par conséquent dans nos actions. Celui qu'un fer rouge a brûlé n'y portera plus la main, et celui qui croit au sentiment dans son prochain en agira bien autrement à son égard, qu'il ne ferait vis-à-vis d'une pierre ou d'une bûche. Celui qui croit fermement à la présence d'un Dieu, spectateur et juge de ses moindres actions, fera tout autre chose que celui qui se croira libre de cette surveillance et n'avoir à se cacher que de son prochain. La valeur pratique de cet élément d'entendement est donc au-dessus de toute contestation, et c'est pour cela qu'il importe particulièrement d'éclaircir sa logique et de rectifier ses résultats.

J'ai parlé à différentes reprises de la croyance en Dieu et de ses fondements solides, enracinés dans le système de notre savoir direct; j'ai parlé en même temps de la manière dont elle se complète au moyen de l'analogie, selon les lumières du temps ; la mythologie orientale qui personnifie et déifie ainsi les éléments de la nature ; la mythologie grecque qui en agit de même avec les facultés morales et intellectuelles de l'homme ; la religion chrétienne, enfin, qui contient symboliquement les plus hautes vérités de la raison humaine et tend à investir la Divinité des abstractions suprêmes de la philosophie, sont dans le même cas. C'est un sujet auquel je ne prétends pas revenir ici. Il est une autre question de nature religieuse, une croyance presque aussi importante, liée sous tant de rapports à la première, qu'il nous est prescrit impérieusement d'en toucher ici la matière. Cette croyance est celle d'une vie à venir, celle de l'immortalité individuelle, traversant toutes les modifications que peut subir notre état. Cette immortalité en elle-même, nous l'avons vu ailleurs (V. p. 119, etc.), ne saurait être mise en question, pour peu du moins qu'on adopte nos principes philosophiques et métaphysiques ; mais ce qui nous intéresse autant, et peut-être plus que cela ; ce qui lui donne une plus haute valeur à nos yeux, c'est la forme que pourrait avoir notre vie future, ce sont les rapports qui peuvent ou doivent exister entre notre vie actuelle et celle qui nous est promise en croyance. Voilà donc ce que nous allons tâcher de déterminer plus exactement au moyen de l'analogie, c'est-à-dire du guide unique auquel nous puissions nous fier à cet égard.

Nous avons établi anthropologiquement que l'homme individuel réunit en lui deux systèmes d'activité absolument opposés ; qu'il est ainsi le citoyen de deux mondes différents ; que par son corps il appartient à la terre, que par son âme il est enfant du soleil. Rien de plus simple maintenant que la croyance qui lui accorderait une alternative d'existence terrestre (sans la borner nécessairement à notre globe), avec une existence solaire qui, en conséquence fixe et centrale, serait notre vie essentielle et nécessaire. Si, pour rattacher ces données générales à des exemples plus spéciaux et tirés de notre existence actuelle, nous prenons en considération l'alternative de la veille et du sommeil, alternative qui en est, pour ainsi dire, la pulsation, nous voyons de suite que l'une de ces deux existences opposées se développe en succession conséquente, l'autre, au contraire, par épisodes sans liaison directe entre elles. Dès lors nous en voyons le phénomène se mettre en parallélisme immédiat avec les faits ci-dessus et la croyance qui doit les compléter. Notre vie terrestre, à laquelle certainement nous ne voyons pas de veille, pourrait bien dès lors rester aussi sans lendemain. Elle correspondrait de cette manière à l'état du sommeil d'ici-bas, pendant lequel une vie très-active et très-nécessaire travaille dans notre sein, état qui, par conséquent, n'est pas à dédaigner, quoique chargé de fonctions toutes particulières. Le réveil qui nous en retire nous fait rentrer immédiatement dans l'ordre d'existence plus suivie qu'il interrompt périodiquement. C'est ainsi que la mort d'ici-bas serait le réveil de là-haut, et cette perspective est si belle qu'elle vaut bien, ce me semble, le sacrifice d'un rêve terrestre, quelque enchanteur qu'il puisse paraître, mais qui doit surtout nous consoler efficacement, lorsqu'il dégénère en cauchemar. N'allons pas nous imaginer pourtant que ces deux vies distinctes puissent être sans liaison entre elles ; que l'une, dans un sens absolu, puisse se dire moins importante que l'autre (1). Tout comme le sommeil est un état d'activité réparatrice, absolument nécessaire au développement de l'homme habitant de la terre, et dont y dépend en grande partie son bien-être, c'est-à-dire sa santé, de même la vie terrestre doit être un état d'organisation et de développement spécial pour l'homme citoyen de l'univers, dont dépendra essentiellement la totalité de sa position plus élevée. Comme un bon sommeil nous prépare une meilleure journée sous bien des rapports, qu'un rêve pénible qui annonce la maladie, de même une vie terrestre régulière, vertueuse et tranquille

---

(1) Tout comme nous nous souvenons bien des fois d'un rêve doux ou effrayant, il est à croire que notre vie actuelle ne s'effacera pas entièrement de notre entendement universel.

nous est garante d'une vie à venir proportionnellement plus parfaite. Si notre âme s'est épurée dans ses relations terrestres, les nouvelles relations matérielles qui l'attendent sur le seuil doivent par là même être plus parfaites ; car elles ne peuvent que lui être appropriées. C'est la nature intime des éléments qui détermine infailliblement leur association. Comme l'acide s'allie de préférence à l'alcali, l'âme ne saurait s'unir qu'à un corps en conformité organique et vivant avec elle. C'est donc l'avenir de chacun qui se prépare dans ce monde, et cela sous les auspices de la vérité, c'est-à-dire en raison directe de la clarté d'entendement (intellectuelle et morale) obtenue. Elle est la graine qui, germant dans le sein de l'homme, le fait parvenir à sa maturité et à sa perfection ; c'est elle qui l'éclaire sur ses intérêts positifs, sur les rapports exacts et la valeur respective des choses ; c'est elle qui tombe ainsi, comme un poids réel, dans la balance des actions et de la vie. Elle est le fait essentiel et lumineux qui domine toutes les combinaisons d'idées et de principes, mais sur lequel ceux-ci ne sauraient avoir la moindre influence ; elle est pour le citoyen de l'univers ce que la lumière physique est pour l'enfant de la terre. C'est le flambeau qui peut nous brûler un instant, mais qui nous garantit à jamais des dangers de l'obscurité comme de l'abus de son propre usage. Cette vérité qui peut nous éblouir quelquefois éclaire bientôt chacun de nos pas et fait fuir jusqu'aux ombres de la mort. Cette vérité enfin brillera au sein de chacun, et soit à l'aurore, soit au midi de sa carrière, elle y répandra ses clartés bienfaisantes. C'est le trajet jusqu'au terme qui seul diffère d'un individu à l'autre ; mais tous y toucheront à leur tour, nous devons l'espérer et le croire.

D'un autre côté, ce développement de lumière et de vérité, quoiqu'il se fasse en grande partie en nous, par nous et pour nous comme pour la totalité, il est clair que nous n'y pouvons rien (du moins dans le sens causal) pour l'accélérer ou le retarder ; que nous ne saurions en conséquence nous en faire un mérite à nos propres yeux. C'est d'une foule de circonstances favorables, mais hors de notre portée, qu'il faut en attendre l'accomplissement, et c'est au sein de Dieu qu'il faut, en définitive, chercher le nœud de cet ordre suprême et son élément déterminant. Sans doute il y aurait trop de présomption de notre part, si nous prétendions décider jusqu'à quel point les lois de sa nature intime ou bien de sa grâce et de sa liberté particulières doivent y concourir : ce qu'il y a de certain, c'est que Dieu révèle sa vérité par plus d'une voie. S'il le fait directement dans les uns, par les lumières dont il les gratifie, il parle indirectement aux autres, par la voix de ces mêmes privilégiés ; s'il distribue les trésors de sa vérité morale par l'un, c'est par l'autre qu'il prodigue sa vérité intellectuelle, et ses vérités physiques par un troisième. Ayons donc les yeux ouverts, et nous ne manquerons pas de recueillir ses traits et d'en avoir chacun notre part.

LA PRIÈRE.

L'abstraction divinisée, d'un ordre souverain du monde ou bien de sa totalité matérielle, la forme vide d'un Dieu = rien, ou l'ombre d'un Dieu = tout : voilà ce qui peut en quelque sorte suffire à la raison pure, jamais cela ne saurait satisfaire le cœur. Mais pour savoir si le Dieu de la spéculation et celui de la religion sont identiques, ou si la première tend à mettre clandestinement le sien à la place de celui-ci, il s'agit de se convaincre d'une seule chose. Il s'agit de voir si nous pouvons adresser nos prières à ce Dieu spéculatif, et cette épreuve en décidera immédiatement.

Lorsque nous donnons à la prière humaine cette haute importance, il ne faut pas que cet acte soit une simple comédie, un jeu de pure superstition, il doit au contraire porter sa légitimation rationnelle en soi, et c'est de quoi nous allons nous occuper en conséquence.

L'efficacité d'une prière, qu'on nous adresserait à nous-mêmes, soit en paroles, soit par gestes ou seulement par regards, est une chose aussi certaine, que l'efficacité de toute autre circonstance fortuite, qui tomberait dans le domaine de notre développement actif, et dont l'intervention doit le modifier nécessairement jusqu'à un certain point. Personne ne s'avisera pourtant d'y voir un miracle ou bien la déviation d'une loi générale de la nature et de l'activité humaine. L'efficacité de notre prière adressée à Dieu ne saurait donc se considérer différemment, et doit en conséquence raisonnable être admise sans difficulté, tant du moins que nous croyons à un Dieu véritable et réel; car ces deux croyances marchent et tombent ensemble. Si d'homme à homme, l'efficacité d'une demande sera d'autant plus grande, que nous y porterons une expression plus sympathique et plus vraie de notre état intérieur; qu'un coup d'œil plus juste, embrassant l'ensemble des circonstances qui y touchent et de leurs conséquences, mettra des limites raisonnables à nos exigences, les mêmes considérations seront également déterminantes au sein de Dieu, et nos rapports religieux avec lui n'auront plus rien d'énigmatique de ce côté-là. S'il en résulte pour nous une difficulté plus grande d'être exaucés par Dieu, à mesure que nos vœux et nos lumières s'éloignent davantage de la clarté parfaite de l'entendement divin, d'un autre côté nous pouvons nourrir un espoir mieux fondé, à mesure que nous approcherons davantage de la vérité et de la perfection. S'il en est ainsi (et la chose me semble certaine) ne faut-il pas en conclure à une haute efficacité de cette prière, quand elle part du sein d'une personne (telle que le Christ par exemple) dont l'esprit et les actions seraient exactement conformes aux lumières et aux intentions divines. Ne se pourrait-il pas alors que cette efficacité allât jusqu'à prendre l'apparence d'une force miraculeuse, apparence qui doit s'évanouir sans doute quand l'événement sera vu de plus près, mais qui demeurera un indice caractéristique et certain, sur lequel nous pourrons juger la valeur absolue de l'individu privilégié, qui en serait investi. Sans prétendre imposer à la croyance tous les faits de ce genre, en faveur desquels on a mainte fois abusé et pourrait abuser encore de la crédulité humaine, il en est cependant qui sont difficiles à contester, et qui dénotent l'efficacité d'une prière fervente. Elle s'expliquerait ainsi d'une façon directe, aussi bien que par la voie du magnétisme, etc., dont l'intervention du reste, comme agent intermédiaire, peut encore y trouver sa place légitime.

Si pour prier Dieu, nous l'adorions dans l'un quelconque des traits de son image, de cette image que la nature entière réfléchit seule dans sa totalité, c'est une idolâtrie que nous commettrions sans doute, mais qui ne saurait empêcher le regard divin de percer jusqu'à nous et de nous comprendre. Elle prouverait seulement les bornes dans lesquelles notre intelligence serait encore circonscrite. Nous avons cependant une voie plus directe sans doute pour nous adresser à lui, car ce Dieu selon nous, c'est l'être subjectif de l'univers, c'est l'esprit suprême et universel, auquel nous nous élevons immédiatement par la pensée. Elle fait partie de lui, il la possède en lui, il y lit à livre ouvert. Voilà la persuasion intime qui, enracinée en nous, serait certainement le moyen le plus sûr pour conserver pur notre esprit, et qui le garantirait le plus positivement de toute espèce de souillure. Cela nous explique en même temps d'une façon directe, comment la prière peut et doit être efficace en raison philosophique. Elle répond nécessairement à un état subjectif de notre être, et comme *le sujet dans cet état* fait lui-même *partie élémentaire* de la Divinité, celle-ci *en connaît* et doit être déterminée par lui, s'il n'est point en contradiction avec la totalité des autres éléments et de leur ordre codéterminant, s'il possède en outre le degré de vitalité énergique, c'est-à-dire la ferveur requise pour cela.

Si notre prière, exaucée ou non, nous en démontre suffisamment la convenance rationnelle et morale d'un côté, ou l'absence de ces qualités de l'autre, nous possédons encore une autre mesure qui, généralement appliquée à nos actions, prouverait leur rationalité et leur conformité aux intentions divines, comme aux lois du développement universel de l'humanité. Quoique l'on puisse y trouver à redire, cette preuve est à bien des égards dans le *succès*. S'il ne prouve rien quant à la valeur intrinsèque de l'homme, il prouve au moins qu'il est exactement appliqué à sa destination particulière, car chacun de nous doit avoir une vocation déterminée dans le grand organisme de la vie universelle. Le gouvernement suprême de Dieu n'est qu'un vain mot, ou c'est ainsi que nous devons le comprendre, c'est ainsi que nous devons le consulter. Si l'instrument ne vaut rien, gare à lui ! car il se brisera en glissant des mains de l'ouvrier ; mais s'il réunit les dispositions propres à son développement individuel et à l'exacte appropriation aux choses, alors il fournira sa carrière jusqu'au bout. Ces deux conditions doivent être réunies. Que chacun veille donc attentivement aux directions qui seront ainsi indiquées à son activité ; qu'il y veille sans se laisser aller trop tôt au découragement, et sans rétrograder au moindre revers de fortune, mais aussi, sans estimer à trop peu de chose la constante contrariété des chances qu'il rencontrera dans les circonstances, impossibles à prévoir comme à calculer.

L'histoire, considérée sous ce point de vue, sera fertile pour nous de grandes et utiles leçons. Nous y voyons bien des fois et — l'exemple le plus frappant n'est pas loin de nous — l'homme de son temps et de la fortune, porté pour ainsi dire, entre les bras des circonstances, atteindre au faîte de sa grandeur, tant qu'il suit la direction naturelle, tracée dans les événements qui l'ont élevé ; — mais nous le voyons aussi, malgré tout son génie, brisé comme un faible roseau, du moment où ébloui par ses succès, il rapporte tout à lui-même, (au lieu de se rapporter à la totalité des choses) et prétend arrêter leur dévepement suprême, au profit de ses vues subalternes et égoïstes.

FIN.

TABLE DES MATIÈRES.

PREMIÈRE PARTIE.

INTRODUCTION.

Chap.	Ier.	Définition de la vérité.	1
	II.	Le dogmatisme et le scepticisme.	10
	III.	Traitement méthodique de la science.	17
	IV.	Règles de la discussion philosophique.	28
	V.	Précis historique, et philosophie ancienne.	35
	VI.	Suite. — Philosophie moderne.	49

PHILOSOPHIE.

VII.	Rapports fondamentaux de la science. — Rapport de possession.	64
VIII.	Objections au rapport fondamental de possession.	70
IX.	Suite des rapports fondamentaux. — Rapport de subsistance.	78
X.	Rapport fondamental d'appartenance.	85
XI.	Rapport fondamental de subordination.	95
XII.	La vie philosophique.	101
XIII.	Objections contre le principe de la science par rapport à la vie.	109
XIV.	Application pratique du principe de la science.	115

Chap.	XV.	Morale de la science du vrai.	123
	XVI.	Politique de la science du vrai.	129
	XVII.	Religion de la science du vrai.	140

DEUXIÈME PARTIE.

SCIENCE DE L'ENTENDEMENT.

Ier.	Notions fondamentales de la science.	149
II.	Généralités de l'entendement. Faits *absolus* et *relatifs*, *subjectifs* et *objectifs*.	156
III.	Suite. — Faits *transcendentaux* et *empiriques*.	169

MÉTAPHYSIQUE DE L'ENTENDEMENT.

| IV. | Notions fondamentales de métaphysique. | 183 |

ANALYTIQUE.

V.	Analyse de l'état uniforme. *Tableau des éléments de cet état.*	191
VI.	Analyse de l'état simultanément complexe. *L'espace.*	202
VII.	Analyse de l'état d'abstraction. *L'énergie.*	209
VIII.	Analyse de l'état successif simple. Le *temps*.	215
IX.	Analyse de l'état de réflexion. *L'imagination.*	221
X.	Analyse de l'état successif composé. Le *mouvement*.	224
XI.	Analyse de l'état subject-objectif. *L'esprit* et la *matière*.	233
XII.	Analyse des états de passivité et d'activité. La *volonté*.	241
XIII.	Analyse des états négatifs. Le *rêve*. *Tableau des éléments de l'entendement.*	249

SYNTHÉTIQUE.

Chap.	XIV.	Notions fondamentales de synthétique.	255
	XV.	L'ordre simple ou le rapport. *Tableau des éléments relatifs de l'entendement.*	264
	XVI.	Rapport et ordre de causalité illusoire.	284
	XVII.	Suite. — *Tableau généalogique des notions causales.*	300
	XVIII.	Ordre composé. *Tableau encyclopédique de la science.*	312
	XIX.	Ordre de définition et d'explication.	323
	XX.	Ordre d'analogie. La *croyance* et *Dieu*.	329
	XXI.	Définitions métaphysiques indispensables.	342

DISCIPLINE.

XXII.	Introduction à la discipline.	350
XXIII.	Discipline cosmologique.	362
XXIV.	Discipline psychologique.	371
XXV.	Discipline anthropologique.	377
XXVI.	Revue et conclusion.	383

APPENDICE PSYCHOLOGIQUE.

XXVII.	Esthétique.	390
XXVIII.	Morale.	397

APPENDICE ANTHROPOLOGIQUE.

XXIX.	Ordre plastique.	405
XXX.	Ordre social.	413
XXXI.	Essai d'économie politique.	430

APPENDICE RELIGIEUX.

XXXII.	L'immortalité de l'âme et la prière.	435

FIN DE LA TABLE.

ERRATA.

Pages.	Lignes.	AU LIEU DE :	LISEZ :
60	19	longtemps l'intérêt,	longtemps. L'intérêt.
113	13	nous pouvons,	pouvons-nous.
149	7	déterminée,	déterminé.
227	8	le a b c d,	le □ a b c d.
259	15	façon; à l'autre,	façon à l'autre;.
289	8	qui le,	qui se.
322	14 (tableau)	Philologie,	Pédagogie.
325	15	spécial des,	spécial à des.
353	30	la ramènera,	le ramènera.
356	8	le temps. — Ce,	le temps — ce.
365	34	d'éléments gravitant,	d'éléments gravitants.

www.ingramcontent.com/pod-product-compliance
Lightning Source LLC
Chambersburg PA
CBHW070538230426
43665CB00014B/1735